吉林省普通本科高校省级重点教材

Road Traffic Safety
道路交通安全

冯天军　程国柱　主　编

陈　春　刘诗序　程　瑞
梁春岩　田秀娟　刘月娇　副主编

人民交通出版社股份有限公司

北　京

内 容 提 要

本教材为吉林省普通本科高校省级重点教材。全书共包括 10 章：绪论、道路交通事故统计分析、交通参与者与交通安全、车辆与交通安全、道路条件与交通安全、交通运行环境与交通安全、道路交通事故现场勘查与再现、交通事故预测与多发位置鉴别、道路交通安全评价、道路交通安全保障。

本教材在广泛吸取国内外道路交通安全最新研究成果的基础上，围绕人、车、路、交通环境等要素及其相关联的交通安全影响展开介绍，并强化思政育人理念，在教材中融入了习近平新时代中国特色社会主义思想。

本教材可作为交通工程、交通运输、安全工程专业本科生、研究生教材及其他专业教学参考书，也可供交通、公安、城建等部门的技术人员参考使用。

图书在版编目(CIP)数据

道路交通安全 / 冯天军，程国柱主编. — 北京：
人民交通出版社股份有限公司，2022.11
ISBN 978-7-114-18180-1

Ⅰ.①道… Ⅱ.①冯…②程… Ⅲ.①公路运输—交通运输安全 Ⅳ.①U492.8

中国版本图书馆 CIP 数据核字(2022)第 161179 号

吉林省普通本科高校省级重点教材
Daolu Jiaotong Anquan

书　　名：	道路交通安全
著 作 者：	冯天军　程国柱
责任编辑：	李　晴　杨　思
责任校对：	赵媛媛
责任印制：	张　凯
出版发行：	人民交通出版社股份有限公司
地　　址：	(100011)北京市朝阳区安定门外外馆斜街 3 号
网　　址：	http://www.ccpcl.com.cn
销售电话：	(010)59757973
总 经 销：	人民交通出版社股份有限公司发行部
经　　销：	各地新华书店
印　　刷：	北京虎彩文化传播有限公司
开　　本：	787×1092　1/16
印　　张：	18.75
字　　数：	468 千
版　　次：	2022 年 11 月　第 1 版
印　　次：	2022 年 11 月　第 1 次印刷
书　　号：	ISBN 978-7-114-18180-1
定　　价：	49.00 元

(有印刷、装订质量问题的图书，由本公司负责调换)

前言

我国已经成为交通大国,正加快步伐向交通强国迈进。道路交通快速发展的同时,交通安全(简便起见,本教材正文中提及的交通安全,一般指道路交通安全)问题依然突出,受到社会的广泛关注。2019年,中共中央、国务院印发《交通强国建设纲要》,提出"构建安全、便捷、高效、绿色、经济的现代化综合交通体系",将交通安全提升到新的高度。在机动车辆驾驶技术、交通控制技术不断发展的背景下,探讨道路交通中人、车、路、环境与交通安全的内在联系,阐释交通事故预测、评价和预防方法,可提高道路交通安全科技应用能力和管理水平。

本教材是吉林省普通本科高校省级重点教材,教材中融入了"生命至上""科技创新"等习近平新时代中国特色社会主义思想中的论述,引导学生树立"以人为本"的交通安全设计理念,认识创新在我国现代化建设全局中的核心地位。本教材广泛吸收了同类教材的优点以及国内外最新的标准规范、方法技术和研究成果,将诸多理论与实际工程案例分析相结合,更系统、直观地阐述了道路交通安全的相关专业知识,从而为制定交通安全对策提供依据。本教材加入了大量典型实践案例,注重实践性和应用性,旨在培养学生解决复杂实际问题的能力。兼顾本科教学的特点,每章都配备了习题与思考题,便于学生练习和思考。

本教材共10章,第1章介绍交通安全的含义、特点、涉及的学科内容,交通事故的构成要素与分类,国内外道路交通安全概况,道路交通安全研究内容等;第2章介绍道路交通事故的相关统计分析方法和大数据分析方法;第3章介绍交通参与者的风险性交通行为特征和行为管控;第4章介绍汽车性能对交通安全的影响,以及汽车的主动安全技术、被动安全技术和智能安全技术;第5章介绍道路线形、路面条件和交通设施对交通安全的影响;第6章介绍道路交通运行环境对交通安全的影响,重点分析交通流和不良天气对交通安全的影响;第7章介绍交通事故现场勘查与再现的技术方法;第8章介绍道路交通事故预测方法和交通事故多发位置的鉴别方式;第9章介绍道路交通安全的评价指标和评价方法;第10章介绍规划、设计和运营管理阶段的道路交通安全保障。

本教材由冯天军(吉林建筑大学)、程国柱(东北林业大学)担任主编,陈春(吉林建筑大学)、刘诗序(福州大学)、程瑞(桂林电子科技大学)、梁春岩(吉林建筑大学)、田秀娟(吉林建筑大学)、刘月娇(吉林省交通规划设计院)担任副主编。具体分工如下:冯天军编写第1章、第2章、第4章、第8章、第10章(第2、8、10章为共同编写),程国柱编写第3章和第9章,陈春编写第5章,刘诗序编写第6章,程瑞编写第7章,梁春岩编写第2章,田秀娟编写第8章,刘月娇编写第10章。本教材的出版得到了人民交通出版社股份有限公司李晴编辑和杨思编辑的大力支持和帮助,朱品安、孙学路、杨夏玉、吴颂超、曾旭斌、刘克毅、刘菁瑶、王添翼等研究生为教材的编写投入了大量的精力并开展了卓有成效的工作,在此一并表示感谢。

在本教材编写过程中,编者参阅了大量国内外的文献资料,在此谨向这些文献资料的作者表示衷心的感谢。

由于编者水平有限,教材中疏漏之处在所难免,恳请读者批评斧正。

编 者
2022 年 5 月

目录

第1章 绪论 1

1.1 交通安全与交通事故 1
1.2 国内外道路交通安全概况 8
1.3 道路交通安全研究的目的、意义和内容 15
1.4 相关基础知识及本教材主要内容与结构 17
【习题与思考题】 19

第2章 道路交通事故统计分析 21

2.1 数理统计基础 21
2.2 线性回归 28
2.3 广义线性回归 36
2.4 时间序列分析 39
2.5 贝叶斯方法 44
2.6 交通事故大数据分析及应用 46
2.7 案例分析 49
【习题与思考题】 50

第3章 交通参与者与交通安全 52

3.1 风险性交通行为对交通安全的影响 52

3.2 交通参与者风险性交通行为管控 …………………………………………… 66
3.3 案例分析 …………………………………………………………………… 75
【习题与思考题】 ……………………………………………………………… 77

第 4 章 车辆与交通安全

4.1 汽车性能 …………………………………………………………………… 78
4.2 汽车主动安全技术 ………………………………………………………… 85
4.3 汽车被动安全技术 ………………………………………………………… 90
4.4 智能交通与安全 …………………………………………………………… 95
4.5 案例分析 …………………………………………………………………… 105
【习题与思考题】 ……………………………………………………………… 106

第 5 章 道路条件与交通安全

5.1 平面线形与交通安全 ……………………………………………………… 107
5.2 纵断面线形与交通安全 …………………………………………………… 115
5.3 横断面布置与交通安全 …………………………………………………… 118
5.4 线形组合与交通安全 ……………………………………………………… 122
5.5 视距与交通安全 …………………………………………………………… 122
5.6 道路交叉口与交通安全 …………………………………………………… 125
5.7 路面条件与交通安全 ……………………………………………………… 132
5.8 案例分析 …………………………………………………………………… 134
【习题与思考题】 ……………………………………………………………… 135

第 6 章 交通运行环境与交通安全

6.1 交通流与交通安全 ………………………………………………………… 136
6.2 不良天气与交通安全 ……………………………………………………… 151
6.3 案例分析 …………………………………………………………………… 159
【习题与思考题】 ……………………………………………………………… 159

第 7 章 道路交通事故现场勘查与再现

7.1 道路交通事故现场勘查 …………………………………………………… 161

7.2 道路交通事故再现技术 …………………………………………………………… 183

7.3 案例分析 ………………………………………………………………………… 191

【习题与思考题】 …………………………………………………………………… 202

第 8 章 交通事故预测与多发位置鉴别 ……………………………………………… 203

8.1 交通事故预测概述 ……………………………………………………………… 203

8.2 交通事故的定性预测方法 ……………………………………………………… 205

8.3 交通事故的定量预测方法 ……………………………………………………… 208

8.4 道路事故多发位置的鉴别 ……………………………………………………… 220

8.5 案例分析 ………………………………………………………………………… 236

【习题与思考题】 …………………………………………………………………… 238

第 9 章 道路交通安全评价 …………………………………………………………… 240

9.1 不同阶段的公路交通安全评价内容与方法 …………………………………… 240

9.2 公路运行速度计算方法 ………………………………………………………… 247

9.3 案例分析 ………………………………………………………………………… 256

【习题与思考题】 …………………………………………………………………… 264

第 10 章 道路交通安全保障 …………………………………………………………… 265

10.1 道路交通安全管理法规与教育 ………………………………………………… 265

10.2 规划阶段的交通安全保障 ……………………………………………………… 271

10.3 设计阶段的交通安全保障 ……………………………………………………… 272

10.4 运营管理阶段的交通安全保障 ………………………………………………… 276

10.5 案例分析 ………………………………………………………………………… 285

【习题与思考题】 …………………………………………………………………… 287

参考文献 …………………………………………………………………………………… 288

第1章

绪论

我国社会经济持续快速发展,机动车保有量逐年增长,道路交通事故相对指标有降低的趋势,但是绝对指标仍居于高位,交通事故(简便起见,文中提及的交通事故,一般指道路交通事故)仍严重威胁着人们的生命与财产安全。道路交通安全事关人民群众生命与财产安全和经济社会发展大局,减少道路交通事故发生或降低事故的伤害程度,不断提高交通安全水平始终是广大交通从业者不懈努力的方向。本章将在解析交通安全基本概念的基础上,介绍国内外交通安全发展状况及本教材的主要内容。

1.1 交通安全与交通事故

1.1.1 道路交通系统及其安全

道路交通系统是一个由人、车、路(含整个环境)构成的动态系统。系统中,驾驶员从道路交通环境中获取信息,这些信息综合到驾驶员的大脑中,经判断形成动作指令,指令指导驾驶操作行为,使汽车在道路上产生相应的运动,运动后汽车的运行状态和道路环境的变化又作为新的信息反馈给驾驶员,如此循环反复,完成整个行驶过程。

人、车、路被称为道路交通系统的三要素。人、车、路三要素必须相互协调,才能达到整个道路交通系统安全、快速、经济和舒适的要求。安全是基础,保证安全才能实现快速、经济和舒适。但是道路交通系统作为一个动态系统,不存在绝对的安全。在道路交通系统的安全分析中,三要素在交通事故中的作用,一直是各国专家学者研究的热点之一。美国学者 Treat、英国学者 Sabey 和澳大利亚专家通过对大量事故的深入研究,得到了各因素对交通事故的影响程度。从该研究中可以看出，人是事故的关键影响因素。驾驶员是环境的理解者以及指令的发出和执行者，因此它是道路交通系统的核心。路和车必须通过人才能起作用，人、车、路组成的系统时刻在变化，因此是不稳定的，三者靠人的干预达到平衡，因此人是交通事故的关键影响因素。同时也可以看出，虽然由单纯道路环境因素引发的交通事故所占比例较小，但是与道路环境因素有关的交通事故所占比例较高，系统中的三要素必须共同协调、相互配合，才能避免交通事故的发生。因此，分析交通事故发生的原因，最重要的是分析人、车、路（含整个环境）各因素对交通事故的影响。

1.1.2 交通安全

1) 交通安全的含义

交通安全是交通参与者在交通出行中遵守交通法规，消灭、减少交通事故或减轻事故损失，避免发生人身伤亡或财产损失的过程。

交通安全意味着人或物遭受损失的可能性是可以接受的，若这种可能性超过了可接受的水平，即为不安全。道路交通系统作为动态的开放系统，其安全既受系统内部因素的影响，又受系统外部环境的干扰。系统内任何因素的不可靠、不平衡、不稳定，都可能导致冲突与矛盾，产生不安全因素或不安全状态。

2) 交通安全的特点

（1）交通安全是在一定危险条件下的状态，并非绝对没有交通事故发生。

（2）交通安全不是瞬间的结果，而是对道路交通系统在某一时期、某一阶段过程或状态的描述。

（3）交通安全是相对的，绝对的交通安全是不存在的。

（4）对于不同的时期和地域，可接受的交通事故损失水平是不同的，因而衡量道路交通系统是否安全的标准也不同。

3) 交通安全涉及的学科内容

（1）交通安全基础理论

交通安全基础理论揭示了交通运输系统中交通安全的本质和运动规律，是交通安全研究的基础。

交通安全基础理论可分为可靠性理论、事故致因理论和事故预防理论等。人的差错或事物的故障不仅会使系统原有功能丧失或功能下降，还会引发意外事故和灾害，影响整个交通运输系统的可靠性和安全性。对于整个交通运输系统，为了防止事故的发生，首先需要弄清楚事故发生的原因及诱导事故的因素，这就是"事故致因因素"，在此基础上，研究如何通过控制或消除事故致因因素以防止事故发生。而对于事故预防，可以从道德、法律、经济等方面考虑，并遵循技术及组织管理原则。

（2）交通安全评价

交通安全评价主要是针对交通系统中的安全问题进行定量和定性的分析和评价，并采取安全措施予以控制，降低交通事故的可能性，从而使系统达到更优安全状态。

道路交通安全评价主要是从预防交通事故、降低事故发生的可能性和严重性入手，对道路项目建设的可行性研究、设计、施工、运营等阶段，进行全方位的安全性评价，并通过研究道路的几何线形、外观尺寸、附属设施等分析交通安全的影响因素,消除不安全因素,为道路使用者提供更加安全的道路交通环境。

(3) 交通安全技术

交通安全技术是研究各种交通运输设备安全化和无害化,以保障交通安全为目的的、运用各种安全设备和装置的学问。该技术是在交通运输设备的设计、建设或生产、使用、维修、评价等一系列工程领域中,使交通运输设备实现本质安全化,以及研制和运用各类专用安全设备和安全装置的科学理论、方法、工程技术和安全控制手段的总和。

交通安全技术从设计入手,达到从根本上保证交通安全的目的。具体应对道路、线路、车辆、航空器等进行设计,消除各种危害交通安全的事故隐患,或加强对交通事故的防护等。此外,还必须加强对移动设备、固定设备、运输对象、环境等的实时监控和检测。基于"安全第一、预防为主"的理念,采取紧急救援技术和措施,最大限度地降低事故损失。

(4) 交通安全管理

交通安全管理主要研究交通安全管理体制与立法以及各种安全法规的制定和执行,研究交通安全教育与培训,通过先进的安全管理体制的建立与事故预防、应急措施和保险补偿三种手段的有机结合,在时间、成本、效率和技术水平等条件的约束下,使系统达到最佳安全水平。

交通安全管理涉及的内容比较广泛,包括安全组织、安全技术、安全法规、安全教育、安全信息及安全资金管理等。

1.1.3 交通事故

1) 交通事故的定义

由于国情不同,世界各国的交通规则和交通管理规定也有所区别,对交通事故的理解也存在差异。

(1) 我国根据国情、民情和道路交通状况,在《中华人民共和国道路交通安全法》中给出了交通事故的定义:"车辆在道路上因过错或者意外造成的人身伤亡或者财产损失的事件。"该定义适合我国道路、车辆和人参与交通行为的状况,得到了国家和社会各方面的普遍认同。

(2) 美国国家安全委员会(National Security Council,NSC)对道路交通事故的定义:车辆或其他交通物体在道路上所发生的意料不到的、有害的或危险的事件。这些事件妨碍着交通行为的完成,且往往是由不安全的行动、不安全的因素或者是两者的共同作用造成的。

(3) 日本对道路交通事故的定义:由车辆在交通中引起的人的死伤或物的损坏。

(4) 英国对道路交通事故的定义:发生在公共道路上,涉及至少一辆车,并且造成人员伤亡的事件,不包括仅造成财产损失的事故。

(5) 德国对道路交通事故的定义:发生在公共道路或广场上,涉及至少一辆运动的车辆,并且造成了人员伤亡以及(或)财产损失的事件。

(6) 联合国欧洲经济委员会对道路交通事故的定义:发生在或者来源于开放交通的道路或街巷,涉及至少一辆运动的车辆,造成一个或以上人员死亡或受伤的事件。

综上所述,各个国家、组织对道路交通事故的定义均涉及车辆和人员伤亡,但是对于事故车辆是否必须处于运动状态、事故是否必须发生于公共道路上,以及单纯造成财产损失的事件是否属于交通事故的规定却不尽相同。

2) 交通事故的构成要素

(1) 车辆要素

交通事故各方当事人中，必须至少有一方使用车辆，包括机动车和非机动车。界定某事件属于交通事故的基本标准是必须有车辆参与其中，这是构成交通事故的前提条件，否则，不认为其是交通事故。例如，行人在行走过程中，发生意外碰撞或自行跌倒，致伤或致死均不属于交通事故。

(2) 道路要素

这里的道路是指公用的道路，即《中华人民共和国道路交通安全法》规定的"公路、城市道路和虽在单位管辖范围但允许社会机动车通行的地方，包括广场、公共停车场等用于公众通行的场所"。它必须具备三个特性，即形态性、客观性和公开性。形态性是指与道路毗连的供公众通行的地方；客观性是指道路尚未完工，但却是为公众通行而建；公开性是指交通管理部门认为是供公众通行的地方都可视为道路。此外，还应以事态发生时车辆所在的位置，而不是事故发生后车辆所在的位置，来判断其是否在道路上。

(3) 运动要素

在事件发生时各当事方至少有一方车辆处于运动状态且发生碰撞才属于交通事故，车辆都处于停放状态时发生的事故不属于交通事故。

(4) 后果要素

交通事故必定有损害后果，即人、畜伤亡或车、物损坏，这是交通事故的本质特征。因当事人违章行为造成了损害后果，才算作交通事故；如果只有违章而没有损害后果，则不能算作交通事故。

3) 交通事故的现象

交通事故的现象，也称交通事故的形式，即交通参与者之间发生冲突或自身失控造成的事故所表现出来的具体形式，基本上可分为碰撞、碾压、刮擦、翻车、坠车、爆炸和失火7种。

(1) 碰撞

碰撞是指交通强者（相对而言）的正面部分与他方接触。碰撞主要发生在机动车之间、机动车与非机动车之间、机动车与行人之间、非机动车之间、非机动车与行人之间及车辆与其他物体之间。

(2) 碾压

碾压是指作为交通强者的机动车，对交通弱者（如自行车、行人等）的推碾或压过。尽管在碾压之前，大部分均有碰撞现象，但习惯上一般都称此类事故为碾压。

(3) 刮擦

刮擦是指相对而言的交通强者的侧面部分与他方接触，给自身或他方造成损失。主要表现为车刮车、车刮物和车刮人。对汽车乘员而言，发生刮擦事故时的最大危险来自破碎的玻璃，也有车门被刮开导致车内乘员摔出车外的情况。根据运动情况，机动车之间的刮擦可以分为会车刮擦和超车刮擦。

(4) 翻车

翻车是指车辆没有发生其他形态改变，部分或全部车轮悬空而车身着地的现象。翻车一般可分为侧翻和滚翻两种,车辆的一侧车轮离开地面称为侧翻,所有的车轮都离开地面称为滚翻。为了准确地描述翻车过程和最后的静止状态,也可用 90°翻车、180°翻车、270°翻车、360°翻车、720°翻车等概念描述。

(5) 坠车

坠车即车辆的坠落,且在坠落的过程中,有离开地面的落体过程,通常是指车辆跌落到与路面有一定高度差的路外,如坠落桥下、坠入山涧等。

(6) 爆炸

爆炸是指由于爆炸物品被带入车内,在行驶过程中由于振动等引起其突然爆炸而造成的事故。若无违章行为,则不算是交通事故。

(7) 失火

失火是指车辆在行驶过程中,由人为的或技术上的原因引起的火灾。常见的失火原因有乘员使用明火、违章直流供油、发动机回火、电路系统短路及漏电等。

交通事故的现象有的是单一的,有的是两种以上并存的。对两种以上并存的现象,一般按现象发生时间的先后顺序加以认定。如刮擦后翻车认定为刮擦,碰撞后失火认定为碰撞等。

4) 交通事故的分类

对交通事故进行分类,目的在于分析研究、预防和处理交通事故,同时也便于统计和寻找对策。根据分析的角度、方法不同,交通事故有多种分类方法。通常,交通事故分类方法主要有按事故责任分类、按事故后果分类、按事故原因分类、按事故对象分类、按事故发生地点分类 5 种。

(1) 按事故责任分类

根据交通事故的主要责任方所涉及的车种和人员,在统计工作中可将交通事故分为机动车事故、非机动车事故、行人事故。

① 机动车事故。

机动车事故是指汽车、摩托车和拖拉机等机动车负主要以上责任的事故。由于机动车相对而言为交通强者,而非机动车或行人则属于交通弱者,二者发生事故视为机动车事故。

② 非机动车事故。

非机动车事故是指自行车、人力车、三轮车和畜力车等按非机动车管理的车辆负主要以上责任的事故。

③ 行人事故。

行人事故是指行人负主要以上责任的事故。

(2) 按事故后果分类

根据人身伤亡或者财产损失的程度或数额,交通事故可分为轻微事故、一般事故、重大事故和特大事故。

① 轻微事故。

轻微事故是指一次造成 1~2 人轻伤,或者机动车事故导致的财产损失不足 1000 元、非机动车事故导致的财产损失不足 200 元的事故。

② 一般事故。

一般事故是指一次造成 1~2 人重伤,或者 3 人以上轻伤,或者财产损失不足 3 万元的事故。

③重大事故。

重大事故是指一次造成1~2人死亡,或者3~10人轻伤,或者财产损失3万元以上不足6万元的事故。

④特大事故。

特大事故是指一次造成3人以上死亡,或者11人以上重伤;或者1人死亡,同时8人以上重伤;或者2人死亡,同时5人以上重伤;或者财产损失6万元以上的事故。

(3) 按事故原因分类

根据原因不同,交通事故分为主观原因造成的事故和客观原因造成的事故。

①主观原因造成的事故。

主观原因是指造成交通事故的当事人本身内在的因素,如主观过失或有意违章,主要表现为违反规定、疏忽大意和操作不当等。

违反规定是指当事人由于思想方面的原因,不按交通法规规定行驶或行走,致使正常的道路交通秩序混乱,发生交通事故,如酒后开车、非驾驶员开车、超速行驶、争道抢行、违章超车、超载、非机动车走快车道和行人不走人行道等原因造成交通事故。

疏忽大意是指当事人由于心理或生理方面的原因,如心情烦躁、身体疲劳造成精力分散、反应迟钝而表现出瞭望不周、采取措施不当或不及时,没有正确地观察和判断外界事物而造成失误。也有当事人凭主观想象判断事物或过高地估计自己的技术,引起行为不当而造成事故的情况。

操作不当是指当事人技术生疏、经验不足,对车辆、道路情况不熟悉,遇到突发情况惊慌失措而引起操作错误。

②客观原因造成的事故。

客观原因是指引发交通事故的车辆、环境和道路方面的不利因素。目前,对于客观原因还没有很好的调查和测试手段,因此,在事故分析中往往会忽视这些因素。

(4) 按事故对象分类

按事故对象,交通事故可分为车辆间的交通事故、车辆与行人的交通事故、机动车与非机动车的交通事故、车辆自身事故、车辆对固定物的事故。

①车辆间的交通事故。

车辆间的交通事故是指车辆之间发生刮擦、碰撞等而引起的事故。

②车辆与行人的交通事故。

车辆与行人的交通事故是指机动车对行人的碰撞、碾压和刮擦等事故,包括机动车闯入人行道及行人横穿道路时发生的交通事故。

③机动车与非机动车的交通事故。

混合交通是我国道路交通的主要特征。机动车与非机动车的交通事故主要为机动车碰撞、碾压非机动车的事故。

④车辆自身事故。

车辆自身事故是指机动车由于自身原因,在没有发生碰撞、刮擦的情况下发生的事故。

⑤车辆对固定物的事故。

车辆对固定物的事故是指机动车与道路两侧的固定物相撞的事故。其中,固定物包括道路上的工程结构物、护栏、路肩上的灯杆、交通标志等。

(5) 按事故发生地点分类

按照事故发生地点,我国常把交通事故分为公路交通事故和城市道路交通事故两类。在我国,公路可分为高速公路、一级公路、二级公路、三级公路和四级公路 5 个等级;城市道路可分为快速路、主干路、次干路和支路 4 个等级。另外,还可按道路交叉口和路段不同来进行分类。

除上述 5 种主要分类方法外,其他分类方法还有按伤亡人员职业类型分类,按肇事者所属行业分类,按肇事驾驶员所持驾驶证种类、驾龄分类等。

5) 交通事故的特点

交通事故具有随机性、突发性、频发性、社会性、不可逆性等特点。

(1) 随机性

在道路交通系统这样的动态大系统中,某个失误可能引起一系列其他失误,从而引发危及整个系统的大事故,而这些失误绝大多数是随机的。交通事故往往是多种因素共同作用或互相引发的结果,其中有许多因素本身是随机的,而多种因素组合在一起或互相引发具有更大的随机性,因此交通事故的发生必定带有极大的随机性。

(2) 突发性

交通事故的发生通常并没有任何先兆,即具有突发性。驾驶员从感知到危险至交通事故发生这段时间极为短暂,往往短于驾驶员的反应时间与采取相应措施所需时间之和。交通事故突发意味着很难在事故发生前的瞬间采取有效的措施来避免交通事故的发生,因此事故的预防与预警对减少交通事故具有十分重要的意义。

(3) 频发性

随着机动化的快速推进,机动车数量的增长速度大于基础设施的建设速度,车辆行驶空间进一步缩小,导致交通事故较为频繁。交通事故已成为全世界亟须解决的社会公共安全问题。

(4) 社会性

道路交通是随着社会和经济的发展而发展的客观社会现象,是人们客观需要的一种社会活动,这种活动是人们日常生活和工作中必不可少的。在现代化的城市中,大生产背景下的社会分工越来越细,人际协作和交往也越来越密切,使人们在道路上的活动日趋频繁,并成为一种社会的客观需求。

(5) 不可逆性

交通事故的不可逆性是指其不可重现性。事故是交通系统内部发展的产物,与该系统的变量有关,并受一些外部因素的影响。从行为学的观点看,社会中没有哪种行为与交通事故发生时的行为类似,无论如何研究交通事故发生的机理和防治措施,也不能预测何时、何地、何人会发生何种事故。因此,交通事故是不可重现的,其过程是不可逆的。

1.1.4 交通安全与交通事故的关系

安全与危险是一对此消彼长的矛盾,它们都是与生产过程共存的"过程状态",描述安全与危险的指标分别是安全性与危险性,两者存在的关系可表示为:安全性=1−危险性。

最大限度地防止交通事故的发生是保障道路交通系统安全的前提。交通安全与交通事故间的关系如下:

(1) 交通安全与交通事故是对立的,但交通事故并不是交通不安全的全部内容,而是在安全与不安全的矛盾斗争过程中某些瞬间突变结果的外在表现。

(2) 当道路交通系统的危险性降低至可接受的程度时，道路交通系统处于安全状态，反之则处于危险状态。处于危险状态的交通系统可能会导致事故发生或事故的伤害程度升高。

(3) 交通安全既然是一种状态，就有不同的量化方式，其中一种方式是用事故来量化安全。但并不是发生事故多的地方就危险，有可能只是因为这个地方车多，所以，用事故量化交通安全有各种各样的方式及参数；也并不是说有些地方没有发生事故就安全，只能说这一时期没发生事故，但只要导致事故发生的隐患还存在，未来某个时期就有发生事故的可能性。

1.2　国内外道路交通安全概况

近年来，全球因道路交通事故死亡的人数仍处高位，解决交通事故成为世界性难题。根据2021年世界卫生组织(World Health Organization, WHO)发布的年度《世界卫生统计报告》，到2021年，每年全世界仍有约130万人的生命因道路交通事故而终止，还有2000万~5000万人受到非致命伤害，其中许多人因此残疾。道路交通伤害给个人、家庭乃至整个国家带来巨大的经济损失，这些损失不仅包括死伤者的治疗费用，也包括死者、因伤残疾者以及需要占用工作或学习时间照顾伤者的家人等所损失的劳动力。

1.2.1　国外道路交通安全概况

由于世界各个国家和地区在交通发展状况、文化素质和汽车保有量等方面存在差异，各国家和地区道路安全状况相差很大。90%以上的道路交通死亡事故发生在低收入和中等收入国家，非洲区域的道路交通伤害死亡率最高。即使在高收入国家，社会经济地位较低者也更容易卷入道路交通事故。

1) 美国

美国作为一个人口基数大、经济体量大的发达国家，其汽车保有量和公路里程数居世界前列，与此同时也存在交通事故频发的问题。美国每年的交通事故数量和受伤人数仍在逐年增加，而死亡人数则在1972年达到峰值，高达56278人。之后的四十几年中，随着美国交通安全水平的不断提升，相关规定日益深化和细化，死亡人数总体呈现下降的趋势。美国2010—2020年的道路交通事故死亡人数如图1-1所示，从图中可以看出，2011年的道路死亡人数为32479人，创1949年美国联邦安全监管部门统计数据以来的最低纪录。而从2015年开始，道路交通事故死亡人数相较之前有小幅度的增长，在2020年，更是有了明显的增长。

2020年，美国国家安全委员会(NSC)宣布年交通事故死亡人数达到13年来最高，这促使道路安全倡导者呼吁采取行动降低事故死亡率。NSC表示，由于新型冠状病毒感染的出现，车辆行驶里程下降了13%，但是2020年交通事故死亡人数较2019年上升了16%，达到42060人，撞车事故的死亡率较2019年上升了24%，这是NSC自1924年以来报告的最高年增长率。

2021年10月，美国国家公路交通安全管理局(National Highway Traffic Safty Administration, NHTSA)发布了《2021年上半年(1月至6月)机动车交通事故死亡人数的早期估计报告》。根据

NHTSA 的报告,美国 2021 年上半年约有 20160 人死于车祸,比 2020 年增加 18.4%。数据显示,新型冠状病毒感染的出现改变了美国驾驶员的驾驶习惯,人们降低了开车上路的频率,但是行驶速度却变快,注意力不易集中,随之而来的致命车祸数量开始攀升。NHTSA 指出,2021 年上半年的车祸死亡人数是自 2006 年以来上半年死亡人数最多的一年。对此,美国道路安全委员会采取了相应的措施,包括公平执行交通法规、改善基础设施、为醉酒驾驶员提供强制点火开关锁、降低车速限值以适应道路设计,以及出台禁止在开车时使用手机的法律,以减少死亡事故的发生。

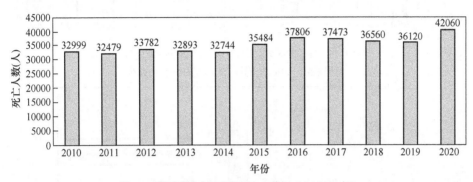

图 1-1　美国道路交通事故死亡人数(2010—2020 年)

数据来源:《2020 年道路安全年度报告》相关数据

2)澳大利亚

澳大利亚在减少道路交通事故方面为国际提供了成功的经验。该国最早实施了许多有效的道路交通安全措施,在道路交通安全方面进行了大量的研究工作。澳大利亚的第一起有记录的道路交通死亡事故发生在 1925 年,从此道路交通事故死亡人数直线上升(世界经济大萧条和第二次世界大战期间除外),至 1954 年道路交通事故死亡人数超过所有的传染病死亡人数,到 20 世纪 60 年代末达到高峰,之后便一直呈下降的趋势。澳大利亚政府非常重视对道路交通安全的研究,除了对已有道路和发生的道路交通事故进行分析研究,对驾驶员行为、道路设施与环境和车辆安全性能加以规范和改善以外,还较早地开展了"道路安全评价"工作,并形成了完善的规范和制度。

3)日本

日本的公路网密度居世界各国之首,达 303km/100km^2。第二次世界大战后,日本经济快速发展,车辆数量以每年 10% 的速度递增,道路交通事故数也随之迅速增加。为了遏制事故数量急速上升,1966 年日本开始制订和实施《交通安全综合计划》,经过十几年的努力,终于使道路交通事故死亡人数从 1970 年的最高峰 16765 人,降至 1980 年的 8760 人,之后死亡人数虽有所反弹(20 世纪 90 年代初上升为 11000 人/年),但大致呈现出连续下降的趋势。到 2020 年,新冠肺炎疫情期间非必要不外出的防控措施使路面交通量减小,交通事故死亡人数创新低,降至 2839 人,这是日本自 1948 年有记录以来最低年死亡人数。2010—2020 年日本道路交通事故死亡人数如图 1-2 所示。

大多数发展中国家由于经济低迷,交通得不到足够重视,道路交通安全仍存在诸多问题。《2018 年全球道路安全现状报告》显示,道路交通事故中受到伤害最大的是 5~29 岁人群,尤其是生活在发展中国家的行人。2013—2017 年间,23 个中等收入国家和 25 个高收入国家的道路交通事故死亡人数均有所减少,而没有低收入国家的事故死亡人数得到减少,如图 1-3 所示。

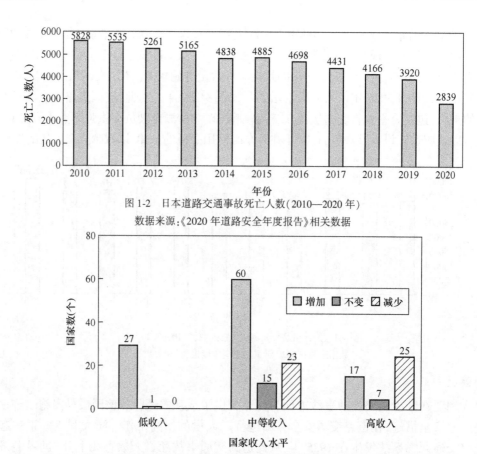

图 1-2　日本道路交通事故死亡人数（2010—2020 年）

数据来源：《2020 年道路安全年度报告》相关数据

图 1-3　2013—2017 年道路交通事故死亡人数变化不同情况对应的各收入水平的国家数量

数据来源：《2018 年全球道路安全现状报告》相关数据

实际上，日本已连续多年成为交通事故死亡率全球最低的国家之一。

高收入国家人口占全世界人口的 15%，机动车数量占全世界的 40%，道路交通事故死亡人数占全世界的 7%。而低收入国家的人口占全世界的 9%，机动车数量只占全世界的 1%，道路交通事故死亡人数却占全世界的 13%，与其机动车数量相比，这些国家道路交通事故死亡人数过高。

在新冠肺炎疫情封控期间，高收入国家因交通事故而死亡的人数下降了 80%，大多数国家 2019 年的道路交通事故死亡人数低于 2016—2018 年的平均水平。与 2016—2018 年的平均水平相比，国际道路交通和事故数据库（IRTAD）覆盖的国家道路交通事故死亡人数平均下降了近 5%。2018 年，澳大利亚、奥地利、比利时、法国、希腊、爱尔兰、日本、韩国、立陶宛和斯洛文尼亚 10 个国家的道路交通事故死亡人数达到系统记录以来的最低水平。部分国家 2000—2019 年每 10 万居民道路交通事故死亡人数演变如图 1-4 所示。

按照各类型道路死亡人数划分标准，各个国家不同类型道路死亡人数所占比例如图 1-5 所示。在这些国家中，大多数致人死亡的交通事故发生在农村公路上。偏窄的路幅宽度和相对较高的车速是许多农村公路交通的特点，并且车道之间缺乏物理分隔，加上十字路口众多，路边设施缺乏必要的维护，增加了道路碰撞的发生频次和严重程度。尽管最多的撞车事故发生在农村公路上，但在高速公路和城市道路上发生的严重道路交通事故仍然占据很大比例。

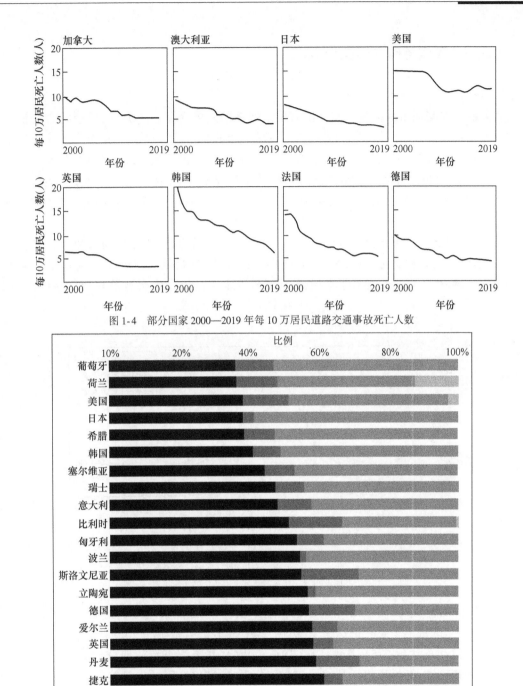

图 1-4 部分国家 2000—2019 年每 10 万居民道路交通事故死亡人数

图 1-5 各国按道路类型划分的死亡人数比例

1.2.2 我国道路交通安全概况

1) 道路交通安全发展情况

我国的道路交通事故数量基本是随着国民经济的发展而逐步上升的,并受社会经济状况影响而发生一定的波动。根据公安部公布的数据,20世纪五六十年代每年全国道路交通事故死亡人数几千人,70年代发展到2万人左右,从80年代中期开始至21世纪初,随着国民经济的快速发展以及机动车保有量的增长,我国的道路交通事故数量及死亡人数急剧上升,在2002年达到峰值,并在之后的几年,呈现出较明显的下降趋势。2008—2020年,事故数量低于25万次。

目前,我国道路交通安全仍有待加强。当然,令人欣慰的是,道路交通事故无论是发生总次数,还是死亡人数和受伤人数,都在2002年达到峰值之后,就一直处于下降趋势。至2020年,道路交通事故的总体状态趋于平稳,我国道路交通事故年发生次数及其变化趋势如图1-6所示。

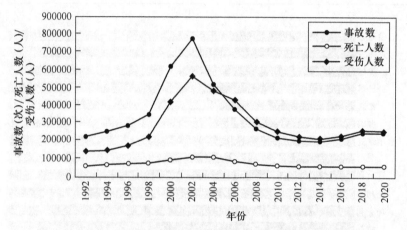

图1-6 我国道路交通事故变化趋势(1992—2020年)
数据来源:《中国统计年鉴》相关年份数据

随着经济发展及人民群众出行需求的快速增长,我国道路交通运输行业快速发展。截至2021年9月,全国机动车保有量达3.90亿辆,其中汽车2.97亿辆。2021年前三季度,全国新注册登记的机动车达到2753万辆。从2014年开始,我国汽车新注册登记数量每年以超过2000万辆的速度增长,城市机动化水平进一步提升,道路安全问题也日趋复杂。截至2021年9月,机动车驾驶员4.76亿人,其中汽车驾驶员4.39亿人。汽车驾驶逐渐成为普通群众的基本技能。2015—2020年我国汽车驾驶员数量如图1-7所示。

尽管我国汽车驾驶员数量持续攀升,但增幅在减小,从近几年数据来看,每年新增汽车驾驶员数量由2015年的3613万人开始逐年减少,总体呈下降态势。近年来,我国汽车驾驶员数量、机动车保有量、道路里程持续增长,道路交通出行的体量巨大,从"硬件"来看,我国已进入汽车社会,成为交通大国。

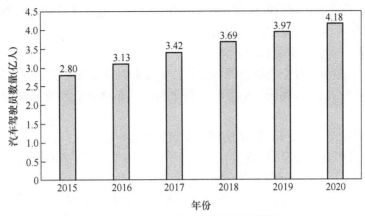

图 1-7　2015—2020 年我国汽车驾驶员数量
数据来源:《中国汽车安全发展报告(2020)》

2) 道路交通安全形势与挑战

(1) 东部地区和西部地区的交通安全指数较高

《中国城市交通绿色发展报告(2020)》发布了 31 个省级行政区的交通安全指数,各区域交通安全指数平均值由高到低依次为东部地区、西部地区、中部地区、东北地区。其中东部地区和西部地区的交通安全指数平均值高于 31 个省级行政区的交通安全指数平均值(32.04),且差距较小,其余两个地区的交通安全指数平均值均低于此平均值。东部地区交通发达,交通安全行政处罚数较多,而西部地区面积较大,人口较少,交通不发达,因此,涉及的交通安全问题不多。相对来说,东部地区交通安全法规数量、交通安全专利数量较多,西部地区的相关数量较少。

(2) 重特大事故数量逐年下降

我国道路交通事故总量稳中有降,重特大事故由 2014 年的 13 起降至 2020 年的 3 起。

(3) 道路交通管理对象体量巨大,安全管理任务繁重

作为人口大国,加之经济快速发展,我国道路交通需求旺盛,交通安全管理量多、面广、难度大。一是人、车、路基数大,截至 2021 年 9 月,机动车驾驶员数量达到 4.76 亿人,机动车保有量 3.90 亿辆,截至 2021 年年底,我国高速公路通车里程 16.91 万公里,几项指标均位列世界第一。二是道路交通要素持续增长,新增汽车驾驶员数量、新增汽车数量虽有下降的趋势,但从长远看,我国千人汽车保有量仅为 170 辆左右,与美国超过 900 辆、欧洲和日本均接近 600 辆相比,还有很大的增长空间。预计今后一段时期,机动车驾驶员数量、机动车保有量、公路通车里程仍将持续增长,加之交通强国战略的实施,道路交通安全管理对象的体量将会越来越大,任务将会越来越重,难度将会越来越大。

(4) 交通新业态涌现,交通安全防控形势复杂

随着社会发展,我国涌现了许多交通新业态,交通安全防控形势复杂多变,交通安全管理工作同时面临"外患"与"内忧"。近年来,我国电动自行车生产量和保有量持续上升,我国已成为电动自行车大国。

据工信部统计,2020 年我国电动自行车产量达 2966 万辆,社会保有量 3.3 亿辆,位居世界第一。快递、外卖等行业快速兴起,加之"骑手"普遍驾驶电动自行车,又追求效率、车速较快,城市交通事故存在潜在增长点。随之而来的电动自行车引发的道路交通事故数量也在攀升。2019 年全国道路交通事故伤亡人员中,驾驶电动自行车导致的死亡人数达 8639 人,受伤

人数达44677人,伤亡人数接近非机动车伤亡人数的70%。据专家介绍,超速行驶是造成电动自行车道路交通伤害的一大重要危险因素。

(5)儿童道路交通安全问题依然严峻

儿童是道路交通参与者中的弱势群体,目前,仍存在对其安全产生潜在威胁的问题。幼儿园、学校源头教育力度不够,我国尚未形成常态化的校园交通安全教育机制,儿童道路交通安全问题依然严峻。

(6)农村道路安全隐患突出,隐患治理工作保障不足

农村道路受自然条件及经济因素制约,道路安全隐患突出,很多地区虽实现了"村村通",但未能实现"路路安"。主要问题包括:一是农村道路的安全设施缺失,仍存在无交通标志标线、无防护栏的情况。二是农村道路安全隐患治理资金难落实,排查出的道路隐患有积压。三是部门间协作不到位,实际工作中部门间缺乏对接机制,对于隐患的认定标准不统一。

3)道路交通成就

1978年全国公路通车总里程89.02万公里,2020年公路通车总里程已经达到519.81万公里,42年间增长了近5倍,高速公路通车总里程更是从无到有,2021年底达到16.91万公里。公路通车里程与汽车保有量的迅猛增长使我国驶上了"快车道",为经济发展输入了强劲动力,给人们的生活带来了极大便利。

截至2020年年末,全国公路网密度达到54.15km/100km²,比2019年年末增加1.94km/100km²,2016—2020年公路通车总里程及公路网密度如图1-8所示。公路网密度的不断攀升,也意味着在交通更加便捷的同时,道路交通安全需要得到更多关注。

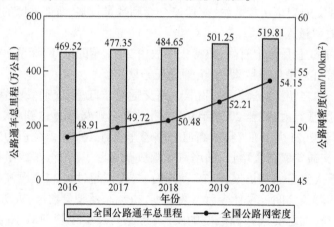

图1-8 2016—2020年全国公路通车总里程及公路网密度
数据来源:《2020年交通运输行业发展统计公报》

1950年起,11万筑路大军在平均海拔4000m的世界屋脊,跨怒江天险,攀横断山脉,渡通天激流,越巍峨昆仑,五易寒暑,修筑了青藏、川藏公路,创造了世界公路史上的奇迹。

改革开放以来,我国高速铁路、高速公路、城市轨道交通等各种运输方式都实现了快速发展,机场数量、管道里程位居世界前列,成为社会主义现代化建设的重要支撑。

2021年,中国共产党成立一百周年。一百年来,在党的坚强领导下,我国交通运输事业取得了举世瞩目的成就,走出了一条具有中国特色的发展道路。特别是党的十八大以来,在以习近平同志为核心的党中央坚强领导下,交通运输事业取得了历史性成就、发生了历史性变革,

建成了全球最大的高速铁路网、高速公路网、世界级港口群,航空航海通达全球,综合交通网突破600万公里,公路成网、铁路密布、高铁飞驰、巨轮远航、飞机翱翔、天堑变通途的梦想已成为现实。如今,我国的交通运输网络日趋完善,多种运输方式与1949年相比都实现了质的飞跃,其中高速公路、高速铁路已成为我国闪耀世界的亮丽名片。

综合立体交通网络的加快构建,有效支撑了国家重大战略的实施。党坚持发挥交通先行作用,实现了交通基础设施加速成网,基本形成了以"十纵十横"综合运输大通道为主骨架、内畅外通的综合立体交通网络,为国民经济持续健康发展提供了强有力支撑。

截至2020年年底,我国铁路、公路、内河航道通航、民航航线的里程分别达到14.6万公里、519.8万公里、12.8万公里、942.63万公里,分别是1949年初期的7倍、64倍、1.7倍、857倍。我国境内民用航空颁证机场共241个,年旅客吞吐量达1000万人次以上的通航机场有27个;全国港口拥有生产用码头泊位22142个,万吨级及以上泊位2592个,占泊位总数的11.7%,居世界首位。这些社会发展不可缺少的基础设施,正是我们伟大祖国版图上的动脉血管,为促进经济社会发展、改善出行条件、提高人民生活水平提供了关键支撑,使得我国向交通强国建设迈出坚实步伐。

交通运输部相关负责人表示:通过多年来的发展,我国的交通运输行业实现了由"瓶颈制约"到"总体缓解"再到"基本适应"的阶段性转变。在第二届联合国全球可持续交通大会上,习近平总书记指出,"新中国成立以来,几代人逢山开路、遇水架桥,建成了交通大国,正在加快建设交通强国","交通成为中国现代化的开路先锋"。交通运输的快速发展有力支撑着中华民族从站起来、富起来到强起来的伟大飞跃,成为我们党领导伟大社会革命实践的生动注脚,进一步印证了坚持党对交通运输事业的集中统一领导的历史必然性。

交通运输是兴国之要、强国之基,必须高度重视、统筹谋划。交通运输是经济社会发展重要的基础性、先导性、战略性产业和重要的服务性行业。交通关系着国家的经济发展,与民生、城市建设等也息息相关。2021年我国开始实施"十四五"规划,"十四五"时期是我国开启全面建设社会主义现代化国家新征程的第一个五年,规划好"十四五"时期发展十分重要。2021年11月,交通运输部正式印发《综合运输服务"十四五"发展规划》,该规划提出以加快建设交通强国为总目标,加快构建便捷顺畅、经济高效、开放共享、绿色智能、安全可靠的现代综合运输服务体系。当今世界正经历百年未有之大变局,我国发展的内部条件和外部环境正在发生深刻复杂变化,因此我们必须深入研判、深入调查、科学决策,以保持我国交通运输事业和经济社会持续健康发展。

1.3 道路交通安全研究的目的、意义和内容

1.3.1 道路交通安全研究的目的和意义

1)道路交通安全研究的目的

道路交通安全研究的目的在于对道路交通安全做比较系统的研究,将影响交通安全的人、车、路以及交通环境因素作为一个系统,深入探寻道路交通事故的发生、发展规律,针对人、物

流通过程中系统质点的冲突与矛盾事先形成对策,实现有效控制,维持道路交通系统安全的动态平衡。

2) 道路交通安全研究的意义

无论是在发展中国家进行的汽车化进程中,还是在发达国家面临的后汽车化发展中,都应该把保证汽车行驶安全作为重要追求目标。发展中国家的道路交通安全形势尤为严峻,道路交通安全研究更加任重道远,开展道路交通安全研究更具有深远的意义。在推广交通安全新技术以及加强道路设计与使用管理的同时,应大力推行改变用户行为的执法措施和道路交通安全技术的宣传和教育。事在人为,只要科学、有效地采取道路交通安全措施,道路交通事故就可以得到预防和控制。

1.3.2 道路交通安全研究的内容

1) 道路交通安全行政管理研究

研究内容包括道路交通安全管理机制、管理政策、管理勤务和技术行政管理信息系统等。

(1) 道路交通安全管理机制研究

研究内容包括条块关系、机动能力、通信手段、警力配备、技术装备、队伍素质训练及机构设置等。

(2) 道路交通安全管理政策研究

研究内容包括立法与执法、技术政策、规范与标准等。

(3) 道路交通安全管理勤务研究

研究内容包括安全管理勤务模式、岗位规范、行为规范、装备标准等。

(4) 道路交通安全技术行政管理信息系统研究

研究内容包括信息格式、采集、处理、统计、存储、检索以及反馈制度等。

2) 道路交通安全技术研究

道路交通安全技术研究强调综合性,研究内容包括人、车、路和环境等诸方面的安全技术问题,一般均通过事故分析与事故对策进行研究。

(1) 人的研究

人的研究主要是从防护的角度对交通参与者的心理和生理等各方面进行研究,通过事故成因及事故特征分析,应用模拟及再现技术,寻求规律性的参数与结论。

(2) 车的研究

研究内容包括车辆安全特性、主动与被动安全设施、车辆驾驶、碰撞、故障及仿真等,这些均要立足于事故成因分析的基础上,而所有实验设备及装置,以及有关测定方法和技术手段均属特殊条件和特殊要求制约下的应用技术研究。

(3) 路的研究

研究内容包括路的适应性方面的几何条件、采光条件、安全防护、道路等级与功能划分、路面条件、附属工程条件等,对公路和城市道路应分别进行系统研究。

(4) 环境研究

研究内容包括气候、气象、降水、地形、地理、人文、街道化程度、路况、车型、车种混入率、交通干扰、专业运输、文化及职业特征等对交通安全的影响。

(5)事故分析与事故对策的研究

事故分析研究内容包括事故成因、事故特征分布及事故分析技术等;事故对策研究内容包括事故勘查技术、事故处理方法与事故对策技术等。

(6)交通安全实验研究

研究内容包括各种模拟和仿真的特种装置、实验设计、实验观测、数据采集和处理、实验技术等。

3)道路交通安全设施研究

研究内容包括道路安全设施、车辆安全设施、驾驶员安全设施、行人安全设施、残疾人交通安全设施、交通安全设施环境、交通安全训练、交通安全救援与救护技术等。

(1)道路安全设施研究

道路安全设施分为永久性道路安全设施和临时性道路安全设施两类。

永久性道路安全设施包括维护正常道路使用功能的各类防护设施,其研究内容包括防落石、防崩塌、防碰撞、防驶出、防进入、防超速、防超长、防超宽、限制、指路、诱导与禁止等一切路上永久性工程设施的设计、形式、材料和技术。

临时性道路安全设施研究内容则是设计针对临时需要(如施工便线、临时故障及临时停车安全防护等)的安全设施和设置逐步过渡到规划的永久性安全设施需要的安全设施。

(2)车辆安全设施研究

研究内容主要是针对车辆行驶过程中的紧急情况,设计车辆的突发故障保险,以及针对特殊地区和场合条件,开发设计保证人车安全的相关设施。

(3)驾驶员与行人、残疾人交通安全设施研究

研究内容主要是针对驾驶员、行人、残疾人等各种不同的交通参与者设计安全设施,为其提供交通过程中的安全服务。

(4)交通安全设施环境研究

研究内容为安全设施系统所构成交通环境的整体安全性及其综合评价,涉及研究方法、规范、标准、规则,以及交通参与者心理要素、生理要素的交通安全适应性。

(5)交通安全训练研究

研究内容为从各种技术和方法上,对驾驶员进行学科、素质训练及缺陷矫正等,对交通参与者进行终生交通安全意识教育和安全宣传。

(6)交通安全救援与救护技术研究

研究内容包括交通安全救援与救护的方法、技术及装备,对解决"假死"救护和高速公路事故救援更为重视。

1.4 相关基础知识及本教材主要内容与结构

1.4.1 相关基础知识

道路交通安全研究是一项系统工程,涉及许多学科和领域,这要求道路交通安全研究人员

具有强大的知识储备和坚实的理论基础。

1) 道路工程学

道路是交通运输的基础和载体,为研究道路条件与安全的关系,应掌握道路工程中有关几何线形、道路结构、路面、道路景观、交通信号、标志标线及安全设施等基础知识。

2) 车辆工程学

为研究车辆的安全性,应掌握汽车工程中有关汽车制动性、操纵稳定性、汽车安全装置与结构及汽车安全监测设备等基础知识。

3) 交通心理学

交通心理学是把心理学的方法和原则应用于交通中的人。作为道路交通安全研究的基础知识,交通心理学着重研究交通中与人有关的领域,包括人与机器(驾驶员与车辆)、人与环境(驾驶员与道路及标志)和人与人(驾驶员与行人)之间的相互关系。

4) 行为学

当汽车在道路上行驶时,从周围环境传来的信息对汽车驾驶员的感觉器官产生刺激,并被接收、传送至大脑中枢。汽车驾驶员经过思考、判断,做出决定后产生行为,即操纵汽车的行驶。应用行为学相关知识,研究汽车驾驶员在汽车行驶过程中的行为特征,可以进而提出预防措施,避免交通事故的发生。

5) 气象学

气候对行车安全有很大的影响。据统计,恶劣天气下的交通事故率明显高于正常天气条件下的交通事故率。应用气象学有关知识,研究恶劣气候条件下的交通活动特点、注意事项和一些特殊的操作方法,可以克服恶劣天气对交通的不利影响,保障行车安全。

6) 统计学

应用统计学的知识,对道路交通事故进行统计分析,查明交通事故总体现状、发展动向以及各种影响因素对事故总体的作用和相互关系等,可以从宏观上定量地认识交通事故现象的本质和内在规律。

7) 计算机知识

道路交通安全的管理、评价等是一项复杂的工作,涉及大量的安全信息。为了道路安全技术研究的开展和道路安全管理,应建立包含道路信息和交通信息的道路安全信息系统数据库,这需要有关人员具备相应的计算机知识。

1.4.2　本教材主要内容与结构

教材共10章,第1章介绍道路交通安全的含义、特点、涉及的学科内容,交通事故的构成要素与分类,国内外道路交通安全概况,道路交通安全研究内容等;第2章介绍道路交通事故的相关统计分析方法和大数据分析方法;第3章介绍交通参与者的风险性交通行为特征和行为管控;第4章论述汽车性能对道路交通安全的影响,并介绍汽车的主动安全技术、被动安全技术和智能安全技术;第5章介绍道路线形、路面条件和交通设施对交通安全的影响;第6章阐述道路交通运行环境对交通安全的影响,重点分析交通流和不良天气对交通安全的影响;第7章介绍交通事故现场勘查与再现的技术方法;第8章介绍道路交通事故预测方法和交通事故多发位置的鉴别方式;第 9 章介绍道路交通安全的评价指标和评价方法;第 10 章介绍规划、设计阶段和运营管理阶段的道路交通安全保障。

本教材结合习近平新时代中国特色社会主义思想,引导学生树立"以人为本""安全至上"的理念,认识科技作为国家发展战略支撑的重大意义,注重塑造学生品格。

本教材侧重于将理论与实践相结合,围绕道路交通事故预测、道路交通安全评价、道路交通安全分析和道路交通安全管理等方面展开,并重点介绍道路交通安全案例,理论联系实际。希望学生能掌握影响道路交通安全的要素,理解道路条件、交通条件及环境条件对交通安全的影响;掌握交通事故调查与处理的内容和方法,掌握应用事故处理技术再现事故的能力,掌握交通事故统计常用方法,具备寻找解决交通问题途径的创新思想;熟悉道路交通安全评价方法,理解评价指标和预测模型的基本含义,具备开展交通安全科学研究的基本素质与创新意识;融入交通大数据内容,更新交通安全设计、事故预测及评价方法。

本教材的知识体系可以分为四个结构层次,如图 1-9 所示。

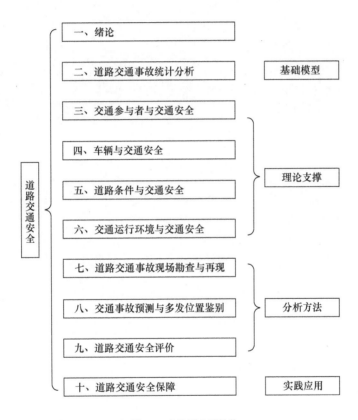

图 1-9 本教材主要结构

【习题与思考题】

1. 道路交通系统各组成要素之间的关系是什么?
2. 简述道路交通安全与道路交通事故的定义。二者有何关系?
3. 道路交通事故的现象有哪些?

4. 道路交通事故的分类方法有哪些？根据各分类方法，道路交通事故可以分为哪几类？
5. 道路交通事故的特点有哪些？
6. 简述我国道路交通安全发展情况。
7. 我国道路交通安全面对的挑战有哪些？
8. 道路交通安全研究的主要内容有哪些？

第 2 章
道路交通事故统计分析

交通安全涉及人、车、路、环境组成的复杂系统,在有人参与的情况下,个体交通行为存在较大差异,故系统具有较强的不确定性。研究个体交通行为对交通安全问题的影响程度,需要在大量样本的基础上,通过统计学分析,来发现问题并寻找解决途径。本章主要介绍统计学模型理论基础及应用实例,包括数理统计基础、线性回归、广义线性回归、时间序列分析、贝叶斯方法,以及交通事故大数据相关内容。

2.1 数理统计基础

在进行交通安全分析时,难以获得全部对象的数据,大多数情况下只能获得部分对象的数据。统计分析的主要目的是根据部分对象的统计特征来推测全部对象的统计特征。基本的统计分析方法涉及样本与总体、置信区间和假设检验。

2.1.1 样本与总体

数理统计中,研究对象的全体称为总体,又称母体,而组成总体的成员称为个体。在实际研究过程中,常常会按照一定的抽样规则从总体中取出一部分个体,这部分个体称为样本;样本中个体的数目称为样本容量或样本数。

【例 2-1】 在研究驾驶员性格特征时,全体驾驶员为总体,其中一个驾驶员为个体。研究者不可能研究所有驾驶员,只能按照一定的规则抽出一些驾驶员来研究,这些作为研究对象的驾驶员即为样本。

假设有总体 X,其中含有的个体个数为 N,且 $x_1, x_2, \cdots, x_n$ 均为来自总体 X 的个体,则总

体均值(又称数学期望,用 EX 表示)为:

$$\mu = \frac{1}{N}\sum_{i=1}^{n} x_i \tag{2-1}$$

总体方差为:

$$\sigma^2 = \frac{1}{N}\sum_{i=1}^{n}(x_i - \mu)^2 \tag{2-2}$$

若从总体中抽出 n 个个体作为样本,则样本均值为:

$$\overline{X} = \frac{1}{n}\sum_{i=1}^{n} x_i \tag{2-3}$$

样本方差为:

$$s^2 = \frac{1}{n-1}\sum_{i=1}^{n}(x_i - \overline{X})^2 \tag{2-4}$$

假设存在另外一个总体 Y,则 $E[(X-EX)(Y-EY)]$ 称为总体 X 与 Y 的协方差,记作 $\text{Cov}(X,Y)$,即有:

$$\text{Cov}(X,Y) = E[(X-EX)(Y-EY)] \tag{2-5}$$

式(2-5)经变形,可得:

$$\text{Cov}(X,Y) = E(XY) - E(X)E(Y) \tag{2-6}$$

总体相关系数为:

$$\rho = \frac{\text{Cov}(X,Y)}{\sigma_X \sigma_Y} = \sum_{i=1}^{n} \frac{(x_i - \mu_x)(y_i - \mu_y)}{N\sigma_X \sigma_Y} \tag{2-7}$$

式中:σ_X——总体 X 的标准差,$\sigma_X = \sqrt{\frac{1}{N}\sum_{i=1}^{n}(x_i - \mu)^2}$;

σ_Y——总体 Y 的标准差,$\sigma_Y = \sqrt{\frac{1}{N}\sum_{i=1}^{n}(y_i - \mu)^2}$。

样本相关系数为:

$$r = \frac{\sum_{i=1}^{n}(x_i - \overline{X})(y_i - \overline{Y})}{ns_X s_Y} \tag{2-8}$$

式中:s_X——来自总体 X 的样本的标准差,$s_X = \sqrt{\frac{1}{N}\sum_{i=1}^{n}(x_i - \mu)^2}$;

s_Y——来自总体 Y 的样本的标准差,$s_Y = \sqrt{\frac{1}{N}\sum_{i=1}^{n}(y_i - \mu)^2}$。

2.1.2 置信区间

在交通安全研究中,尽管需要获取总体的特征,但实际得到的大多数是样本的数据,因此需要通过样本特征来分析总体特征,这也是统计分析最基本的应用。在总体特征中,最典型的参数是均值和方差。总体的均值和方差是不变的,但样本的均值和方差会随着抽样方法和样本量变化而变化,即使是采用同样的抽样方法抽取相同大小的样本量,由于每次抽样的个体不完全相同,样本的均值和方差也会略有不同。因此,不能简单地用样本的均值和方差代替总体的均值和方差。置信区间的作用是根据样本特征参数来估计总体特征参数在一定概率(即一定置信水平)条件下的变化范围。

假设总体分布含有未知参数 θ(如均值、方差等), $x_1, x_2, \cdots, x_n$ 为来自总体的样本,对于给定的常数 $\alpha(0<\alpha<1)$、统计量 $\theta_1(x_1, x_2, \cdots, x_n)$ 和 $\theta_2(x_1, x_2, \cdots, x_n)$,使得 θ 满足:

$$P = \{\theta_1(x_1, x_2, \cdots, x_n) \leq \theta \leq \theta_2(x_1, x_2, \cdots, x_n)\} = 1 - \alpha \tag{2-9}$$

则称区间 $[\theta_1, \theta_2]$ 为 θ 在置信度为 $1-\alpha$ 条件下的置信区间,简称置信区间,θ_1 和 θ_2 分别称为置信下限和置信上限。

1)总体方差已知,求总体均值的置信区间

在随机样本足够大的情况下,根据中心极限定理,对平均值为 μ、标准差为 σ 的总体,样本均值 $\overline{X}$ 近似服从均值为 μ、标准差为 $\sigma/\sqrt{n}$ 的正态分布,即有 $Z^* = \dfrac{\overline{X} - \mu}{\sigma/\sqrt{n}}$ 服从正态分布,根据式(2-9),总体均值在 $1-\alpha$ 的置信度水平下的置信区间为 $\left[\overline{X} - Z_{1-\alpha/2}\dfrac{\sigma}{\sqrt{n}}, \overline{X} + Z_{1-\alpha/2}\dfrac{\sigma}{\sqrt{n}}\right]$。

2)总体方差未知,求总体均值的置信区间

在实际应用中,总体方差往往是未知的,因此需要用样本方差 s^2 代替总体方差 σ^2,由于统计量 $T^* = \dfrac{\overline{X} - \mu}{s/\sqrt{n}}$ 服从自由度 $v = n-1$ 的 t 分布,总体均值在 $1-\alpha$ 的置信度水平下的置信区间为 $\left[\overline{X} - t_{1-\alpha/2}(n-1)\dfrac{s}{\sqrt{n}}, \overline{X} + t_{1-\alpha/2}(n-1)\dfrac{s}{\sqrt{n}}\right]$。

3)总体比例的置信区间

对于总体比例 p,如果样本量足够大($np \gg 5$ 且 $nq \gg 5$,其中 $q = 1-p$),则样本比例均值 $\hat{p}$ 近似服从均值为 p、标准差为 $\sqrt{pq/n}$ 的正态分布,即有 $Z^* = \dfrac{\hat{p} - p}{\sqrt{\hat{p}(1-\hat{p})/n}}$ 服从标准正态分布,当置信度为 $1-\alpha$ 时,总体比例 p 在 $1-\alpha$ 的置信度水平下的置信区间为 $\left[\hat{p} - Z_{1-\alpha/2}\sqrt{\dfrac{\hat{p}(1-\hat{p})}{n}}, \hat{p} + Z_{1-\alpha/2}\sqrt{\dfrac{\hat{p}(1-\hat{p})}{n}}\right]$。

4)总体方差的置信区间

对于总体 $X \sim N(\mu, \sigma^2)$,$x_1, x_2, \cdots, x_n$ 是来自总体 X 的样本,$X^2 = \dfrac{(n-1)s^2}{\sigma^2} = \sum_{i=1}^{n}(x_i - \overline{X})^2$ 服从 $k = n-1$ 的 χ^2 分布,总体方差在 $1-\alpha$ 的置信度下的置信区间为 $\left[\dfrac{(n-1)s^2}{\chi^2_{1-\alpha/2}(n-1)}, \dfrac{(n-1)s^2}{\chi^2_{\alpha/2}(n-1)}\right]$。

2.1.3 假设检验

在交通安全分析中,很多时候需要知道采取某一安全措施前后,相关安全参数的变化情况,也就是通过采集来自两个总体的样本,分析两个总体的特征是否存在差异。受采样过程的随机性和采样数量的影响,不能简单地通过样本特征值的比较来确定总体特征值的差异。因此,两个总体之间的差异是否具有统计学意义,需要用假设检验的方法来确定。

假设检验(hypothesis testing),也称显著性检验(test of statistical significance),是根据一定假设条件,由样本推断总体的一种方法,用来判断样本与样本、样本与总体的差异。假设检验的思路是根据问题的需要对所研究的总体特征作某种假设,记作 H_0(也称为零假设);选取合适的统计量,这个统计量的选取要使得在假设 H_0 成立时,其分布为已知;由实测的样本,计算出统计量的值,并根据预先给定的显著性水平进行检验,作出拒绝或接受假设 H_0 的判断。

【例 2-2】 评价某一路段限速这一交通安全措施对该路段平均车速的影响,可以通过调查限速措施实施前后的速度进行假设检验。

零假设 H_0:实施限速前后速度均值无变化;

备择假设 H_1:实施限速前后速度均值有变化。

假设检验的目的是确定拒绝零假设还是不能拒绝零假设。假设检验的结果主要根据检验统计量是否落入拒绝区域内得出,无论假设检验的结果是什么,检验结果都有一定的可能性是错的。样本空间会落到两个假设区域中的一个,如果落到拒绝区域,则拒绝零假设;如果落到接受区域,则不能拒绝零假设。若零假设描述的情况是真的,则检验结果拒绝零假设的概率是 α,称为显著性水平;即使零假设描述的情况是假的,也有零假设被接受的概率。具体内容可见表 2-1。

假设检验的错误类型　　　　　　表 2-1

检验结果	真实情况	
	H_0 真	H_0 假
拒绝零假设	第一类错误	正确
不能拒绝零假设	正确	第二类错误

常用的假设检验方法有 Z 检验法、t 检验法、χ^2 检验法、F 检验法、秩和检验等。

1) 单总体均值检验

在很多研究中,需要根据样本检验总体的均值是否是某一值,即

$$H_0:\mu = \mu_0, H_1:\mu \neq \mu_0 \tag{2-10}$$

(1) Z 检验法

在已知总体方差 σ^2 的情况下,$Z = \dfrac{\overline{X} - \mu_0}{\sigma/\sqrt{n}}$ 服从标准正态分布,因此置信区间为 $\left[\overline{X} - Z_{1-\alpha/2}\dfrac{\sigma}{\sqrt{n}}, \overline{X} + Z_{1-\alpha/2}\dfrac{\sigma}{\sqrt{n}}\right]$,如果 μ_0 落在此置信区间之外,则拒绝零假设,即可认为 $\mu \neq \mu_0$。

(2) t 检验法

总体方差 σ^2 未知,在总体服从正态分布的情况下,样本数为 n,样本方差为 s^2,对假设 $H_0:\mu=\mu_0$ 可以构造自由度为 $n-1$ 的 t 分布进行假设检验,即有 $T^* = \dfrac{\overline{X}-\mu}{s/\sqrt{n}} \sim t(n-1)$,置信区间为 $\left[\overline{X}-t_{1-\alpha/2}(n-1)\dfrac{s}{\sqrt{n}}, \overline{X}+t_{1-\alpha/2}(n-1)\dfrac{s}{\sqrt{n}}\right]$,如果 μ_0 落在此置信区间之外,则拒绝零假设,即可认为 $\mu \neq \mu_0$。

【例 2-3】 检验某条道路的速度方差在 5% 的显著性水平下是否超过 20(单位:km/h)。假设获得 101 个样本,样本方差是 19.51。

对零假设 $H_0:\sigma^2 < 20$,

构造 χ^2 统计量:

$$\chi^2 = \frac{(n-1)s^2}{\sigma^2}$$

计算检验统计量的值,有:

$$\chi^2 = \frac{(n-1)s^2}{\sigma^2} = \frac{(101-1)\times 19.51}{20} = 97.55$$

查表得 $\chi^2_{0.95}(100) \approx 77.93$, $\chi^2 \not> \chi^2_{0.95}(100)$,不能拒绝零假设,因此不能确定该路段的方差高于 20。

对零假设 $H_0:\sigma^2 \geq 20$,

构造 χ^2 统计量:

$$\chi^2 = \frac{(n-1)s^2}{\sigma^2}$$

计算检验统计量的值,有:

$$\chi^2 = \frac{(n-1)s^2}{\sigma^2} = \frac{(101-1)\times 19.51}{20} = 97.55$$

查表得 $\chi^2_{0.05}(100) \approx 124.34$, $\chi^2 < \chi^2_{0.05}(100)$,不能拒绝零假设,因此不能确定该路段的方差低于 20。

2) 单总体方差检验

为了检验单总体方差,可以构造自由度为 $n-1$ 的 χ^2 分布进行假设检验:$\chi^2 = \dfrac{(n-1)s^2}{\sigma^2}$,则方差的置信区间为 $\left[\dfrac{(n-1)s^2}{\chi^2_{1-\alpha/2}(n-1)}, \dfrac{(n-1)s^2}{\chi^2_{\alpha/2}(n-1)}\right]$,如果零假设的总体方差落在这个区间之外,则拒绝零假设。

3) 单总体比例检验

同置信区间计算一样,为了检验单总体比例,可以构造正态分布进行假设检验:$Z^* = \dfrac{\hat{p}-p}{\sqrt{\hat{p}(1-\hat{p})/n}}$。

4) 两总体均值检验

为了检验两组样本对应总体的均值是否相等,常用的检验假设为:

$$H_0:\mu_1 - \mu_2 = 0, H_1:\mu_1 - \mu_2 \neq 0 \quad (2-11)$$

对于进行均值大小比较的情况,可设计检验假设为:

$$H_0:\mu_1 - \mu_2 \leq 0, H_1:\mu_1 - \mu_2 > 0 \quad (2-12)$$

构造标准正态分布为:

$$Z^* = \frac{(\overline{X}_1 - \overline{X}_2) - (\mu_1 - \mu_2)}{\sqrt{\frac{s_1^2}{n_1} + \frac{s_2^2}{n_2}}} \quad (2-13)$$

则有置信区间:

$$\left[(\overline{X}_1 - \overline{X}_2) - Z_{1-\alpha/2}\sqrt{\frac{s_1^2}{n_1} + \frac{s_2^2}{n_2}}, (\overline{X}_1 - \overline{X}_2) + Z_{1-\alpha/2}\sqrt{\frac{s_1^2}{n_1} + \frac{s_2^2}{n_2}}\right]$$

对于样本量较小的情况(如果样本量不超过 25),必须考虑样本量的影响,用 t 检验法。可以构造检验统计量

$$T^* = \frac{(\overline{X}_1 - \overline{X}_2) - (\mu_1 - \mu_2)}{\sqrt{(n_1-1)s_{n_1}^2 + (n_2-1)s_{n_2}^2}} \quad (2-14)$$

作为检验统计量,且在 H_0 成立条件下有 $T^* \sim t(n_1+n_2-2)$,则对于给定的 α,查 t 分布表得 $t_{1-\alpha/2}(n_1 + n_2 - 2)$,因此检验的拒绝域为:

$$|T^*| > t_{1-\alpha/2}(n_1 + n_2 - 2)$$

即

$$\left|\frac{(\overline{X}_1 - \overline{X}_2) - (\mu_1 - \mu_2)}{\sqrt{(n_1-1)s_{n_1}^2 + (n_2-1)s_{n_2}^2}} \cdot \sqrt{\frac{n_1 n_2 (n_1 + n_2 - 2)}{n_1 + n_2}}\right| > t_{1-\alpha/2}(n_1 + n_2 - 2)$$

5) 两总体比例检验

为了检验两组样本对应总体的某一比例是否相等,常用的检验假设为:

$$H_0:p_1 - p_2 = 0, H_1:p_1 - p_2 \neq 0 \quad (2-15)$$

构造检验统计量为:

$$Z^* = \frac{(\hat{p}_1 - \hat{p}_2) - 0}{\sqrt{\hat{p}(1-\hat{p})\left(\frac{1}{n_1} + \frac{1}{n_2}\right)}} \quad (2-16)$$

其中:

$$\begin{cases} \hat{p}_1 = x_1/n_1 \\ \hat{p}_2 = x_2/n_2 \\ \hat{p} = (x_1 + x_2)/(n_1 + n_2) \end{cases}$$

为了检验两总体的比例差大于某一固定值 c,可假设:

$$H_0: p_1 - p_2 \leq c, H_1: p_1 - p_2 > c \tag{2-17}$$

注意单侧检验与双侧检验的差别。

6) 两总体方差检验

对 X、Y 两个独立的随机变量,如果 X 服从自由度为 $n_1 - 1$ 的 χ^2 分布,Y 服从自由度为 $n_2 - 1$ 的 χ^2 分布,则这两个独立的随机变量被各自的自由度除后的比值服从第一自由度为 $n_1 - 1$、第二自由度为 $n_2 - 1$ 的 F 分布,即可以构造检验统计量:

$$F^* = \frac{X/(n_1 - 1)}{Y/(n_2 - 1)} \tag{2-18}$$

则有 F^* 服从自由度为 $n_1 - 1$ 和 $n_2 - 1$ 的 F 分布,即

$$F^* : F_\alpha(n_1 - 1, n_2 - 1)$$

F 分布的性质包括:

(1) F 分布是一种非对称分布。

(2) F 分布有两个自由度,即 $n_1 - 1$ 和 $n_2 - 1$,相应的分布记为 $F_\alpha(n_1 - 1, n_2 - 1)$,$n_1 - 1$ 称为分子自由度,$n_2 - 1$ 称为分母自由度。

(3) F 分布是一个以自由度 $n_1 - 1$ 和 $n_2 - 1$ 为参数的分布族,不同的自由度决定了 F 分布的形状。

(4) F 分布的倒数性质:$F_\alpha(n_1 - 1, n_2 - 1) = \dfrac{1}{F_{1-\alpha}(n_2 - 1, n_1 - 1)}$。

因为 $\chi^2 = \dfrac{(n-1)s^2}{\sigma^2}$ 服从自由度为 $n-1$ 的 χ^2 分布,所以对假设 $H_0: \sigma_1^2 = \sigma_2^2, H_1: \sigma_1^2 \neq \sigma_2^2$,可构造检验统计量 $F^*(n_1 - 1, n_2 - 1) = \dfrac{s_1^2}{s_2^2}$,看其是否在小概率区间内。

【例 2-4】 分析一条公路采取某一措施前后其速度方差是否显著增加,取显著性水平 $\alpha = 0.1$。假设采取措施前后的速度标准差分别是 $s_1 = 16.4$ 和 $s_2 = 19.1$(单位:km/h),样本量分别为 $n_1 = 51$,$n_2 = 101$。

可假设:

$$H_0: \sigma_1^2 < \sigma_2^2$$
$$H_1: \sigma_1^2 \geq \sigma_2^2$$

构造检验统计量 F:

$$F = \frac{\dfrac{(n_2 - 1)s_2^2}{\sigma_2^2} \times \dfrac{1}{n_2 - 1}}{\dfrac{(n_1 - 1)s_1^2}{\sigma_1^2} \times \dfrac{1}{n_1 - 1}} = \frac{\dfrac{s_2^2}{\sigma_2^2}}{\dfrac{s_1^2}{\sigma_1^2}} = \frac{s_2^2 \sigma_1^2}{s_1^2 \sigma_2^2}$$

如果满足假设 $H_0: \sigma_1^2 < \sigma_2^2$,有 $F = \dfrac{s_2^2 \sigma_1^2}{s_1^2 \sigma_2^2} < \dfrac{s_2^2}{s_1^2} = 1.16$。

查第一自由度为 100、第二自由度为 50 的 F 分布表,$F_{0.1}(100, 50) = 1.39$,即 $P[F(100, 50) > 1.39] = 0.1$。因为 $1.16 < 1.39$,说明根据零假设构造的值不在小概率区间内,所以不

能拒绝零假设,即不能认为速度方差显著增加。

2.2 线性回归

变量与变量之间的关系大体上分为两类:确定性关系与非确定性关系。确定性关系是指一个或一组自变量的数值能够确定因变量的数值,称为函数关系,例如匀速运动的车辆的行驶路程和行驶时间之间的关系。除确定性关系之外,还有的变量关系是非确定性关系,例如年交通事故数和机动车保有量、机动车平均行驶里程数等因素的关系。回归分析(regression analysis)是通过统计大量重复实验获取的数据来确定两个或以上变量间相互依赖关系的一种统计分析方法。

2.2.1 一元线性回归

1)一元线性回归模型

一般地,将研究对象作为因变量 y,影响因素作为自变量 x,假设它们之间的关系为:

$$y = \beta_0 + \beta_1 x + \varepsilon \tag{2-19}$$

式中:β_0——回归常数;
β_1——回归系数;
ε——误差项。

对于因变量和自变量观测值 (x_i, y_i),$i = 1, 2, \cdots, n$,有:

$$y_i = \beta_0 + \beta_1 x_i + \varepsilon_i \tag{2-20}$$

并假设 $\varepsilon_i (i = 1, 2, \cdots, n)$ 满足:

$$\varepsilon_i \sim N(0, \sigma^2)$$

$$\mathrm{Cov}(\varepsilon_i, \varepsilon_j) = \begin{cases} \sigma^2, i = j \\ 0, i \neq j \end{cases} \tag{2-21}$$

在式(2-21)中,σ^2 为误差项 ε 的方差。在式(2-20)中只有一个自变量,而且因变量和模型参数之间是线性关系,故称为一元线性回归模型。在实际应用中,β_0 和 β_1 的实际值往往是未知的,所以又称为理论回归模型。

2)模型参数估计

在实际应用中,β_0 和 β_1 是未知的,很重要的一步是根据观测数据 (x_i, y_i),$i = 1, 2, \cdots, n$,估计 β_0 和 β_1。假设 β_0 和 β_1 的估计值分别为 $\hat{\alpha} + \hat{\beta}_0$ 与 $\hat{\alpha} + \hat{\beta}_1$,则可得到估计模型:

$$\hat{y} = \hat{\beta}_0 + \hat{\beta}_1 x \tag{2-22}$$

对于每个观测值 x_i,由式(2-22)可以得出估计值 $\hat{y}_i = \hat{\beta}_0 + \hat{\beta}_1 x_i$。

记估计值 $\hat{y}_i$ 与实际观测值 y_i 偏差为:

$$e_i = y_i - \hat{y}_i \tag{2-23}$$

e_i 刻画了观测值和估计值的偏离程度,是 ε_i 的估计。对于所有的 x_i,$\hat{y}_i$ 与 y_i 的偏离程度越小,则模型与观测数据拟合得越好。常用 $(y_i - \hat{y}_i)^2$ 来度量 $\hat{y}_i$ 与 y_i 的接近程度,所有观测值

y_i 与估计值 $\hat{y}_i$ 的偏离平方和为：

$$S(\hat{\beta}_0,\hat{\beta}_1) = \sum_{i=1}^{n} e_i^2 = \sum_{i=1}^{n} (y_i - \hat{\beta}_0 - \hat{\beta}_1 x_i)^2 \tag{2-24}$$

$S(\hat{\beta}_0,\hat{\beta}_1)$ 刻画了全部观测值与估计值的偏离程度。当 $S(\hat{\beta}_0,\hat{\beta}_1)$ 达到最小时，$\hat{y}_i$ 与 y_i 最接近。因此，对 β_0 和 β_1 的所有可能取值，$\hat{\beta}_0$ 与 $\hat{\beta}_1$ 应满足：

$$\min S(\beta_0,\beta_1) = \sum_{i=1}^{n} \varepsilon_i^2 = \sum_{i=1}^{n} (y_i - \beta_0 - \beta_1 x_i)^2 \tag{2-25}$$

上述确定参数 $\hat{\beta}_0$ 与 $\hat{\beta}_1$ 的方法称为最小二乘法，由此方法得到的估计称为最小二乘估计。由于 $S(\beta_0,\beta_1)$ 是 β_0 和 β_1 的二次函数，且是非负的，因而最小值总是存在的，根据极值原理可得：

$$\begin{cases} \dfrac{\partial [S(\beta_0,\beta_1)]}{\partial \beta_0}\bigg|_{\beta_0=\hat{\beta}_0} = 0 \\ \dfrac{\partial [S(\beta_0,\beta_1)]}{\partial \beta_1}\bigg|_{\beta_1=\hat{\beta}_1} = 0 \end{cases} \tag{2-26}$$

求解式(2-26)可得：

$$\begin{cases} \hat{\beta}_1 = \sum_{i=1}^{n}(y_i-\overline{y})(x_i-\overline{x}) / \sum_{i=1}^{n}(x_i-\overline{x})^2 \\ \hat{\beta}_0 = \overline{y} - \hat{b}\overline{x} \end{cases} \tag{2-27}$$

式中，$\overline{x} = \dfrac{1}{n}\sum_{i=1}^{n}x_i$；$\overline{y} = \dfrac{1}{n}\sum_{i=1}^{n}y_i$。

【例 2-5】 表 2-2 是一组汽车旅行距离和旅行时间的记录数据。

旅行距离和旅行时间 表 2-2

旅行距离（km）	旅行时间（h）	旅行距离（km）	旅行时间（h）	旅行距离（km）	旅行时间（h）
130	5.2	123	6.1	52	3.7
80	3.7	77	3.3	99	4.4
65	3.5	96	4.3	86	4.1
105	4.7	48	2.8	94	3.9
91	4.1	100	4.9	73	3.9
73	3.9	77	4.4	57	3.3
61	4.3	68	3.4		

根据经验可知，旅行距离越远，旅行时间越长。为了直观地展示两者之间的关系，以旅行距离为横坐标，旅行时间为纵坐标，把这些点描绘在图 2-1 中。可以发现这些点大致落在一条直线附近，说明旅行时间与旅行距离基本上是线性关系，即可假设用方程 $y = \beta_0 + \beta_1 x + \varepsilon$ 表示。

将表 2-2 中的数据代入假设的方程中进行计算，可求出旅行时间与旅行距离的回归方程：

$$y = 0.0285x + 1.734$$

此结果可以理解为：旅行时间是旅行距离的线性函数，并且随旅行距离的增加而增加，每增加1km旅行距离,则旅行时间要增加0.0285h。常数1.734可以理解为货物装载或卸载时间。

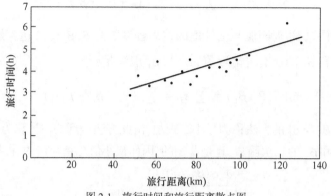

图2-1 旅行时间和旅行距离散点图

3) 模型假设检验

一元线性回归模型假设检验包括回归系数的显著性检验、回归方程的显著性检验和拟合优度检验。

(1) 回归系数的显著性检验

对于回归模型 $y = \beta_0 + \beta_1 x + \varepsilon$,变量 x 和 y 之间的线性假设是否合理,是应用中非常关注的一个问题,可以通过检验回归系数的显著性来判别,常用 t 检验法。首先建立原假设 $H_0:\beta_1 = 0$,如果假设 H_0 成立,则其估计值 $\hat{\beta}_1$ 的绝对值不会太大,否则应该接受备择假设。由前面的内容可知:

$$E(\hat{\alpha} + \hat{\beta}) = \beta_1, \text{Var}(\hat{\beta}_1) = \frac{\sigma^2}{\sum (x_i - \overline{x})^2}$$

把 σ^2 的估计值 $s^2 = \frac{1}{n-2}\sum_{i=1}^{n}(y_i - \hat{y}_i)^2$ 代入,则 $\hat{\beta}_1$ 方差估计值 $s_{\hat{\beta}_1^2}$ 为:

$$s_{\hat{\beta}_1^2} = \frac{s^2}{\sum (x_i - \overline{x})^2} \qquad (2-28)$$

构造检验统计量:

$$t_{\beta_1} = \frac{\hat{\beta}_1 - \beta_1}{s_{\beta_1}} \qquad (2-29)$$

在原假设 H_0 成立的条件下,t_{β_1} 服从自由度为 $n-2$ 的 t 分布,即 $t_{\beta_1} \sim t(n-2)$,其中 n 为观测样本个数。可以通过查 t 分布表来决定是否接受原假设 $H_0:\beta_1 = 0$。对给定的显著性水平 $\alpha(0 < \alpha < 1)$,查 t 分布表对应的 t 值 $t_{n-2,\alpha/2}$,若 $|t_{\beta_1}| > t_{n-2,\alpha/2}$,则没有理由接受 $H_0:\beta_1 = 0$,表明回归系数显著不为0,说明变量 x 和 y 之间的线性假设是合理的,假设检验通过;如果 $|t_{\beta_1}| \leq t_{n-2,\alpha/2}$,则不能拒绝原假设,即 $H_0:\beta_1 = 0$ 成立,表明 x 和 y 之间的线性假设不合理,因变量 y 的变化不能由自变量 x 解释。

【例2-6】 在出行预测中考虑无小汽车家庭收入 I 对平均出行次数 T_r 的影响,可以考虑以下回归方程:

$$T_r = \beta_0 + \beta_1 I + \varepsilon$$

从理论上来说,对于高收入家庭,其平均出行次数较多。因此,备择假设为 $H_1:\beta_1 > 0$;如果不知道收入是否会影响平均出行次数,则需要考虑双边假设 $H_1:\beta_1 \neq 0$。

(2) 回归方程的显著性检验

回归方程的显著性检验是检验所有的回归系数是否同时为0,对于一元回归分析而言,这与回归系数的显著性检验是相同的。回归方程的显著性检验是利用方差分析的思想来检验模型的总体线性关系的显著性,又称为回归方程的 F 检验。

观测值 y_i 和平均值 $\bar{y}$ 之间的偏差可以分解为:

$$y_i - \bar{y} = (y_i - \hat{y}_i) + (\hat{y}_i - \bar{y}) \tag{2-30}$$

将式(2-30)两边平方并求和,注意到 $\hat{\beta}_0 = \bar{y} - \hat{\beta}_1 x$,$\hat{y}_i = \bar{y} + \hat{\beta}_1(x_i - \bar{x})$,将其代入右边,整理后有:

$$2\sum(\hat{y}_i - \hat{\beta}_0 - \hat{\beta}_1 x_i)(\hat{\beta}_0 + \hat{\beta}_1 x_i - \hat{\beta}_0 + \hat{\beta}_1 x) = 0 \tag{2-31}$$

所以:

$$\sum(y_i - \bar{y})^2 = \sum(y_i - \hat{y}_i)^2 + \sum(\hat{y}_i - \bar{y})^2 \tag{2-32}$$

令 $\text{TSS} = \sum(y_i - \bar{y})^2$,$\text{ESS} = \sum(y_i - \hat{y}_i)^2$,$\text{RSS} = \sum(\hat{y}_i - \bar{y})^2$。TSS 反映了因变量观察值 $y_1, y_2, \cdots, y_n$ 和其平均值的偏离情况,称为总偏差,也称为总偏差平方和。ESS $= \sum(y_i - \hat{y}_i)^2$ 是因变量观测值和估计值之间的总偏差,称为残差平方和,反映了除 x 对 y 的线性影响之外的一切使 y_i 变化的因素的影响,因无法用 x 来解释说明,故又称之为未解释偏差。RSS $= \sum(\hat{y}_i - \bar{y})^2$ 是引入线性关系后的偏差,称为回归平方和。

构造检验统计量:

$$F = \frac{\text{RSS}/1}{\text{ESS}/(n-2)} \tag{2-33}$$

在模型假设 $H_0:\beta_1 = 0$ 成立的条件下,由式(2-33)定义的统计量服从 F 分布,其第一自由度为1,第二自由度为 $n-2$,即

$$F:F(1, n-2)$$

F 检验步骤为:

① 计算 F 值。

② 查表。对给定的显著性水平 α,查 F 分布表,得到临界值 $F_\alpha(1, n-2)$。

③ 判断。若 $F > F_\alpha(1, n-2)$,则否定原假设 $H_0:\beta_1 = 0$,认为两变量间存在显著的线性关系,模型通过检验;反之,若 $F < F_\alpha(1, n-2)$,则接受原假设 $H_0:\beta_1 = 0$,即模型的自变量不能解释因变量的变化。

(3) 拟合优度检验

回归平方和在总偏差平方和中的比重反映了回归模型对观测数据的拟合程度,因而可以用其判定模型对观测值拟合的优劣。引入判定系数 R^2,定义为:

$$R^2 = \frac{\sum(\hat{y}_i - \bar{y})^2}{\sum(y_i - \bar{y})^2} = 1 - \frac{\sum(y_i - \hat{y}_i)^2}{\sum(y_i - \bar{y})^2} \tag{2-34}$$

R^2 表示因变量的变差被回归模型解释的程度,即模型中引入自变量后因变量的变差可由自变量解释的比例,其可解释 y 与 x 间线性关系的强弱。由式(2-34)可知,$0 \leq R^2 \leq 1$。一般而言,R^2 越接近1,说明模型对观测数据的拟合程度越高。通常,$R^2 > 0.8$,则可以认为模型拟合程度较高。

上面介绍了线性回归模型的检验方法。如果模型假设检验没有通过,其原因可能有以下几种:影响预测对象的因素除 x 外还有其他不可忽略的因素;变量间不是线性关系,可能具有其他关系;变量间确实无关。一旦检验没有通过,则需要对上述几种情况分别处理,并考虑其他模型,重新拟合。

4) 预测置信区间

由 $\hat{y} = \hat{\beta}_0 + \hat{\beta}_1 x$ 得到的 $\hat{y}$ 是估计值,并不是实际发生值。在实际研究中,求出 $\hat{y}$ 是简单的,但对决策意义不大,因为在客观世界中,交通问题要受到各种因素的影响,预测对象的实际值总会与预测值有着或大或小的偏差。如果仅根据某一点的预测值作出决策,必然会给实际工作带来困难,很可能导致决策失误。因而不仅要求出预测值,还要知道预测值可能偏离实际值的范围,即需要估计一个范围,并且知道这个范围包含预测对象实际值的可靠程度,这个范围就是预测置信区间。

对于研究预测对象 y,若由一组观测数据 (x_i, y_i),$i = 1, 2, \cdots, n$,确定2个值 y_L 和 y_U,并且对于给定值 $\alpha(0 < \alpha < 1)$ 满足

$$P(y_L < y < y_U) = 1 - \alpha \tag{2-35}$$

则称区间 (y_L, y_U) 是 y 的置信度为 $1 - \alpha$ 的置信区间。y_L 和 y_U 分别为置信度 $1 - \alpha$ 的置信下限和上限,$1 - \alpha$ 称为置信水平或置信度,α 为显著水平。

设预测点为 (x_0, y_0),该点预测值为:

$$\hat{y} = \hat{\beta}_0 + \hat{\beta}_1 x_0 \tag{2-36}$$

由数理统计的知识可知 $E(\hat{\beta}_0) = \beta_0$,$E(\hat{\beta}_1) = \beta_1$,所以:

$$E(\hat{y}_0) = \beta_0 + \beta_1 x_0 \tag{2-37}$$

预测误差为 $e_0 = \hat{y}_0 - y_0$,并且:

$$\begin{aligned} E(e_0) &= E(\hat{y}_0 - y_0)^2 = E[(\hat{\beta}_0 - \beta_0) + (\hat{\beta}_1 - \beta_1)x_0 + (-\varepsilon_0)]^2 \\ &= \text{Var}(\hat{\beta}_0) + x_0^2 \text{Var}(\hat{\beta}_1) + 2x_0 \text{Cov}(\hat{\beta}_0, \hat{\beta}_1) + \text{Var}(\varepsilon_0) \end{aligned} \tag{2-38}$$

经整理,有:

$$\text{Var}(e_0) = \left[1 + \frac{1}{n} + \frac{(x_0 - \overline{x})^2}{\sum (x_i - \overline{x})^2}\right] \sigma^2$$

由于 σ^2 是未知的,在实际应用中,可用其无偏估计 $s^2 = \frac{1}{n-2} \sum_{i=1}^{n} (y_i - \overline{y}_i)^2$ 代替,预测方差 $\text{Var}(e_0)$ 估计为:

$$s_0^2 = s^2 \left[1 + \frac{1}{n} + \frac{(x_0 - \overline{x})^2}{\sum (x_i - \overline{x})^2}\right] \tag{2-39}$$

可以证明 $\dfrac{\hat{y}_0 - y_0}{s_0}$ 服从自由度为 $n - 2$ 的 t 分布,即

$$\frac{\hat{y}_0 - y_0}{s_0} \sim t_{n-2}$$

因此,y_0 的置信水平为 $1 - \alpha$ 的预测区间为:
$$(\hat{y}_0 - t_{n-2,\alpha/2}s_0, \hat{y}_0 + t_{n-2,\alpha/2}s_0)$$

其中,$t_{n-2,\alpha/2}$ 是自由度为 $n-2$ 的 t 分布的 $\alpha/2$ 分位点。

从上面的分析中可以发现,随预测点 (x_0, y_0) 的不同,预测标准误差 s_0 也不同,从而预测区间也改变,并且有以下结论:

(1) x_0 越接近 $\bar{x}$,s_0 越小,预测区间也越窄。当 $x_0 = \bar{x}$ 时,s_0 达到最小值,预测精度达到最高。

(2) n 越大,即观测样本量越大,则 s_0 越小,其预测的精度也相应地提高。

此外,由概率论中的 3σ 原则也可以得到简便的预测区间求法。在样本量较大的情况下 ($n > 30$),t 分布趋近于正态分布,即 $y_0 \sim N(\hat{\beta}_0 + \hat{\beta}_1 x_0, s_0^2)$。由 3σ 原则,可以得到预测区间:

$$\begin{cases} P(y_0 - s_0 < \hat{y}_0 < y_0 + s_0) = 0.682 \\ P(y_0 - 2s_0 < \hat{y}_0 < y_0 + 2s_0) = 0.954 \\ P(y_0 - 3s_0 < \hat{y}_0 < y_0 + 3s_0) = 0.997 \end{cases}$$

2.2.2 多元线性回归

1) 多元线性回归模型

一元线性回归模型是应用两个变量间的线性关系来达到预测的目的,但实际中一个变量的变化往往受多个因素的影响,例如城市住宅区交通出行的产生可能与小区面积、小区人口数、小区职工数等多个因素有关。在这种情况下,需要应用多元线性回归模型,假设某一变量 y 受 $x_1, x_2, \cdots, x_p$ 影响,并具有以下线性关系:

$$y = \beta_0 + \beta_1 x_1 + \beta_2 x_2 + \cdots + \beta_p x_p + \varepsilon \tag{2-40}$$

式中: β_0——回归常数;

$\beta_j (j = 1, 2, \cdots, p)$——未知的常数,称为回归系数;

ε——误差项,并假设 $E(\varepsilon) = 0$,$\text{Var}(\varepsilon) = \sigma^2$。

称式(2-40)为多元线性回归模型。

对 y 与 $x_1, x_2, \cdots, x_p$ 的 n 组观测数据,代入式(2-40)有:

$$\begin{cases} y_1 = \beta_0 + \beta_1 x_{11} + \beta_2 x_{12} + \cdots + \beta_p x_{1p} + \varepsilon_1 \\ y_2 = \beta_0 + \beta_1 x_{21} + \beta_2 x_{22} + \cdots + \beta_p x_{2p} + \varepsilon_2 \\ \vdots \\ y_n = \beta_0 + \beta_1 x_{n1} + \beta_2 x_{n2} + \cdots + \beta_p x_{np} + \varepsilon_n \end{cases} \tag{2-41}$$

式中: x_{ij}——第 j 个自变量 x_i 的观测值;

$\varepsilon_k (k = 1, 2, \cdots, n)$——第 k 次观测误差,相互独立且服从正态分布 $N(0, \sigma^2)$。

记式(2-41)解为 $\hat{\beta} = (b_0, b_1, b_2, \cdots, b_n)^T$,并代入式(2-40),可得到经验回归模型:

$$\hat{y} = b_0 + b_1 x_1 + b_2 x_2 + \cdots + b_p x_p \tag{2-42}$$

当给定 $x_1, x_2, \cdots, x_p$ 的一组取值时,可用式(2-42)预测 y 值。多元线性回归方程可以写成

矩阵形式,用矩阵形式简单表示为:

$$Y = X\beta + E \tag{2-43}$$

2) 参数估计

多元线性回归模型参数估计仍可应用最小二乘法求解。根据最小二乘法原理,β 的最小二乘估计 $\hat{\beta}$ 满足:

$$\min S(\beta) = \sum_{k=1}^{n} e_k^2 = (Y - X\beta)^T (Y - X\beta) \tag{2-44}$$

e_k^2 代表函数曲线,由极值原理和向量求导法则可得:

$$\left. \frac{\partial S(\beta)}{\partial \beta} \right|_{\beta = \hat{\beta}} = -2X^T Y + 2X^T X \hat{\beta} = 0 \tag{2-45}$$

一般情况下,总是假设观测样本数大于自变量个数,即 $n > p$,并假设 $(X^T X)^{-1}$ 存在,则有:

$$\hat{\beta} = (X^T X)^{-1} X^T Y \tag{2-46}$$

其中,$(X^T X)^{-1}$ 为 $(X^T X)$ 的逆矩阵,X^T 为 X 的转置矩阵,并且满足:

$$E(\hat{\beta}) = \beta, \operatorname{Cov}(\hat{\beta}) = \sigma^2 (X^T X)^{-1}$$

容易进一步验证:

$$E(e_i) = E(y_i - \hat{y}_i) = 0 \tag{2-47}$$

$$E\left(\sum_{i=1}^{n} e_i^2\right) = \sum_{i=1}^{n} E(y_i - \hat{y}_i)^2 = (n - p - 1)\sigma^2 \tag{2-48}$$

所以:

$$s^2 = \frac{\sum_{i=1}^{n} (y_i - \hat{y}_i)^2}{n - p - 1} \tag{2-49}$$

s^2 为 σ^2 的无偏估计,在实际应用中,可用 s^2 估计 σ^2。

2.2.3 建模过程注意事项

本节主要对一元线性回归模型和多元线性回归模型建模方法加以总结,线性回归模型建模过程需要注意以下几个问题。

1) 模型描述

确立模型的因变量和自变量。建模的第一步是根据已有的理论和经验确立模型中的影响因素(自变量)$x_1, x_2, \cdots, x_p$(因变量 y 一般根据研究需要确定),当没有理论可供借鉴时,则需要根据观测或调查数据给出的信息来确定。对于一元线性回归模型,可借助散点图来判断或计算相关系数;对于多元线性回归模型,应用预测变量和影响因素之间的相关系数,把与研究因素不相关的影响因素剔除出去。

建模过程中一个重要原则是简单化原则,即在其他条件相同的情况下,选择最简单的模型。在预测精度和预测能力相同的条件下,能用一元线性回归模型则不用多元线性回归模型,在多元线性回归模型中尽量选择回归变量少的模型。

2) 参数估计

对于线性回归模型,最常用的参数估计方法是最小二乘法,在假设影响因素相互独立,误差项独立同分布并服从正态分布的条件下,得到的估计为无偏的,并且由此得到的模型是最优的(此时平均残差平方和最小)。但当上述假设条件不满足时,如影响因素之间存在共线性或各误差项为异方差时,由最小二乘法得到的估计则不是最优的,需要考虑其他的估计方法或建模方法(如逐步回归等),甚至需要数据变换。

3) 线性回归模型中的"非线性"变量

线性回归模型假设各个自变量对因变量的影响是线性的,但有时自变量却是以非线性形式对因变量产生影响的。有些影响变量为非连续变量,如一个家庭中的人数、拥有的小汽车数等,有些变量则是属性变量,如人的性别、是否就业等。对于上述情况,可以应用下面介绍的方法来建立模型。

(1) 定义新变量

当自变量对因变量的影响是非线性的,例如某公路上观测到的车流速度 y 与流量 x 近似地满足以下关系:

$$y = \beta_0 + \beta_1 x_1 + \beta_1 x^2 + \varepsilon$$

则在建立模型时,可重新定义变量:$x_1 = x, x_2 = x^2$,则上述模型可以表示为:

$$y' = \beta_0 + \beta_1 x_1 + \beta_1 x_2 + \varepsilon$$

同样,当模型中需要引入高次项时,如 x^d(d 为一整数),则可以定义 $x_d = x^d$。

(2) 哑元变量

当影响变量为非连续变量或属性变量时,常应用引入哑元变量的方法来分析其对因变量的影响。

【例 2-7】 假设分析收入 x_1 对无小汽车家庭出行次数 y 的影响,并假设每个家庭最多拥有两辆车,则每个家庭拥有车辆情况只能是 0、1、2 的其中一种。

定义哑元变量:

$$z_1 = \begin{cases} 1, & \text{该家庭有一辆车} \\ 0, & \text{其他} \end{cases}$$

$$z_2 = \begin{cases} 1, & \text{该家庭有两辆车} \\ 0, & \text{其他} \end{cases}$$

建立线性回归方程如下:

$$y = \beta_0 + \beta_1 x_1 + \beta_2 z_1 + \beta_3 z_2 + \varepsilon$$

假设由观测数据得到的回归方程为:

$$y = 1.21 x_1 + 0.78 z_1 + 3.26 z_2 + 1.04$$

则对无小汽车家庭 ($z_1 = z_2 = 0$),出行次数和收入的关系为:

$$y = 1.21 x_1 + 1.04$$

同样,可以分析家庭有一辆小汽车和两辆小汽车的情况。

4) 模型预测精度的度量

建立回归模型的主要目的是预测,以及对模型预测精度加以分析。模型预测精度的度量指标一般有以下几种。

(1) 回归标准差

回归标准差定义为:

$$s_y = \sqrt{\frac{\sum_{i=1}^{n}(y_i - \hat{y}_i)^2}{n-2}} \tag{2-50}$$

s_y 越接近 0,说明模型可靠程度越高;s_y 越大,说明模型偏离观测值越远,预测可靠程度越低。因此在评价预测模型的优劣时,往往通过回归标准差的大小来判断。在实际应用中,s_y 到底要求多大,是个很难把握的问题,常用回归标准差和观测值的均值比,即 $\dfrac{s_y}{|\bar{y}|}$ 来直观判断。一般当 $\dfrac{s_y}{|\bar{y}|} < 15\%$ 时,可以认为模型预测精度较高。

(2)平均绝对误差

平均绝对误差考虑了所有观测值和估计值之间偏差的绝对值,其计算公式为:

$$\text{MAE} = \sum_{i=1}^{n} \frac{|e_i|}{n} \tag{2-51}$$

由平均绝对误差可以引申出平均误差,即所有观测值和估计值之间的偏差平均值。但是,平均误差往往会正负值抵消,从而缩小了平均误差,而平均绝对误差则避免了这一问题,因而能够更好地反映预测的精度。

(3)百分比误差

百分比误差:

$$\text{PE}_i = \frac{y_i - \hat{y}_i}{y_i} \times 100\% \tag{2-52}$$

百分比误差考察了误差相对于观测值的大小,是相对度量。它要求对每个观测值都要计算百分比误差,但实际应用时,可以只考虑绝对值最大的百分比误差 $\left|\dfrac{y_i - \hat{y}_i}{y_i}\right| \times 100\%$,当其较小时(如≤10%),则可认为模型预测精度较高。

(4)平均绝对百分比误差

平均绝对百分比误差:

$$\text{MAPE} = \frac{\sum_{i=1}^{n} |\text{PE}_i|}{n} \tag{2-53}$$

在实际预测中,可以根据预测精度大小来评价预测模型的优劣,并选择合适的预测模型。模型假设检验可以用来判定模型是否可以拟合历史数据,精度分析则是模型对历史数据拟合效果的一个度量,而模型预测能力往往不能简单通过历史数据来说明。由于预测对象是还没有发生的一种状态,不能应用未来数据来分析模型的预测能力,一个很直接的方法是用一部分观测数据来估计模型参数,而用余下部分数据来评价模型预测能力,通过模型预测值和这部分实际数据进行对比分析(精度分析),从而判定模型的预测能力。

2.3 广义线性回归

2.3.1 广义线性模型概述

常规的线性回归模型假设要求同时满足:因变量 Y 为连续变量,且服从正态分布;误差项

$\varepsilon_i \sim N(0,\sigma^2)$,且相互独立。因此常规的线性回归模型在解决某些问题时,存在明显的不足,特别不适用于解决以下几类问题:

(1)假设因变量服从正态分布可能并不合理,例如对于某个路段上一段时期内发生的事故数,这些观测结果可能是计数数据或离散数据,其分布往往不能用连续型变量表示。

(2)假设所有观测的误差方差相等,在一些场合下是不合适的。例如当路段事故数服从泊松分布时,方差随着事故数均值的增加而增加,随观测数据的增加而增加,这显然不满足模型假设。

(3)因变量取值限定在一定的范围内,如选择某种出行方式的比例,其值只能在 0~1 之间,但用线性回归模型进行预测时,预测值可以任意取值,会超过因变量的实际值。

为了克服上述问题,有必要对线性回归模型进行改进,本节介绍的广义线性回归模型是其中一种拓展。广义线性回归模型主要在以下几个方面对传统线性回归模型进行推广:

(1)因变量服从正态分布这一条件放宽。Y 的分布是指数族分布,正态分布只是其中一种。在交通工程中,一般常用二项分布、负二项分布、泊松分布等。

(2)因变量 Y 和自变量 X 可以取离散值或连续值。例如,在研究交通出行方式选择行为时,可以用 $Y=1$ 表示采用公交出行,$Y=0$ 表示不采用公交出行。

(3)对因变量 Y 与自变量 $x_1, x_2, \cdots, x_k$ 之间的关系进行推广,传统线性模型要求:

$$\mu = E(Y) = \beta_0 + \beta_1 x_1 + \beta_2 x_2 + \cdots + \beta_k x_k \tag{2-54}$$

广义线性模型对式(2-54)作了进一步推广,只假设 $E(Y)=\mu$ 与影响变量 $x_1, x_2, \cdots, x_k$ 之间满足关系:

$$g(\mu) = \beta_0 + \beta_1 x_1 + \beta_2 x_2 + \cdots + \beta_k x_k \tag{2-55}$$

其中,$g(\cdot)$ 为一严格单调的函数,称为联系函数(link function)。式(2-55)右侧为传统的线性函数形式,是广义线性模型名称的由来。

归纳起来,广义线性模型主要由三部分构成:因变量(或响应变量)Y,它是随机变量,可用概率分布刻画;自变量或解释变量 $x_1, x_2, \cdots, x_k$;联系函数 $g(\cdot)$,它是联系随机变量均值 $E(Y)=\mu$ 与自变量 $x_1, x_2, \cdots, x_k$ 的函数。

2.3.2 泊松回归模型

泊松分布(Poisson distribution)常用来描述一些罕见事件的发生概率。在交通安全分析中,对于某一路段或路口每年的事故数、事故死亡人数等罕见事件,泊松回归模型是这类计数数据分析的常用模型。

泊松分布的分布函数如下:

$$P(X=x) = \frac{(\lambda T)^x e^{-\lambda T}}{x!} \tag{2-56}$$

式中:$P(X=x)$ ——在计数时间 T 内,事件 X 发生 x 次的概率;

λ ——单位时间内平均发生的事件起数;

T ——计数时间,如一个信号周期;

e ——自然对数的底数。

X 的期望 $E(X)$ 和方差 $\mathrm{Var}(X)$ 分别为:

$$E(X) = \sum_{x=0}^{\infty} x \frac{(\lambda T)^x e^{-\lambda T}}{x!} = \lambda T \tag{2-57}$$

$$\text{Var}(X) = \sum_{x=1}^{\infty} (x - \lambda T)^2 \frac{(\lambda T)^x e^{-\lambda T}}{x!} = \lambda T \tag{2-58}$$

在交通中,泊松分布最早用于描述一定时间内到达车辆数的分布规律。当交通量不大且没有交通信号干扰时,基本上可用泊松分布拟合数据;当交通拥挤时,车辆之间的干扰大,则应考虑用其他分布。

泊松回归是用解释变量构成的函数来代替泊松分布参数,从而进行参数估计和回归分析。最常用的方法就是用对数线性模型来描述泊松分布参数与解释变量之间的关系,即

$$\lambda T = e^{\beta_0 + \beta_1 x_1 + \cdots + \beta_k x_k} \tag{2-59}$$

也可以写为:

$$\ln(\lambda T) = \beta_0 + \beta_1 x_1 + \cdots + \beta_k x_k \tag{2-60}$$

由于泊松回归模型的联系函数是对数函数,泊松回归模型又被称为对数线性模型。

2.3.3 负二项回归模型

负二项分布函数为:

$$P(X = x) = C_{x+k-1}^{k-1} p^k (1-p)^x \tag{2-61}$$

式中:x——$x = 0, 1, 2, \cdots, n$;

p, k——负二项分布参数,$0 < p < 1$,k 为正整数。

X 的期望和方差分别为:

$$E(X) = \frac{k(1-p)}{p}, \text{Var}(X) = \frac{k(1-p)}{p^2}$$

当观测到达车辆数据方差很大时,特别是当计数过程包括高峰期和非高峰期时,交通量变化较大,用负二项分布描述车辆的到达是个很好的选择。当计数间隔较小时,也会出现大流量时段与小流量时段,也可用负二项分布拟合观测数据。

负二项回归模型是在泊松回归模型的基础上提出的,两者的一个重要局限条件为均值和方差相等。实际应用中,有方差大于均值的情况,在特定的场合下,一段时间内发生的交通事故数用负二项分布来刻画更适合。

负二项回归模型:

$$P(Y = y) = \left(\frac{1}{y!}\right) \left\{\frac{\Gamma[y + (1/K)]}{\Gamma(1/K)}\right\} \left(\frac{K\lambda}{1 + K\lambda}\right)^y (1 + K\lambda)^{-1/K} \tag{2-62}$$

$$\lambda = e^{\beta_0 + \beta_1 x_1 + \cdots + \beta_k x_k} \tag{2-63}$$

容易验证:

$$E(Y) = \lambda, \text{Var}(Y) = \lambda + K\lambda^2$$

其中,K 称为超散布参数(overdispersion parameter),且 $K > 0$,K 取值越接近 0,负二项分布方差越接近泊松分布方差。

2.3.4 Logistic 回归模型

逻辑回归(Logistic regression)模型是研究因变量为二分类或多分类,观察结果与影响因素

(自变量)之间关系的一种多变量分析方法,在交通领域有着广泛的应用。设响应变量 Y 是二值的(不失一般性,不妨假设 Y 的取值只有 0 和 1 两种情况,分别表示事件发生和事件没有发生),$X=(X_1,X_2,\cdots,X_k)$ 为解释变量。用 $p(x)$ 表示 X 取值 $x=(x_1,x_2,\cdots,x_k)$ 时的概率[一般用 $p(x)$ 表示 $Y=1$ 的概率],则 Logistic 回归模型可表示为:

$$\ln\left[\frac{p(x)}{1-p(x)}\right]=\beta_0+\beta_1 x_1+\beta_2 x_2+\cdots+\beta_k x_k \tag{2-64}$$

式(2-64)称为二值 Logistic 线性回归模型,简称 Logistic 回归模型。影响变量 $x=(x_1,x_2,\cdots,x_k)$ 称为模型解释变量,$\beta_0,\beta_1,\beta_2,\cdots,\beta_k$ 称为参数。Logistic 回归模型的另一种概率表达形式,即 $Y=1$ 时概率为:

$$p(x)=\frac{e^{\beta_0+\beta_1 x_1+\beta_2 x_2+\cdots+\beta_k x_k}}{1+e^{\beta_0+\beta_1 x_1+\beta_2 x_2+\cdots+\beta_k x_k}} \tag{2-65}$$

特别地,当解释变量只有一个时,式(2-65)可简化为:

$$p(x)=\frac{e^{\beta_0+\beta_1 x_1}}{1+e^{\beta_0+\beta_1 x_1}} \tag{2-66}$$

式(2-66)函数图象呈 S 形,如图 2-2 所示,参数 β_1 决定了函数曲线形状以及增长率。当 $\beta_1>0$ 时,曲线是上升的,增长率随 β_1 的增大而增大;当 $\beta_1<0$ 时,曲线是下降的,下降率随 $|\beta_1|$ 增大而增大;当 $\beta_1=0$ 时,$p(x)$ 为一个常数,则 S 形曲线变化为一条水平曲线。

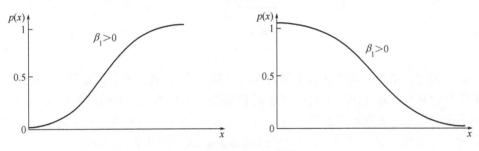

图 2-2 Logistic 回归函数

可以验证 $p(x)$ 在 x 处的斜率为 $\beta_1\cdot p(x)[1-p(x)]$,并且在 $p(x)=0.5$ 处斜率最大,此时 $x=-\beta_0/\beta_1$。可解释为在 $x=-\beta_0/\beta_1$ 处,Y 取值为 0 与取值为 1 的概率是相等的,每种结果都是 50% 的概率,因此 $x=-\beta_0/\beta_1$ 又称为中间效应水平。

2.4 时间序列分析

在交通安全分析中,有时会涉及对时间序列数据的分析,如对历年交通事故数、事故率的变化趋势的分析与预测等。时间序列通常由 4 种要素组成:趋势、季节变动、循环波动和不规则波动,常用的时间序列分析方法有移动平均法、指数平滑法和差分自回归移动平均(ARIMA)模型。

2.4.1 移动平均法

移动平均法是根据时间序列资料数据逐渐推移,依次计算包含一定项数的时序平均数,以反映长期趋势的方法。当时间序列的数值受周期变动和不规则变动的影响,起伏较大,不易显现出发展趋势时,可用移动平均法消除这些因素的影响,分析、预测序列的长期趋势。移动平均法有简单移动平均法、加权移动平均法、趋势移动平均法等。

1) 简单移动平均法

设观测序列为 $y_1, y_2, \cdots, y_t$,一次简单移动平均值的计算公式为:

$$M_t^{(1)} = \frac{1}{N}(y_t + y_{t-1} + \cdots + y_{t-N+1}) = \frac{1}{N}(y_{t-1} + \cdots + y_{t-N}) + \frac{1}{N}(y_t - y_{t-N})$$

$$= M_{t-1}^{(1)} + \frac{1}{N}(y_t - y_{t-N}) \tag{2-67}$$

式中:$M_t^{(1)}$——简单移动平均值;

N——移动平均的项数,且 $N < t$。

当预测目标的基本趋势是在某一水平上下波动时,可用一次简单移动平均法建立预测模型:

$$\hat{y}_{t+1} = M_t^{(1)} = \frac{1}{N}(y_t + y_{t-1} + \cdots + y_{t-N+1}) \tag{2-68}$$

其中:$t = N, N+1, \cdots$。

此时预测标准误差为:

$$S = \sqrt{\frac{\sum_{t=N+1}^{T}(\hat{y}_{t+1} - y_t)^2}{t - N}} \tag{2-69}$$

将近 N 期序列值的平均值作为未来各期的预测结果,一般 N 的取值范围为 $5 \leq N \leq 200$。当历史序列的基本趋势变化不大且序列中随机变动成分较多时,N 的取值应大一些,否则 N 的取值应小一些。对于有确定的季节变动周期的资料,移动平均的项数应取周期长度,选择最佳 N 值的一个有效方法是,比较若干模型的预测误差,预测标准误差小者为好。

简单移动平均法只适合作近期预测,而且适合预测目标的发展趋势变化不大的情况。如果目标的发展趋势存在其他的变化,采用简单移动平均法就会产生较大的预测偏差和滞后偏差。

2) 加权移动平均法

在简单移动平均公式中,每期数据在求平均时的作用是等同的。但是,每期数据所包含的信息量不一样,近期数据包含更多关于未来情况的信息。因此,把各期数据等同看待是不尽合理的,应考虑各期数据的重要性,对近期数据给予较大的权重,这是加权移动平均法的基本思想。

设观测时间序列为 $y_1, y_2, \cdots, y_t$,加权移动平均公式为:

$$M_{tw} = \frac{w_1 t_1 + w_2 t_2 + \cdots + w_N t_{t-N+1}}{w_1 + w_2 + \cdots + w_N}, t \geq N \tag{2-70}$$

式中:M_{tw}——t 期加权移动平均数;

w_i——y_{t-i+1} 的权数。

利用加权平均数来做预测,其预测公式为:

$$\hat{y}_{t+1} = M_{tw} \tag{2-71}$$

即以第 t 期加权移动平均数作为第 $t+1$ 期的预测值。

在加权移动平均法中，w_i 的选择同样具有一定的经验性。一般的原则是：近期数据的权数大，远期数据的权数小，至于大到什么程度和小到什么程度，则需要按照预测者对序列的了解和分析来确定。

3) 趋势移动平均法

在时间序列没有明显的趋势变动时，简单移动平均法和加权移动平均法能够准确反映实际情况。但当时间序列出现直线增加或直线减少的变动趋势时，用简单移动平均法和加权移动平均法来预测会出现滞后偏差。因此，需要进行修正，修正的方法是作二次移动平均，利用移动平均滞后偏差的规律来建立直线趋势的预测模型，这就是趋势移动平均法。

在一次移动平均的基础上再进行一次移动平均就是二次移动平均，其计算公式为：

$$M_t^{(1)} = \frac{1}{N}(y_t + y_{t-1} + \cdots + y_{t-N+1})$$

$$M_t^{(2)} = \frac{1}{N}[M_t^{(1)} + M_{t-1}^{(1)} + \cdots + M_{t-N+1}^{(1)}] = M_{t-1}^{(2)} + \frac{1}{N}[M_t^{(1)} + M_{t-N}^{(1)}] \tag{2-72}$$

趋势移动平均法适用于同时存在直线趋势与周期波动的序列，是一种既能反映趋势变化，又可以有效地分离出周期变动的方法。

一次移动平均实际上认为近 N 期数据对未来值影响相同，都加权 $1/N$；而 N 期以前的数据对未来值没有影响，加权为 0。但是，二次及更高次移动平均数的权数却不是 $1/N$，且次数越高，权数的结构越复杂，但权数永远保持对称，即两端项权数小，中间项权数大，不符合一般系统的动态性。

2.4.2 指数平滑法

指数平滑法认为时间序列的态势具有稳定性或规则性，所以时间序列可被合理地顺势推延。指数平滑法是移动平均法的一种，其特点在于给过去的观测值不一样的权数，即较近期观测值的权数比较远期观测值的权数要大。

根据平滑次数不同，指数平滑法分为一次指数平滑法、二次指数平滑法等，但它们的基本思想都是：预测值是以前观测值的加权和，且对不同的数据给予不同的权数，给予新数据较大的权数，给予旧数据较小的权数。

1) 一次指数平滑法

当时间序列无明显的趋势变化时，可用一次指数平滑法预测，一次指数平滑法的基本公式为：

$$S_t = ay_t + (1-a)S_{t-1} \tag{2-73}$$

式中：S_t ——时间 t 的平滑值；
　　　y_t ——时间 t 的实际值；
　　　S_{t-1} ——时间 $t-1$ 的平滑值；
　　　a ——平滑系数，其取值范围为 $[0,1]$。

指数平滑法对实际序列具有平滑作用，平滑系数 a 越小，平滑作用越强，但对实际数据的变动反应越迟缓。在指数平滑法中，预测成功的关键是选择合适的 a 值，a 的大小决定了在新预测值中新数据和原预测值所占的比重。a 值越大,新数据所占的比重就越大,原预测值所占比重就越小,反之亦然。

当用一次指数平滑法预测时,其预测公式为:

$$y_{t+1} = ay_t + (1-a)y_{t-1} \tag{2-74}$$

式中:y_{t+1} —— $t+1$ 期的预测值,即本期(t 期)的平滑值 S_t;

y_t —— t 期的实际值;

y_{t-1} —— $t-1$ 期的预测值,即上期的平滑值 S_{t-2}。

在实际序列的线性变动部分,指数平滑值序列存在一定的滞后偏差,其程度随着平滑系数 a 的增大而减少,但当时间序列的变动出现直线趋势时,采用一次指数平滑法进行预测存在着明显的滞后偏差。

2)二次指数平滑法

用一次指数平滑法进行预测仍存在着明显的滞后偏差,因此需要进行修正,修正的方法是在一次指数平滑的基础上再进行二次指数平滑,利用滞后偏差的规律找出曲线的发展方向和发展趋势,然后建立直线趋势预测模型,故称为二次指数平滑法。

在一次指数平滑的基础上得到的二次指数平滑公式为:

$$S_t^{(2)} = aS_t^{(1)} + (1-a)S_{t-1}^{(2)} \tag{2-75}$$

式中:$S_t^{(2)}$ —— 第 t 周期的二次指数平滑值;

$S_t^{(1)}$ —— 第 t 周期的一次指数平滑值;

$S_{t-1}^{(2)}$ —— 第 $t-1$ 周期的二次指数平滑值。

二次指数平滑法是对一次指数平滑值再一次作指数平滑的方法,它不能单独地进行预测,必须与一次指数平滑法配合,建立预测的数学模型,然后运用数学模型确定预测值。二次指数平滑预测的数学模型为:

$$y_{t+T} = a_t + b_t T \tag{2-76}$$

$$\begin{cases} a_t = 2S_t^{(1)} - S_t^{(2)} \\ b_t = \dfrac{a}{1-a}[S_t^{(1)} - S_t^{(2)}] \end{cases}$$

式中:y_{t+T} —— $t+T$ 期的预测值。

2.4.3 ARIMA 模型

ARIMA(p,d,g) 模型全称为差分自回归移动平均模型(autoregressive integrated moving average model,ARIMA 模型),其中 AR 为自回归、p 为自回归项数、MA 为移动平均过程、g 为移动平均项数、d 为时间序列呈平稳时所做的差分次数(阶数)。ARIMA 模型根据原序列是否平稳以及回归中所含部分的不同,包括移动平均过程(MA)、自回归过程(AR)、自回归移动平均过程(ARMA)。

对于平稳时间序列过程,对任意时刻 t,有 $E(X_t) = \mu$,$\mathrm{Var}(X_t) = \sigma^2$。如果时间序列过程不是平稳变化过程,则需对数据进行差分处理,使其变为平稳过程。

间隔为 k 的两个随机变量 x_t 与 x_{t-k} 的协方差即滞后 k 期的自协方差,定义自协方差序列为:

$$\gamma_k = \mathrm{Cov}(x_t, x_{t-k}) = E[(x_t - \mu)(x_{t-k} - \mu)] \tag{2-77}$$

式中：$k = 0,1,2,\cdots,q$；

γ_k——随机过程 $\{x_t\}$ 的自协方差函数。

当 $k = 0$ 时，得到：

$$\gamma_0 = \mathrm{Var}(x_t) = \sigma_x^2 \tag{2-78}$$

定义自相关系数为：

$$\rho_k = \frac{\mathrm{Cov}(x_t, x_{t-k})}{\sqrt{\mathrm{Var}(x_t)}\sqrt{\mathrm{Var}(x_{t-k})}} \tag{2-79}$$

对于一个平稳时间序列过程，有：

$$\mathrm{Var}(x_t) = \mathrm{Var}(x_{t-k}) = \sigma_x^2$$

$$\rho_k = \frac{\mathrm{Cov}(x_t, x_{t-k})}{\sigma_x^2} = \frac{\gamma_k}{\sigma_x^2} = \frac{\gamma_k}{\gamma_0}$$

ρ_k 称为自相关函数，是以滞后期 k 为变量的自相关系数列。当 $k = 0$ 时，有 $\rho_0 = 1$，自相关函数是零对称的，即 $\rho_k = \rho_{-k}$，自回归项数为 p 的自回归过程模型 $\mathrm{AR}(p)$ 为：

$$X_t = K_1 X_{t-1} + K_2 X_{t-2} + \cdots + K_p X_{t-p} + \theta_0 + \varepsilon_t \tag{2-80}$$

式中：$X_t, X_{t-1}, \cdots, X_{t-p}$——在 $t, t-1, \cdots, t-p$ 时刻得到的观测值；

K_i——自回归系数；

θ_0——常数项；

ε_t——误差项。

移动平均项数为 g 的移动平均过程 $\mathrm{MA}(g)$ 为：

$$X_t = \theta_0 + \varepsilon_t - \lambda_1 \varepsilon_{t-1} - \lambda_2 \varepsilon_{t-2} - \cdots - \lambda_g \varepsilon_{t-g} \tag{2-81}$$

式中：λ_i——移动平均系数；

ε_t——误差项。

自回归移动平均模型 $\mathrm{ARMA}(p,g)$ 为：

$$X_t = \theta_0 + \varepsilon_t + K_1 X_{t-1} + K_2 X_{t-2} + \cdots + K_p X_{t-p} - \lambda_1 \varepsilon_{t-1} - \lambda_2 \varepsilon_{t-2} - \cdots - \lambda_g \varepsilon_{t-g} \tag{2-82}$$

对平稳时间序列的 $\mathrm{AR}(p)$ 模型，有：

$$E(X_t) = \mu = \frac{\theta_0}{1 - k_1 - k_2 - \cdots - k_p}$$

$$\mathrm{Var}(X_t) = \gamma_0 = \frac{\sigma_\alpha^2}{1 - k_1 \rho_1 - k_2 \rho_2 - \cdots - k_p \rho_p}$$

式中：σ_α^2——误差项的方差。

因为 X_t 同时还会受到中间 $k - 1$ 个随机变量 $X_{t-1}, X_{t-2}, \cdots, X_{t-k+1}$ 的影响，而这 $k - 1$ 个随机变量又都和 X_{t-k} 具有相关关系，所以自相关系数里实际掺杂了其他变量对 X_t 与 X_{t-k} 的影响。为了单纯测度 X_{t-k} 对 X_t 的影响，引入偏自相关系数的概念。对于平稳时间序列 $\{X_t\}$，所谓滞后 k 期的偏自相关系数 φ_{kk}，是指在剔除了中间 $k - 1$ 个随机变量的干扰之后，X_{t-k} 对 X_t 影响的相关程度。

由 Yule-Walker 方程：

$$\rho_k = k_1 \rho_{k-1} + k_2 \rho_{k-2} + \cdots + k_p \rho_{k-p} \tag{2-83}$$

利用 $\rho_k = \rho_{-k}$，$\rho_0 = 1$，得到单位矩阵，对 k 阶自回归过程模型 $\mathrm{AR}(k)$ 有：

$$X_t = K_1 X_{t-1} + K_2 X_{t-2} + \cdots + K_p X_{t-p} + \theta_0 + \varepsilon_t \tag{2-84}$$

这里系数 K_k 恰好表示 X_t 与 X_{t-k} 在排除了其中间变量 $X_{t-1}, X_{t-2}, \cdots, X_{t-k+1}$ 影响之后的相关系数,即偏自相关系数 φ_{kk}。

当 $k = 1$ 时,AR(1) 模型为:

$$\begin{cases} X_t = K_1 X_{t-1} + \theta_0 + \varepsilon_t \\ \varphi_{11} = k_1 = \rho_1, |k_1| < 1 \\ \varphi_{kk} = k_k = 0, k > 1 \end{cases} \quad (2\text{-}85)$$

当 $k = 2$ 时,AR(2) 模型为:

$$\begin{cases} X_t = K_1 X_{t-1} + K_2 X_{t-2} + \theta_0 + \varepsilon_t \\ |k_2| < 1, k_1 + k_2 < 1 \\ k_1 - k_2 < 1 \\ \varphi_{11} = \rho_1 \\ \varphi_{22} = \dfrac{\rho_2 - \rho_1^2}{1 - \rho_1^2} \\ \varphi_{kk} = 0, k > 2 \end{cases} \quad (2\text{-}86)$$

对平稳时间序列的 MA(g) 模型,有:

$$X_t = \theta_0 + \varepsilon_t - \lambda_1 \varepsilon_{t-1} - \lambda_2 \varepsilon_{t-2} - \cdots - \lambda_g \varepsilon_{t-g}$$

$$E(X_i) = \mu = \theta_0$$

$$\mathrm{Var}(X_t) = \gamma_0 = \sigma_\alpha^2 (1 + \lambda_1^2 + \lambda_2^2 + \cdots + \lambda_g^2)$$

$$\rho_k = \begin{cases} (-\lambda_k + \lambda_1 \lambda_{k+1} + \lambda_2 \lambda_{k+2} + \cdots + \lambda_g \lambda_{g+k}) \left(\dfrac{\sigma_\alpha^2}{\gamma_0} \right), k = 1, 2, \cdots, g \\ 0 \end{cases}$$

$$\varphi_{kk} = -\lambda_1^k \left(\dfrac{1 - \lambda_1^2}{1 - \lambda_1^{2k+2}} \right)$$

在 ARMA(p,g) 的建模过程中,确定阶数 (p,g) 是比较重要的步骤,也是比较困难的。对于线性平稳时间序列模型,确定 ARMA(p,g) 过程的阶数这一过程称为模型识别,所采用的基本方法主要是依据样本的自相关系数(ACF)和偏自相关系数(PACF)初步判定其阶数。

2.5 贝叶斯方法

统计推断中有三种可用信息:总体信息,即总体分布或所属分布族的信息;样本信息,即样本提供的信息,这是任何一种统计推断方法都需要的信息;先验信息,即在抽样之前获取与统计推断相关的信息。贝叶斯方法不同于一般的统计方法,其不仅利用总体信息和样本信息,而且充分利用先验信息。在交通安全相关的预测分析中,加入先验信息,有利于提升预测的准确性。

2.5.1 基本概念

条件概率:设 A、B 是两个事件,且 $P(A) > 0$,则 $P(B \mid A)$ 称为在事件 A 发生的条件下,

事件 B 发生的条件概率。

乘法公式:设 A,B 是两个事件,则它们同时发生的概率满足乘法公式:

$$P(AB) = P(B|A)P(A), P(A) > 0 \tag{2-87}$$

$$P(AB) = P(A|B)P(B), P(B) > 0 \tag{2-88}$$

全概率公式:设事件组 $B_1, B_2, \cdots, B_n$ 满足 $\sum_{i=1}^{n} B_i = S$；$B_1, B_2, \cdots, B_n$ 互不相容；$P(B_i) > 0$, $i = 1, 2, \cdots, n$,则对任意事件 A,恒有:

$$P(AB) = \sum_{i=1}^{n} P(B_i) P(A|B_i) \tag{2-89}$$

贝叶斯公式:设事件组 $B_1, B_2, \cdots, B_n$ 满足 $\sum_{i=1}^{n} B_i = S$；$B_1, B_2, \cdots, B_n$ 互不相容；$P(B_i) > 0$, $i = 1, 2, \cdots, n$,则对任意事件 $A[P(A) > 0]$,有:

$$P(B_i|A) = \frac{P(B_i)P(A|B_i)}{\sum_{i=1}^{n} P(B_i)P(A|B_i)} \tag{2-90}$$

2.5.2 贝叶斯公式

假设Ⅰ:随机变量 X 有一个密度函数 $p(x;\theta)$,其中 θ 是参数,不同的 θ 对应不同的密度函数,从贝叶斯的观点看, $p(x;\theta)$ 是给定 θ 条件的条件密度函数,因此记为 $p(x|\theta)$ 更恰当一些,这个条件密度能提供的有关的 θ 条件就是总体信息。

假设Ⅱ:当给定 θ 后,从总体 $p(x|\theta)$ 中随机抽取样本 $X_1, \cdots, X_n$,该样本中有关 θ 的信息即为样本信息。

假设Ⅲ:对参数 θ 已经积累很多信息,经过分析、整理和加工,可以获得一些有关 θ 的有用信息,这种信息就是先验信息。

从贝叶斯的观点来看,未知参数 θ 是一个随机变量,描述这个随机变量的分布可从先验信息中归纳出来,这个分布称为先验分布,其密度函数用 $\pi(\theta)$ 表示。

先验分布:将总体中的未知参数 θ 看成一个取值在区间内的随机变量,其概率分布记为 $\pi(\theta)$,称为参数 θ 的先验分布。

后验分布:在贝叶斯统计学中,把以上三种信息归纳起来的最好形式是在总体分布基础上获得的样本 $(x_1, \cdots, x_n)$ 和参数的联合密度函数:

$$p(x_1, \cdots, x_n; \theta) = p(x_1, \cdots, x_n|\theta)\pi(\theta) \tag{2-91}$$

在联合密度函数中,当样本 $x_1, \cdots, x_n$ 给定之后,未知量仅是参数 θ, θ 的条件密度函数的求解可以依据:

$$\pi(\theta|x_1, \cdots, x_n) = \frac{p(x_1, \cdots, x_n; \theta)}{p(x_1, \cdots, x_n)} = \frac{p(x_1, \cdots, x_n|\theta)\pi(\theta)}{\int p(x_1, \cdots, x_n|\theta)\pi(\theta)\mathrm{d}\theta} \tag{2-92}$$

式(2-92)即为贝叶斯公式的密度函数形式,称 $\pi(\theta|x_1, \cdots, x_n)$ 为 θ 的后验密度函数或后验分布。

样本的边际分布为:

$$p(x_1,\cdots,x_n) = \int p(x_1,\cdots,x_n|\theta)\pi(\theta)\mathrm{d}\theta \qquad (2\text{-}93)$$

其又叫作样本 $X_1,\cdots,X_n$ 的无条件分布，它的积分区域是参数 θ 的取值范围。

2.6 交通事故大数据分析及应用

2.6.1 大数据概述

1）大数据的定义

近年来，为了有效缓解城市的交通管理压力，最大限度地避免交通事故、交通拥堵等问题的发生，人们充分借助大数据技术，以大数据技术为核心研发出了智能化的交通网络系统，以此实现对城市交通的智能化管理。

2011年，国际数据中心提出了大数据的定义：无法在特定时间内使用传统的数据库软件工具进行抓取、管理和处理的一种数据集合。大数据技术是以海量数据为研究对象，通过对其中价值数据进行高速捕捉、挖掘与分析而形成的一种技术。

2）大数据的特征

（1）数据量庞大

数据量庞大是大数据的基本特征。现代技术的不断发展和进步，极大地拓展了事物的维度，在描述相同的事物时，使用的数据量也逐渐增多。在描述完整的事物概况时，若单纯采用抽样数据则远远不足，甚至会遗漏与事物相关的重要内容，从而可能得到相反的结论。因此，在分析和处理某一事物时，需对其数据进行全面评估，从而了解事物本质，并得到更为科学和精确的结论。

（2）数据类型多样

数据类型繁杂、复杂多变是大数据的重要特征。以往的数据大多为结构化数据，更加注重结构化信息，强调大众化和标准化的属性。近年来，互联网技术及传感器得到了广泛应用和发展，与此同时出现了较多的非结构化数据，其结构属性不统一，在表示时也无法借助表格来完成，而大数据则对非结构化信息更为关注，注重小众化和体验化。

（3）数据价值密度低

大数据获取了事物的大量细节数据，在使用数据时，保留了全部数据的原貌，且在不采样全部数据的情况下，丰富了可供分析的信息，因此将大量的无意义乃至错误的信息引入其中，降低了数据的价值密度。但需说明的是，一些在某应用方面无效的信息，在其他的应用方面则可能是关键信息，具有相对的数据价值。

2.6.2 交通大数据技术

1）大数据采集技术

大数据意味着数据不仅具有规模巨大的特征，同时也具备种类复杂的特点。大数据采集环节是大数据处理流程的关键，不同领域的数据采集来源多样，数据规模、数据结构以及数据特征也存在差异。目前大数据采集主要有检测器或传感器方式、互联网 Web 方式、条形码方式以及射频识别(RFID)方式。在大数据采集过程中,需要面对的重大挑战是巨大的并发数,以城市交通系统数据为例,每日各类不同交通信息检测器采集的文本数据规模达到 GB 级别,获取的行驶车辆视频或者图像数据已经达到 TB 级别。

2) 大数据存储技术

从不同数据源采集的数据量巨大且类型繁多,需要用存储总量庞大的终端数据库来存储。大数据存储应按照不同类型数据建立特定数据库,分门别类存储多源异构数据,便于在后续数据预处理工作中清洗低价值、高错误、低关注度的数据,以此保障数据具有较高的质量以及可靠性,进而减少用户的数据查询时间,有效提高从庞大数据库中提取所需数据的速度,满足用户存储海量数据的需求。要对采集到的数据进行处理与核对,例如数据的格式是否统一、数据是否准确并满足使用条件、如何存储海量数据等。若数据质量不过关,会在很大程度上影响数据存储和挖掘的结果,涉及的数据处理主要有数据清洗、数据转换、数据增强和数据检查等。

3) 大数据分析与挖掘技术

大数据分析主要是通过相关理论方法汇总存储于数据库中的海量数据,继而满足用户简单、普通的数据统计需求。在大数据分析的基础上,需要采取大数据挖掘算法进一步揭示具有潜在价值的信息。目前,常见的大数据分析平台主要有 Hadoop 平台,挖掘算法主要有 K-means 聚类算法、KNN 分类算法以及 SVM 统计学习算法等。

4) 大数据可视化技术

大数据可视化技术是将数据采集、存储、分析以及挖掘海量数据等一系列过程得到的结果,以简单且直观的图(曲线图、圆环图、仪表盘等)和表(矩阵、表格、日期表等)的终端显示形式完美展现给用户的技术,以便用户清晰了解海量数据背后隐藏的数据规律或者特征信息,进而提高用户决策的准确性。当今,大数据可视化的架构主要分为 B/S 和 C/S 两种,其中,B/S 架构是适合决策者使用的基于 Web 网页端面向用户展示结果的界面,C/S 架构是便于数据分析人员使用的提供操作数据的客户端的定制呈现界面。

2.6.3 交通事故数据库

数据库作为一种存储数据的方式,能将数据规范化,提高其一致性、完善性和共享性,方便多个用户同时访问。采用数据库技术处理数据,有助于将数据规范化、标准化,实现数据信息的交换和共享。

1) 交通事故数据库概述

(1) 国外道路交通事故数据库

为了掌握道路交通事故的最近动态和发展趋势,美国、日本、欧洲等发达国家和地区采集和分析了道路交通事故的相关数据,成立了研究交通安全的部门。美国的国家公路交通安全管理局(NHTSA)每年都会发布国家道路交通事故死亡分析报告和国家道路交通事故案例报告。日本相关部门成立了交通事故研究分析中心,采集、分析日本所有道路交通事故的数据,每年发布一份交通安全报告,查找事故原因,提出防治措施,预测汽车保有量、驾驶员数量的发展趋势,分析信号机器台数的发展趋势及与交通事故数的相关性。欧盟道路交通事故数据库(CARE)创建于 1993 年,只统计道路交通事故的死伤情况,分事故信息、国别信息、人员信息、事件信息、车辆信息五大方面录入。

(2)我国道路交通事故数据库

目前我国交警部门使用的交通事故数据分析管理软件是由公安部开发的交通事故信息系统(traffic accident information system)。该系统具有初步的事故数据分析功能,并且每年整理出版《中华人民共和国道路交通事故统计年报》,从事故原因、时间分布、地域分布、道路情况、肇事人员及车辆情况、伤亡人员信息、死亡人数等方面进行统计分析。在学界,同济大学的张兰芳(2001)提出了道路交通事故数据库的实现方法,并提出了数据库应包括道路环境数据、交通事故数据等内容。吉林大学交通学院的陈强等人(2004)提出,道路交通事故数据库应包含交通事故数据、道路条件数据、交通环境数据,从而提供事故分析、事故查询和事故预测功能。北京交通大学的梁艳平(2005)提出,应建设包含道路交通事故的空间、时间信息以及人、车、路和环境的数据库,为实现道路交通要素的一体化管理提供数据支撑。吉林大学的焦万磊(2009)对比了我国道路交通事故数据库与其他发达国家的区别,提出了改善我国交通事故数据库构建和数据挖掘的方法。长安大学的邓明阳(2010)利用《中华人民共和国道路交通事故统计年报》的统计数据,分析了道路交通事故背景因素和相关指标的影响,并指出了我国道路交通数据分析工作存在的多方面弊病,提出了更科学的数据采集和处理方法,有助于道路安全研究。

2)交通事故数据库的构建原则

(1)"三要素"确定原则。"三要素"指的是突发事件的发生时间、发生地点和事件本体,其确定原则对应的是如何判断是否要填写某一起突发事件及确定几件突发事件是分开填写还是合在一起填写。

(2)"最小误差"原则。"最小误差"原则对应人员和财产栏目等非精确数字信息的填写,具体方法是:当遭遇各类约数表达时,为了将统计误差降到最低,取其最接近的最小整数进行填写。

(3)"奥卡姆剃刀"原则。"奥卡姆剃刀"被称为如无必要,勿增实体,即简单有效原则,该原则对应的是最小数据集的各类信息如果在新闻或调查报告中存在就填,不存在就不填。如果没有权威部门给出的结论,则选择待定,不要自行判断下结论。

(4)"疑似从无"原则。在法律上有条著名的原则——"疑似从无",即如果对某个信息不太确定的话,宁可选择否定该信息的真实性。

3)交通事故数据库构建标准实例

以表2-3为例,说明交通事故数据库的构建标准。

交通事故数据库构建标准　　　　表2-3

字段类别	字段名称	描述
事件基本信息	事件编码	道路交通事故唯一标志码
	事件名称	
	事件类型(一级)	
	事件类型(二级)	
	事件类型(三级)	
	事件等级	特别重大、重大、较大、一般和待定
时间	发生时间	

续上表

字段类别	字段名称	描述
地点	发生地点	事件发生的行政区划地点(省、市、县)
事故	事故形态	碰撞、碾压、刮擦、翻车、坠车、爆炸、失火、追尾、撞上固定物、撞人
	二次事故	连环、失火、爆炸、泄漏
	事故原因	人为、管理、环境、车辆、待定
	详细原因	
道路	道路线形	平直、一般弯、一般坡、急弯、陡坡、连续下坡、一般弯坡、急弯陡坡、一般坡急弯、一般弯陡坡
	路口路段类型	
	通行条件	干燥、潮湿、积水、漫水、冰雪、泥泞、其他
	道路类型	高速公路、国道、其他公路
环境	气象条件	晴、阴、雨、雪、雾、大风、沙尘、冰雹、其他
受灾情况	死亡人数	
	受伤人数	
	失踪人数	
	受损车辆	
事故责任人	性别	
	年龄	
	出行目的	运输、旅游、上下班、职务外出、生活出行
伤亡人员	性别	
	年龄	

2.7 案例分析

表2-4为某市历年交通事故数量统计结果,利用历年统计数据建立模型,预测该市2025年的交通事故数量。

某市历年交通事故数量统计(单位:次)　　　　　　表2-4

年份	交通事故数量	年份	交通事故数量	年份	交通事故数量
2004	20430	2010	31050	2016	42970
2005	22650	2011	34130	2017	43390
2006	25100	2012	34810	2018	45870
2007	27820	2013	39820	2019	50900
2008	30110	2014	43150	2020	53360
2009	29070	2015	42570		

以交通事故的统计年份为横坐标,以交通事故数量为纵坐标,得到历年交通事故数量散点图(图 2-3)。由图 2-3 可以看出,历年交通事故数量的点几乎成一条直线,因此考虑建立一元线性回归模型拟合观测数据。即考虑模型:$y=\beta_0+\beta_1 x+\varepsilon$,其中,$y$ 为交通事故数量,x 为年份,根据观测数据进行计算得到回归模型 $y=1925.22x-3837237.94$,$R^2=0.975$,回归标准差 $s_y=1581.97$,$s_y/\bar{y}=0.044<15\%$,模型预测拟合效果较好。该市交通事故数量可用上述回归模型进行预测,预测得到 2025 年的交通事故数量为 $1925.22\times 2025-3837237.94\approx 61333$(次)。

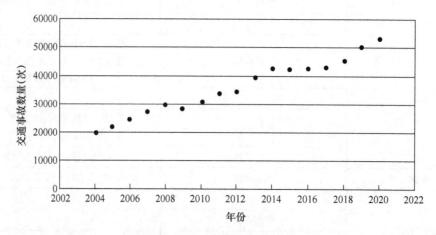

图 2-3　历年交通事故数量散点图

【习题与思考题】

1. 简述一元线性回归模型和多元线性回归模型。
2. 线性回归模型建模过程需要注意哪些事项?
3. 简述线性回归模型在处理实际问题时的局限性。
4. 简述广义线性回归模型及其构成。
5. 简单叙述时间序列分析的几种方法。
6. 什么是大数据?其有哪些特征?
7. 大数据技术主要有哪些?
8. 在数据统计过程中,由某些违法行为造成的道路交通事故发生次数和死亡人数极少,因而暂不考虑将这些因素作为道路交通事故影响因素的多元线性回归模型的主要因素。辽宁省某县公安局交通警察大队统计的数据见表 2-5,试对道路交通事故的影响因素进行分析。

道路交通事故发生次数统计表(单位:次) 　　　　　表 2-5

事故因素	2012 年	2013 年	2014 年	2015 年	2016 年	平均值
超速行驶	624	658	427	458	467	526.8
不按规定让行	205	282	124	80	97	157.6
无证与无牌照	234	207	104	96	87	145.6
占道行车	97	121	61	54	43	75.2
违法会车	104	161	53	41	33	78.4

续上表

事 故 因 素	2012年	2013年	2014年	2015年	2016年	平均值
酒后驾驶	109	152	72	62	41	87.2
其他违法行为	187	301	143	184	201	203.2
事故总数	1560	1882	984	975	969	1274.0

第 3 章
交通参与者与交通安全

交通安全直接关系所有的交通参与者,与驾驶员的关系尤为密切。不同的交通参与者的交通心理和交通行为也有所不同,一些交通参与者的风险性交通行为会导致严重的交通事故。本章重点分析机动车驾驶员、行人、自行车骑行者等主要交通参与者的心理、生理特性与危险行为特征,介绍交通参与者风险性交通行为的管控方法,并对几个典型的由交通参与者导致的事故案例进行分析。

3.1 风险性交通行为对交通安全的影响

3.1.1 机动车驾驶员风险性驾驶行为

1)疲劳驾驶

疲劳驾驶是指当驾驶员在长时间连续行车后,或伴有休息不佳、酒精药物、精神压力等造成的影响时,驾驶员在主观上有疲劳的感觉,产生生理机能与心理机能失调、认识与辨识能力和操作控制能力下降等现象,表现为在疲劳状态下实施车辆驾驶的行为。疲劳驾驶中驾驶员的肌肉、血管、神经系统及众多器官往往处于"消耗殆尽"状态,其生理和心理活动能力显著降低,对道路安全相关信息的认知能力、反应能力及对车辆的操控能力均会显著降低,极易发生道路交通事故。

道路交通三要素人、车、路,对驾驶员的疲劳驾驶均会产生不同程度的影响,在疲劳形成的几个阶段共同作用,从而形成了感知、判断和操作疲劳。当驾驶员感觉疲劳时,大脑处于反应迟钝状态,不能及时地处理各种外界信息,严重时甚至困倦、打瞌睡,使驾驶操作失误或完全失去驾驶能力,这时候驾驶员最容易因为疲劳引发事故。致因分析表明,疲劳驾驶是肇发交通事故的主要原因,感知疲劳引发的事故占总体事故的52%,判断疲劳引发的事故占38%,而操作疲劳及其他引发的事故占10%。

(1)感知阶段

感知阶段中,驾驶员主要通过眼睛、耳朵等感觉器官感受周围环境的变化信息。长时间由感官不断单调地输入信息会使驾驶员感到精神疲劳,从而表现出生理机能的下降。驾驶员在驾驶作业过程中,要时刻不停地对交通系统、交通条件中的各种信息进行感知、识别,实时按照新的信息采取适当的操作,使汽车保持安全运行状态。驾驶员的作业疲劳是一种以感知疲劳为主的作业疲劳,如图3-1所示。人的感知阶段是一个多输入单输出的过程,驾驶员在行车时,总是处于迅速运动之中,准确地感知时间、距离和速度是驾驶员必备的素质,准确地估计速度对行车安全非常重要。

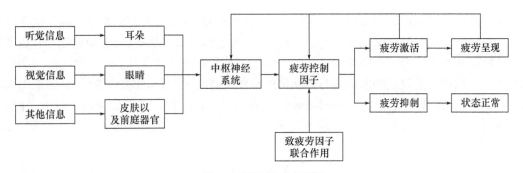

图3-1 驾驶感知作业疲劳

驾驶员的视觉特性主要涉及静视力、动视力、色觉、暗适应、立体视觉、视野等,是驾驶员安全驾驶的基本特性。

在驾驶员行车过程中,道路上物体的远近、明暗变化是连续而快速的,因而眼的调节也是频繁的,极易疲劳。光线的刺激,引起视网膜兴奋并将信息传送到中枢神经系统,这种视觉过程能振奋整个机体的活动,高级神经系统的活动也因此加强。

驾驶员的观察不是仅靠眼睛完成的,而是各种感觉器官共同作用的过程。耳朵是驾驶员获取交通环境信息最重要的器官之一,它获得的信息量仅次于眼睛获得的信息量。有研究发现,驾驶员在行车作业中,观察时眼睛的视觉工作量已趋饱和,如果超过一定限度,会使人产生疲劳感,影响安全行车。因此,要充分调动各种感觉器官来配合眼睛共同完成观察任务,尤其是耳朵,其对眼睛有重要的辅助作用。

①视觉疲劳。

人的视觉是指眼睛在光线的作用下,对物体明暗、形状、颜色、运动和远近、深浅等的综合感觉,即物体的影像刺激视网膜所产生的感觉。人的视觉是光刺激、眼睛、视神经和视觉中枢共同作用的结果。当用眼时间过长或照度不足时,视觉活动开始减慢,视觉效率便显著下降,引起视觉疲劳,而且整个中枢神经系统和机体活动也受到抑制,从而造成眼睛局部疲劳和全身性疲劳。

②听觉疲劳。

产生听觉的过程:外界的声波通过外耳道传到鼓膜,引起鼓膜振动,随后经中耳听骨链传递,引起内耳耳蜗中淋巴液和基底膜的振动,使耳蜗中的毛细胞产生兴奋,机械能转变为听神经纤维上的神经冲动,然后被传到大脑皮层听觉中枢,产生听觉,如图3-2所示。

图3-2 听觉机理

声音长时间作用于听觉器官时,听觉感受性会降低,这种生理现象称为听觉的适应。一般在声音停止刺激10~20s后,听觉器官感受性即恢复正常。但听觉器官连续几个小时受到强刺激后,其感受性会显著降低,这和适应现象不同,往往要经过几小时,甚至一昼夜或几天,听觉的感受性才能恢复,这种由于长时间的强烈刺激引起的听觉感受性较长时间下降的现象称为听觉疲劳。噪声强度超过100dB时,人受到干扰,会导致情绪不安、心烦意乱、感觉功能下降等。汽车在道路上行驶时,驾驶员经常受到强烈的噪声干扰,会影响其驾驶行为。

(2)判断阶段

判断阶段中,驾驶员需要在驾驶过程中不断地对外界刺激进行判断,再进行相关的车辆操作。不断地输入信息与输出信息,使得驾驶员时刻处于精神紧张状态,长时间驾驶会导致驾驶员精神疲劳和脑力疲劳。判断阶段主要由人的中枢神经系统完成,它的输入、输出环节会引起精神疲劳。驾驶员的反应判断能力与驾驶员的身体状态有关,当驾驶员疲劳时,认知能力和辨识能力下降,会出现判断失误、决策时间延长的情况,如速度判断出错、反应能力低下、注意力下降等。

(3)操作阶段

操作阶段中,驾驶员在脑力判断之后,对车辆采取操作行为。长时间驾驶容易使驾驶员产生体力疲劳。操作阶段由人体的运动器官完成,其输入、输出环节主要引起体力疲劳,同时也伴随一定的精神疲劳。驾驶员的体力疲劳主要形成于局部肌肉组织(腰、背、肩、颈等部位)。体力疲劳易造成驾驶员四肢疲劳、中枢疲劳,主要体现在驾驶员的操作准确性及动作稳定性下降方面。

综上,三个阶段会使驾驶员感到精神疲劳、脑力疲劳和体力疲劳。驾驶员进入疲劳状态后,操作能力下降,驾驶行为容易出现失误,从而引发事故。

这里要补充说明的是,驾驶员的行为过程,实质上是信息的接收、编码、存储、交换、操作、检索、比较、提取和使用的过程。

驾驶员通过交通信息感知系统、记忆系统、控制系统和响应系统四个系统完成这一过程,每个系统与其他系统相联系并进行互动。交通信息感知系统主要由视、听、触和对方位、空间、平衡等的感知觉构成,接收刺激信息并对其进行加工、编码,将物理能量转换为神经冲动,经感觉神经纤维传递到大脑等神经中枢;记忆系统将传入的刺激信息与长时记忆单元中的原有信息进行比较并筛选信息。驾驶员信息加工过程如图3-3所示。

驾驶员疲劳状态下对危险的判断及处理能力,与正常非疲劳状态下的能力存在的差异,称为疲劳差。正常情况下对危险的处理能力应大于或等于危险目标水平,但疲劳状态下产生了疲劳抑制,使危险处理能力显著下降,当危险处理能力小于危险目标水平时,往往极易产生疲劳性交通事故。疲劳驾驶时信息处理过程如图3-4所示。

(4)影响驾驶员疲劳的因素

驾驶员疲劳的产生涉及多方面因素,包括驾驶员身心状态、车内外环境和车辆运行条件等。

第3章 交通参与者与交通安全

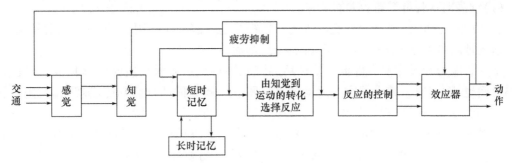

图 3-3 驾驶员的信息加工过程

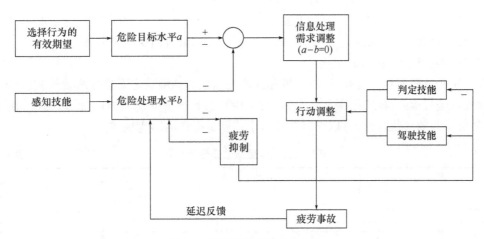

图 3-4 疲劳驾驶时信息处理过程

驾驶员身心状态对驾驶疲劳的产生有着非常重要的影响,其影响因素包括驾驶员的性别、年龄、驾龄、性格、心理、体质和情绪状况等个人属性特征,以及驾驶员工作与休息、睡眠质量、健康与疾病、酒精或药物影响等因素。

车内环境对驾驶疲劳的产生也有显著影响。有研究指出,污浊的空气会加快疲劳的产生,特别是当空气中的氧含量低于18%时,人的主观疲劳感最强;车内温度过高或过低会加快疲劳的产生;车内噪声可导致驾驶员听力下降、心率加快、末梢血管收缩、血压上升、疲劳感加快;车辆振动,特别是4~8Hz的低频振动,容易导致车内人员头晕、恶心及腹痛等,引起和加重疲劳。

车外环境和车辆运行条件对疲劳产生也有显著的作用。例如,过于漫长的直线行驶和过慢的车速会引发催眠效应,使驾驶员反应迟钝、感知力下降;在山区道路和弯道的行驶过程中,有限的视距会使驾驶员持续处于猜测和紧张状态,容易导致心理和生理的疲劳;过窄的路肩会增加驾驶员行车时的生理紧张和心理负担;单调的景观更容易引起驾驶员疲劳。

2) 酒驾和醉驾

目前,我国相关法律规定,酒驾是指驾驶员血液中酒精含量在一定范围内,即20mg/100mL≤驾驶员血液中酒精含量<80mg/100mL的驾驶行为。醉驾是指驾驶员血液中酒精含量≥80mg/100mL的驾驶行为。

（1）饮酒对驾驶员感知能力的影响

①触觉能力降低。由于酒精会对人的中枢神经起麻醉抑制作用，驾驶员饮酒后易出现踩制动踏板时软弱无力、转向盘掌握不稳的状况，车辆易失控。

②判断能力和操作能力降低。饮酒后，驾驶员对光、声刺激反应时间延长，本能反射动作的时间也相应延长，感觉器官和运动器官如眼、手、脚之间的配合功能出现障碍，因此，无法正确判断距离、速度，操作失误增加，发生交通事故的风险大大增加。

③视觉能力变差。驾驶员饮酒后色彩感觉能力降低，视像不稳，辨色能力下降，会导致不能发现和正确领会交通信号、标志和标线。酒精还会使驾驶员视觉敏锐度下降，难以看清运动物体，空间知觉能力、眼睛对光的适应能力下降。此外，驾驶员在饮酒后视觉角度会减小，眼睛只盯着前方目标，难以发现处于视野边缘的危险隐患。

④驾驶员饮酒后，在酒精的刺激下往往会过高估计自己能力，判断能力、分析能力、操作能力明显降低，对周围人的劝告常不予理睬，对力不从心的事也固执地要去做。

（2）饮酒对驾驶员操作的影响

有研究通过模拟驾驶实验，对被试者在饮酒与未饮酒两种状态下进行驾驶测试，对各种操作指标成对进行检验，检验结果见表3-1。对于检验后有显著变化的指标，计算其饮酒前后的差值，分析差值的变化特性，可以得出饮酒对于驾驶员操作的影响规律。

各种驾驶操作变量数据分析结果 表3-1

驾驶操作	评价指标		均 值		标 准 差		评价值 P
			未饮酒	酒后	未饮酒	酒后	
速度控制	平均速度(m/s)		21.68	24.46	1.06	1.52	0★
踩制动踏板	次		2.04	1.43	0.82	0.66	0.002★
	踩踏速度(s^{-1})		0.178	0.303	0.042	0.032	0★
	踩踏量		0.295	0.416	0.066	0.041	0★
右弯转向	次	左	0.190	0.904	0.402	0.831	0.002★
		右	1.667	1.429	0.796	1.121	0.212
	持续时间(s)	左	0.142	0.775	0.371	0.550	0.0009★
		右	1.291	1.054	0.899	1.011	0.179
	转向量	左	0.0023	0.0071	0.0043	0.0046	0.004★
		右	-0.01	-0.0086	0	0.003	0.041★
左弯转向	次	左	1.143	1.357	0.864	1.151	0.291
		右	2.143	1.571	1.955	0.513	0.131
	持续时间(s)	左	0.678	0.824	0.679	1.014	0.312
		右	1.425	1.398	1.175	0.423	0.462
	转向量	左	0.009	0.008	0.002	0.004	0.230
		右	-0.006	-0.010	0.0044	0.0049	0.0093★
踩加速踏板	踩踏量		0.387	0.634	0.083	0.107	0★
	踩踏速度(s^{-1})		0.084	0.214	0.044	0.049	0★
	持续时间(s)		7.470	7.370	2.140	2.613	0.371

续上表

驾驶操作	评价指标	均值		标准差		评价值 P
		未饮酒	酒后	未饮酒	酒后	
踩离合器踏板	踩的速度(s^{-1})	0.280	0.277	0.134	0.151	0.417
	松的速度(s^{-1})	0.785	1.715	0.273	0.274	0★

注:1.转向量中的"-"表示右转;
2.标记"★"表示 t 检验的结果是饮酒对该指标的影响显著;
3.制动踏板、加速踏板、离合器踏板的踩踏量,转向盘的转向量都是实际操作量除以该装置的最大操作量的比值;
4.制动踏板、加速踏板、离合器踏板的踩踏(松)的速度为单位时间内的踩踏(松)量。

①速度控制能力。

据表 3-1 可知,饮酒后的平均速度比饮酒前的平均速度快 2.78m/s,说明饮酒会明显影响被试者的速度控制能力($P=0$)。随路程推进,被试者体内酒精消散,饮酒前后的速度差有减小的趋势,如图 3-5 所示。造成这种现象的主要原因是饮酒后被试者对车速的感知能力下降,判断的车速比实际车速更低,同时被试者饮酒后更兴奋,在酒精刺激下,会产生提高车速的欲望。

②离合器操作。

饮酒前后踩离合器的平均速度仅相差 $0.003s^{-1}$,说明饮酒对被试者踩离合器基本没有影响($P=0.417$);饮酒后松离合器的平均速度比饮酒前快 $0.930s^{-1}$,是饮酒前的 2.185 倍,说明饮酒对松离合器有显著影响($P=0$),见表 3-1。全路段中,饮酒前后松离合器的速度差都大于零,说明饮酒后松得更快,且松离合器的速度差先增大后减小,如图 3-6 所示。

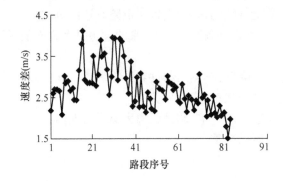

图 3-5 限速 80km/h 路段饮酒前后的速度差

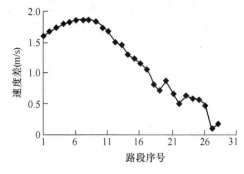

图 3-6 饮酒前后松离合器的速度差

③加速踏板操作。

饮酒对踩加速踏板的持续时间没有显著影响($P=0.371>0.05$),饮酒后踩加速踏板的踩踏量比饮酒前多 0.247,是饮酒前的 1.638 倍。饮酒后踩加速踏板的平均速度比饮酒前快 $0.13s^{-1}$,是饮酒前的 2.548 倍,说明饮酒对踩加速踏板的踩踏量($P=0$)与速度($P=0$)都有显著影响,见表 3-1。在图 3-7 中,速度差为饮酒后踩加速踏板的速度减去饮酒前踩加速踏板的速度,踩踏量差为饮酒后踩加速踏板的踩踏量减去饮酒前踩加速踏板的踩踏量。饮酒前后的速度差和踩踏量差都大于零,差值的变化规律与呼气中酒精浓度的变化规律相似,先增大后减小。

④制动操作。

饮酒对制动次数($P=0.002$)、踩踏量($P=0$)和踩踏速度($P=0$)的影响都十分显著。饮酒后制动次数比饮酒前减少0.61;平均踩踏速度比饮酒前快$0.125s^{-1}$,是饮酒前的1.702倍;平均踩踏量比饮酒前大0.121,是饮酒前的1.410倍。踩制动踏板的速度与踩踏量在饮酒前后的差值的变化规律与体内酒精浓度的变化规律相似,先增大后减小,如图3-8所示。

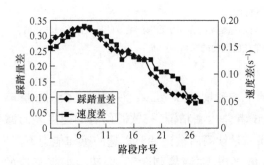

图3-7 饮酒前后踩加速踏板的踩踏量差与速度差　　图3-8 饮酒前后踩制动踏板的速度差与踩踏量差

3)超速行驶

超速行驶是指交通工具行驶速度超过一定交通条件所允许的行驶速度,而非简单的高速行驶。超速行驶产生的原因有:驾驶员思想麻痹,忽视安全;为了节约燃油,下陡坡熄火、空挡滑行;为了抢旅客、争货源,你追我赶;对路线不熟悉,或新驾驶员操作技术不熟练,对交通工具性能未掌握;为了赶时间,争速度、尾随等。

所谓超速,一是指超过道路限速值;二是指超过车辆安全保障的速度;三是指超过驾驶员安全驾驶能力的速度,其实本质上都是超过了安全行驶的速度,进入了危险车速的范围。

交通事故的发生与严重程度与车速有着直接关系,而超速行驶带来的危害是多方面的,择其主要危害陈述如下:

①超速行驶使车辆的安全可靠性、操作稳定性降低,车辆与部件容易损坏。

②超速行驶时,驾驶员心理与生理上均处于紧张状态,容易疲劳。

③超速行驶使得汽车制动距离大大增加,车速增加一倍,制动距离大概增加四倍。

④超速行驶时,若发生碰撞事故,冲击力大,后果严重。

⑤汽车在弯道上行驶时,所受到的横向离心力大小与车速和车体质量成正比,在超速行驶的情况下,横向离心力较大,操纵车辆的难度也相应较大。

超速行驶在驾驶行为中是很危险的,从道路条件角度来看,我国每一条高速公路都是基于一定的设计速度标准进行修建的,以至于建成通车的道路在承载速度方面都存在着一个极限速度,车辆的速度一旦超过这个极限速度,很可能会引发交通事故。

另外,超速行驶同时也意味着高速行驶,高速行驶对视觉的影响很大,主要表现为:

(1)行车视野变窄

汽车在高速公路上行驶时,随着车速的增加,驾驶员的有效视野会变窄,形成"隧道视觉"。这是因为坐在车内的驾驶员会感到车外的护栏、树木等固定物体不断地向后移动,并且越近的物体移动的速度越快,导致近处物体的影像在人眼睛视网膜的停留时间太短,物体的细节还来不及被人眼仔细分辨就消失了,从而形成了"隧道视觉"。

(2)速度判断失误

有人曾对汽车驾驶做过车速减半实验,结果见表 3-2。即首先让驾驶员以正常的速度在高速公路上行驶,具体以汽车的车速表为准,然后让驾驶员凭自己的直觉把汽车的行驶速度降低到当前的一半。结果表明,驾驶员在主观上感觉到的车速值一般比实际的车速值小,并且主观判断与实际的速度差异会随着车速的增加而增加。

车速减半实验结果　　　　　　　　　　　　　　　　　　表 3-2

规定车速(km/h)	80	100	120
减半车速(km/h)	40	50	60
实际车速(km/h)	52.6	63.1	75.4
判断误差(km/h)	12.6	13.1	15.4

(3)辨认距离缩短

白天光照度为 2000lx 以上,测试驾驶员在不同车速条件下对指示、禁令、警告三类交通标志的辨认距离结果见表 3-3,地面标线的辨认距离与车速的关系见表 3-4。从表中可以看出,车速越高,辨认距离越短。

不同车速条件下交通标志的辨认距离　　　　　　　　　　　表 3-3

行驶速度(km/h)		5	60	80	100
辨认距离(m)	指示标志	493	411	374	326
	禁令标志	390	307	276	239
	警告标志	316	239	212	179

地面标线的辨认距离与车速关系　　　　　　　　　　　　　表 3-4

车辆速度(km/h)	行车时的辨认距离(m)	静止时的辨认距离(m)	静动距离之差与静止时的辨认距离的比率(%)
20	49.6	56.0	11.4
30	37.4	46.6	19.7
40	33.7	51.1	34.0

(4)距离判断失误

一般情况下,人对距离的判断往往有很大的误差。汽车在行驶时,处于运动中的驾驶员对前车距离的判断同样有很大的误差,而且前方车速越高,判断的误差也相应越大。驾驶员对距离的判断失误很容易导致交通事故的发生。

对于超车的相关研究表明,在高速行驶的情况下,超车需要的最小距离往往被驾驶员低估,这个判断误差一般为实际超车所需距离的 20%~50%,且这个误差会随着车速增加而增大。

(5)视觉感知能力降低

随着汽车行驶速度的提高,驾驶员的空间识认能力减弱,对物体的大小、动静的感知能力会有所下降。

为了确保行车安全,高速公路上有最高限速值,但同时为了保证通行能力,也存在最低限速值。我国相当一部分驾驶员缺乏道路知识,在高速公路行车时,只重视限高速,对限低速的意识很淡薄。一般情况下,高速公路的最低限速为60km/h,以低于最低限速较多的速度在高速公路上行驶危害性很大。低速行驶的车辆相当于高速公路上的"流动障碍物",这些"流动障碍物"最有可能是动力性能较差的大型货车。在高速公路上,这样的障碍物不仅影响行车秩序,同时也导致道路的通行能力降低,特别是这样的大型货车行驶在内车道(快车道)时,很容易引发尾随相撞事故。

4) 其他风险性驾驶行为

(1) 违法超车

违法超车一般表现为强行超车、右侧超车等情形。强行超车时,由于不具备超车条件,驾驶员必须冒一定的风险,甚至要长时间占用车道超车。强行超车车辆间横向间距小、车速快、操控稳定性下降等因素构成了安全事故隐患,会造成驾驶员不能及时、有效地控制车辆,尤其是重载时紧急转向危险更大,无法实现安全避让,容易发生追尾等交通事故。右侧超车是一种危险的违法驾驶行为,极易占用非机动车道、碾压松软路肩、没有条件与被超车辆保持足够的横向间距,且会与同向行驶的非机动车产生冲突。

(2) 违章变更车道

违章变更车道是指行驶在前方的机动车驾驶员在与相邻车道尾随车辆没有足够的纵向空间的条件下,强行汇入该相邻车道。变更车道时,不观察车辆两侧和后方道路交通情况,不开启转向灯,随意频繁变更车道或强行突然变道,连续侵占正常通行车辆的行驶路线,会严重扰乱道路通行秩序,影响其他车辆的正常通行,容易导致道路拥堵和剐擦、碰撞事故的发生。

(3) 违法会车

违法会车是指在路口会车时抢行通过,在道路上会车时越线占道行驶,以及会车时不按规定使用灯光等违法驾驶行为。驾驶员在夜间、黄昏、雨雾天气、冰雪道路、弯道、陡坡、交叉路口及视线不良的路段等环境条件下违法会车,极易引发交通事故。

(4) 超载超员

超载会导致车辆油耗增加、气缸磨损加大、离合器片烧毁、车架和钢板弹簧断裂等情况的发生。汽车在上坡或者下坡时,则会发生因超载引起的整车重心趋后或趋前的不良状况,造成部分基础总成(如车厢、车架、后桥等)发生移位和变形。超载对汽车转向性能的发挥存在不良影响,超载情况下车辆往往转向沉重,且转向时离心力增大,操作吃力,容易造成翻车事故。更为严重的是,超载将会直接降低制动时的制动效能。相关实验表明,当车辆装载达到额定载质量后,每超载1t,紧急制动时制动距离大概会增加1m。而客车违章超员的危害更大,一旦发生意外,往往是群死群伤的特大交通事故。

3.1.2 行人风险性交通行为

在城市道路系统中,作为交通主体,机动车的交通问题得到了普遍的关注,而对于行人交通问题则缺乏应有的研究,人行设施的规划、设计与建设也较为滞后。作为城市交通系统不可缺少的重要组成部分,行人交通存在的问题不容忽视。应该认识到,不管是地铁、轻轨还是地面公交、私人小汽车或者摩托车和自行车,所有的出行方式必然伴随行人的交通形式出现在其前或者其后的某个环节,以便完成一次完整的出行。行人的交通行为非常灵活,在缺乏管理的情况下,行人更加容易出现抢道和闯红灯的非法行为,从而引发各类交通事故,给交通管理带来更多问题。

1) 违反交通信号

近年来,公安部门不断加大对机动车违反交通信号行为的处罚力度,机动车闯红灯行为显著减少。但是行人违反交通信号的事件仍不断发生,行人闯红灯的原因是多方面的,不但有行人自身意识上、心理上的因素,还有信号设施设置、执法管理等方面的因素。

(1) 行人反应过程使过街时间延长

一般情况下,交叉口行人过街主要包括三个环节:行人到达、判断交叉口情况、实施过街。在行人过交叉口的过程中,对行人影响较大的因素是车辆是否闯红灯。行人在等待红灯变绿灯的过程中,虽然红灯已变为绿灯,但是行人仍需要确认无车辆闯红灯,确保安全后,才会走人行横道过马路,这反映了人们对车辆的不信任。对车辆的不信任主要是因为机动车闯红灯现象在我国比较严重,特别在只设信号灯而没有监控摄像头的交叉口,机动车闯红灯违章现象特别严重,严重危及行人生命与财产安全,延误行人过街。而行人在红灯变绿灯时确认无车辆闯红灯、确认安全的反应时间为 1.2s,正是因为行人和车辆相互不信任,在无形当中延长了行人过交叉口的时间,反过来也会影响车辆正常行驶,导致道路拥堵和交通事故增多。

(2) 从众心理使集体闯红灯的行为增多

通常闯红灯的不仅仅是一个人而可能是一群人,特别是当有一群人在等绿灯时,若其中某个人先闯红灯,后面的人可能就会紧随其后,导致集体闯红灯,使红绿灯失效。有些行人没有固定的过街行为模式,同时对自己的约束能力差,他们的行为经常会受到其他行人行为的影响,容易模仿其他行人的行为,只要某个行人带头闯红灯,他们就会受其影响随他一起集体闯红灯,最终导致交通混乱不堪。

2) 违章过街

(1) 行人违章过街心理分析

依靠体力行走的行人通常有选择最短路径的心理倾向。这固然是节约体力的本能心理反应,但也往往由此引发各种不良的交通行为。然而,在交通管理的工程实践中,行人的交通权利通常得不到应有的尊重。在城市的中心区域,当交通负荷比较高时,为了更好地组织机动车和非机动车的交通运行,行人的交通权利通常会被忽略,导致行人需要绕行大量的交通设施,这与行人的交通心理形成了巨大的冲突,也成为交通事故发生的一个主要诱因。因此,非常有必要分析和研究行人过街时所能接受的绕行距离,以便更好地指导行人过街设施的规划与设计。

绕行距离指的是行人为了使用某个过街设施,在到达设施入口前所需要迂回绕道的距离。该距离是相对于直接过街需要额外绕行的距离,行人必须为此付出一定的体力和时间。因此,若该距离过长以至超过行人的心理极限,行人会倾向于选择违反交通规则直接过街。

行人可接受绕行距离的影响因素有很多,包括道路交通环境,行人的个人素养、体质和情绪状态,他人的交通行为,社会文化,天气等众多主客观因素。对于行人可接受绕行距离的取值,目前并没有形成一致的意见。据调查研究,我国的行人过街可接受绕行距离较国外的大部分国家和地区都要高很多,见表 3-5。

不同国家和地区的行人可接受绕行距离　　　　　　　　　　表 3-5

国家和地区		可接受绕行距离(m)
美国	普通社区	45
	步行社区	76
日本		20
中国北京		200
中国深圳		100

除了寻求最短距离外,为了更快地到达目的地,行人在行走的过程中,通常不愿意长时间地等待。特别是在焦虑心情的支配之下,有相当多的行人会有不同程度的闯红灯和抢道的心理倾向,从而导致交通秩序混乱和交通事故频发。

行人违章过街大多是行人正处在过街途中时所发生的时间和空间上的违章过街行为,但行人在等待过街时同样会出现危害生命与财产安全的情况,如行人过街时的等待位置不在人行道上而是在机动车道上等。行人在过街途中即使在时间和空间上遵守规定,但是依然会出现让车辆驾驶员或其他行人误判或严重干扰行人正常过街的情况,如行人过街途中奔跑或者在无信号灯路段行人过街途中突然快速折返等。

(2)行人违章过街的行为分类及其原因

行人违章过街的行为可以分为有意和无意两类。行人有意违章过街行为主要是指行人的违章过街行为是由自身的主观意识作出的不合理的决策行为,通常基于行人对交通信息判断认知的不正确;行人无意的违章过街行为是指行人受到外界交通环境的刺激使人体产生应激反应而形成的不规范过街行为。

①行人有意违章过街行为原因。

虽然行人有意违章过街行为是一种由人的主观意识产生的,明知道自己的行为是不合理、有安全隐患的,由于贪图便利或时间非常紧迫等原因,仍然违章过街的行为,但是这种行为依然存在客观方面的原因。

一方面,行人的心理因素在主观上占有重要位置。

在城市道路中,一些行人存在侥幸心理,会为了尽早地通过街道而冒险。有些人在横跨马路时,认为机动车不敢撞人,自己的不良行为不会造成危险;有些人即使知道自己的行为存在一定的风险,但是由于他们赶时间、图方便或者有其他原因,也会故意违章横跨马路,就近穿行。

在道路交叉口处,有些行人明知违章但是由于看到他人违章穿行也会盲目跟随效仿,因他人的违章行为未造成交通事故或受罚从而放纵自己的行为。

有的行人有着过于自负、逞强的心态,认为自己可以及时地避开道路上的各种车辆,能够处理各种将要发生的紧急事故,因此将交通安全法律法规置之度外,对道路上川流不息的机动车流视而不见,不顾自身的安危与机动车争夺道路的使用权。

另一方面,在客观上,交通管理的松懈和交通法规的漏洞为行人的违章过街行为创造了条件。

交通规章制度不健全,交通管理者对于行人的违章行为的惩罚制度不够完善,行人知道自己的违章行为不会受到惩罚,因此有些行人肆无忌惮地违章横跨道路。

交通安全防护设施不齐全或者交通安全防护设施的设计不符合行人的要求,不够人性化或者不够合理,会使行人不愿意按照规划的路线行走。

②行人无意违章过街行为原因。

行人的交通行为是行人对外界交通环境的刺激做出反应的行为,有的反应属于生理反应,是无意识的,但是大多数的反应是有意识的。不管是有意识还是无意识的行为反应,都有可能造成无意的不安全行为。

行人无意违章过街行为的形成原因可以从行人自身和外在道路交通环境两方面进行研究分析。

对行人自身原因即内部原因进行分析得知,行人自身的生理条件、过街时的心理及行人对交通法规知识的认知水平不足都会造成无意违章过街行为。其内部原因见表3-6。

行人无意违章过街行为内部原因　　　　　　　　表3-6

项目	原因
生理原因	年龄、运动机能、体力、听力、视力、性别差异、不适应复杂的交通环境及交通环境的突然变化等
心理原因	注意力不集中、情绪不稳定、畏惧心理、急切心理、个性不良等
认知原因	缺乏交通安全知识、对交通法律法规了解不充分、路权意识差等

外在的道路交通环境很容易影响行人对道路交通信息的接收,使行人根据接收不全的交通信息而采取不正确的反应行为,因此外在道路交通环境即外部原因也会使行人产生无意违章过街行为。对外部原因进行分析可以得出,行人过街所处的道路交通环境(环境原因)、行人的社会背景(社会原因)、道路交通的管理制度(管理原因)及行人接受交通安全法律法规知识教育的程度(教育原因)都会引发行人违章过街行为。其外部原因见表3-7。

行人无意违章过街行为外部原因　　　　　　　　表3-7

项目	原因
环境原因	道路设施、行人过街设施、交通安全指示设施、路面状况、气候条件变化等
社会原因	家庭情况、生活条件、受教育程度、人际关系变化等
管理原因	交通法律法规不健全、惩罚制度不够完善、信息传递不佳、管理措施不到位等
教育原因	交通安全法律法规知识的教育内容缺乏、培训不到位、教育方式不佳等

3.1.3　自行车骑行者风险性交通行为

随着经济的发展和城市化进程的加快,我国机动车保有量不断增加的同时,非机动车数量也与日俱增,尤其是近年来电动自行车、共享单车的发展使非机动车数量迅速增长。2017年我国电动自行车保有量已达到2.5亿辆,使得我国的混合交通流问题日益严重。近年来,我国非机动车道路交通事故死亡人数占道路交通事故总死亡人数的比例逐年升高,所以应重点关注道路交通中弱势的道路使用者(行人及非机动车)。

1)违反交通信号

(1)在行人特征方面,近年来我国通过视频获取数据,基于回归模型研究了自行车闯红灯行为。结果表明,年轻人比老年人、男性比女性、电动自行车驾驶者比传统自行车驾驶者更容易闯红灯。通过录像获取数据,对电动自行车在有无倒计时装置下的红灯违规和早起动违规行为的研究结果表明,在有倒计时装置时,影响红灯违规和早起动违规的显著变量为性别、电动车后座是否有人、电动车类型和转弯车辆数量。

(2)在交通状况方面,我国通过摄像机对交叉口(具有左转专用相位)的数据进行采集,通过统计分析研究了行人及非机动车的违章行为。结果表明,在左转相位,行人与非机动车闯红灯人数集中在20~40人,抢行时间集中在1~4s。在具有左转相位的交叉口,非机动车违规率为25%,文化程度对违规的影响较小,冲突率与违规率呈正相关,交叉口非机动车闯红灯、逆行以及绿灯快结束时抢行三种行为的危险度最高。

(3)在行人过街设施方面,我国专家通过相机记录交叉口和道路部分的数据,利用全贝叶斯随机参数回归模型研究了骑行者在不同穿越设施下的闯红灯行为。结果表明,行人更倾向于在交叉口人行横道闯红灯,并且显著影响因素有车辆类型、道路宽度、绿信比。另外,通过安装在自行车上的摄像机获取数据,研究人员利用广义估计方程模型从基础设施(自行车道、机动车道、人行横道)、交叉口类型方面研究了其对自行车闯红灯的影响,结果表明机动车道上的自行车在T形交叉口闯红灯的概率更高。在有倒计时装置时,红灯违规行为变少,而早起动违规行为变多。

2) 逆行

SHAP是一种基于可加性特征解释方法,主要用来解决合作博弈论中的分配均衡问题。形象化的SHAP值是通过对各个玩家的贡献(参与价值)进行评估,公平分配项目收益。近年来,有许多学者将这种方法应用在解释复杂机器学习模型中各个特征的价值。图3-9表明模型所有特征变量中前10个重要特征由高到低依次为:工作日/节假日,性别(男性)比例,餐饮,过街通道间距,时段,平均加速度,公交站、地铁站出入口,公司,娱乐,平均减速度。如在分类变量工作日/节假日中,工作日对逆行频次呈现正向影响,节假日则呈现负向影响。从餐饮设施特征来看,设施数量越多,对于逆行频次的影响越大。由图3-9可以看出,出行时段方面,工作日/节假日是影响逆行的主要因素,工作日的特征值显著高于节假日,表明工作日更易发生逆行行为。

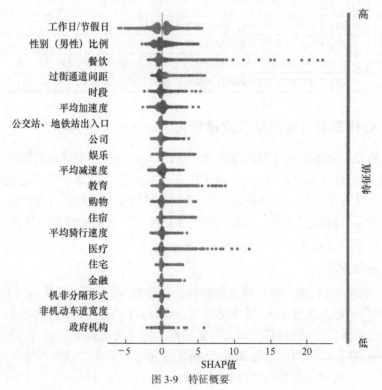

图3-9 特征概要

人口属性方面,性别比例对逆行频次的影响没有明显倾向趋势,即男性和女性都可能产生逆行,其具体的影响结果需要进一步探究。

土地利用方面,道路周围餐饮设施越多,逆行行为发生概率越大;同理,公司、娱乐、教育、购物、住宿、医疗、住宅、金融等设施对逆行行为亦具有一定影响。路段上餐饮、公司和购物等设施对逆行的影响是非线性的,在一定数量范围内,路段上设施越集中,越容易发生逆行行为。这与共享单车逆行的影响规律具有一定相似性,理解这种非线性影响进而对不同用地性质区域采用地域差异化政策,对提升非机动车骑行的安全至关重要。

公共交通设施方面,地面公交站与地铁站出入口越多,对逆行行为的正向影响越大,这与公共交通设施对共享电动自行车的吸引有关。

出行时段方面,各个时段对逆行频次的影响存在明显差别,早晚高峰期间的逆行行为频次较高,较容易发生逆行行为。

交通状态方面,骑行速度与逆行行为相互影响,在骑行速度较低且加速度较小的路段,其交通流可能接近饱和状态,逆行发生的概率较低。当骑行速度较快且加速度较大时,可能交通流量较小,骑行者受到道路周围设施吸引较小,不易发生逆行。当骑行速度适中且加速度频繁变化时,可能处于交通流内部互相干扰多、交通量较大的区域,骑行者会因受到公共交通设施和多种土地利用性质的影响而产生更多逆行行为;同时,逆行时因受到顺行交通流的阻力,骑行难以提升速度,也会表现出一定范围的速度、加速度变化。

道路条件方面,在无物理隔离路段,为了方便到达目的地,骑行者会随时穿越道路,过街掉头并产生逆行行为;当过街通道间距在 40~50m(骑行者可以接受的额外出行距离)时,骑行者更倾向于选择安全的绕行方式到达目的地;另外,当过街通道间距在 400~600m 时,逆行频次显著增加,表明该间距已经超过骑行者的忍耐距离,从而出现较多的逆行行为;最后,当过街通道间距大于 600m 时,该特征对逆行行为的影响作用较小。因此,过街通道间距的合理设计对非机动车的安全十分重要。

另外,机非分隔形式对逆行频次也存在一定影响。其中,标线分隔的非机动车道与无施划非机动车道影响相似,且与自行车逆行关系较小。护栏机非分隔与绿化带机非分隔则与逆行频次呈现相反影响:护栏分隔一般出现在次干路与支路,此类道路自行车过街较为便利,且护栏分隔的非机动车道一般较窄,逆行的安全风险较大,会使骑行者感到危险,故逆行频次较低;而绿化带分隔的非机动车道一般出现在路幅较宽的道路,此类路段过街通道间距较大,过街便利性较差,同时绿化带的机非分隔为逆行提供了安全空间,发生逆行的频次较高。因此,在规划非机动车道时,应该考虑合理的非机动车道宽度与便捷的过街设施。

3)越线

相对于机动车辆,自行车具备车体小、转向灵活、稳定性差等特点。在当前车道行驶无法满足行驶期望时,骑行者可利用车身尺寸小、转向灵活的特点穿插于机动车道、非机动车道和人行道之间,或穿行于道路前方障碍物间。机非标线分隔道路未设置物理分隔设施,对自行车约束小,易出现越线行驶行为。

根据自行车在行驶过程中是否受其他车辆或障碍物等因素的影响,越线行为可分为自由骑行越线和受阻骑行越线。自由骑行越线是指在不受其他因素影响的情况下,自行车骑行者选择越线进入机动车道行驶的行为;受阻骑行越线是指自行车骑行者为规避其他交通参与者或障碍物等因素的影响,进入机动车道寻求更好的骑行环境的行为。自行车骑行者的期望和实际运行状态的差异,是诱发自由骑行越线行为的主要因素。有研究指出,在实际骑行状况和骑行者期望有较大差异时,电动自行车骑行者有较高概率会选择在机动车道骑行。在受阻环境下,还会受非机动车道宽度、电动自行车速度、相邻机动车道交通状态、非机动车道车流密度等因素的影响。在道路环境较好时,此类越线行为可避免。

3.2 交通参与者风险性交通行为管控

3.2.1 机动车驾驶员风险性驾驶行为管控

1)疲劳驾驶

对疲劳驾驶的管控建议从制度建设与交通安全管理、加强驾驶员自身预防、引入先进的汽车科技、设置港湾式紧急停车带、采用疲劳驾驶监测技术五方面进行,具体如下。

(1)制度建设与交通安全管理

加强法治宣传教育。通过发达的多种媒体技术积极宣传《中华人民共和国道路交通安全法》《中华人民共和国道路运输条例》《道路运输从业人员管理规定》等法律法规,让人们充分认识到疲劳驾驶的危害,特别是要引起驾驶员、相关道路管理人员的足够重视。同时加大对多车单位、运输企业的安全管理力度,使广大驾驶员,尤其是长途客货运输车辆驾驶员自觉遵纪守法,不进行疲劳驾驶。

加强高速公路客运交通安全管理。重点加强特殊时段,如早晨、夜晚等事故高发时段的安全监督与管理,尤其是对长途过境的大型客货车辆加强监督与管理。对于长途运输驾驶员,一方面应该建立强制休息制度,充分利用服务区、交通执法检查服务站等高速公路设施场所,强制其进行休息。另一方面,道路管理部门应以高速公路服务区、停车区为据点大力修建驾驶员休息点,为长途运输的驾驶员提供中途休息的地方,最大限度地防止疲劳驾驶。

(2)加强驾驶员自身预防

①保证充足的睡眠时间。

充足的睡眠时间和良好的睡眠质量,是胜任任何一项工作所必需的。对于驾驶工作同样如此,正常情况下驾驶员每天要保证 8h 的睡眠时间才能保持精神饱满、精力充沛。由于白天的睡眠质量相对于晚上要差,所以开夜车的驾驶员需要相应地增加睡眠时间。

②限制持续驾驶时间。

定时安排途中休息。驾驶员在高速公路上开车,工作强度大,连续开车的时间不宜过长,一般不要超过 3h,并要有计划地进行定点休息。在开车过程中,若稍有疲劳感,应学会自我调节,如听音乐、通风、降低驾驶室的温度等,以保持身体各种机能和心理处于相对稳定的状态。如果是远距离运输,需要长时间驾驶,则应该按时间让驾驶员轮流换班驾驶,保证开车的驾驶员时刻处于注意力集中状态。

③防止带病驾车。

人在患病或者身体不适时应避免开车,因为此时人往往体力不佳,精力差,各种身体机能都处于一个不良状态,很容易疲劳,没办法保证驾驶时能够正常操纵车辆。一般情况下,在体力较差时,特别是在从事时间紧、任务繁重的长途运输工作时,驾驶员应停止开车,且应该避免带病驾车。

(3) 引入先进的汽车科技

随着科学技术的快速发展,在预防疲劳驾驶方面,应该引进先进的汽车技术进行管理,并逐渐形成以先进科技设备管理为主、工作人员管理为辅的管理模式。如应用疲劳驾驶报警系统实时监测驾驶员脑电波、心电波、心率、眼电波等生理特征与闭眼、点头、握力等身体特征,以判断驾驶员是否处于疲劳驾驶的状态;应用车道偏离报警系统对车辆的速度、加速度等进行实时监控,以判断车辆是处于有效控制状态还是处于失控状态,从而间接地判断驾驶员的精神状态。

(4) 设置港湾式紧急停车带

在夜间交通量大,而服务区、停车区较少的路段,尽可能多地设置港湾式紧急停车带,给驾驶员提供临时休息的场所,便于紧急避险,最大限度地保证路段通行能力。

(5) 采用疲劳驾驶监测技术

① 基于转向盘转角的疲劳驾驶监测方法。

疲劳驾驶监测系统采用非接触式的绝对转角传感器(如 MLX90316)进行转向盘转角数据的采集,将采集到的数据通过 CAN 接口发送给上位机;上位机通过对采集到的数据进行实时处理和分析,提取能描述驾驶员疲劳状态的转向盘角度变化特征,然后利用提取的特征建立疲劳驾驶模型,判别驾驶员的疲劳状态。疲劳驾驶监测系统架构示意如图 3-10 所示。

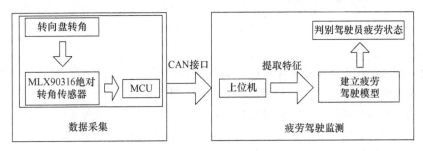

图 3-10　疲劳驾驶监测系统架构示意图

② 融合眼动和脑电特征的疲劳驾驶监测方法。

利用车辆行为特征进行监测的优势在于实时性强,对受试者无干扰,但车辆行为特征并不能真正反映受试者疲劳的状态变化,因而疲劳识别准确率基本在 80% 左右;利用驾驶行为特征的疲劳监测克服了车辆行为不能直接反映受试者疲劳状态变化的缺点,疲劳识别准确率达到 90% 左右,但它的缺点是受光照变化、面部表情、复杂背景等因素的影响较大;直接利用生理特征作为疲劳监测依据的识别准确率最高,能达到 98% 以上,但是由于生理信号过于敏感,个体差异性较大,因而稳定性较差。因此,为了更好地利用多种不同信号特征的优势,很多研究者在疲劳监测中综合了多种不同的信号特征。

疲劳驾驶管理不仅仅要重视疲劳驾驶的监测技术的应用,更应加强疲劳驾驶的机制基础、预警和控制研究。多信息融合技术是提高疲劳驾驶监测可靠性和灵敏性的重要方向之一。驾驶员产生疲劳的生理学机制的深入研究、现代传感技术的快速进步、人工智能的飞速发展,智能传感、数字通信与信号处理、人工智能、自动控制、驾驶生理与心理学等的深度交叉整合,必将有效推进驾驶员疲劳程度的数字量化监测的发展,使疲劳驾驶监测越来越准确、可靠、高效、并在监测的舒适性、可靠性和实用性方面得到进一步改善和提高。

高效、准确的疲劳驾驶监测体系的研发,必将提升驾驶员的疲劳管理以及预警能力与水平,有效保障道路交通的安全。

2)酒驾和醉驾

(1)基于车联网的酒驾预警监测管理系统

①技术路线。

车联网监控管理系统采用模块化设计,在手机和 Web 终端完成了远程监控服务平台的搭建。模块化设计可以结合不同的交通需求,打造多传感器平台。除了将酒驾、疲劳等模块整合到车联网系统中,后续还可以开发其他安全功能模块,构成整体车联网系统,实现交通安全的全方面监管,打造智慧交通网络。项目技术路线如图 3-11 所示。

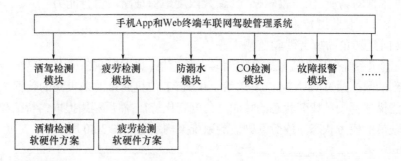

图 3-11 项目技术路线

②酒驾预警监测系统。

此系统采用我国自主研发的北斗定位系统结合 GSM 模块,可发送酒驾驾驶员位置坐标及提醒短信至家人手机与监管平台。另外,系统开发了 GSM 模块的 GPRS 通信功能,使数据传输量更大。在保持与美国全球定位系统同等甚至更高质量的情况下,极大地降低了成本。酒驾预警监测系统结合了车内酒精含量监测、驾驶员酒精含量监测和应用基于 MATLAB 开发的人脸识别及眼睛定位识别,可通过面部信息判别驾驶员的酒驾情况。酒驾监测系统的硬件模块如表 3-8 所示。

酒驾监测系统的硬件模块　　　　表 3-8

名　称	功　能
酒驾监测模块	使用酒精传感器和湿度传感器将车内酒精监测和吹气检测相结合,以此判定驾驶员是否酒驾
显示模块	显示车内环境温湿度、驾驶员实时位置坐标、时间
语音报警模块	提示驾驶员进行吹气检测以及发出语音警告
导航通信模块	当监测到驾驶员酒驾后,实时接收北斗定位信息并发送短信和 GPRS 信息
微处理器模块	核心控制模块,协调各个模块正常工作
电源模块	为整个系统提供 5V 电压
安卓上位机	实现远程定位酒驾驾驶员
PC 端	实现远程实时监控酒驾驾驶员

③车联网监控管理系统。

手机App和Web终端的车联网监控管理系统采用模块化互联网技术,将车辆远程监控管理与预防酒驾疲劳相结合,利用不同模块,实现交通全方位管理。车联网监控管理系统是一个智能的车辆监测系统,将酒驾模块与车联网系统进行了整合。

车联网监控管理系统是一个模块化车辆监测系统,广泛适用于车辆运行的多个方面,比如私家车安全保障、日常维护,也可用于公交系统、出租车系统的信息化管理、监控等方面,同样也可以成为车辆运营监管部门的管理利器。通过GPRS将数据传入Web服务器进行处理整合,通过Web终端或App实现对车辆信息的监测。

(2) 建立联动机制,形成打防体系

遏制酒驾、醉驾是全社会的共同责任,需要公检法机关相互配合,建立快速办理机制,体现法律效力。同时需要相关部门组织人员深入单位、学校、社区,宣传酒驾、醉驾行为的危害,建立起一个以公检法机关为主,其他部门积极配合的联动机制,形成酒驾、醉驾打防体系。

(3) 加强宣传教育,加强有针对性的路检路查

政府部门、司法机关应采取多种手段,开展酒后驾驶危害的宣传教育,发挥舆论导向作用。一是细化宣传,印制有关酒驾、醉驾的宣传资料,通过法律宣传、送法下乡等形式,发放到群众手中,让群众树立"开车不喝酒,喝酒不开车"的理念;二是通过庭审下乡、公开审判等形式,进行警示教育。

3) 高速公路上超速或低速行驶与超载超员驾驶

(1) 超速或低速行驶的预防

高速公路上过高或者过低的行车速度都将可能引发尾随相撞事故,所以必须保证高速公路上的车辆在一定速度范围内行驶,可以采取如下措施对行车速度进行限制:

①根据道路具体路段的实际情况,经论证后设置一定的限速标志,保证车辆的运行速度不至于超出道路的承载能力。

②根据道路超速事故的统计数据,在道路超速严重的特殊路段或时间段,采取特殊的措施或管理。例如,在超速严重的路段设置减速标线及加大速度监控、电子抓拍等先进科学设备的投入使用力度;在超速严重的时间段增加警力配置、加强管控等。

③相关管理部门要加大对违章超速行驶车辆的处罚力度,并针对超速的严重程度处以不同种类的惩罚,具体量化、细化,改变以往单一的处罚种类,多种处罚方式并行。

④坚持处罚与教育相结合,对有超速违法行为的驾驶员要定期进行专题安全教育。

⑤在高速公路上低速行驶的,一般是大型车或者动力性能较差的车辆。为了预防高速公路上低速行驶引发的尾随相撞事故,在加大对低速行驶处罚力度的同时,应该在收费站处设立专项检查关口,从源头上杜绝动力性能低于一定程度的车辆进入高速公路。并建议在大型货车比例高或者长大上坡等特殊路段实行客货分离、分车型限速的管理方式。

(2) 超载超员的预防

对高速公路超载超员的预防,可以在加强法律法规建设和规范收费制度的基础上,利用全路段的智能管理系统,实时监测和监控超载超员车辆,及时发现,及时治理。监控治理方案应做到:

①在各个互通入口和收费站入口处设置超载监测站,对进入高速公路的车辆进行监控,并将监控信息传入控制系统备案,对于超载车辆采取劝退或者现场卸货等手段,严禁超载车辆进

入高速公路。

②加强路段巡逻车的监控,对于行驶异常和明显超载的车辆实施现场排查,如果确系超载,采取治理措施,并将信息传回控制中心,由控制中心根据备案的车辆信息,调查该货车进入高速公路的具体入口,并对失职或者违反法规的入口监测站进行相应处理。

③将所有经过的客车尤其是长途客车在智能系统备案,在这些车辆上安装车载定位系统,随时对这些车辆进行监控。

④将系统与沿线客运车站进行联网,加强对客运车辆源头的监控,在路段发现超载超员车辆时,及时与相应的客运站取得联系,进行超载超员源头排查,将超载超员责任具体化、部门化,加大联合执法的力度。

⑤将系统与沿线各个城市的物流、运输企业联网,加强与这些企业的沟通,随时对超载超限车辆进行源头整治。

3.2.2 行人风险性交通行为管控

1) 违反交通信号

(1) 增加人行过街设施

①设立路口斜线式行人等候区。

针对因社会唤起效应而出现的"闯红灯散化"现象,为了减少闯红灯的人数,可以在路口的一角汇聚等待行人,从而增加行人通过路口的"聚集性"。在一些人流量不太大的路口,设立路口斜线式行人等待区,将两个方向上的行人聚集起来,让想要闯红灯的个别行人出于从众心理放弃闯红灯。譬如,在 B 处路口西北角设立一个行人等待区,将打算向东过马路的行人与向南过马路的行人集合在一起,一个方向是绿灯时另一个方向是红灯,使得行人等待区一直都有行人在等待,利用从众心理约束闯红灯行为的发生。

②设置中央安全岛。

针对部分行人误判绿灯时间与自己行走速度,被前后车流挡在路口中间的现象,在斑马线中央建立一块醒目且高于周围路面的安全岛是一种有效的规避风险的措施。滞留行人能够在路中央安全岛上停留,减少被来往车辆碰撞的危险。安全岛应与道路中央护栏相连接,并可种植绿化,融入交叉口交通体系。

③设置标线分离路口双向交汇人群。

在拥堵路口,大量双向人流的交汇是导致行人通过速度较慢的主要因素之一。庞大的交汇人流更会导致互相避让和阻挡,降低交叉口行人通过效率。可在人流通过的路面中间设置一条有区分度的标线,引导双向行人在标线的左右两边分开通过,实现双向交汇人流的分离,这样的分离能大大提高拥堵路口行人的通过效率,从而促进整个交叉口的高效率运行。

④加强人行天桥与地下通道建设。

在车流量与人流量特别大,且人流与车流的冲突不可避免时,应考虑在路口修建人行天桥或地下通道,使得人流与车流彻底分离。在一些规模庞大的路口,人行天桥与地下通道的设置是保障行人过街安全、提高路口通行效率较为有效的措施。

(2) 智能化交通管控设计

在交叉口实地调查可以发现,在人行信号灯绿灯时间快结束时,一些过街行人会因不愿意等待下一个绿灯而强行过街,这时行人很容易被机动车流阻挡在道路中间或者发生交通事故。

可在道路人行横道处设置智能语音提醒系统,当人行信号灯绿灯快结束时,在屏幕上显示绿灯结束时间倒计时,并且用语音的方式提醒行人是否应在该时间段过街。同时,在行人信号灯红灯时间段内,如果有行人强行过街,智能语音提醒系统可以通过红外线等方式感知行人的过街行为并且发出警告,提醒行人乱闯红灯的违章过街行为是非常危险的,这种提醒加警告的方式可以很好地制约行人的违章过街行为。

可在信号交叉口处设置智能语音管理系统,以语音的方式帮助行人安全过街,提醒行人违章过街的危害,警告行人不要违章过街。这种管理系统可以非常有效地制约行人的违章过街行为,提高交叉口处人流与车流的运行效率,保证行人的出行安全,是一种非常有效、人性化的交通管理设施。

(3) 行人闯红灯预警系统

在新时代执法规范化建设的要求下,利用科技化手段进行规范执法是有效方法之一,目前各地已有行人闯红灯语音预警、喷雾系统、LED 大屏曝光人脸等多种科技化手段应用于实际,但存在预警方式没有统一标准、泄露公民隐私风险高等问题。为此,公安部着手制定了公共安全行业标准《行人闯红灯警示系统技术规范》(GA/T 1767—2021),从标准层面引导行业发展,规范各类科技装备,从技术上统一预警方式等,指导各地交通管理部门使用,促进交通安全、文明出行。目前国内常见的行人闯红灯预警系统主要分为两类,一类是立柱式行人闯红灯预警系统,通过立柱式设备语音提示的形式进行预警;另一类是摄像机式行人闯红灯预警系统,通过摄像机监测记录行人闯红灯的行为。这两类行人闯红灯预警系统的形态不同,监测行人的方式不同,预警的形式也不同。

① 立柱式行人闯红灯预警系统。

立柱式行人闯红灯预警系统的数量为 1 对,包括主桩和副桩,安装于人行横道线出入口的两侧,主桩与副桩间以红外对射的方式监测是否有行人在红灯状态下进入人行横道。主要原理为:系统通过红灯信号监测器实时接收道路交通信号控制机的人行横道信号灯信号,当信号为绿灯时,系统的 LED 屏显示"绿灯通行",表明行人可安全通过人行横道,此时如果有行人通过,系统不发出语音;当信号为红灯时,系统的 LED 屏显示"红灯禁行",表明行人禁止进入人行横道,如果此时有行人通行,红外对射模块(红外发射二极管和接收二极管)收到相应信号并发送给内部主机,系统会通过语音播报的方式警告闯红灯行人,以起到警示作用,如图 3-12 所示。

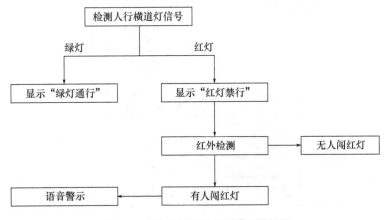

图 3-12　立柱式行人闯红灯预警系统原理

②摄像机式行人闯红灯预警系统。

摄像机式行人闯红灯预警系统的原理为:通过红灯信号监测器实时接收人行横道信号灯信号,并通过安装在路口的高清摄像机实时监测行人状态,在人行横道信号灯为红灯状态时,对闯红灯行人记录3张图片,工控机将3张图片合成1张图片,通过路口的LED大屏播放行人闯红灯行为以起到预警作用,甚至部分系统还具有语音警示的功能,可以语音形式警告闯红灯行人。部分地区已开始尝试开发人脸识别功能,通过软件算法计算识别出闯红灯行人身份。

2) 违章过街

(1) 提升过街设施使用效益

行人在规范过街时,同样会因正确使用过街设施产生对自身或交通有利的效益,包括安全效益、稳定交通流、维护道德、具有教育意义等。因此,为提高行人规范使用过街设施的期望,应提升该类效益。行人在过街时使用手机会导致行人不注意信号灯,且往往会忽略两侧来车,不能及时避让。针对此类问题,可以在斑马线两侧路面安装发光灯,同信号灯保持一致,以保证使用手机的行人也能注意到信号灯。路面斑马线也可采用发光斑马线,提高斑马线在夜间的可视性,保障夜间行人安全,如图3-13所示。而针对道路两侧出入口错位或过街行人无合适位置观察对向来车的状况,可以通过设置Z字形斑马线解决,如图3-14所示。

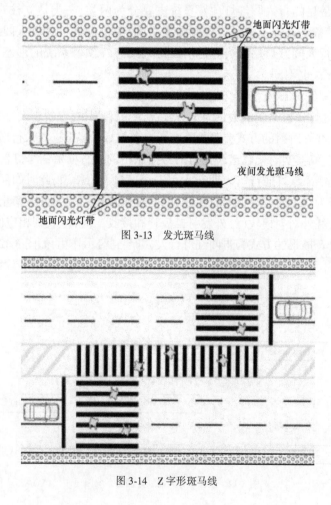

图 3-13　发光斑马线

图 3-14　Z字形斑马线

行人在人行横道两侧等待过街时,有时会由于等待时间过长导致行人数量较多,产生对冲人流,造成行人过街缓慢。针对这种情况,可以设置锯齿形斑马线,从视觉上引导疏导人流,且折线式线条对于驾驶员来说有更强的视觉效果,可以提醒驾驶员注意人行横道,减速让行。如图 3-15 所示。

传统斑马线采用白色条纹样式,长时间使用会让行人不自觉产生忽视心理,可以设置彩色斑马线(图 3-16)解决此类问题。彩色斑马线具有夜间反光和雨雪天防滑的效果,且色彩鲜艳,能更加有效地提示驾驶员自觉在经过斑马线前减慢车速,同时行人也容易被彩色图案吸引而选择走斑马线,从而保障行人及车辆的安全,提升安全效益。

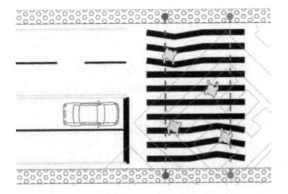
图 3-15　折线式斑马线

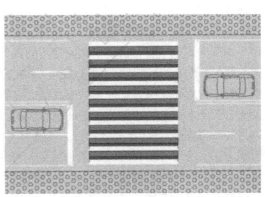
图 3-16　彩色斑马线

(2) 提高不良过街行为成本

不良过街行为的成本过低也是行人会产生不良过街行为的主要原因之一。行人对交通法规的重视程度不高,行人违规的处罚机制不完善,使行人存有侥幸心理。因此,如果能够提高行人不良过街行为的成本,那么便可以使行人主动放弃不良过街行为。

随意穿行是不良过街行为中对自身安全与交通秩序影响最大的一类。行人随意穿行的本质是行人在行进过程中寻找最短路径。设置隔离护栏物理阻隔行人横穿道路是遏制该类不良过街行为的有效手段。合理地设置隔离护栏可以提高行人随意穿越道路的时间成本与道德成本,从而降低该类不良过街行为发生的概率。

目前,受监管资源条件限制,对行人违反交通法规的惩处力度远不如车辆违规,交管部门对行人的管控也无法做到像机动车一样全面,行人的违章成本极低。因此,如能够提高行人不良过街行为面临的处罚成本、道德成本,那么便可以降低不良过街行为发生的概率。交管部门可以对不良过街行为发生频率较高的路段增加巡查,以现场处罚的方式树立典型,还可以对有严重不良过街行为的行人进行罚款、公开曝光和让其参与协勤等,从而增强道路交通管理的社会效应。对于警力不足的地点,也可利用摄像头等辅助设施对有严重不良过街行为的行人进行屏幕播放、事后查处等,提高行人的处罚成本、道德成本,以提高行人对交通法规的重视程度。

3.2.3　自行车骑行者风险性交通行为管控

1) 平面交叉口的管控

自行车引起的交通事故往往与交通冲突有关,而在交通冲突中,平面交叉口的冲突最严重,其次是混行道路。建议从以下两个方面来减少自行车的交通冲突。

(1) 渠化设计

① 机非分离。

机非混行是造成通行效率低下、安全事故频发的重要原因,因此应该对非机动车与机动车交通进行空间和时间上的分离,这样可以有效减少冲突和降低冲突的严重性。如果没有条件分离,也必须给出适当的空间让非机动车与机动车分道行驶。

② 进口道右转弯专用车道。

为了提高非机动车车道的利用效率,应当利用现有的路面开辟专门用于右转弯的非机动车车道。

③ 左转非机动车二次过街。

由于客观上左转非机动车常驶至对向进口道人行横道附近待行,因此,为了减少左转非机动车与同向和对向直行机动车、非机动车交通流的冲突,提高交叉口的通行能力和交通安全性,交通工程工作者在交叉口管理实践中提出了左转非机动车二次过街的交通组织措施,即左转非机动车首先随本向直行非机动车过街,到达待行区的停止线后等候,在下一相位初期,再成群直行通过交叉口,从而分两次完成左转。左转非机动车二次过街是一种机非时空分离的交通管理和组织方法。应尽可能利用现有条件或创造条件使得非机动车左转交通流两次过街。实践中发现,对于大的交叉口,非机动车能够自动进行二次过街。但在小的交叉口,非机动车骑行者更容易选择直接进行左转。因此,对于交叉口比较小的路口,应投入一定的人力来保证左转非机动车利用行人过街横道二次过街,当然与此同时,行人过街横道须相应增加必要的宽度。

(2) 信号控制方面

在早高峰和晚高峰机动车和非机动车流量都很大的路口,大流量的右转机动车会使直行和左转的非机动车受阻,从而造成拥挤堵塞。此时,可在绿灯初期禁止机动车右转弯,利用电动自行车起动速度快、能快速通过路口的特点,减少高峰时间机动车对非机动车的干扰:一方面减少在交叉口车辆之间冲突发生的机会,另一方面减少非机动车通过交叉口的等待时间,降低非机动车驾驶员违反交通法规的概率。根据非机动车在绿灯初、中和末期的运行特征,直行和左转的非机动车在绿灯中后期的密度明显比初期低,此时,可以让右转机动车与剩余的非机动车自组织穿插通行,即右转机动车相对于冲突流向的非机动车迟启。

除了上述方法,还可以采取以下一些具体的措施:对非机动车流量较小的交叉口,合并非机动车流和行人流,让非机动车流上人行道行驶,非机动车通过交叉口后再重新走非机动车道。根据交叉口的类型和各种车流流量的大小,禁止非机动车左转;在非机动车高峰期,可以考虑禁止机动车左转或右转。针对非机动车高峰期和平峰期流量差别较大的特点,设计可变车道。

2) 其他管控方法

(1) 保障非机动车路权,规范通行秩序

机动车道是自行车交通事故的高发地点,且多数城市存在缺少非机动车道或非机动车道管理松懈等影响非机动车通行的问题。因此,建议城市交通管理部门增强自行车路权意识,改善路网条件。一方面,要在道路上保障自行车的通行空间,用隔离栏或绿化带将非机动车道与机动车道分隔,条件有限的道路也应通过标志、标线明确自行车通行区域,减少机非冲突。另一方面,对于交叉口间距过长的路段,在设置隔离设施时应考虑预留一定的出口,方便骑行者进出非机动车道,减少骑行者的逆行行为。

(2) 完善相关法律法规,提高违法成本,加强保护措施

建立交通违法信息通报机制,将自行车严重违法行为纳入信用登记和社会福利管理系统内,实施联合惩戒来提高交通违法成本,进一步促进骑行者规范骑行。例如,出台相关规定强制电动自行车骑行者佩戴安全头盔,并将因未戴头盔加重交通事故伤亡情况的,予以认定相关事故责任;设置电动自行车骑行者年龄上限,逐步降低电动自行车骑行者中老年群体的比例。

(3) 推广智能交通技术

可以通过安装智能信号灯装置,充分考虑可接受等待时间,适时地调整信号周期。当交叉口机动车比较少时,提前开启行人信号灯,使行人、自行车骑行者充分利用这段时间安全过街;行人、自行车骑行者过街时比较容易与左转和右转车流发生冲突,导致无法在绿灯周期内完成过街,所以可以安装雷达探测器,如果人行道上还有行人、自行车骑行者,采取延长绿灯时长的措施;安装人行横道电子眼,可以对违章人员发出警报,使其产生心理负担,放弃违规穿越,从而降低违章率。

3.3 案 例 分 析

3.3.1 自行车交通事故案例

1) 事故概况

2020年1月16日上午11:40,运输公司员工张某驾驶大客车由甲地运载人员到乙地。当车行至乙地境内某省级公路45K+500处时,张某发现前方公路右侧约30m处有一载人的自行车骑行者。张某未先鸣喇叭示意就准备超越,此时,自行车突然由右向左转弯,欲进入公路左侧岔道。由于大客车严重超速行驶,加之驾驶员张某麻痹大意,对骑行者动态估计不足,虽作紧急制动也未能避免事故发生。两车在路中发生碰撞,自行车被撞出数米远,搭车者受轻伤,骑行者受重伤,第二日晚,骑行者经医院抢救无效死亡。

2) 事故原因及结论

公安交通管理机关对事故现场进行勘查发现,肇事现场为宽阔平直路段,干燥沥青路面,路面附着系数为0.6。公路全宽13.5m,车行道宽12.2m,左侧路肩宽0.7m,路外接岔道。右侧路肩宽0.6m,路外为农田。公路两侧无建筑物及林木遮挡视线,行车视距良好。

经现场勘查,大客车的制动拖印长度为52m。距右侧路面边线6.1m处有一自行车轮胎的挫压痕迹,重伤员倒地位置是头东脚西,头部位置距右侧路面边线4.8m,自行车的位置距右侧路面边线6.5m。经现场对肇事车辆做技术检验证实,该车各机械系统性能良好,工况正常。故认定此次事故不属于机械事故。

骑行者陈某,女,16岁,于肇事当日骑自行车载同伴行驶于公路。转弯前已听到远方有汽车声响但未引起重视,主观估计能在汽车驶来之前骑到公路对面,便在未认真观察来车情况、也未做转弯示意的情况下就横穿公路,结果与高速驶来的大客车在路中发生碰撞。通过速度计算可知,大客车在采取紧急制动前的行驶速度为89km/h左右,而该路段的法定限制速度为50km/h,由此可见,大客车属于严重超速行驶。

事故处理机关根据现场勘查和调查取证的结果,认定造成此次事故的主要原因是大客车驾驶员张某严重违反《中华人民共和国道路交通安全法实施条例》第四十五条"机动车在道路上行驶不得超过限速标志、标线标明的速度。在没有限速标志、标线的道路上,机动车不得超过下列最高行驶速度:(一)没有道路中心线的道路,城市道路为每小时 30 公里,公路为每小时 40 公里;(二)同方向只有 1 条机动车道的道路,城市道路为每小时 50 公里,公路为每小时 70 公里"的规定,驾车行经肇事路段时,冒险高速行驶。而骑行者陈某违反《中华人民共和国道路交通安全法实施条例》第七十二条"在道路上驾驶自行车、三轮车、电动自行车、残疾人机动轮椅车应当遵守下列规定……转弯前应当减速慢行,伸手示意,不得突然猛拐,超越前车时不得妨碍被超越的车辆行驶"的规定,骑车载人行经肇事路段时,未注意观察来车动态,转弯过急而发生事故。

综上分析,与自行车骑行者陈某的违章行为相比,大客车驾驶员张某的违章行为在交通事故中所起的作用要大一些,应负此次事故的主要责任,骑行者陈某应负此次事故的次要责任。搭车者没有违章行为,对此次事故不负责任。根据事故责任认定结果,经事故处理机关裁决,由肇事责任双方按比例各自承担事故的损害赔偿。上文已对赵某处罚做了说明。对自行车骑行者而言,转弯前应减速慢行,注意瞭望,确定安全后再实施转弯。对驾驶员张某而言,需要在最高限制速度下行驶,在经过村屯人员容易穿插的路段,要格外注意人和车辆,并将行驶速度降低到安全速度。

3.3.2 行人交通事故案例

1)事故概况

某公司驾驶员刘某驾驶解放牌载货汽车,由东向西行驶在公路上,此时有一辆三轮摩托车由西向东行驶。在汽车距三轮摩托车大约 200m 时,驾驶员刘某发现有一位老人由路的北侧向南侧横穿公路,驾驶员刘某只是鸣了一下喇叭并未减速,当老人行至公路中间时,对面过来的三轮摩托车驾驶员也鸣了一下喇叭,老人顿时不知所措,突然从道路中间往回跑。汽车驾驶员刘某急忙采取紧急措施,但终因车速过快来不及避让,前保险杠的左端将老人碰倒致伤。

2)事故原因及结论

通过对事故现场进行勘查发现,事故现场道路全宽 11m,有效路面宽 6m;汽车右后轮拖印起点距路面右边缘 1.1m,拖印长 7m;汽车左后轮停车点距有效路面右边缘 0.5m,左前轮停车点距有效路面右边缘 0.5m;右后轮拖印起点向前 1.2m 处,有伤者在地面上的侧滑印,长 5.8m,宽 0.5m,起点距路面右边缘 1.45m;右后轮拖印起点向西 6m 处有铁锹一把,距有效路面右边缘 1.5m;路面上有明显的车轮压印,长 24.2m。汽车前保险杠左端角有 0.33cm 长的碰撞痕迹;伤者右腿骨折。

由现场图和现场测量数据可知,汽车行驶轨迹偏向路右侧,这不符合《中华人民共和国道路交通安全法实施条例》第四十八条"在没有中心隔离设施或者没有中心线的道路上,机动车遇相对方向来车时应当遵守下列规定:(一)减速靠右行驶,并与其他车辆、行人保持必要的安全距离"的规定。根据路面留下的轮胎痕迹可推断制动距离,进而推算出汽车在制动前的行驶速度。制动距离约为 10.4m,由此可以判断汽车制动前的车速在 60km/h 以下,汽车没有超速行驶。

行人的行走路线是先由北向南横穿公路,行至公路中间时,又突然跑回来,由南向北横穿公路。行人违反了《中华人民共和国道路交通安全法实施条例》第七十五条"行人横过机动车道,应当从行人过街设施通过;没有行人过街设施的,应当从人行横道通过;没有人行横道的,应当观察来往车辆的情况,确认安全后直行通过,不得在车辆临近时突然加速横穿或者中途倒退、折返"的规定,可见行人的行走路线是错误的。由于行人在走到公路中间后又突然跑回来,造成临近横穿的情况,双方已经没有反应和采取措施的时间,因此行人应负事故的主要责任。

驾驶员应该知道在两车即将相会时,行人横过道路是很危险的。但是驾驶员思想麻痹,在行人第一次横穿公路时,只是鸣了一下喇叭,而未采取减速预防措施。当行人跑回第二次横穿时,再采取紧急措施,已为时过晚。驾驶员负本事故的次要责任。

3) 预防措施

驾驶员早已发现行人欲过公路,只鸣喇叭、不减速是错误的。待对面驶近的三轮摩托车鸣喇叭警告时,看到行人进退两难,应该心中有数,绝不能等待行人返回时再采取措施。驾驶员凡发现有人横过公路,应该判明其能否过得去、有无返回的可能,不能等事故苗头出现了,再采取紧急措施。因此,这一类事故中,驾驶员也应该承担一定责任。

【习题与思考题】

1. 驾驶员驾驶车辆可以分为哪几个阶段?简述疲劳对各个阶段的影响。
2. 饮酒对驾驶员的操作有何影响?
3. 何为超速行驶?超速行驶对驾驶员有何影响?
4. 行人违章过街有何危害?
5. 试分析行人违章过街的原因。
6. 请列举自行车骑行者的几种危险交通行为。
7. 简述基于转向盘转角的疲劳驾驶监测过程。
8. 简述对于行人的风险性交通行为的管控措施。

第4章 车辆与交通安全

车辆是道路交通系统的重要组成元素,与交通安全有着密切的联系。在交通事故的影响因素中,虽然因车辆原因直接引起的交通事故不超过10%,但并不意味着车辆因素对交通安全的影响不大。事实上,若车辆的性能和结构能得到进一步完善,在某些情况下是可以防止驾驶员出现失误的,即使发生了事故也可以降低事故的危害程度。以汽车为例,汽车的安全性可以分为主动安全性和被动安全性,主动安全性是指汽车防止事故发生的性能;被动安全性是指交通事故发生后,汽车本身减轻人员伤害和货物损失的能力。

4.1 汽车性能

4.1.1 汽车动力性

汽车动力性是汽车各种性能中最基本、最重要的性能,又称"汽车牵引性"。汽车发动机输出的有效功率除经传动系消耗一部分外,全部输入驱动轮,用以克服行驶阻力,这部分功率称为驱动功率或牵引功率。在室内台架测试汽车动力性时,常用底盘输出最大功率、加速时间、最大转矩等作为主要评价指标。在道路上测试时,常用最高车速、加速性能、最大爬坡度等作为主要评价指标。

1)汽车动力性评价指标

(1)最高车速

最高车速是指在水平良好的路面(混凝土路面或沥青路面)上汽车能达到的最高行驶速度,是汽车在平坦路面无风条件下,行驶阻力和驱动力平衡时的速度。

(2) 加速性能

加速性能是指汽车迅速提高行驶速度的能力，一般用汽车起步连续换挡加速性能和最高挡、次高挡加速性能来评价。起步加速性能的测试方法是将变速器置入起步挡位，迅速起步将加速踏板踩到底，使汽车加速行驶，当发动机达到最大功率转速时，迅速换挡，直至换入最高挡位，车速达到最高车速的 80% 以上，小汽车车速达到 100km/h 以上，所用的起步加速时间越短，起步加速性能越好。汽车的加速性能主要是由车身的质量和汽车发动机的转矩和功率决定的，汽车越轻，发动机的转矩和功率越大，汽车加速就越快。

(3) 最大爬坡度

汽车的最大爬坡度，是指汽车满载时在良好路面上用第一挡克服的最大坡度，它表征汽车的爬坡能力。爬坡度用坡度的角度值(以度数表示)或以坡度起止点的高度差与其水平距离的比值(正切值)的百分数来表示。只有当汽车牵引力大于上坡阻力和滚动阻力(空气阻力不计)时，汽车才能爬上坡。

2) 汽车动力性的影响因素

(1) 结构因素

①发动机的功率和转矩。

发动机功率越大，汽车的动力性越好。在设计中发动机的最大功率保证的是车辆运行时的最高车速。最高速度越高，要求的汽车发动机功率越大，其后备功率也越大，加速爬坡能力越好。但是发动机功率不宜过大，否则在常用条件下，发动机负荷率过低，油耗必然增加。发动机转矩越大，在主减速器传动比及变速器挡数一定时，最大动力因素较大，汽车的加速性能和爬坡能力也较强。

②传动系参数。

传动系对汽车动力性的影响取决于主减速器传动比、变速器挡数等参数。

③汽车流线型。

汽车流线型影响汽车的空气阻力系数，对汽车的动力性也有影响。因为空气阻力与车速的二次方成正比，克服空气阻力消耗的功率与车速的三次方成正比。

④轮胎尺寸与形式。

汽车的驱动力与驱动轮的半径成反比，汽车的行驶速度与驱动轮的半径成正比。在良好路面行驶的汽车，由于附着力较大，允许用小直径的轮胎得到较大的驱动力。车速的提高可以通过减小主减速器传动比来实现。减小轮胎尺寸与主减速器传动比，使汽车质心高度降低，提高汽车行驶的稳定性，有利于汽车的高速行驶。对于柔性路面上行驶的汽车，要求轮胎半径大些，主要是为了增加附着系数。

轮胎形式、花纹对汽车动力性也有影响。为提高汽车的动力性，应尽量采用滚动阻力较小的轮胎，如子午线轮胎。同时合理选用花纹，以增加道路与轮胎间的附着力。

⑤汽车整备质量。

汽车整备质量对汽车动力性影响很大，除空气阻力外，其他行驶阻力都与汽车整备质量成正比，动力因素与汽车整备质量成反比。

(2) 使用因素

①发动机状况。

发动机技术状况不良,其功率、转矩下降,汽车的动力性下降,这是显而易见的。

②汽车底盘技术情况。

汽车传动系各传动元件的松紧与润滑、前轮定位的调整、轮胎气压、制动性能、离合器的调整、传动系润滑油的质量等都直接影响汽车的动力性。

③驾驶技术。

驾驶员熟练地驾驶、适时和迅速换挡以及正确地选择挡位等,对发挥和利用汽车的动力性有很大影响。

④气候与路况。

当汽车长时间在高温条件下工作时,发动机会过热,功率会下降,导致汽车的动力性下降。当汽车行驶在高原地区或土路上时,不仅滚动阻力增加,更主要的是由于附着系数减小,汽车的动力性降低。

4.1.2 汽车通过性

在一定车载质量下,汽车以足够高的平均车速通过各种坏路及无路地带和克服各种障碍的能力,称为汽车的通过性。坏路及无路地带,是指松软土壤、沙漠、雪地、冰面、沼泽等松软地面及坎坷不平地段;各种障碍,是指陡坡、侧坡、台阶、壕沟等。

1) 汽车通过性概述

汽车通过性可分为轮廓通过性和牵引支承通过性,前者表征车辆通过坎坷不平路段和障碍的能力,后者是指车辆顺利通过松软土壤、沙漠、雪地、冰面、沼泽等地面的能力。

在松软地面上行驶时,汽车驱动轮对地面施加向后的水平力,使地面发生剪切变形,相应的剪切变形所构成的地面水平反作用力,称为土壤推力,它比在一般硬路面上的附着力要小得多。汽车在松软地面上行驶时也受到土壤阻力的作用,土壤阻力是指由于轮胎对土壤的压实作用、推移作用而产生的压实阻力、推土阻力,以及充气轮胎变形引起的弹滞损耗阻力,它要比在硬路面上的滚动阻力大得多。因此,上述参数经常不能满足汽车行驶附着条件的要求,这是松软地面限制汽车行驶的主要原因。

牵引车的挂钩牵引力等于土壤最大推力与土壤阻力之差,它反映土壤强度的储备能力,也反映了汽车通过无路地带的能力。

农林区、矿区、建设工地等使用的车辆和军用车辆,经常行驶在坏路及无路地带。因此,这些汽车应具有良好的通过性。

2) 汽车通过性的影响因素

(1) 汽车的最大单位驱动力

由于汽车越野行驶的阻力很大,为了充分利用地面提供的挂钩牵引力,保证汽车通过性,除了减小行驶阻力外,还必须增加汽车的最大单位驱动力。

实际上,在汽车低速行驶时,若忽略空气阻力,最大单位驱动力等于最大动力因数。为了获得足够大的单位驱动力,要求越野汽车有较大的比功率和传动比,这些要求可通过提高发动机功率,在传动系中增加副变速器或使分动器具有低挡,以增加传动系的总传动比来实现。在困难的行驶条件下,限制越野汽车的额定载质量能提高单位驱动力,也能降低越野汽车在松软地面上行驶时的滚动阻力。

（2）行驶速度

当汽车低速行驶时，土壤剪切和车轮滑转的倾向减少。因此，低速行驶通过困难地段，可改善汽车的通过性，所以越野汽车传动系最大总传动比一般较大。

（3）汽车轮胎

车轮对汽车通过性有着决定性的影响，为了提高汽车的通过性，必须正确选择轮胎的花纹、尺寸、结构参数、气压等，使汽车行驶滚动阻力较小，附着能力较大。

①轮胎花纹。

轮胎花纹对附着系数有很大影响，正确地选择轮胎花纹，对提高汽车在一定类型地面上的通过性有很大的作用。越野汽车的轮胎具有宽而深的花纹，当汽车在湿路面上行驶时，由于只有花纹的凸起部分与地面接触，轮胎对地面有较高的单位压力，足以挤出水层。汽车在松软地面上行驶时，由于轮胎下陷而嵌入土壤的花纹凸起数目增加，与地面接触面积及土壤剪切面积都迅速增加，因此，能保证有较好的附着性能。

在表面滑溜泥泞而底层坚实的道路上，提高通过性的最简单办法是给轮胎套上防滑链（或使用带防滑钉的轮胎），这相当于在轮胎上增加了一层高而稀的花纹。防滑链能挤出表面的水层，使轮胎直接与地面坚硬部分接触，有的还会增加土壤剪切面积，从而提高附着能力。

②轮胎直径与宽度。

增大轮胎直径和宽度都能降低轮胎的接地比压，用增大轮胎直径的方法来减小接地比压，增加接触面积以减小土壤阻力，比增大轮胎宽度更为有效。但增大轮胎直径会使汽车惯性增大、质心升高，轮胎成本上升，所以大直径轮胎的推广与使用受到了限制。

③轮胎气压。

在松软地面上行驶的汽车，应相应降低轮胎气压，以增大轮胎与地面的接触面积，减小接地比压，从而减小轮胎在松软地面的沉陷量及滚动阻力，提高土壤推力。

为了提高越野汽车通过松软地面的能力，并且在硬路面上行驶时又不致引起大的滚动阻力，可采用轮胎中央充气系统，此系统支持驾驶员根据道路情况随时调节轮胎气压。

在低压条件下工作的超低压越野轮胎，其帘布层数较少，胎体薄而坚固且富有弹性，能够减少由于轮胎变形引起的迟滞损失，并保证轮胎的使用寿命。

④前轮距与后轮距。

当汽车在松软地面上行驶时，各车轮都需克服滚动阻力。如果汽车前轮距与后轮距相等，并有相同的轮胎宽度，则前轮辙与后轮辙重合，后轮可沿被前轮压实的轮辙行驶，使汽车总滚动阻力减小，提高汽车通过性，所以多数越野汽车的前轮距与后轮距相等。

⑤前轮与后轮的接地比压。

前轮距与后轮距相等的汽车行驶于松软地面时，当前轮与后轮的接地比压为20%～30%时，汽车滚动阻力最小。

（4）驾驶方法

驾驶方法对汽车通过性有很大影响。驾驶员通过沙地、泥泞、雪地等松软地面时，应该用低速挡，以保证车辆有较大的驱动力和较低的行驶速度，从而确保安全。

4.1.3 汽车操纵稳定性

1)汽车操纵稳定性概念

汽车操纵稳定性,是指在驾驶员不过分紧张或过度疲劳的条件下,汽车能按照驾驶员通过转向系及转向车轮给定的方向行驶,当受到外界干扰(路面不平、侧风、货物或乘客偏载)时,汽车能抵抗干扰而保持稳定行驶的性能。

汽车的操纵稳定性包含两个部分,一是操纵性,二是稳定性。操纵性是指汽车能够按照驾驶员的要求运行,稳定性是指汽车能够抵抗干扰。

2)汽车操纵稳定性的影响因素

有很多因素影响汽车操纵稳定性,其中主要因素包括行驶系、转向系及传动系等方面。

(1)行驶系

行驶系中影响操纵稳定性的主要因素有前轮定位参数、后悬架结构参数及横向稳定杆、轮胎、前轴或车架变形、悬架等。

(2)转向系

当车厢侧倾时,转向系和转向系运动学关系如果不协调,将会引起转向车轮侧倾,干涉转向。汽车直线行驶时,当车厢与车轴发生相对运动时,前轮会转动,从而损害汽车的操纵稳定性。汽车的转向系刚度会引起转向车轮的变形转向,转向系刚度越低,转向车轮的变形转向角越大,导致汽车转向不足;转向系刚度越高,转向车轮的变形转向角越小,以减小汽车转向不足的趋势。

(3)传动系

纵向驱动力会增大前轮驱动汽车转向不足的趋势,用发动机进行制动时,将增大汽车过多转向的趋势。大功率前驱动汽车在加速过程中,若将加速踏板踩到底后突然松开,汽车的转向特性会发生明显的变化,汽车会发生突然驶向弯道内侧的"卷入"现象,可以通过采用自动变速器和有限差速作用的差速器加以克服。

4.1.4 汽车行驶平顺性

1)汽车行驶平顺性概念

汽车行驶平顺性是指汽车在一般行驶速度范围内行驶时,避免产生使人感到不舒服、疲劳,损害健康或使货物损坏的振动和冲击的性能。由于平顺性主要是根据乘员的舒适程度来评价,所以又称为乘坐舒适性,它是现代高速汽车的主要性能之一。

2)汽车行驶平顺性的影响因素

影响汽车行驶平顺性的因素比较多,其中最关键的是轮胎、悬架和座椅系统的结构参数。

(1)轮胎

路面凹凸不平是汽车行驶平顺性变差的主要原因,而轮胎是与路面直接接触的部件,所以轮胎的特性对汽车行驶平顺性的影响非常明显。

轮胎由于本身的弹性,在很大程度上吸收了因路面不平所产生的振动,它是影响汽车行驶平顺性的关键部件之一。通常用轮胎在标准气压和荷载下的压缩系数来反映轮胎性能。

(2)悬架

悬架是影响汽车行驶平顺性的另一个关键部件,悬架中的弹性元件、减振装置,以及簧载质量与非簧载质量都对汽车行驶平顺性有较大影响。

弹性元件主要起缓冲作用,减振装置用来消耗振动能量。降低悬架刚度,可降低车身的固有频率,减小车身加速度,但是同时会导致悬架动挠度增加,所以悬架可能会频繁撞击限位块,从而使汽车操纵稳定性降低。减振装置可以使车身的振动衰减,抑制车身和车轮的共振,从而减小车身的垂直振动加速度和车轮的振幅。悬架以上所有零部件的质量称为簧载质量,悬架以下所有零部件的质量称为非簧载质量,非簧载质量越小,汽车的行驶平顺性能越好。

(3)座椅

由于人体与座椅直接接触,因而长途行驶时,汽车座椅极大地影响着乘员的乘坐舒适性。从汽车行驶平顺性及减振要求看,座椅设计应保证有良好的阻尼和刚度特性。

3)提高汽车行驶平顺性的途径

(1)提高轮胎的缓冲能力

提高轮胎的缓冲能力,减小其不平衡性,有利于提高汽车的行驶平顺性。提高轮胎缓冲能力的方法如下:

①增大轮胎断面、轮胎宽度和空气容量,并相应降低轮胎气压。

②改变轮胎结构形式,如采用轮胎径向弹性大的子午线轮胎,可以缓和不平路面的冲击,并吸收冲击能量,使汽车行驶平顺性得到改善,如图4-1所示。

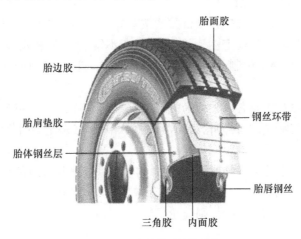

图4-1 子午线轮胎结构形式

③提高帘线和橡胶的弹性,用较柔软的胎冠。

(2)通过悬架提高汽车行驶平顺性

通过悬架提高汽车行驶平顺性的手段较多,包括:

①采用独立悬架,减小非簧载质量。采用半主动、主动悬架,实时调整悬架参数,以使悬架性能接近最优,兼顾汽车操纵稳定性与汽车行驶平顺性。

②选用具有非线性特性的弹性元件,如空气弹簧、油气弹簧、橡胶弹簧和硅油弹簧等。

③在线性悬架中,加入辅助弹簧、复合弹簧,采用适当的导向机构等。

④改进减振器的性能,采用可调式减振器,比如机械可调式减振器、磁流变减振器、电流变

减振器等。

(3)提升座椅舒适性

在原有的普通座椅坐垫的基础上,增加由弹簧和减振器所组成的座椅悬置系统,以显著提升汽车的乘坐舒适性。

4.1.5 汽车制动性

1)汽车制动性的概念

汽车行驶时在短时间内停车且维持行驶方向稳定,在下长坡时维持一定车速的能力,称为汽车的制动性。

随着汽车技术的发展和汽车行驶速度的提高,汽车制动性的重要性越来越明显。制动性直接关系交通安全,重大交通事故往往与制动距离太长及紧急制动时发生侧滑等情况有关。

2)汽车制动性评价指标

(1)制动效能的恒定性

制动效能即制动距离与制动减速度,是指在良好路面上,汽车以一定初速度制动到停车的制动距离或制动时汽车的减速度。制动过程是把汽车行驶的动能通过制动器转化为热能,汽车在繁重的运行条件下制动时或高速制动时,制动器温度常在300℃以上,有时甚至达到600~700℃,制动器温度上升后,摩擦力矩将显著下降,这种现象称为制动器的热衰退。

(2)制动时汽车的方向稳定性

一般把汽车在制动过程中维持直线行驶或按预定弯道行驶的能力,称为制动时汽车的方向稳定性。制动时汽车的方向稳定性,即制动时汽车不发生跑偏、侧滑以及不失去转向能力的性能。制动过程中,有时会出现制动跑偏、侧滑或前轮失去转向能力而使汽车失去控制、离开原来行驶方向的状况。

制动时汽车自动向左或向右偏驶称为"制动跑偏"。汽车制动跑偏的原因有两个:一是汽车左、右车轮,特别是前轴左、右转向轮制动器动力不相等;二是制动时悬架导向杆系与转向系拉杆在运动学上不协调。

侧滑是指制动时汽车的某一轴或两轴发生横向移动。侧滑和跑偏是有联系的,严重的跑偏会引起后轴侧滑,而易于发生侧滑的汽车也有跑偏加剧的趋势。失去转向能力和后轴侧滑也是有联系的,如果汽车后轴不侧滑,则前轮可能失去转向能力,如果后轴侧滑,则前轮一般仍有转向能力。

前轮失去转向能力是指汽车弯道制动时,不再按原来的弯道行驶而是沿弯道切线方向驶出,以及直线行驶制动时转动转向盘,汽车仍按直线方向行驶的现象。

制动跑偏、侧滑和前轮失去转向能力是造成交通事故的重要原因。一些国家对交通事故的统计表明,在发生人身伤亡的交通事故中,在潮湿路面上约有1/3的事故与侧滑有关,在冰雪路面上有70%~80%的事故与侧滑有关。而根据对侧滑事故的分析,发现有50%的事故是由制动引起的。

从保证汽车制动时的方向稳定性的角度出发,首先,不能出现只有后轴车轮抱死或后轴车轮比前轴车轮先抱死的情况,以防止危险的后轴侧滑。其次,应尽量少出现只有前轴车轮抱死或前、后轴车轮都抱死的情况,以维持汽车的转向能力。最理想的情况是,防止任何车轮抱死,前、后车轮都处于滚动的状态,以确保制动时的方向稳定性。

4.2 汽车主动安全技术

4.2.1 汽车主动安全概述

自 21 世纪以来,汽车作为重要的交通工具,在人们日常生活中扮演着重要角色,人们对汽车舒适性、美观性、安全性等方面也有了更高层次的要求。汽车安全运行离不开良好的汽车安全技术。汽车安全技术包括主动安全技术和被动安全技术。主动安全技术是指通过预先防范,在突发情况下,辅助驾驶员在轻松和舒适的驾驶条件下自如地操控汽车,规避交通事故发生的技术;被动安全技术是指在事故发生过程中及事故发生后,汽车本身减轻人员伤害和货物损失的能力。相对于汽车被动安全技术,汽车主动安全技术更能有效地避免事故的发生以及减少事故造成的人员伤亡和经济损失。另外,由于传统的被动安全设施性能改进的空间较小,所以汽车主动安全相关技术顺势发展,各种主动安全设备及系统应运而生,为保证车辆行驶安全性作出了重要贡献。要细化分析汽车安全运行情况,灵活、科学应用防抱装置。等汽车主动安全技术,在动态监控汽车运行安全的同时,高效降低车辆故障率和交通事故发生率。应加大汽车主动安全技术研究力度,提高汽车主动安全技术应用价值,促使汽车运行更加安全、稳定。

4.2.2 汽车主动安全技术分类

汽车主动安全技术可以分为预防安全技术和事故安全技术两大类。预防安全技术主要包括车况路况监测、改善驾驶视野及驾驶员注意力监测,事故安全技术主要包括距离警示系统和驾驶操纵性提高系统。

1)预防安全技术

(1)车况路况监测

驾驶员在驾驶车辆时,不可能百分之百掌握车况和路况。若驾驶员对车况关注不够,车辆在高速行驶时,往往会因为车辆故障而发生交通事故。对于突发性路况,驾驶员来不及反应,也会导致交通事故。因此,科研人员开发出了先进的车况路况监测技术,包括车道偏离预警系统(LDMS)、行车前碰撞预警系统(FCWS)、车距监控系统(HMWS)、后车追尾预警系统(REWS)、胎压监测系统(TPMS)及驾驶警觉控制系统(DAC)等,这些先进的技术,可以有效地避免交通事故,提升车辆安全性。

①车道偏离预警系统(LDWS)。

车道偏离预警系统的功能是辅助驾驶员减少车辆因车道偏离而引发的交通事故。该系统的工作原理是,控制单元对摄像头或者红外线传感器收集的数据进行分析和处理,确定车道标志线及车辆在车道中的位置。当监测到车辆偏离车道时,控制单元会分析车辆行驶状态和驾驶员操作状态的传感器信号,若监测到驾驶员打开转向灯开关,正常变线行驶,则车道偏离预警系统不作提示,否则,车道偏离预警系统发出警报信号,提示驾驶员车辆处于车道偏离状态,应及时修正方向,以避免发生交通事故。

②行车前碰撞预警系统(FCWS)。

行车前碰撞预警系统的主要功能是提醒后方车辆驾驶员前方即将到来的追尾碰撞危险，以使后方车辆驾驶员及时地采取相应的避撞措施，避免碰撞事故的发生或减轻碰撞的损害程度。行车前碰撞预警系统分为完全行车前碰撞预警系统和制动能效行车前碰撞预警系统，前者主要在乘用车上使用，后者主要在货车上使用。行车前碰撞预警系统示意如图4-2所示。

图4-2　行车前碰撞预警系统示意

③车距监控系统(HMWS)。

车距监控系统测量与前方车辆间的距离，并使用主体车辆的行进速度来计算与前方车辆的距离及到达前方车辆的时间，并在与前方车辆的距离减小时发出不同级别的警告。

④后车追尾预警系统(REWS)。

后车追尾预警系统的功能是监测后方车辆，若发现可能存在的危险，就会发出警告，提醒本车驾驶员采取避让措施，同时闪烁制动灯警示后方车辆，以避免后车追尾，本车驾驶员采取避让措施后，制动灯停止闪烁。

⑤胎压监测系统(TPMS)。

胎压监测系统的主要功能是对车辆行驶中车辆轮胎的气压进行实时监测，当轮胎气压过高或过低时，进行报警，提醒驾驶员注意行车安全。通过胎压监测系统，驾驶员可以实时了解轮胎状况，避免爆胎，也可以避免车辆在行驶过程中因胎压不足导致油耗和废气排放增加，或者因胎压不足，轮胎磨损严重，导致车辆在制动时制动距离延长，引发交通事故。根据工作原理的不同，TPMS分为直接式胎压监测系统和间接式胎压监测系统。直接式胎压监测系统通过轮胎中的压力传感器监测各个轮胎的气压，间接式胎压监测系统通过计算轮胎滚动半径来监测轮胎气压。

⑥驾驶警觉控制系统(DAC)。

据统计，90%的交通事故是由于驾驶员注意力不集中造成的。沃尔沃公司推出了一款驾驶警觉控制系统，以帮助驾驶员避免注意力不集中或疲劳驾驶等危险情况。该系统由安装在风窗玻璃和内视镜间的照相机、多个传感器和一个控制器组成。其中，照相机监测汽车与车道标志线的距离；传感器收集汽车的行驶状况并将信息反馈给控制器；控制器对信息进行分析和处理，以评估驾驶员在驾驶过程中是否有接听电话、与乘客长时间交谈等分心的危险驾驶行为。当危险评估级别较高时，系统会通过声音、信息显示屏符号及文字提示驾驶员休息。

(2)改善驾驶视野

由于驾驶员在驾驶过程中需要全方位观察道路上的各种信息,为驾驶员提供更大的视野范围和更好的视野条件对提高驾驶安全性具有重要意义。对于间接视野而言,提高其视野的措施主要有以下两方面:一是通过合理选择后视镜尺寸和安装位置,向驾驶员提供更大范围的后视视野,在不产生新的盲区的情况下观察到汽车本身产生的盲区;二是采用新型视野装置,如可加热后视镜、前侧窗防雾装置、防眩镜等,可加热后视镜能够在不利天气条件下使镜面保持清洁,前侧窗防雾装置能够让驾驶员通过侧窗清楚地观察后视镜,防眩镜能够减少夜间对面驶来车辆的炫目灯光对驾驶员造成的不利影响。

科研人员开发了大量的改善驾驶视野的技术,研究出许多相关的汽车辅助系统,包括泊车辅助系统(PDC)、夜视辅助系统(NVS)、盲点监测系统(BSM)及抬头显示系统(HUD)等。

①泊车辅助系统(PDC)。

泊车辅助系统是汽车主动防撞安全系统的一种,电子控制器单元(ECU)根据传感器收集的信号,采用相应的声音或影像装置,提示驾驶员车辆周边的障碍物和车辆之间的相对位置,提高驾驶员在泊车时的安全性、方便性,如图4-3所示。

图4-3 泊车辅助系统示意

②夜视辅助系统(NVS)。

夜视辅助系统的作用是在夜间行驶时,辅助驾驶员看清路面的情况,避免碰撞事故的发生,增强车辆在夜间行驶时的安全性。该系统利用红外技术,将路面上的行人、车辆及其他障碍物以图像信息的形式展示在车载显示屏上,提示驾驶员注意,最大限度地避免碰撞事故的发生。

③盲点监测系统(BSM)。

盲点监测系统的主要功能是辅助驾驶员扫除后视镜视野盲区,避免因驾驶员未注意到后视镜视野盲区内的后方车辆而在变道时发生碰撞。BSM利用安装在汽车保险杠内的雷达传感器,在车辆行驶速度超过控制单元内储存的某一特定速度时自动启动,实时向车辆的前、后、左、右发出雷达探测微波信号,控制单元通过对反射回来的信号进行分析、测算,确定盲区内后来车辆的距离、车速和方向,并通过指示灯闪烁提示驾驶员变道会有危险。若驾驶员未注意到指示灯闪烁提示而驾驶车辆变道,系统会发出语音警报,再次提示驾驶员变道危险。在整个车辆行驶过程中,盲点监测系统会不断地监测和提醒驾驶员。

④抬头显示系统(HUD)。

抬头显示系统是以驾驶员为中心的一种系统,其主要功能是让驾驶员的视线集中在前方的路面情况上,在不低头的前提下能够看到车辆行驶时的相关重要信息。HUD 的主要工作原理是将车辆行驶时的相关车速、导航等相关重要信息投射在风窗玻璃的全息半镜上,使驾驶员的视线主要集中在前方路面的情况,避免因驾驶员转头或低头看信息而引发交通安全事故。

(3) 驾驶员注意力监测

长途行驶或在高速公路上行驶时,驾驶员往往由于疲劳或所见目标单调而注意力不集中或打瞌睡,导致车辆偏离行驶路线,甚至引发交通事故。有资料表明,高速公路上有一半以上的交通事故是驾驶员注意力不集中造成的。要解决这一问题,必须用技术手段及时监测驾驶员的注意力。例如,可利用摄像机等传感器来监测驾驶员面部表情、眼睛的睁开程度、眼皮眨动的频率等,并通过声光信号提醒驾驶员。

2) 事故安全技术

事故安全技术是汽车主动安全技术最重要的组成部分,主要包括距离警示系统和驾驶操纵性提高系统。

(1) 距离警示系统

该系统主要特点是在自适应巡航控制系统(ACC)关闭时,可帮助驾驶员保持与前车的安全距离,当距离警示系统被激活后,驾驶员可预先设定驾驶车辆与前车的时间间隔。汽车行驶时,若系统探测到驾驶的车辆与前车的时间间隔低于设定值,会在前风窗玻璃的全息半镜上投射警示信息,同时发出警告铃声。

(2) 驾驶操纵性提高系统

① 防抱死制动系统(ABS)。

防抱死制动系统又称汽车安全控制系统,由多个部分构成,包括电子控制装置、制动压力调节装置、ABS 警示灯等。在转速传感器作用下,系统及时将各个车轮转速中产生的各类信号传输到电子控制装置,该装置以信号为基点,监测、判定车轮运行情况,形成与之对应的控制指令,将车轮滑移率控制在 10%~20% 之间,确保轮胎、路面二者之间的附着系数最大化,确保汽车制动顺利实现。ABS 具有防锁死、防滑等优势,可以优化汽车制动环节,避免车轮运行中出现被制动抱死、路面纯粹滑移等情况。此外,在 ABS 应用过程中,包括四大环节:常规制动、制动力保持、制动压力减小、制动压力增大,四者在有机联系、相互作用的同时,可以实时动态控制汽车运行中车轮滑移率,在制动效果最大化基础上尽可能缩短制动距离。汽车有无 ABS 的制动过程示意如图 4-4 所示。

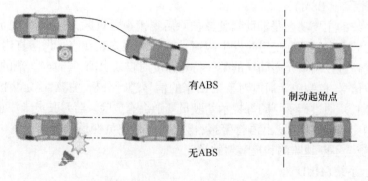

图 4-4 汽车有无 ABS 的制动过程示意

②驱动防滑系统（ASR）。

驱动防滑系统通过减少供油量降低发动机功率，或由制动器控制车轮打滑以实现对汽车牵引力的控制，使汽车的各个车轮在不同的附着路面上都可以获得最好的牵引条件，从而减小车轮滑移率，减轻或避免车辆在易滑路面加速或起动时，因后驱动轮打滑出现的车辆甩尾、前驱动轮打滑导致的方向失控现象，以及因驱动轮打滑引发车辆转弯时的路线偏离现象。

③电子稳定装置（ESP）。

ESP主要由ECU、液压调节器总成、轮速传感器、转向盘转角传感器、横向偏摆率传感器、横向加速度传感器等部件组成。ECU通过这些传感器的信号对车辆的运行状态进行判断，进而发出控制指令。ESP对过多转向或不足转向特别敏感，当汽车在路滑时左转过度会向右侧滑移，传感器监测到侧滑，ECU会迅速制动右前轮使其恢复附着力，产生一种相反的转矩，以使汽车保持在原来的车道上。有ESP的汽车与只有ABS的汽车相比，它们之间的差别在于ABS只能被动地做出反应，而ESP则能够主动探测和分析车况并纠正驾驶错误。

ESP具有如下优点：

a.由于附着力增大，车辆起动性能和加速性能得到了改善，尤其在不同附着力的路面以及在转向时，改善作用更为明显；

b.当车轮打滑时，ESP会立即排除横向控制损失，使车辆具有最佳驱动能力，有效提高动态安全性；

c.当驾驶员加速过猛时，ESP能自动地使发动机转矩适应车轮对地面的传递能力；

d.当汽车制动、加速或等速滑行时，ESP通过自动稳定来减少各种路面条件下打滑的危险；

e.汽车在转向或冰滑路面上行驶时，ESP能缩短制动距离。

④巡航控制系统（CCS）。

巡航控制系统是利用电子技术，使得在一定的车速范围内，驾驶员不用控制加速踏板，而能保证汽车以设定的速度稳定行驶的一种电子控制装置。装有这种装置的汽车在高速公路上行驶时，可以省去驾驶员频繁踩加速踏板这一人为动作而自动维持预先设定的车速，减轻了驾驶员的疲劳强度，并使燃油供给与发动机功率间的配合处于最佳状态，有效地降低了燃油消耗，减少了有害气体的排放。这种控制系统可以让驾驶员通过选择开关来增、减车速，特殊情况下，关闭选择开关或踩下制动踏板，能迅速解除巡航控制而转换到怠速或驾驶员操纵状态。

⑤360°全景倒车影像系统。

360°全景倒车影像系统，是一套通过车载显示屏幕观看汽车四周360°全景融合、超宽视角、无缝拼接的实时图像信息，了解车辆周边视线盲区，帮助汽车驾驶员更直观、更安全停泊车辆的泊车辅助系统，也叫全景泊车影像系统或全景停车影像系统。

4.2.3 汽车主动安全技术发展趋势

为避免汽车在行驶中发生交通事故或减轻交通事故造成的不良后果，越来越多的汽车制造厂商投入大量的人力、物力和财力研究汽车主动安全技术，开发新的汽车主动安全产品。随着电子科学技术的发展及其在汽车上的广泛应用，汽车主动安全技术将朝着智能化、电子化、集成化的方向发展。

1）智能化

汽车安全领域是未来汽车电子控制领域的重要发展方向之一，随着更加先进的智能型传感器、快速响应的执行器、高性能电控单元、先进的控制策略、计算机网络技术、雷达技术、第五代移动通信技术在汽车上的广泛应用，汽车主动安全技术正朝着更加智能化的方向发展。

2）电子化

汽车主动安全系统功能的实现离不开各种传感器对车辆的行驶状态和周边环境信息的收集，电子控制单元对信息的传递、储存和分析处理，以及执行器对控制单元发出信号响应。随着电子科学技术的迅速发展，传感器收集的信号会越来越精确，ECU的性能会越来越好，控制策略会越来越先进，执行器的响应会越来越灵敏。这将有利于开发出更多具备新功能的汽车主动安全系统产品，使汽车主动安全系统的电子化程度越来越高。

3）集成化

随着科学技术的迅猛发展，汽车主动安全技术的种类越来越多，包括制动避险、驾驶员视野及状态监测等，各个分类之间有着密切的联系，新型的汽车主动安全技术涉及的技术领域范围越来越广，单一的汽车主动安全技术很难进一步提高汽车的安全性能。因此，各大汽车制造厂商在研发汽车主动安全技术的过程中，将多个主动安全技术集成在一起，实现多项安全技术的集成化，实现不同系统间的交互式信息传递，使主动安全技术和被动安全技术相融合，形成有效的网络，协同发挥作用。未来汽车主动安全技术还将继续朝着集成化的方向发展。

4.3 汽车被动安全技术

4.3.1 汽车被动安全概述

汽车被动安全是指汽车在发生事故以后对车内乘员的保护，如今这一保护的概念已经延伸到车内外的人和物体。由于国际汽车界对于被动安全测试细节有着非常详细的规定，所以在某种程度上，被动安全是可以被量化的。

4.3.2 汽车被动安全技术分类

汽车被动安全技术分为碰撞安全技术和抑制安全技术。碰撞安全技术是针对交通事故发生时开发的技术，旨在保护交通事故发生时车内驾驶员的安全；抑制安全技术是针对交通事故发生后开发的技术，旨在防止交通事故发生后事故车辆对驾驶员造成更大的伤害。

1）碰撞安全技术

（1）汽车座椅

汽车座椅是汽车中将乘员与车身联系在一起的重要内饰部件，它直接影响整车的舒适性和安全性。在汽车交通事故中，座椅应对减少乘员损伤起到重要的作用。首先，在事故中它要保证乘员处在自身的生存空间内，并防止其他车载体（如其他乘员、货物）进入这个空间。其次，它要使乘员在事故发生过程中保持一定的姿态，使其他约束系统能充分发挥保护效能。因此，汽车座椅首先应具有在事故发生时能最大限度地减轻事故对驾驶员及乘员造成伤害的能力,其次还要满足舒适性、低成本、质量轻及美观耐用的要求。汽车座椅上的安全头枕、靠背、坐垫及座椅连接部件等都能有效保护驾乘人员。

① 安全头枕。

安全头枕的主要作用是在汽车发生碰撞事故时,抑制驾乘人员头部后倾,以减轻或防止对颈部的损伤。先进的主动式头部支承系统,在座椅下方有一个机械装置、一个管状框架与压力板,最后连接着一个旋转轴,整个系统连接在接近座椅底部的位置,而这个管状框架的路径由一组座椅顶端的横轴导管控制,当车辆承受突然撞击,驾驶员身体往后压时,会迫使导管上升而使安全头枕向前倾,抵住头部,防止头部快速后仰,保护头部及颈椎的安全。

② 靠背。

靠背分为柔性吸能式和刚性吸能式两种,不同的碰撞条件下,两种靠背的保护效果是不同的。在高强度碰撞时,刚性靠背的设计对于正常坐姿、按标准状态使用约束系统的成员来讲是合理的。但是,在发生低强度尾部碰撞时,刚性靠背座椅会引起乘员身体沿靠背向上滑动,靠背会对乘员产生回弹力。

③ 坐垫。

坐垫一般不会对乘员造成直接的冲击伤害,但其结构可以影响乘员的运动过程,以及约束力施加到乘员身体上的方式和外部荷载绝对值的大小。

④ 座椅连接部件。

座椅连接部件的强度设计在很大程度上影响座椅本身的安全性能。在发生碰撞时,如果连接部件先于座椅失效,很可能造成座椅骨架的断裂、严重变形和调节机构失灵等,此时乘员的生命安全将受到极大的威胁。

(2) 安全带

安全带是将乘员身体约束在座椅上的安全装置,用以避免车辆发生碰撞事故时,乘员身体冲出座椅发生二次碰撞,以降低发生碰撞事故的受伤率和死亡率。安全带是20世纪50年代开始作为选装件装配汽车的,直到现在,它仍是最基本的乘员保护装置。它的作用在于能够在正面碰撞、后面碰撞、有角度碰撞以及翻车事故发生时约束人体相对于车体的运动,防止乘员从座位上被甩出,降低乘员受伤的风险,尤其可以降低乘员头部和胸部受到的伤害。

安全带按固定点数,主要分为两点式、三点式和四点式三类。两点式安全带包括腰带和肩带,腰带仅限制乘员的腰部,肩带仅限制乘员上躯体。三点式安全带可将腰带和肩带连接在一起。四点式安全带是在两点式安全带上再装两根肩带,其对乘员的保护性能最好,目前多用于赛车上。

大量的道路交通实例表明,安全带能有效地降低交通事故致死率和重度创伤发生率,对减少最常见的导致乘员头部严重创伤的正面碰撞造成的伤害尤为明显。相关统计结果显示,安全带能使所有伤害的危险减少40%~50%,使重度损伤人数减少43%~65%,使死亡人数减少40%~60%。然而在我国,由于很多驾驶员和乘员对于安全带在碰撞事故发生时的防止二次冲撞效果缺乏深入认识与理解,因此对佩戴安全带存在一些认识误区。

(3) 安全气囊

在最基本的乘员保护装置安全带的基础上,汽车设计师又为汽车设计了保障安全的补充装置,即安全气囊,它能大大降低中等、严重正面碰撞中乘员受伤的风险。安全气囊主要由传感器和气体发生器以及气囊系统三个部分构成,传感器对撞击信号进行监测,从而决定是否要应用安全气囊;气体发生器主要由传感器进行控制,其触发方式由具体信号决定,被触发后会使气囊迅速充气膨胀,从而保护乘客。碰撞传感器和ECU内设置的加速传感器能感应到冲击并判断需要应用安全气囊,因此传感器的作用十分关键。

按照用途的不同,碰撞传感器分为触发碰撞传感器和防护碰撞传感器。触发碰撞传感器用于监测碰撞时的加速度变化,并将碰撞信号传给气囊电脑,作为气囊电脑的触发信号;防护碰撞传感器也称为安全碰撞传感器,它与触发碰撞传感器串联,用于防止气囊误爆。

按照结构的不同,碰撞传感器可分为机电式碰撞传感器、电子式碰撞传感器以及机械式碰撞传感器。防护碰撞传感器一般采用电子式结构,触发碰撞传感器一般采用机电结合式结构或机械式结构。

根据保护的乘员所处位置不同,可把气囊分为驾驶员气囊、副驾驶员气囊和其他乘员气囊等。根据保护碰撞的方式不同,又可将其分为正碰撞气囊、侧碰撞气囊及其他气囊等。目前驾驶员及副驾驶员的正碰撞气囊已经得到广泛应用,侧碰撞气囊的应用也越来越广泛,对全车乘员进行各种碰撞保护的气囊系统将是乘员保护系统的发展趋势。

当发生安全事故时,安全气囊可以保护乘员的头部、颈部、胸部。近年来我国逐渐开发了侧面安全气囊、发动机舱盖宽幅气囊以及车外气囊等,安全气囊正逐渐朝着智能化方向发展,可以识别车内有无乘员,还可以识别乘员的身材、体重、坐姿等信息,并以此为基础,调整其动作,以最大限度保护乘员。

(4)儿童安全座椅

①概述。

汽车儿童安全座椅也称儿童约束系统(Child Restrain System, CRS),是一种专为不同年龄(或体重)儿童设计,能有效提高儿童乘车安全性的座椅。

由于发生碰撞时,为成人设计的安全座椅和安全气囊都不能起到保护儿童的作用,因此,早在20世纪60年代,世界上就研发出了第一款儿童安全座椅。

婴幼儿的头部非常重,但是颈椎和腹部又非常脆弱,无法承受正面冲击式的惯性力,将座椅反向安装,椅背能够更好地承托头部、颈部,起到更好的防护和缓冲作用。

②安装方法。

汽车儿童安全座椅主要有三种安装方法,传统的安装方法是用汽车安全带将儿童座椅固定在汽车后排座椅上,如图4-5所示。

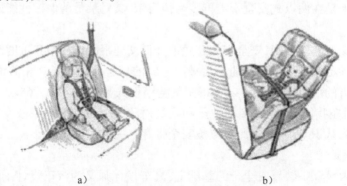

图4-5 儿童安全座椅传统安装方法示意
a)前向式;b)后向式

但在长期的使用过程中,人们发现,安全带固定方法复杂,误用的情况很多。相关调查显示:儿童安全座椅失效的主要原因是安全带的紧固力量不足,约 67% 的儿童安全座椅的安装存在松动。目前,儿童安全座椅已有特殊的固定系统将其和汽车后排座椅更紧密地固定在一起。欧美国家和地区分别开发了儿童安全座椅在车上固定方式的系统:欧洲称为 ISOFIX(International Standard Organization FIX)系统,美国称为 LATCH(Lower Anchors and Tethers for Children)系统。

a.LATCH 系统。

依照法规,所有汽车后座位置都要安装儿童安全座椅固定点。儿童安全座椅底部有刚性的或可变形的连接件,用来连接汽车座椅较低位置的固定点。另外,汽车座椅要有连接儿童座椅上拉带的上部固定点,下部固定点和上拉带组成了 LATCH 系统,这种保护儿童的安全系统可以脱离安全带独立工作。LATCH 系统示意如图 4-6 所示。

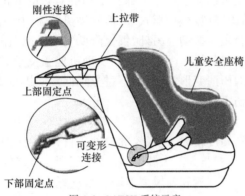

图 4-6　LATCH 系统示意

b.ISOFIX 系统。

ISOFIX 系统是由国际标准化组织制定的一种刚性连接系统。ISOFIX 系统主要包括:位于汽车座椅靠背与坐垫之间可将儿童安全座椅与车体本身结合起来的两个刚性固定点,面朝前方座椅的一个"防倾斜"固定点。ISOFIX 系统示意如图 4-7 所示。

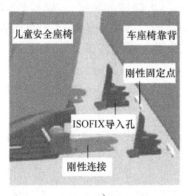 

　　　　　　a)　　　　　　　　　　　b)
图 4-7　ISOFIX 系统示意
a)ISOFIX 系统结构示意;b)ISOFIX 系统上部固定点

与 LATCH 系统不同,ISOFIX 系统除较低位置的连接必须是刚性连接外,对上部固定点没有强制要求。目前,ISOFIX 系统已被众多汽车生产厂商应用。

(5) 行人保护

①保险杠及其改进措施。

合理的保险杠设计不仅应该考虑内部被动安全性,也应顾及外部被动安全性。

从减轻事故受伤程度分析,行人与保险杠的碰撞部位应设计在膝盖以下,但保险杠过低,会加快头部在发动机舱盖或风窗玻璃上的撞击速度,所以保险杠高度取为 330~350mm 是合适的。采取降低保险杠的刚度、改进保险杠的吸能性能、优化保险杠与汽车主梁的连接等措施,可以降低保险杠对行人腿部造成的伤害。另外,加大保险杠的界面高度,适当增加保险杠与发动机舱盖前端的距离,采用刚度在高度方向上变化的保险杠,保险杠下边缘相对上边缘适当前移,都对行人腿部有较好的保护效果。

②发动机舱盖的结构及其改进措施。

从安全角度考虑,发动机舱盖前端圆角半径应大一些,发动机舱盖高度应小一些。

降低发动机舱盖的刚度可以减小行人头部与发动机舱盖的撞击力,如减小发动机舱盖外板的厚度、改变发动机舱盖内、外板截面形式等,但发动机舱盖的整体刚度不能太低,否则发动机舱盖在汽车行驶过程中会发生振动。另外,仅仅降低发动机舱盖的刚度,会进一步增加行人头部撞击发动机舱盖下面硬物的风险。可变形的发动机舱盖支承结构,可以在行人与发动机舱盖发生碰撞时产生一定的压溃变形,从而在不过分降低发动机舱盖整体刚度的情况下,降低发动机舱盖对行人产生的伤害。

③改善汽车前端造型。

老车型发动机舱盖前端高度较大,边缘轮廓较硬,对行人的保护效果较差。近年来推出的新车型多采用流线型造型,能对行人的大腿、骨盆及腹部产生较好的保护效果。

④采用汽车前保险杠安全气囊和前风窗玻璃安全气囊。

据统计,在 50% 以上的汽车碰撞事故中,驾驶员在碰撞发生前均采取了紧急制动措施,但由于制动距离不够,导致事故发生。因此,如果利用传感器技术在汽车碰撞前监测到碰撞即将发生而将前保险杠安全气囊释放出来,那么行人会首先与气囊接触,不会直接与刚度很大的汽车前部结构发生碰撞,从而受到有效保护。

⑤采用自动弹出式发动机舱盖。

自动弹出式发动机舱盖是在汽车保险杠与行人碰撞的瞬间,传感器监测到碰撞信号,迅速控制发动机舱盖后端向上开启一定距离(或前后同时弹出一定距离),从而有效增加发动机舱盖与发动机舱中零部件之间的间隙,避免行人头部与硬物接触,该方法已在一些运动型小汽车上得到应用。

2) 抑制安全技术

(1) 防燃构件

常见防燃构件有燃气传感器、温度传感器和灭火装置,可在碰撞发生后,避免发动机起火引起二次伤害。

(2) 事故自动报警系统

随着我国汽车产业的不断发展,事故自动报警系统将会成为不同类型汽车必备的安全技术系统。汽车后视镜中设置一个与移动电话和撞车传感器相连的微型摄像头,与全球卫星自动定位系统和智能汽车交通系统相互配合作业。当汽车在正常行驶过程中出现被动碰撞安全事故时,事故自动报警系统会自动向最近的医疗急救部门"寻求救援",并向交通安全管理部门进行报警,及时为有关部门提供较完整的事故信息,比如事故发生位置、事故严重程度、受伤人员等信息,系统会实时向相关工作人员提供信息,确保现场受伤人员得到安全救护。

(3)安全门锁

当车辆发生碰撞后,为使乘员容易从被撞车辆中出来,车门应容易打开。当碰撞传感器确认已发生碰撞,系统应能够立即自动地释放门锁。

(4)汽车黑匣子

在汽车结构设计过程中,现代监控体系设计是必不可缺的一个工作环节。汽车黑匣子的工作原理是在先进全球定位系统技术的辅助下,有机结合地理信息管理系统和计算机数据库,形成汽车监控体系。汽车黑匣子技术能够帮助汽车驾驶员记录整辆汽车日常行驶过程中的各项数据信息,提高交通安全事故的处理质量和效率。它不但具有像飞机黑匣子一样记录事故发生前后的详细数据,帮助有关部门迅速准确地分析事故发生原因的功能,而且能帮助车辆管理人员和驾驶员适时监控和分析车辆的运行情况,从而加强对车辆的管理,最大限度地减少事故的发生。

4.3.3 汽车被动安全技术发展趋势

1)被动保护装置的智能化

未来汽车被动碰撞安全技术研究会朝着智能化方向不断发展,在汽车被动碰撞安全技术中应用智能安全约束系统,能够实现对车内成员的智能安全保护。

2)寻求接触搜寻新算法

现代汽车制造厂商要提高自身品牌汽车的安全性能,吸引市场更多潜在的消费用户,必须注重对汽车接触搜寻新算法的研究。算法品质往往决定了汽车被动碰撞仿真运算的具体速度,在目前汽车市场中被广泛采用的算法主要包括一体化算法、接触面算法和级域算法。

4.4 智能交通与安全

4.4.1 智能交通概述

20世纪60年代,一些有识之士萌生了应用信息、通信技术使道路和汽车更加协调、交通更加系统化,减少交通堵塞和减小交通公害,提高交通安全性的构想。实现这一构想的主要手段有:向驾驶员提供交通信息,通过管制引导交通或限制交通,以及实施自动驾驶等。

国家"十四五"规划和2035年远景目标明确提出了创新驱动型的经济发展模式。当今全球主要国家都在加大力度进行包括互联网、大数据、人工智能和云计算技术在内的新一代科技革命,这些技术正在推动全产业链技术的发展。我国曾一次次错失工业革命机遇,但在此次科技浪潮中走在了全球前列,正在发挥自己的优势,驱动着此次技术革命的发展。不论是通信技术、人工智能还是云计算技术都可以应用在汽车工业中,借助汽车产业规模大、资金雄厚、技术完善、人才聚集等优势,进一步推动智能交通的发展。

1)智能交通发展历程

1994年,我国部分学者参加了在法国巴黎召开的第一届ITS世界大会,自此,我国ITS的发展揭开了序幕。

1996年,交通部公路科学研究所开展了交通部重点项目"智能运输系统发展战略研究"工作,1999年《智能运输系统发展战略研究》一书正式出版发行。

1999年,由交通部公路科学研究所牵头,全国数百名专家学者参加了"九五"国家科技攻关重点项目,"中国智能运输系统体系框架研究"工作全面展开,2001年课题通过科技部验收,2002年出版《中国智能运输系统体系框架》一书。

2000年,由科技部主办、全国ITS协调指导小组办公室协办的第四届亚太地区智能交通(ITS)年会在北京举行。

2002年4月,科技部正式批复"十五"国家科技攻关"智能交通系统关键技术开发和示范工程"重大项目,北京、上海、天津、重庆、广州、深圳、中山、济南、青岛、杭州10个城市作为首批智能交通应用示范工程的试点城市。同年,在北京由科技部和交通部共同举办了"第二届北京国际智能交通系统(ITS)技术研讨暨技术与产品展览会"。

2003年11月,科技部时任副部长马颂德第一次率我国代表团参加在西班牙马德里举办的第十届ITS世界大会,科技部联合交通部、建设部、公安部和北京市政府共同申办"2007年第十四届ITS世界大会"并获得成功,标志着我国的智能交通系统建设将在更加开放、竞争与合作并存的环境中加速发展。

2004年10月,科技部组团参加在日本举办的第十一届ITS世界大会,这也是我国第一次大规模组团参加ITS大会,我国展览团在ITS大会的首次展览获得成功。

2007年10月,第十四届智能交通世界大会在北京举行。大会展示了我国多年来各部门、各地区在ITS领域所取得的成就,并加强了我国在ITS领域的对外交流。

2008年9月,第四届中国智能交通年会在青岛召开,主题为"交通安全"。大会主要针对智能交通发展、交通安全、交通控制、交通节能减排、智能车辆、交通出行服务等进行了广泛而深入的研讨。

2009年12月,由中国智能交通协会主办的"第五届中国智能交通年会暨第六届国际节能与新能源汽车创新发展论坛和展览"在深圳隆重举行。本次活动以"智能交通,新能源汽车——创造出行新方式"为主题,国内外与会嘉宾就我国道路交通建设规划、智能交通发展战略、国家道路交通安全科技、中国高速列车发展与智能化、汽车产业发展、新能源汽车示范推广规划和相关政策以及国际智能交通等领域最新发展动向作了主题报告。

2011年9月,第六届中国智能交通年会在北京举办,活动以"智能交通 新能源汽车——低碳绿色出行"为主题,有来自国内外智能交通及节能与新能源汽车领域的近600人参加。本次活动为推动我国智能交通、节能与新能源汽车、汽车电子等产业战略发展,促进交通、汽车行业的技术融合和创新成果推广应用作出了积极贡献。

2012年5月,由北京交通大学主办,香港交通运输协会协办的2012年智能交通系统国际研讨会在中苑宾馆举行。本次国际会议旨在加强智能交通系统领域专家学者的学术交流,进一步加深我国与其他国家和地区在智能交通系统领域的合作与研究,扩大我国交通科学研究在国际上的影响。

2014年10月,国家自然科学基金委主办、公安部第三研究所协办的"社会公共安全大数据研讨会暨大数据平台建设方案咨询会"在新疆乌鲁木齐市顺利召开。

2017年7月,由中国电子学会主办的第四届智能交通国际会议在成都隆重召开。近几年新一代信息技术与交通运输技术深度融合,开始引领智能交通的发展。

2019年10月31日至11月2日,第十四届中国智能交通年会在青岛召开,来自国内外的3000多位代表围绕"智能引领未来创新驱动发展"这一主题进行了广泛交流和探讨。

2020年4月,国家发展和改革委员会进一步明确了"新基建"范围,智能交通基础设施作为新兴技术,应当作为与传统基建融合的重要领域之一,被归入融合基础设施类别。

2020年11月,第十五届中国智能交通年会在深圳开幕,本次年会以"新基建时期的ITS融合创新发展"为主题,聚焦新基建背景下智能交通科技创新和产学研用跨界融合。

2021年12月,由中国智能交通协会主办的第十六届中国智能交通年会暨2021中国智能交通大会在长沙召开,本次活动以"ITS开创可持续交通新格局"为主题,聚焦"双碳"目标下的行业发展问题。

习近平在中国科学院第二十次院士大会、中国工程院第十五次院士大会、中国科协第十次全国代表大会上指出:"立足新发展阶段、贯彻新发展理念、构建新发展格局、推动高质量发展,必须深入实施科教兴国战略、人才强国战略、创新驱动发展战略,完善国家创新体系,加快建设科技强国,实现高水平科技自立自强。"智能交通前景广阔,用好技术手段解决人们交通出行的痛点,将成为指引我国建设交通强国的重要力量。

2) 智能交通系统的组成

智能交通系统(Intelligent Traffic System,ITS)又称智能运输系统(Intelligent Transportation System),是将先进的科学技术(信息技术、计算机技术、数据通信技术、传感器技术、电子控制技术、人工智能等)有效地综合运用于交通运输、服务控制和车辆制造,加强车辆、道路、使用者三者之间联系的系统。与以往的城市交通系统相比,智能交通系统更全面、高效、准确,能够更方便地实现运输过程中的运输服务和控制,对汽车制造进行管理,对道路车辆进行有效监督,使行驶中的车辆能够达到国家道路车辆行驶标准,提高行驶效率和安全性。

(1) 先进的交通信息服务系统(ATIS)

ATIS建立在完善的信息网络基础上。ATIS通过装备在道路上、车上、换乘站、停车场以及气象中心的传感器和传输设备,得到各地的实时交通信息并通过处理后,实时向交通参与者提供道路交通信息、公共交通信息、换乘信息、交通气象信息、停车场信息以及与出行相关的其他信息,交通参与者根据这些信息确定自己的出行方式,选择出行路线。更进一步地,当车上装备了自动定位和导航系统时,ATIS可以帮助驾驶员自动选择行驶路线。

(2) 先进的交通管理系统(ATMS)

ATMS有一部分与ATIS共用信息采集、处理和传输系统,但是ATMS主要是给交通管理者使用的,用于监测、控制和管理公路交通,在道路、车辆和驾驶员之间提供通信联系。它对道路系统中的交通状况、交通事故、气象状况和交通环境进行实时监测,依靠先进的车辆监测技术和计算机信息处理技术,获得有关交通状况的信息,并根据收集到的信息对交通进行控制,如控制信号灯、发布诱导信息、道路管制、事故处理与救援等。

(3) 先进的公共交通系统(APTS)

APTS采用各种智能技术促进公共运输业的发展,使公交系统实现安全、便捷、经济、运量大的目标,如通过个人计算机、闭路电视等向公众就出行方式、路线及车次选择等提供咨询服务,在公交车站通过显示器向候车者提供车辆的实时运行信息。在公交车辆管理中心,可以根据车辆的实时状态合理安排发车、收车等,提高工作效率和服务质量。

(4)先进的车辆控制系统(AVCS)

AVCS的开发帮助驾驶员实现对车辆各种技术的控制,从而使汽车安全、高效行驶。AVCS包括对驾驶员的警告和帮助、障碍物回避等自动驾驶技术。

(5)货运管理系统

货运管理系统是以高速道路网和信息管理系统为基础,利用物流理论进行管理的智能化的物流管理系统,其综合利用卫星定位技术、地理信息系统、物流信息及网络技术有效组织货物运输,提高货运效率。

(6)电子不停车收费系统(ETC)

ETC是世界上较先进的路桥收费方式,通过安装在车辆风窗玻璃上的车载器与收费站ETC车道上的微波天线之间的微波专用短程通信,利用计算机联网技术与银行进行后台结算处理,达到车辆通过收费站不需停车而能交纳路桥费的目的。在现有的车道上安装电子不停车收费系统,可以使车道的通行能力提高3~5倍。

(7)紧急救援系统(EMS)

EMS是一个特殊的系统,它的基础是ATIS、ATMS以及有关的救援机构和设施,通过ATIS和ATMS将交通监控中心与职业的救援机构联系起来,构成有机的整体,为道路使用者提供车辆故障现场紧急处置、拖车、现场救护、排除事故车辆等服务。

4.4.2 智能安全技术

1)智能型安全气囊系统

智能型安全气囊是在原有安全气囊基础上增加传感器,以探测前排座椅上是否有人,乘员是儿童还是成年人,是否系好安全带及驾驶员和乘员在座位上所处位置。智能型安全气囊有5类传感器:一是质量传感器,其可根据座椅上的质量测量出是否有人,若有人,则判断是儿童还是成年人,是男性还是女性;二是红外线传感器,其根据热量探测人的存在;三是电子区域传感器,其通过测量电子区域的电流,测定乘员是否存在和其所处乘位的位置;四是光学传感器,其用于判定人体存在与否及其位置;五是超声波传感器,其用于分析反射波,探明乘员是否存在及其位置。

2)智能型导航系统

智能型导航系统是在对信息进行深入分析与建模的基础上,建立多种信息组织机制和流程控制机制,实时感知用户的需求,掌握并利用用户的认知语境,模拟人类的思维方式,通过推理分析等方法引导用户明确其信息需求。其可通过卫星导航系统迅速实时地收集和提供道路拥堵情况、旅行所需时间、交通管制、服务等情报,提高利用者的方便性。

3)自适应前照明系统(AFS)

随动转向前照灯即自动转向前照灯,又称自动头灯,全称为汽车自适应前照明系统(AFS)或者智能前照灯系统。自适应前照明系统能够根据汽车转向盘转角、车辆偏转率和行驶速度,不断对前照灯进行动态调节,适应当前的转向角,保持灯光方向与汽车当前的行驶方向一致,以确保给前方道路提供最佳照明,并给驾驶员提供最佳可见度,从而显著增强黑暗环境中驾驶的安全性。

汽车自适应前照明系统是目前国际上安全舒适照明领域的新技术之一,它根据汽车行驶的周边环境、路面照明情况、天气状况、道路限速要求等,调节配光方式,以适应不同路况和天气,如普通道路、城市道路、高速道路、弯道、良好天气、恶劣天气等。AFS 的工作原理是通过传感器获取转向盘转角、车辆行驶速度、路面亮度、路面湿度等信息,并通过 CAN 总线传送给电子控制单元(ECU),经中央控制电路处理后,输出信号给执行机构,使其调整灯光配置,使 AFS 处于不同的模式。AFS 有以下 5 种照明模式:

(1)基础照明

在普通道路行驶时默认开启,与普通近光灯基本相同。

(2)城市道路照明

在有固定照明的城市道路行驶且车速不超过 60km/h 时,允许自动开启。为保证交叉路口和道路边缘的照明,避免与岔路中出现的车辆或行人发生碰撞事故,城市道路照明模式采用相对宽阔的光型。

(3)高速道路照明

在高速道路上行驶且车速大于 70km/h 时,自动开启。随着车速的增大,调整近光灯高度,使照明范围更宽、距离更远,以保证能发现安全制动距离之外的危险。

(4)弯道照明

当车辆进入弯道时开启,ECU 通过对车辆转向盘转角、车速等信息的分析和处理,发出控制信号给执行机构,采用附加光源或水平旋转近光灯给弯道提供足够的照明,避免因照明死角引发的交通事故。

(5)恶劣天气照明

在传感器检测到路面潮湿或风窗玻璃刮水器持续工作 2min 以上时,自动开启。调整前照灯光型,限制车辆前方 20m 内的照度,以避免路面积水反射光使前方 60m 内的会车驾驶员炫目,造成交通事故。

4)自动泊车系统

为了能在有限的空间容纳更多车辆,城市里的停车位宽度设计得越来越小。在居民小区里,人们也尽可能地利用空间因地制宜"创造"车位。泊车时,驾驶员一方面要控制制动,另一方面要通过三块后视镜观察前后左右各方位的情况,与此同时还要转动转向盘调整方向,稍有不慎就可能会与旁边的车辆发生剐蹭,当天气或光线不好时,停车的难度更大。对于一些经验不足的新驾驶员,泊车入库十分困难,有时需要尝试多次才能泊车成功。

由于驾驶员在泊车方面遇到上述问题,各汽车生产厂商和汽车电子公司纷纷进行泊车辅助系统的研发。最先应用于汽车上的泊车辅助技术是倒车雷达系统,之后是倒车影像系统,这些系统能够为驾驶员提供更多的环境信息,增加了泊车过程的安全性,但是并没有大幅减少驾驶员泊入车位的操作量,泊车过程的每一步还是需要驾驶员控制,上述问题依然没有得到解决。

自动泊车系统是一种通过车载传感器和车辆控制芯片完成车辆自动泊入车位的辅助驾驶系统。同其他辅助驾驶系统类似,自动泊车系统主要由环境感知、识别决策、运动执行以及人机交互几个模块构成。

(1)环境感知模块

环境感知模块主要是通过车载传感器感知车辆周围的障碍物信息,将之发送给识别决策模块，以实现构建地图、扫描停车位等功能。此模块主要由车载传感器构成，常见的泊车环境感知传感器包括摄像头、超声波雷达以及轮速传感器等。其中轮速传感器记录车辆行进的距离，摄像头和超声波雷达的功能相似，都是用来采集车辆周围障碍物的位置信息。摄像头主要应用鱼眼镜头，其鱼眼式的凸出结构可以将视角扩大至180°以上。超声波雷达利用车辆扫过车位时探测到的距离的变化识别停车位，因此，只能识别出有参照物的停车位。由于成本原因，目前大多数自动泊车系统主要采用多个超声波雷达加上轮速传感器实现环境感知的功能。

（2）识别决策模块

识别决策模块是自动泊车系统的核心模块，其主要根据环境感知模块传来的障碍物信息和车辆自身信息，判断是否可以泊车并规划泊车路径，同时在运动过程中，根据环境信息实时调整运动策略，向运动执行模块发送相应的控制命令，以完成避碰和自动泊车入位。识别决策功能主要由车载处理器配合相应软件完成，算法的优劣是自动泊车系统性能好坏的关键。由于自动泊车系统对安全性的要求很高，车载处理器必须满足车辆安全规范的要求。

（3）运动执行模块

运动执行模块是运动控制信号的接收和执行单元，因此，需要车辆支持电信号控制，从而实现转向、换挡、减速和制动等一系列动作。运动执行模块一般由汽车的线控转向系统、线控制动系统、线控挡位系统等组成。

线控转向系统是一种完全由电能实现转向的系统，取消了转向盘和转向轮的机械连接，可以实现对轮胎转向的精确控制，是自动泊车过程中非常重要的执行单元。

线控制动系统以电子元件代替部分机械元件，通过发送电信号来控制制动力的大小，使得制动踏板与制动器之间没有直接的动力传递，能够实现比机械制动系统更细致、精确的控制。

线控挡位系统又称电子换挡，同其他线控系统一样，不需要机械结构，是通过电控实现的系统。在自动泊车过程中，根据识别决策模块的指令可以自由切换到D挡、S挡、P挡等任意挡位，进而控制车辆的前进与后退。

（4）人机交互模块

人机交互模块是自动泊车系统与驾驶员的信息交互平台。驾驶员通过此模块可以选择泊车位、选择平行或垂直等泊车模式。在半自动泊车系统中，驾驶员还需要根据人机交互模块的提示进行制动换挡的操作。人机交互模块可以是屏幕，也可以是转向灯按键等。在一些先进的自动泊车系统中，驾驶员还可以下车通过蓝牙遥控器控制车辆自动泊车。随着车辆的智能网联化水平的提高，人机交互模块的形式将会更加丰富。

5）智能无人驾驶系统

自动驾驶汽车又称无人驾驶汽车，是一种通过电脑系统实现无人驾驶的智能汽车。诞生后经过20世纪数十年的发展，于21世纪初呈现出接近实用化的趋势。

自动驾驶汽车依靠人工智能、视觉计算、雷达、监控装置和全球定位系统协同合作，让电脑可以在没有任何人类主动操作的情况下，自动安全地操作机动车辆。

（1）系统架构

智能无人驾驶系统是一个软硬件结合的复杂系统，主要分为感知定位（感知和定位）、决策规划（决策和规划）、控制执行三个大技术模块。感知模块主要通过摄像头、雷达等传感器探测周围环境，定位模块主要包括卫星定位、惯导定位和多传感器融合定位。新兴的高精度地图和 V2X（Vehicle-to-Everything，车用无线通信技术）协同技术都为无人驾驶汽车的环境感知和定位提供了较大的帮助。决策模块会接收路由寻径产生的寻径结果并决定无人汽车该如何驾驶，包括如何正常跟车、当遇到交通标志时怎么处理、遇到行人时如何避让等。决策规划是对外在的道路进行判断，而车内的具体操作将由控制执行模块来实现。规划模块利用传感器探测的环境信息和定位系统获得的位置信息进行路由寻径，规划一条最适合的从起始地到目的地的道路。图4-8是一个典型无人驾驶汽车系统的架构图，对三大技术模块进行了详细描述。

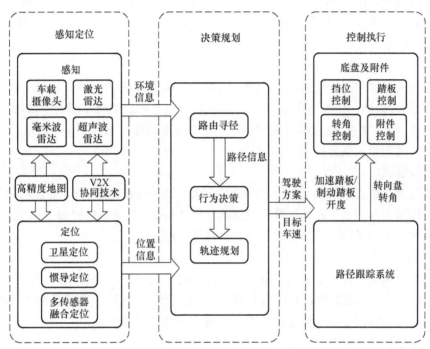

图 4-8 典型无人驾驶汽车系统架构

（2）传感器标定

无人驾驶汽车环境感知采用的传感器主要有车载摄像头、激光雷达、毫米波雷达和超声波雷达几种类型。

传感器标定是无人驾驶汽车环境感知的必要环节，也是多传感器数据源融合的关键前提。其目的是进行各种传感器坐标之间的转换，将两个或多个传感器变换到统一的时间和空间坐标系下，从而实现多传感器的融合。

① 车载摄像头的标定。

车载摄像头以一定的角度安装在车辆一定位置，为了找到车载摄像头所生成的图像像素坐标系的点坐标与摄像机环境坐标系中的物点坐标之间的转换关系，需要进行摄像头标定，从而把摄像头采集到的环境数据与车辆行驶环境中的真实物体相对应。

车载摄像头标定分为单目摄像头标定和双目摄像头标定两大类。单目摄像头标定称为内参数标定，其本质是建立图像坐标系中的坐标与物体在环境坐标系中的坐标之间的关系。在无人驾驶汽车中，采用双目摄像头可以减少感知盲区，将其标定称为外参数标定，即确定的相对位置关系。

②激光雷达的标定。

与车载摄像头标定类似，激光雷达在使用前也要对其内外参数进行标定。内参数标定是指其内部发射器坐标系与雷达坐标系两者间的转换关系，在出厂前已经完成，可直接使用。无人驾驶汽车需要进行的是外参数标定，即建立激光雷达自身坐标系与车体坐标系之间的关系点。

③摄像头与激光雷达的联合标定。

摄像头与激光雷达的联合标定，是指通过提取标定物在单线激光雷达和图像上的对应点，完成单线激光雷达坐标、摄像头坐标、图像像素坐标等多个传感器坐标的统一，从而实现激光雷达与摄像头的空间校准。

（3）环境感知与识别

环境感知的对象包括行驶路径、周边物体、驾驶环境和驾驶状态。行驶路径包含车道线、道路边缘等，周边物体包含汽车周围的行人、车辆以及其他可能阻碍车辆的障碍物。以下主要从车道线检测、障碍物检测、红绿灯检测、基于V2X的道路环境感知技术等角度，简述无人驾驶汽车的环境感知与识别方式。

①车道线检测。

车道线检测能快速、准确地检测出车道线，帮助车辆进行路径规划和发出偏移预警。目前较为常见的检测方案是基于传统计算机视觉的车道线检测，近年来也兴起了基于深度学习的车道线检测和基于激光雷达等高精度设备的车道线检测。

a.基于传统计算机视觉的车道线检测。

传统的车道线检测方法是利用车道线颜色的不同来进行判断，在路面与车道线的交汇处颜色变化较剧烈，利用边缘增强算子突出图像的局部边缘，但这种方法仅适用于道路平整、车道线清晰的情况，当光照较强、车道线较为模糊时，检测效果会打折扣。

b.基于深度学习的车道线检测。

传统的车道线检测需要人工对道路场景进行特征提取和模型建立，而基于深度学习的检测方法可以把车道线检测看作分割或分类问题，利用神经网络代替传统视觉中的手动调节滤波算子。

c.基于激光雷达的车道线检测。

激光雷达照射到不同介质上时，其反射波强度也不同，因此，可以先通过扫描得到点云，再通过对比反射强度值来区分出道路和车道线，但这种方法成本较高，较难得到推广。

②障碍物检测。

a.基于图像的障碍物检测。

该方法是将得到的图像进行预处理，然后提取特征，如颜色、纹理、边缘形状等，并与已有的障碍物特征进行对比，从而识别出障碍物。

b.基于激光雷达的障碍物检测。

激光雷达测距是通过激光发射器发射激光，激光遇到障碍物后，经过漫反射返回部分能量，再分别进入激光接收机，最后进入信号处理系统进行数据处理。目前，基于几何特征的聚类算法较为常见，通过将数据与障碍物的几何特征进行对比，可实现对障碍物的检测和分类。

c.摄像头和激光雷达融合的障碍物检测。

激光雷达和摄像头各有优劣,可将这两种方法融合使用,以获得更好的检测效果。融合方法主要分为空间融合和时间融合;空间融合以前向视觉系统为主,将激光雷达坐标系下的测量值转换到摄像头对应的像素坐标系下,即可实现多传感器的空间同步;同理,时间融合需要将两者的采样时刻调整一致,即完成共同采样一帧时间的雷达与视觉系统融合的数据,以保证雷达数据与摄像头数据时间上的同步。

③红绿灯检测。

红绿灯检测就是获取红绿灯在图像中的坐标及其类别,不同的检测结果意味着不同的决策,红绿灯的检测状态,决定着无人驾驶汽车的安全性。

a.基于传统计算机视觉的红绿灯检测。

传统的检测步骤是将图像从 RGB 转换为 CIE Lab 颜色域,增强红绿差距,通过候选区域检测和候选区域验证后做出判断。该方法检测速度快,在一些简单场景中取得了较好的效果。

b.基于深度学习的红绿灯检测

深度神经网络在目标检测方面采用了金字塔结构,如 Fast RCNN。Faster RCNN,是在最后一层卷积层进行检测。该方法由于采用深度学习技术,对于较小目标的检测效果相比传统方法更好。

c.与高精度地图相结合的红绿灯检测。

以上两种算法只能获取红绿灯在图像中的位置,而要获得它的坐标则需要结合高精度地图。有了高精度地图,无人驾驶汽车可以预知红绿灯出现的位置,而不是等待图像的识别。当无人驾驶汽车由于遮挡或算法错误而无法检测红绿灯时,高精度地图能告知红绿灯的相关信息,从而保证行车安全。

④基于 V2X 的道路环境感知技术。

V2X 是将车辆与其他事物相连接的新一代通信技术。V 代表车辆,X 代表其他与车进行信息交互的对象,可以是车、人、道路设施等。V2X 构建了一个智能的交通体系,促进了汽车和交通服务的新模式发展,对提高交通效率起到了重要的作用。

(4)无人驾驶汽车定位技术

对无人驾驶汽车而言,准确、可靠地掌握汽车位置和姿态等定位信息是实现无人驾驶汽车导航功能的前提和基础。无人驾驶汽车对定位技术的可靠性和安全性要求极高,对定位精度的要求达到厘米级,然而采用普通的导航地图、卫星定位很难满足其需求。因此,新的定位技术,如高精度地图、多感知技术融合定位和无线通信辅助定位成为无人驾驶汽车定位技术的发展趋势。

从无人驾驶汽车定位实践应用角度,可将定位技术分为基于高精度地图的环境定位技术、汽车定位技术和多传感器融合定位技术三大类。

①基于高精度地图的环境定位技术。

同普通导航地图相比,高精度地图的精度更高、数据维度更广,普通导航地图面向的是人类驾驶员,而高精度地图则面向自动驾驶系统。因此,高精度地图需要包含更多的数据,如车道线类型、宽度、护栏、标志牌及红绿灯等详细信息。此外,为保证自动驾驶的安全性,对于其静态地图数据,要求周级或天级更新,而对于动态数据,如路况和交通事件等信息,要求实时更新。对于无人驾驶汽车而言,高精度地图主要起辅助作用,其辅助功能体现在:一是当卫星定位不够精确时,可以利用高精度地图进行修正,以提高定位精度;二是高精度地图的路径规划能力达到了车道级,它还可辅助无人驾驶汽车进行路径规划。

②汽车定位技术。

汽车定位技术是在汽车自动驾驶过程中确定其具体所在位置的一项重要技术。汽车定位技术主要包括卫星定位、惯性导航定位、地图匹配定位和多传感器融合定位等技术,不同的定位方法获取汽车位置信息的方式有所不同,涉及多种传感器类型及相关技术。

③多传感器融合定位技术。

目前,可以利用卫星导航全球定位系统定位、惯性导航定位、航位推算系统定位等方式获取多源定位信息,再利用深度神经网络或扩展卡尔曼滤波等方式实现多源信息的融合定位。

4.4.3 智能车辆发展趋势

智能车辆是无人驾驶车辆的初级阶段,具备一定条件下的无人驾驶能力。据不完全统计,国内很多车企推出了自家企业的智能驾驶车辆,很多科技公司与传统车企合作共同打造智能驾驶品牌。

预计至2035年自动驾驶汽车全球总销量将达到1180万辆,而无人驾驶的全自动化汽车将于2030年左右面世。研究预测,到2050年之后,几乎所有汽车或将是自动驾驶汽车或自动驾驶商务汽车。

计算机技术、通信及大数据技术等与智能交通的发展息息相关。

1) 大数据与智能交通的互联

智能交通系统将通信与大数据技术进行结合,能够有效地管理车辆之间、基础设施与车辆之间的安全通信,对动态数据和移动通信进行实时数据收集和处理,对与环境和气象相关的数据进行管理。

通信与大数据技术的整合和统一管理,能够确保智能交通系统的正常运行。车辆之间可以及时交换无线数据,确保车辆能够按照相关的技术主动采取安全防范措施。基础设施和车辆之间建立安全通信系统,能够减少或避免车辆碰撞造成的损失,还能够帮助车辆及时对交通问题进行预判。对通信系统进行创新,开发出能够实时同步移动车辆通信数据的通信系统,确保通信数据能够准确传入数据库,可以便于交通管理人员对移动通信进行实时管理和监控。

2) 综合电子收费系统

目前,综合电子收费系统主要应用于高速公路收费站,实现公共交通、电子停车和旅客服务收费以及与其他运输收费系统的集成化和自动化。确保所有的收费系统都可以实现统一化和电子化,旅客或驾驶员都可以采用统一支付系统进行支付,简化收费程序,为人们提供方便的同时,提高收费率和运输效率。

3) 主动交通管理系统

主动交通管理系统能够对道路交通进行实时监控和信息收集,分析交通事故、路况、环境及气象变化等资料,帮助交通管理者控制交通。主动交通管理系统能够减少道路交通拥堵,降低基础设施建设成本,优化交通流量,控制出行时间,实现全程运输网络优化。

4) 通信与数据处理系统整合

智能交通系统集成了通信与数据处理技术,通过管理基础设施和车辆之间的安全通信,实时采集和处理动态数据和移动通信,管理环境和气象数据。通信与数据处理技术的集成和统一管理可保障智能交通系统的正常运行,保证车辆间通信安全,促进无线数据及时交换,保证车辆根据相关技术主动采取安全防范措施。

4.5 案例分析

4.5.1 案例概况

2012年8月26日深夜2:18左右,位于陕西省延安市安塞区的包茂高速安塞服务区附近发生一起特大交通事故,一辆从呼和浩特开往西安的双层卧铺客车,在安塞服务区外与一辆刚驶出服务区的运送危险化学品甲醇的重型罐车发生追尾,两车相撞后货运车上装的甲醇泄漏并造成两车起火,事故导致客车上36人死亡,3人受伤。事故发生后,双层卧铺客车燃烧到只剩下了一副骨架,如图4-9所示。根据地面划痕可以看到,事发时双层卧铺客车向前滑行了10m,最后嵌入前面的罐车尾部约2m深。

图4-9 事故发生后的双层卧铺客车

4.5.2 事故责任及技术分析

1)事故责任分析

第一,根据双层卧铺客车追尾撞击的猛烈程度和地上10m的制动划痕,推断出双层卧铺客车在事发前的行驶速度大于100km/h。一般情况下,车辆制动轮胎抱死滑行10m时,车速能够降低20~25km/h,因此,车辆撞击瞬间的速度为75~80km/h。《中华人民共和国道路交通安全法实施条例》(2004版)第七十八条规定:"高速公路应当标明车道的行驶速度,最高车速不得超过每小时120公里,最低车速不得低于每小时60公里。在高速公路上行驶的小型载客汽车最高车速不得超过每小时120公里,其他机动车不得超过每小时100公里,摩托车不得超过每小时80公里。"事发时间为深夜2:18,正是驾驶员最容易犯困的时候,驾驶员开车注意力不集中。因此,本次特大交通事故中,双层卧铺客车驾驶员应该负主要责任。

第二，根据交通法规的相关规定，通常把追尾事故的责任归结于后车，但是事发地点处于安塞服务区向南200m左右，重型罐车此前在安塞服务区休息，驾驶员换班后开始行驶，仅200m的距离是否能让总质量约50t的车辆，其速度从0km/h提升到60km/h？通常服务区出口会有一条长达500m的加速道路，等车辆加速到一定速度之后才能驶入行车道。重型罐车的发动机功率为198~250kW，如果正常行驶从0km/h加速到60km/h则至少需要400m的距离。因此，可以认为重型罐车驾驶员操作失误，未仔细观察后方来车就贸然驶入行车道，预估重型罐车进入行车道时的速度也只有40km/h左右。

因为追尾事故的猛烈程度取决于两车之间的相对速度，因此，本事故中两车较大的相对速度造成了双层卧铺客车制动不及而发生严重追尾事故，重型罐车驾驶员应该负次要责任。

2) 事故技术分析

延安 "8·26" 特大交通事故给我们敲响了警钟，必须高度重视汽车的安全技术，如果在车辆安全技术上进行升级，则本次事故完全可以避免。

第一，在本次事故当中人的因素占比最大，客车驾驶员注意力不集中、超速驾驶，重型罐车驾驶员没有仔细观察道路情况、在车辆没有达到预定速度时就直接进入行车道等，都是造成本次事故的直接原因。

第二，车辆没有广泛应用主动安全技术。当时，我国客车在主动安全方面只配置了电磁缓速系统和ABS，而车辆限速系统、道路偏离系统、自动制动系统等都没有配置。在上述案例当中，如果车辆安装了自动制动系统和操控稳定系统，则可以通过紧急制动和急打转向盘来避免这起事故。另外，如果这辆客车安装了车辆限速装置，则可以将车辆的最大速度锁定在要求的安全速度之内，从而防止车辆超速行驶。从技术方面加大对商用车主动安全方面的投入力度，通过国家强制或者国家补贴的方式提高车辆的安全性能，是我国未来车辆安全技术的应用趋势。

【习题与思考题】

1. 汽车动力性评价指标有哪些？
2. 提高驾驶操纵性的主动安全技术有哪些？
3. 减轻行人及乘员伤害的被动安全技术有哪些？
4. 简述智能交通系统的组成。
5. 智能安全技术有哪些？
6. 简述自动泊车系统的构成。
7. 简述智能车辆的发展趋势。

第 5 章
道路条件与交通安全

对交通安全产生影响的道路条件有很多，包括道路平面线形、纵断面线形、横断面布置、视距、道路交叉口、路面条件等。道路线形是道路的骨架，它控制着整条道路的路线、桥涵、交叉口等构造物的规模和投资，同时对车辆行驶的安全性和通行能力起着决定性作用。当前我国道路线形设计主要存在以下三方面的问题：一是线形一致性差、设计要素不相容，固定设计速度的设计不能保证线形标准一致或设计要素之间相容；二是标准一限到底、呆板执行规范，我国在道路标准及指标运用方面存在地区差异，道路交通环境和交通参与者的使用特征也存在可变性；三是道路安全研究与线形设计脱节，我国道路安全问题的研究仍停留在"事后型"阶段，设计缺乏前瞻性。

5.1 平面线形与交通安全

道路平面线形由直线、圆曲线以及缓和曲线构成，这三种线形又被称为平面线形三要素，这些要素参数选用和线形之间的协调直接关系道路交通安全。

5.1.1 直线

直线是最常用的线形，具有短捷、直达、方向明确、驾驶操作简单、测设方便的优势，应合理设计直线，尽量利用直线的优势保障行车安全。

在直线上设构造物更具经济性，一般根据沿线地形地物条件、驾驶员的视觉、心理感受以及安全行车等因素，合理布设直线路段，过短或者过长的直线路段都会对交通安全产生一定的影响。

1) 直线路段过短对道路交通安全的影响

(1)"直线路段过短"在线形组合上不合理,易造成视线误导,在同向曲线间形成断背曲线(图 5-1),这种断背曲线是同向圆曲线间插入短直线而形成的线形。当直线较短时,容易形成直线与两端曲线构成反弯的错觉,容易错把两条曲线看成一条曲线。

图 5-1 断背曲线图

断背曲线破坏了线形的连续性,容易造成驾驶操作失误,应尽量避免。

(2)圆曲线之间的直线距离过短会导致线形变化较快,留给驾驶员的反应时间较短,因此容易诱发事故。当设计速度大于或等于 60km/h 时,在数值上,同向圆曲线间直线最小长度(以 m 计)以不小于设计速度(以 km/h 计)的 6 倍为宜,设计速度小于或等于 40km/h 的低速道路可参考执行。

(3)短直线易造成视觉不连续,驾驶员操纵困难。短直线设置的长度不应小于设计速度行驶 3s 的行程长度,在条件受限时,宜将同向曲线改为大半径曲线或将两曲线设计成复曲线、卵形曲线或 C 形曲线。条件受限制时,反向曲线间直线长度不应小于设计速度行驶 3s 的行程长度,同向曲线间直线长度不应小于设计速度的 3 倍。

2) 直线路段过长对道路交通安全的影响

(1)与地形及线形自身难以协调。采用长直线时应注意线形与地形的关系,尽量宜直则直、宜曲则曲,一般不宜采用过长直线。在山区地形设置过长直线路段时,线形与地形存在协调困难的情况。

(2)过长的直线会使驾驶员感到单调、疲倦和急躁,难以目测车间距离,容易使驾驶员出现超速的现象,且在夜间行驶时由于车灯的影响驾驶员极易产生炫目。

(3)日本、德国规定直线最大长度为 $20v$(v 为设计速度,以 km/h 计),美国规定直线最大长度为 4.83km,我国直线最大长度一般为 $20v$(以 m 计)。

(4)当直线段较长时,事故率随直线长度的增加而上升,且下坡路段上升较快。具体的数据如图 5-2 所示。

(5)当道路两侧过于空旷时,宜采取植树或设置建筑物等技术措施;定线时应将能引起驾驶员兴趣的自然风景或建筑物纳入视线范围。

(6)当长直线尽头设置地平曲线时,除曲线半径、超高、视距等符合规定外,还应该采取设置标志、增大路面抗滑能力等保障措施,以确保行车安全。

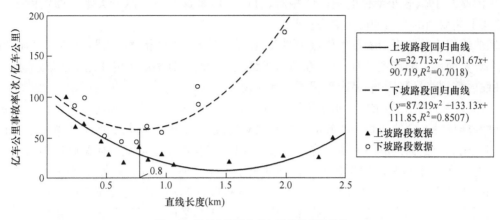

图 5-2　亿车公里事故率与直线长度的关系

作为平面线形要素之一的直线,在道路设计中被广泛采用。汽车在直线上行驶时受力简单,方向明确,驾驶操作简易。测设过程中,只需在直线定出两点,就可方便地测定方向和距离。因此,在定线时,只要地势平坦、无大的地物障碍,定线人员即可将直线作为首选线形。

3）可采用直线路段的情况

(1) 路线完全不受地形、地物限制的平坦地区或山间的宽阔河谷地带；

(2) 城镇及其近郊道路,或以直线为主体进行规划的地区；

(3) 长大桥梁、隧道等构造物路段；

(4) 路线交叉点及其附近；

(5) 双车道公路提供的超车路段。

采用直线时,应注意直线与纵坡的组合,两侧景观的改善以及长直线与平曲线的组合。

5.1.2　圆曲线

圆曲线指的是道路平面走向改变方向时所设置的连接两相邻直线段的圆弧形曲线。车辆在圆曲线上行驶时,速度会降低,速度降低得越多,发生错误操作和事故的可能性就越大,即速度差越大,事故率越高,后果越严重。曲线上的事故率随着曲线半径的增加而降低,当曲线半径增加到某一程度后事故率将与直线路段基本趋同,如图 5-3 所示。

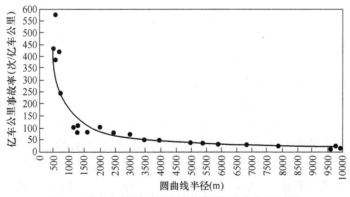

图 5-3　某高速公路亿车公里事故率与圆曲线半径的关系

由图 5-3 可知，较小半径的圆曲线相对较危险，但是这并不意味着大半径曲线就是安全的，事实上曲线间的均衡和连续更为重要。

圆曲线作为公路平面线形的优点主要有：容易与地形、地物相适应，线形美观，可循性好，测设和计算简单。缺点主要有：汽车在圆曲线路段行驶时受到离心力的作用，操纵较直线上复杂；曲线内侧视线易受影响，易出现视距不良问题。

圆曲线半径选用，最重要的考虑因素是进入曲线前的运行速度及其前后衔接线形指标的均衡性和连续性。圆曲线最小半径的实质是汽车行驶在曲线部分时，所产生的离心力等横向力不超过轮胎与路面的摩阻力所允许的界限，是以汽车在曲线上能安全而又顺适地行驶为条件确定的。在设计车速确定的情况下，圆曲线最小半径取决于横向力系数和超高的选值。

圆曲线最小半径的"一般值"是使按设计速度行驶的车辆能保证其安全性与舒适性而建议的采用值。参考国内外使用的经验，确定圆曲线最小半径的"一般值"采用的横向力系数值为 0.05～0.06，经计算并取整数，即可得出一般最小半径值。公路项目采用的最大超高值不同，在同一设计速度条件下，圆曲线最小半径(极限值)是不相同的。《公路路线设计规范》(JTG D20—2017)规定了圆曲线"极限值"与"一般值"，见表 5-1。

圆曲线最小半径 表 5-1

设计速度(km/h)		120	100	80	60	40	30	20
圆曲线最小半径(一般值)(m)		1000	700	400	200	100	65	30
圆曲线最小半径(极限值)(m)	$I_{max}=4\%$	810	500	300	150	65	40	20
	$I_{max}=6\%$	710	440	270	135	60	35	15
	$I_{max}=8\%$	650	400	250	125	60	30	15
	$I_{max}=10\%$	570	360	220	115	—	—	—

注："一般值"为正常情况下的采用值；"极限值"为条件受限制时可采用的值；I_{max} 为采用的最大超高值；"—"为不考虑采用对应最大超高值的情况。

不设超高最小半径是指不必设置超高就能满足行驶稳定性的圆曲线最小半径。当圆曲线半径较大时，离心力的影响较小，路面摩阻力可保证汽车有足够的稳定性，这时可不设超高，而是设置与直线段上相同的双向横坡路拱形式即可。

从舒适和安全的角度考虑，应把横向力系数控制到最小值，以使乘客在圆曲线上与在直线上有大致相同的感觉。

选用圆曲线半径时，在地形等条件允许的前提下，应尽量采用大半径曲线，使行车舒适。但当圆曲线半径过大，对测设和施工都不利，且曲线半径过大时其与直线差异不明显。研究表明，当圆曲线半径大于 9000m 时，视线集中的 300～600m 范围内的视觉效果同直线没有区别，故圆曲线最大半径值不宜超过 10000m。

在进行圆曲线设计时，应该遵循以下原则：

(1)应根据沿线地形、地物等条件，尽量选用较大半径，以保证行车安全舒适；选定的圆曲线半径应与地形相适应，以采用超高值为 2%～4% 的圆曲线半径为宜。

(2)在选定半径时既要技术合理，又要经济适用；受地形条件限制时，可采用大于或接近圆曲线一般最小半径的半径；地形条件特殊困难，不得已时，方可采用圆曲线极限最小半径。

(3)既不盲目采用高标准(大半径)而过分增加工程量，也不因只考虑眼前通行要求而采用低标准。

图 5-4 为符合设计标准的圆曲线路段。

图 5-4　符合设计标准的圆曲线路段

5.1.3　缓和曲线

缓和曲线是道路平面线形要素之一,它是设置在直线与圆曲线之间或半径相差较大的两个转向相同的圆曲线之间的一种曲率连续变化的曲线。参照《公路路线设计规范》(JTG D20—2017)相关规定,缓和曲线采用回旋线形式。

缓和曲线具有以下作用:
(1)缓和曲线的曲率连续变化,便于车辆遵循,有利于保障行驶安全;
(2)超高及离心加速度逐渐变化,使旅客感觉舒适;
(3)满足设置超高和加宽的要求;
(4)线形美观。

《公路工程技术标准》(JTG B01—2014)4.0.19 规定:四级公路直线与小于不设超高最小半径的圆曲线相衔接处,可不设置缓和曲线,用超高、加宽缓和段径相连接。

在不同曲线半径下为美国双车道公路设置缓和曲线,设置前后交通事故率的变化情况如图 5-5 所示。由图可见,当曲线半径小于 200m 时,在直线与圆曲线之间添加缓和曲线,可极大提高道路安全性,交通事故率大幅降低;而对于曲线半径大于 200m 的路段,缓和曲线对道路交通安全的影响并不明显。

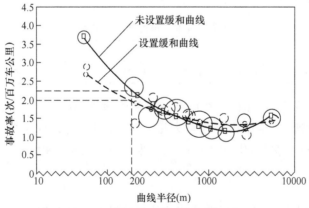

图 5-5　交通事故率与曲线半径的关系
数据来源:美国国家安全委员会的交通调查

一般来讲,缓和曲线长度应适当取大些,但并非越大越好。当转角大小和圆曲线半径已经确定时,缓和曲线长度过大,会导致中间的圆曲线长度过小,平面线形协调性差,同样也会对交通安全造成一定影响。考虑到驾驶员的视觉条件,《公路路线设计规范》(JTG D20—2017)按照不同设计速度规定了最小缓和曲线(我国规定采用回旋线形式)长度指标,见表5-2。

回旋线最小长度　　　　　　　　　　　　　表5-2

设计速度(km/h)	120	100	80	60	40	30	20
回旋线最小长度(m)	100	85	70	50	35	25	20

5.1.4 超高

汽车在弯道上行驶时由于受到离心力的影响,会向圆曲线的外侧推移。离心力的大小与车辆行驶速度的二次方成正比,与平曲线的半径成反比。因此,车辆在平曲线半径较小的路面高速行驶时,车身受到的离心作用很大,存在车辆向圆曲线外侧移动的风险。

道路设计时往往会增大弯道外侧的高度,使路面横向朝内用于抵挡离心力的作用,这是道路的超高。为保证在弯道部分停车时汽车不发生向内侧滑移,甚至翻车的情况,超高不能设置得过大。应该根据道路的类别和所在地区路面的冰雪情况,以及设计速度、曲线半径、地形状况等设置适当的超高。

《公路工程技术标准》(JTG B01—2014)规定了各级公路的最大超高:一般地区,圆曲线最大超高应采用8%;积雪冰冻地区,最大超高值应采取6%;以通行中、小型客车为主的高速公路和一级公路,最大超高可采用10%;城镇区域公路,最大超高值可采取4%。

选取最大超高应考虑以下几点:

(1)要考虑车辆组合,在混合交通的道路上,要同时顾及快车和慢车,快车超高宜大,慢车超高宜小;

(2)慢车及停在弯道上的车辆在路面附着系数小的情况下,应能避免沿路面最大合成坡度下滑;

(3)考虑驾驶者和乘客心理上的安全感,对山区、城市附近、交叉口以及有相当数量非机动车行驶的道路,最大超高还要比一般道路小些。

超高渐变率与设计速度之间的关系见表5-3。

超高渐变率与设计速度的关系　　　　　　　表5-3

设计速度(km/h)	100	80	60	50	40	30	20
超高渐变率	1/175	1/150	1/125	1/115	1/100	1/75	1/50

城市道路由于受交叉口、非机动车以及道路两侧建筑的影响,不宜采用过大的超高横坡度。综合各方面的情况,拟定城市道路最大超高横坡度如下:设计速度100km/h、80km/h为6.0%,设计速度60km/h、50km/h为4.0%,设计速度小于或等于40km/h为2.0%。

5.1.5 加宽

汽车在曲线路段上行驶时,靠近曲线内侧的后轮行驶的曲线半径最小,靠近曲线外侧的前轮行驶的曲线半径最大。汽车在曲线上行驶时,各车轮行驶的轨迹不同,如图5-6所示。

为适应汽车在平曲线上行驶时后轮轨迹偏向曲线内侧的情况,平曲线内侧应相应增加的宽度,称为曲线加宽。一般情况下,当圆曲线的半径 R 小于或等于 250m 时,应在曲线的内侧设置加宽。

加宽在弯道内侧进行,用抛物线加宽,路容更加美观,如图 5-7 所示。

图 5-6 车辆行驶轨迹

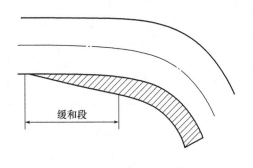

图 5-7 经过抛物线处理的加宽段

三种标准车型轴距加前悬的长度分别为 5m、8m 和 (5.2+8.8)m,据此分别计算并整理,可得不同半径对应的三类加宽值。

二、三、四级公路的圆曲线半径小于或等于 250m 时,应设置加宽。

圆曲线加宽类别应根据该公路的交通组成确定。二级公路以及设计速度为 40km/h 的三级公路有集装箱半挂车通行时,应采用第 3 类加宽值;不经常通行集装箱半挂车时,可采用第 2 类加宽值。

四级公路和设计速度为 30km/h 的三级公路可采用第 1 类加宽值,见表 5-4。

双车道路面加宽值(单位:m)　　　　表 5-4

加宽类型	汽车轴距加前悬长度	曲线半径							
		250~200	<200~150	<150~100	<100~70	<70~50	<50~30	<30~25	<25~20	<20~15
1	5	0.4	0.6	0.8	1.0	1.2	1.4	1.8	2.2	2.5
2	8	0.6	0.7	0.9	1.2	1.5	2.0	—	—	—
3	5.2+8.8	0.8	0.8	1.5	2.0	2.5	—	—	—	—

圆曲线上加宽应设置在曲线的内侧,各级公路路面加宽后,路基也应相应加宽。在圆曲线范围内的加宽值为定值,两端利用缓和曲线作为加宽过渡段,其加宽值由直线段加宽为零逐渐增加到圆曲线起点处的全加宽值。

加宽缓和段的长度可按下列两种情况确定:

(1)设置缓和曲线或超高缓和段时,加宽缓和段长度应与回旋线或超高缓和段长度相同。

(2)不设回旋线或超高缓和段时,加宽缓和段长度应按加宽侧路面边缘宽度渐变率为 1:30~1:15,且长度不得小于 10m 的要求设置。

5.1.6 曲线转角

在道路线形设计中,合理确定曲线转角可以提高行车安全性,提高道路的服务水平。某高速公路亿车公里事故率与不同曲线转角的关系,如表 5-5 和图 5-8 所示。

表 5-5 某高速公路亿车公里事故率与不同曲线转角的关系

平曲线半径	转角	4°08′	6°17′	24°43′	30°50′	34°14′	39°55′	45°00′	86°09′
1000~1100m	亿车公里事故率（次/亿车公里）	112.52	93.10	21.34	66.92	122.45	110.13	120.78	193.76
平曲线半径 2500m	转角	12°17′	13°52′	14°28′	15°53′	24°00′	28°20′	36°04′	36°09′
	亿车公里事故率（次/亿车公里）	63.26	61.97	68.13	6.47	30.91	75.44	243.50	119.88
平曲线半径 3000m	转角	6°41′	7°41′	11°27′	11°59′	18°04′	22°53′	24°14′	28°21′
	亿车公里事故率（次/亿车公里）	126.24	125.29	93.10	87.41	37.55	39.85	25.98	52.45

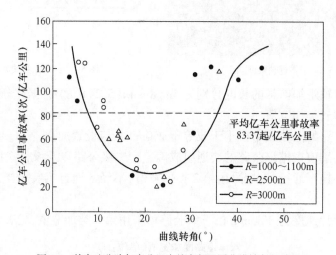

图 5-8 某高速公路亿车公里事故率与不同曲线转角的关系

由图 5-8 可得，当转角值在 15°~25° 之间时，事故率最低，交通安全状况最好，转角为 20° 时，平曲线能最好地满足驾驶员的视觉特性和行车视野的要求。小的平曲线转角容易引起急弯错觉，大的平曲线转角会导致驾驶员看到的路线不连续。不同转角的公路路段视觉效果如图 5-9 所示。

 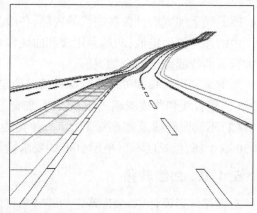

图 5-9 不同转角的公路路段视觉效果

小偏角下,即使半径较大,也会将平曲线长度看成比实际的长度小,造成急转弯的错觉。

当路线转角小于或等于7°(小偏角)时,事故率明显高于样本点的平均值,常采用设置较长的平曲线、加强视线诱导、将车道边缘线设置成振荡标线等措施加以改善。

当路线转角大于40°(大偏角)时,事故率明显高于样本点的平均值。在大偏角平曲线的前半段,特别是缓和曲线路段易引发交通事故,道路存在安全隐患,常采用如下措施加以改善:

(1)设置合理的超高过渡段;
(2)加强进入大偏角平曲线路段的速度控制和视线诱导;
(3)提高大偏角平曲线前半段的护栏等级;
(4)加强超高过渡段的路面综合排水。

5.2 纵断面线形与交通安全

纵断面线形包括道路上坡、下坡的纵坡和两个坡段弯折处插入的竖曲线两类。原则上,同一设计速度路段,应在使车辆保持相同行驶状态的前提下进行道路设计。纵坡受车辆动力性能的影响较大,爬坡能力差异较大的车辆混合行驶,应采用适当的纵坡,必要时在道路右侧设置爬坡车道,提高道路通行能力和运行速度。

5.2.1 纵坡坡度

纵坡反映路线起伏、地形变化等情况。上坡方向的主要安全问题是大型车辆在爬坡过程中速度较低,与较高车速的车辆产生了速度差,加剧了冲突的频率和严重程度;下坡方向的安全问题是车辆的行驶速度快,需要更长的制动距离,可能导致制动不及时,距离判断有误,容易发生追尾事故。事故率随坡度的增大而上升,其中上坡路段大致以线性形式缓慢上升,而下坡路段则以抛物线形式快速上升。

研究表明,坡度大于4%,事故率呈现急速上升的发展趋势,其发展变化见表5-6。

事故率与坡度的关系　　　　　　表5-6

坡度(%)	0~1.99	2~3.99	4~5.99	6~8.20
事故率(次/亿车公里)	27.51	39.76	112.43	124.26

纵坡的标准值,要在经济容许的范围内,按照尽可能慢地降低车辆速度的原则来确定。与其他路段一样,应保证车速处于与设计速度一致的行驶状态。具体而言,纵坡的一般值按小客车大致以平均行车速度可以爬坡,普通载货车大致按设计速度的1/2可以爬坡的原则来确定。

《公路工程技术标准》(JTG B01—2014)对各级公路的最大纵坡坡度所做的规定见表5-7。我国在规定最大纵坡时,主要考虑上坡的因素,即载货车的爬坡能力,同时考虑道路的等级与功能、自然条件。

最大纵坡坡度与设计速度的关系　　　　　　表5-7

设计速度(km/h)	120	100	80	60	40	30	20
最大纵坡坡度(%)	3	4	5	6	7	8	9

高速公路受地形条件或其他特殊情况限制时,通过技术经济论证后,最大纵坡可增加1%。

5.2.2 纵坡坡长

纵坡坡长是指纵断面上相邻两个变坡点间的水平距离,即前后变坡点桩号之差。在长下坡路段,坡长对交通安全的影响与坡度大小息息相关,坡长对坡度起到加强或者减弱的作用。

1) 最小坡长

坡长对交通安全的影响表现在:长下坡路段会使车辆速度不断累积,从而导致车速过高,容易酿成事故。坡长过短,变坡点增多,汽车行驶在连续起伏地段时会产生颠簸,车速越高感觉越明显,坡长过短形成的道路线形如图5-10所示;坡长过长,易使驾驶员对坡度判断失误。

图5-10 坡长过短形成的道路线形

连续的上坡或下坡,应在规定限制的坡长范围内设置缓和坡段。缓和坡段的纵坡应不大于3%,其长度应符合最小纵坡长度的规定,见表5-8。

最小坡长与设计速度的关系　　　　　　　　　　　　　　　表5-8

设计速度(km/h)	120	100	80	60	40	30	20
最小坡长(m)	300	250	200	150	120	100	60

限制最小坡长,考虑了如下几点因素:

(1) 纵断面上若变坡点过多,车辆行驶会颠簸频繁,严重影响行车的舒适性和安全性;

(2) 从几何线形构成来看,相邻变坡点之间的距离过短,出现所谓的驼峰式纵断面,影响道路美观;

(3) 通常规定最小坡长等于汽车以设计速度行驶9~15s的行程为宜,在高速路上,9s已满足行车及几何线形布设的要求;在低速路上,为满足行车和布线的要求可取大值。

2) 最大坡长

设计车辆(一般采用满载载货汽车)在某一坡度下行驶时,自然减速至最低容许速度所能通过的最大距离,称为最大坡长。长距离的陡坡对行车安全构成威胁,特别是当纵坡坡度大于5%时,汽车上坡为克服坡度阻力而采取低速行驶,长时间低挡位行驶会使发动机过热,动力下降;而下陡坡时,需要频繁制动,造成制动片过热,容易导致制动失灵,影响行车安全,因此对纵坡长度也应该加以限制。我国参考了大量的国内外资料,对最大坡长作出了规定,如表5-9所示。

纵坡最大坡长限制(单位:m)　　　　　　　　　　表 5-9

坡度(%)	设计速度(km/h)						
	120	100	80	60	40	30	20
3	900	1000	1100	1200	—	—	—
4	700	800	900	1000	1100	1100	1200
5	—	600	700	800	900	900	1000
6	—	—	500	600	700	700	800
7	—	—	—	—	500	500	600
8	—	—	—	—	300	300	400
9	—	—	—	—	—	200	300
10	—	—	—	—	—	—	200

对于高速公路和一级公路,当连续陡坡由几个不同坡度值的坡段组合而成时,应采取平均坡度法对纵坡长度受限制的路段进行验算。

5.2.3 竖曲线

汽车在纵坡发生转折的地方行驶时,为了缓冲汽车在凹曲线处的冲击,保证在凸曲线处有一定的视距,必须在两个坡段之间插入一段曲线,这段曲线称为竖曲线,突变点处称为变坡点。竖曲线有凹形和凸形之分,大小用半径和水平长度表示。设置竖曲线的原因如下:

(1)视距要求:主要解决凸形竖曲线处视距不良的问题;

(2)行车平顺要求:变坡点处用曲线圆滑连接,使行车和缓、平顺;

(3)路容美观要求:使道路线形不产生突变点,达到美化路容的目的。

竖曲线主要的存在形式有圆曲线和二次抛物线两种,如图 5-11 所示。《公路路线设计规范》(JTG D20—2017)规定竖曲线可采用抛物线的形式。

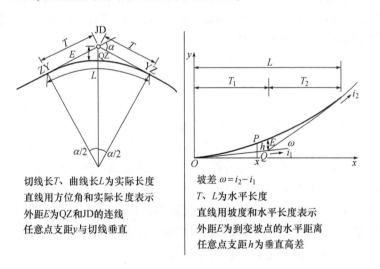

图 5-11　竖曲线的形式

一般情况下,凸形竖曲线半径的交通事故率要比水平路段高,小半径的平曲线路段事故率要比经过改善设计后的竖曲线路段事故率高。竖曲线的频繁变换会影响行车视距,严重降低道路安全性能,尤其在凸形竖曲线路段,视距受限会提高交通事故率。如凸形竖曲线后存在一个急弯,由于凸形竖曲线遮挡视线,驾驶员往往来不及反应,从而容易造成交通事故。

在白天或夜晚照明充足的情况下,凹形竖曲线的视距不是影响道路交通安全的关键因素,但是在夜晚没有照明的道路上,凹形竖曲线必须考虑视距问题,此时道路线形的水平曲率会使车头灯光不能沿路线线形的前进方向,而仅能侧向照射路面。另外,凹形竖曲线上方的跨线结构物,往往会造成视距障碍从而构成安全隐患。同时,在小半径凹形竖曲线底部可能会出现排水不畅的问题。设计速度对应的竖曲线的最小长度与最小半径见表5-10。

竖曲线最小长度和最小半径 表5-10

设计速度(km/h)		120	100	80	60	40	30	20
凸形竖曲线半径(m)	一般值	17000	10000	4500	2000	700	400	200
	极限值	11000	6500	3000	1400	450	250	100
凹形竖曲线半径(m)	一般值	6000	4500	3000	1500	700	400	200
	极限值	4000	3000	2000	1000	450	250	100
竖曲线最小长度(m)	一般值	250	210	170	120	90	60	50
	极限值	100	85	70	50	35	25	20

5.3 横断面布置与交通安全

道路横断面是沿道路宽度方向,且垂直于道路中心线的断面。横断面设计对于满足交通需要,保证交通运输通畅与安全,适应各项设施的要求,及时排除路面积水,以及合理安排地下杆线和地下管线,都具有十分重要的意义。

5.3.1 车道数

车道数与交通安全之间存在正相关性,一般来说,车道数量越多,事故次数越少。以美国道路种类与交通量及事故次数的统计结果为例进行说明,如图5-12所示。

从图5-12中可以清晰地看出:交通事故次数与车道数有关,相同的平均日交通量条件下,8车道高速公路比6车道高速公路事故率低,6车道高速公路比4车道公路事故率低。在相同车道情况下,事故次数随着平均日交通量的增加而增加。

城市道路交通量大,交通组成复杂,因此,交通事故的规律性不如公路明显。宏观分析可知,车道数越多,通行能力越大,行车越畅通,道路安全性越高。根据某市城市道路事故调查的资料,得到该市城市道路不同车道数的事故率如表5-11所示。

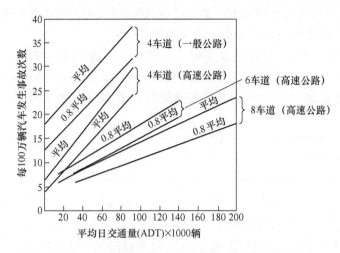

图 5-12 美国道路种类与交通量及事故次数的关系
数据来源:美国国家公路交通安全管理局的调查报告

不同车道数的事故率 表 5-11

车道类型	事故数（次）	事故率（次/亿车公里）	道路数量（条）	平均事故率（次/亿车公里）	不同车道数事故率（次/亿车公里）
2 车道	169	1584	18	88	88
4 车道	511	2075	25	83	
4 车道有中央分隔带	4	150	2	75	86
4 车道有机非分隔带	59	404	4	101	
6 车道	357	1078	11	98	
6 车道有中央分隔带	20	76	1	76	83
6 车道有机非分隔带	214	450	6	75	
8 车道	109	273	3	91	86
8 车道有中央分隔带	75	162	2	81	

通过对表 5-11 的分析可知,从整体上看,事故率随车道数的增加而降低。当车道数为 4 时,增加中央分隔带将对向车流分离,事故率明显降低。增加机非分隔带后,虽然可以将机动车与非机动车分离,但是对向车流的问题并没有解决。就我国的实际情况而言,机动车与非机动车发生的事故在一般情况下较轻,而对向车辆发生的交通事故往往相对严重。当车道数为 6 时,增加中央分隔带或增加机非分隔带后,事故率均有所降低。总体而言,8 车道的事故率最低,安全状况最好。

5.3.2 车道宽度

机动车车道宽度主要取决于设计车辆车身的宽度、横向安全距离(车身边缘与相邻部分边缘之间横向净距)以及车辆行驶时的摆动宽度。横向安全距离取决于车辆在行驶中摆动与偏移的宽度,以及车身与相邻车道或人行道路缘石边缘必要的安全间隔。车辆行驶时的摆动宽度与车速、路面质量、驾驶技术以及交通秩序等因素有关。

车道宽度应根据设计速度确定,《公路工程技术标准》(JTG B01—2014)中对双车道公路车道宽度的规定见表5-12。设置慢车道的二级公路,车道宽度应采用3.5m;对于需要设置非机动车道和人行道的公路,非机动车道和人行道等的宽度,视实际情况而定。

车道宽度与设计速度的关系　　　　表5-12

设计速度(km/h)	80	60	40	30
车道宽度(m)	3.75	3.50	3.50	3.25

8车道及以上公路在内侧第1、2车道仅限小客车通行时,其车道宽度可采用3.5m。通行中、小客运车辆为主且设计速度为80km/h及以上的公路,经论证车道宽度可采用3.5m。四级公路采用单车道时,车道宽度应采用3.5m。设置慢车道的二级公路,慢车道宽度应采用3.5m。

从目前的研究成果分析,可以得出以下结论:

(1)由于城市交通状况及车辆组成变化,尤其是车辆性能提高,横向安全距离以及车辆行驶时的摆动宽度可以适当减小。

(2)目前我国公路和城市道路规范规定的机动车道宽度标准高于许多其他国家的车道宽度。

路面总宽度过小会造成车辆间的横向距离过小,一旦小于安全距离,事故发生的概率将上升。当路面宽度处于一定区间范围内时,随着路面宽度的增加,行车安全性也会增加。路面宽度增大至超过某一数值后,危险性反而增加。

5.3.3　路肩宽度

公路路肩由土路肩和硬路肩组成,其作用是:

(1)由于路肩紧靠路面的两侧设置,具有保护路面及支承路面结构的作用;

(2)供发生故障的车辆临时停车,有利于防止交通事故和预防交通紊乱;

(3)充足的宽度和稳定的路肩能给驾驶员以开阔视野、安全感,有助于增强行车舒适性和消除驾驶紧张感,提高公路的通行能力;

(4)为公路的其他设施(如护栏、绿化、电杆、地下管线等)提供设置的场地,也可供养护人员养护操作及避车之用。

路肩可提供视觉诱导,在双车道公路中,当路肩宽度的变化范围在0~2m之间时,相应的道路交通事故率有明显的下降趋势。但当路肩过宽时,易使驾驶员产生安全更有保障的想法,从而放松警惕,导致部分驾驶员利用硬路肩进行超车,从而不利于行车安全。

高速公路、一级公路应在右侧硬路肩宽度内设右侧路缘带,其宽度为0.5m。

高速公路、一级公路采用分离式断面时,应设置左侧硬路肩,左侧硬路肩的宽度包含左侧路缘带的宽度,该宽度为1m。

8车道高速公路宜设置左侧硬路肩,其宽度应为2.50m。

双车道公路路肩宽度规定见表5-13,表中的一般值为正常情况下的采用值,最小值为条件受限制时可采用的值。二级公路的硬路肩可供非汽车交通使用,非汽车交通量较大的路段,亦可采用全铺(在路基全部宽度内都铺筑路面)的方式,以充分利用硬路肩。在双车道公路路肩上设置的标志、防护设施等不得侵入公路建筑限界,否则应加宽路肩。

双车道公路路肩宽度 表5-13

设计速度(km/h)		80	60	40	30
硬路肩宽度(m)	一般值	1.50	0.75	—	—
	最小值	0.75	0.25		
土路肩宽度(m)	一般值	0.75	0.75	0.75	0.50
	最小值	0.50	0.50		

5.3.4 中间带

根据我国多条高速公路交通事故调查统计,与中间带有关的交通事故占事故总数的20%~30%。中间带交通事故形态主要有以下两大类:

(1)大中型货车与中央分隔带护栏发生碰撞

①穿越中央分隔带护栏,驶到对向车道与对向车辆发生碰撞或直接冲出对向路基,造成人员和车辆损伤;

②因驾驶员操作失误或驾驶失控,车辆碰撞路缘石后抬升驶到中央分隔带护栏上或直接侧翻到中央分隔带内;

③车辆与中央分隔带护栏碰撞后,矫正了行驶轨迹,驶回自己的车道。

(2)小型车辆与中央分隔带护栏发生碰撞

①车辆在碰撞中央分隔带护栏或路缘石后直接被弹到路侧,与路侧护栏发生二次碰撞;

②车辆与路缘石碰撞后跃起侧翻;

③车辆与中间带路缘石碰撞后,前轮爆胎,导致车辆失控。

5.3.5 避险车道

避险车道是指在长陡下坡路段行车道外侧增设的供速度失控车辆驶离正线安全减速的专用车道。避险车道主要由引道、制动车道、服务车道及辅助设施(路侧护栏、防撞设施、施救锚栓、呼救电话、照明)等组成。避险车道可以在很大程度上降低事故率,保障交通安全。我国山岭重丘区长大下坡较多,事故率较高,为了保障驾驶员和乘客的安全,应设置避险车道。

目前,我国避险车道的设置还不规范,存在以下几种问题:

(1)避险车道位置设置不合理,出口位置视距不良,特别是公路建设后设置的避险车道受地形和建设条件限制,避险车道长度不足,不能保证故障车辆安全;

(2)避险车道的纵坡过大,引导设置不合理;

(3)避险车道的线形不合理,转弯半径较小;

(4)避险车道的材料选择和厚度分布不合理;

(5)避险车道横断面布置不合理,施救设施不足或不配套,服务车道位置设置不合理;

(6)避险车道横断面布置不合理。

5.4 线形组合与交通安全

线形组合的协调要考虑驾驶员行车特性以及环境与线形之间的关系,使道路能够畅通、平缓,为车辆行驶创造良好的条件。行车安全性与不同线形之间的组合协调有密切的关系,不良的线形组合往往是诱发交通事故的主要原因。

1) 应该避免的不利线形组合

线形组合与驾驶员心理生理特征、视觉反应有密切联系,线形组合应该避免以下几点:

(1) 两个同向或反向曲线之间插入短直线。如果在同向曲线之间插入较短的直线段,形成"断背曲线",就容易使驾驶员在视觉上产生直线和两端连接的曲线为反向曲线的错觉,从而导致事故的发生。

(2) 直线不宜过长。直线过长会使行车单调,容易使驾驶员思想不集中,反应迟钝,不利于安全行车。

(3) 避免纵断面插入较多变坡点且坡长较短的不利组合。在这种道路上行驶,驾驶员只能看见凸起来的道路部分,而看不见凹下隐藏的地方,视线断断续续,行车不畅通,超车视距不好。

(4) 避免将小半径的平曲线起、讫点设在竖曲线的顶部或底部,或接近其顶部或底部的位置。设在顶部会使驾驶员视线失去引导,车辆驶到坡顶才发现转变,驾驶员来不及采取措施;设在底部会造成视觉误差,形成不必要的加速行驶。

(5) 避免使竖曲线顶、底部与反向平曲线的拐点重合。

(6) 避免出现驼峰、暗凹、跳跃、断背、折曲等使驾驶员视线中断的线形,否则会因驾驶员产生错觉而造成不必要的加速。

平曲线与竖曲线组合问题,在城市市区的道路上表现并不突出,但对于郊区公路尤其是山区公路,重视这类问题具有重要的意义,应加强对这类路段的改造。对暂时不能改造的路段,应采取相关的交通管制措施和设置适当的交通引导设施,以保证交通安全。

2) 不利线形组合的改善

道路不利线形组合,可以从以下几个方面加以改善:

(1) 平曲线组合不良路段:采取标志预告和增加线形诱导标志的措施,使驾驶员有心理准备。

(2) 长直线小半径路段:在长下坡坡底前或长直线接小半径曲线前设置振动型减速标线。

(3) 平、纵组合不良路段:设置"建议速度"和"连续弯道"的组合标志,提醒驾驶员注意前方连续弯道路段,并在竖曲线处强化视线诱导,引导驾驶员按规定速度行驶。

5.5 视距与交通安全

视距是指在车辆正常行驶时,驾驶员从正常驾驶位置能连续看到道路前方行车道范围内路面上一定高度障碍物,或者看到道路前方交通设施、路面标线的最远距离。视距是道路几何设计的重要参数,拥有足够的视距,对于行车安全很重要。视距主要包括停车视距、会车视距、超车视距和识别视距。

5.5.1 停车视距

停车视距是指车辆以一定速度行驶时,驾驶员自看到前方障碍物时起,至到达障碍物前安全停车所需要的最短行驶距离。停车视距主要由三部分组成:驾驶员在反应时间内行驶的距离、开始制动到车辆完全停止的距离以及与车辆或者障碍物的安全距离。

《公路工程技术标准》(JTG B01—2014)规定的停车视距见表5-14。

停车视距 表5-14

公路等级	高速公路			一级公路			二级公路		三级公路	四级公路
设计速度(km/h)	120	100	80	100	80	60	80	60	40	30	20
停车视距(m)	210	160	110	160	110	75	110	75	40	30	20

5.5.2 会车视距

会车视距是指在同一车道上对向行驶的车辆,为避免迎面相撞,自车辆在行驶过程中发现对向来车,至驾驶员采取合理的减速操作后两车安全停止、不相撞所需的最短行驶距离,会车视距一般是停车视距的两倍。会车视距(S_H)包括四个部分:两相向行驶的驾驶员的反应距离S_1、制动距离S_{Z1}和S_{Z2}以及安全距离S_0,如图5-13所示。

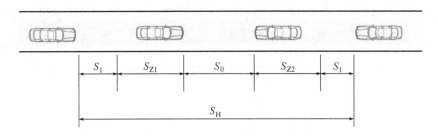

图5-13 会车视距

5.5.3 超车视距

超车视距是指需要临时占用对向车道完成超车的车辆,在超越前车的过程中,自开始驶离原车道,至可见对向来车并能超车后安全驶回原车道所需的最短行驶距离。超车视距包括四个部分:超车车辆加速驶向对向车道的距离S_1、在对向车道上完成超车并且返回原车道的距离S_2、超车完成时超车车辆与对向车辆之间的安全距离S_3以及超车车辆从开始加速到超车完成时对向车辆的行驶距离S_4,如图5-14所示。

在不同等级路段、不同设计速度下,会车视距与超车视距需要满足的要求见表5-15。

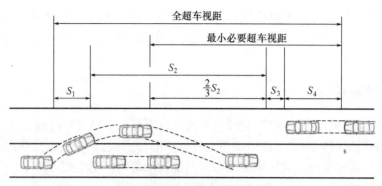

图 5-14 超车视距

二、三、四级公路会车视距与超车视距　　　　表 5-15

设计速度(km/h)	80	60	40	30	20
会车视距(m)	220	150	80	60	40
超车视距(m)	550	350	200	150	100

5.5.4 识别视距

识别视距是指车辆以一定速度行驶时,驾驶员自看清指示前方分流、合流、交叉、渠化、交织等各种行车条件变化的导流设施、标志、标线时,做出制动减速、变换车道等操作,至变化点前使车辆达到必要的行驶状态所需要的最短行驶距离,如图 5-15 所示。

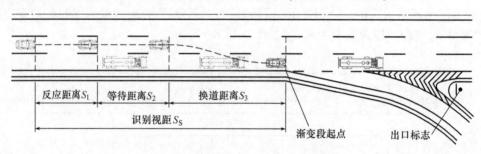

图 5-15 识别视距

《公路工程技术标准》(JTG B01—2014)规定了不同的设计速度对应的识别视距,见表 5-16。

识别视距　　　　表 5-16

设计速度(km/h)	120	100	80	60
识别视距(m)	350(460)	290(380)	230(300)	170(240)

注:括号中的数值为行车环境复杂、路侧出入口提示信息较多时应采取的识别视距值。

识别视距与互通区主线设计关系密切,通过对事故出口主线线形与识别视距分析,得到图 5-16。

大量事故统计表明,因识别视距不足,换道距离不够而强行换道,是造成出口事故的根本原因。

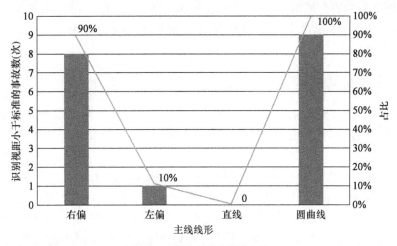

图 5-16 线形与识别视距分析

满足识别视距的互通区主线线形设计包括主线圆曲线的最小半径和主线竖曲线的最小半径的选择。其中主线圆曲线包括左偏圆曲线和右偏圆曲线,左偏圆曲线在道路设计中的要求见表 5-17。

左偏圆曲线在道路设计中的要求 表 5-17

公路等级		高速公路			一级公路		
设计速度(km/h)		120	100	80	100	80	60
识别视距 (m)	一般值	455	365	270	340	245	185
	极限值	355	285	205	255	180	135
一般最小半径 (m)	单向2车道	4790	3250	1880	2980	1550	920
	单向3车道	2770	1830	1030	1640	850	510
	单向4车道	1960	1280	710	1130	580	350
极限最小半径 (m)	单向2车道	2920	1980	1080	1670	830	490
	单向3车道	1690	1110	590	920	460	270
	单向4车道	1190	780	410	630	310	180
一般值	参照 《公路路线设计规范》 (JTG D20—2017)值	2000	1500	1100	1500	1100	500
极限值		1500	1000	700	1000	700	350

5.6 道路交叉口与交通安全

道路交叉口把各个不同方向的道路联系起来形成网络,汇集了机动车流、非机动车流和行人流等交通流,是车辆与行人汇集、转向和疏散的必经之地。根据道路相交高程的不同,交叉口分为平面交叉口和立体交叉口。平面交叉口往往也是交通事故的高发点,国内城市的统计资料表明,道路交叉口的交通事故占全部事故的 30% 左右。由此可见,道路交叉口对整个道路交通系统的安全水平有着十分重要的影响,必要时将平面交叉改为立体交叉是提升道路交通安全性的有效途径。

5.6.1 平面交叉

道路与道路(或其他线形工程)在同一平面上的相互交叉,称为平面交叉。平面交叉口形式取决于道路系统的规划、交通量、交通性质和交通组织,以及交叉口用地及其周围建筑的情况。

交叉口由于交通量大、冲突点多以及视线盲区大,所发生的交通事故也多。在平面交叉口处,多个方向的交通流的汇入,使得平面交叉口处的交通量大幅度增加,而且各个方向行驶的车辆存在许多可能导致事故发生的冲突点。在平面交叉口处,观察相交道路时视线会因建筑物的遮挡等受到影响,形成视线的盲区。同样,相交道路上的车辆视线也会受到阻碍,会造成行车视距不足,从而影响行车安全。

平面交叉口从交通控制类型上,可分为无信号控制交叉口和信号控制交叉口两大类。无信号控制交叉口又可分为完全无控制交叉口,停、让控制交叉口和环形交叉口三大类。信号控制交叉口可以有效降低交通事故率,与无信号控制交叉口相比,信号控制交叉口能使交通事故率降低 33%,使左转引起的交通事故率降低 38%。

平面交叉口从几何形式上,可分为常见的 T 形、Y 形、十字形、X 形、错位等几种形式,如图 5-17 所示。

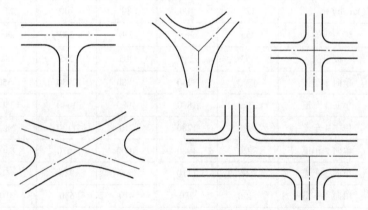

图 5-17 平面交叉口的形式(T 形、Y 形、十字形、X 形、错位)

表 5-18 是某市市区各类型的道路交叉口交通事故数据统计表。

某市市区各类型的道路交叉口交通事故数据统计表   表 5-18

交叉口类型	事故数(次)	所占比例(%)	交叉口数(个)	交叉口事故率(%)
三路交叉口	261	47.89	52	5.02
四路交叉口	214	39.27	99	2.16
多路交叉口	28	5.14	11	2.55
环形交叉口	37	6.79	5	7.40
立体交叉口	5	0.92	13	0.38

由表 5-18 可以看出，环形交叉口的事故率最高，危险性也最大，之后依次为三路交叉口、多路交叉口、四路交叉口和立体交叉口。由于环形交叉口存在交织段，车辆汇流和分流的机会最多、冲突点最多，因此行车危险性最高。畸形交叉口不良的几何设计会造成视距不足、行车轨迹冲突点多等诸多安全隐患，现实中尽量不设计使用畸形交叉口，如果由于历史原因遗留，则需要施行必要的管控措施和标志、标线引导措施。

1) 平面交叉口交叉角

交叉角是指两条道路相互交叉的角度，是交叉口的一个重要设计单元。

正常交叉口由两街道相交而形成，以接近 90°的角度交叉。倾斜的交叉口可以分成两个类别，即"右"斜交和"左"斜交，如图 5-18 所示。

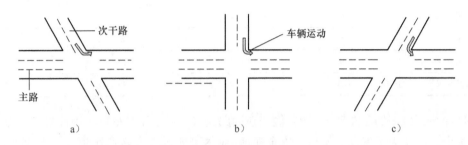

图 5-18 平面交叉口的类别
a)"右"斜交交叉口；b)正常交叉口；c)"左"斜交交叉口

两条道路相交的交叉角度小于直角时，会对驾驶员的视距和操作产生一定的影响，容易造成碰撞和转弯时冲出路外等事故。

当交叉角度小于 75°时，驾驶员在左转识别可穿越间隙和右转合流时存在更高的风险。

2) 平面交叉口的间隔

道路上的每个接入口都会引进新的冲突，随着冲突点增加，发生事故的可能性也增大。

根据英国的实际调查结果可知，当道路上每 1 英里(1 英里≈1609m)的接入数从 10 个增加到 20 个时，事故率大概会增加 30%。

3) 平面交叉口的渠化

平面交叉口渠化是利用各种形状的高出路面的构造或不同颜色的路面、路面标线等，将交通流隔离、分开，并规定车流的行驶路径和方向，减少可能发生的冲突碰撞，以达到安全顺畅行车的目的。对不同类型的平面交叉口进行合理的交通渠化，可以大大降低人与车、车与车冲突的可能性，从而提高交叉口交通的安全性。

平面交叉口渠化的方法有以下几种：

(1) 利用分车线或分隔带、交通岛等，使道路上不同行驶方向和行驶速度的车辆以及交叉口左转、右转和直行方向的车辆按规定的车道分离行驶，使行人和驾驶员容易辨明相互行驶的方向，以利于行人和车辆有秩序地通过。

(2) 利用交通岛的布置，限制车辆的行驶方向，使斜交对冲的车流变为直角或同方向的锐角交织。

(3) 利用交通岛的布置，限制车道宽度，以控制车速，防止出现超车现象，设置交通标志，将交通岛作为行人过街避让车辆的场所。

(4)利用交通岛的布置,可以防止车辆在交叉口转错车道。

(5)在交通量较大、车速较高的交叉口利用交通岛组织渠化交通时,还需要考虑设置变速车道和候驶车道,以利于左转弯车辆转向行驶和等候。

(6)在交叉口布置交通岛时,应使行车自然方便,一般采用比较集中的尺寸大的交通岛。

平面交叉的相交道路宜为4条,不宜超过5条,交通流的冲突点、合流点、分流点随道路条数增加而显著增加。交叉口相交道路数量和冲突点、合流点、分流点数量见表5-19。

表5-19 交叉口相交道路数量和冲突点、合流点、分流点数量关系

交叉道路条数	冲突点(个)	合流点(个)	分流点(个)	合计(个)
三路交叉	3	3	3	9
四路交叉	16	8	8	32
五路交叉	49	15	15	79
六路交叉	124	24	24	172

产生冲突点最多的是左转弯车辆,例如在四路交叉口中,若无左转车则冲突点可从16个减少到4个。因此为了保证交叉口的安全畅通,应尽可能设置左转弯车道,同时,交通信号灯设左转相位。左转车道不与直行车道兼用,可减少左转弯事故,并提高交叉口的通行能力。在设计小时交通量200辆以下且左转弯率在20%以下的情况下,可不设左转弯车道。

在无交通信号控制或无交通警察指挥的交叉口,车辆相撞的危险性较高。

5.6.2 立体交叉

利用跨线构造物使道路与道路或道路与其他线形工程,在不同高程上相互跨越的连接方式,称为立体交叉,简称立交。立体交叉是高速道路(高速公路与城市快速路的统称)的重要组成部分。

高速公路互通立交的常用形式有以下几种:

1)喇叭形立体交叉

喇叭形立体交叉是指用一个环形匝道(转向约为270°)和一个半直连式匝道来实现车辆左转弯的全互通式立体交叉。喇叭形立体交叉可分为A型和B型,经环形左转匝道驶入正线时为A型,驶出时为B型。具体的样式可见图5-19。

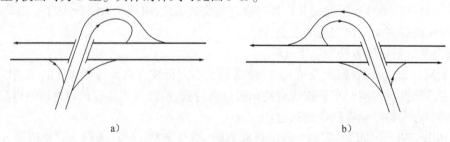

图5-19 喇叭形立体交叉
a) A型;b) B型

布设时,应将环形匝道设在交通量较小的方向上,主线左转弯交通量大时宜采用 A 型,反之采用 B 型。一般道路上跨时对转弯车辆视野有利,如图 5-19a)所示;下穿时宜斜交或弯穿,如图 5-19b)所示。

2) 苜蓿叶形立体交叉

苜蓿叶形立体交叉是指用四个对称的环形左转弯匝道,实现各方向左转车辆运行的全互通式立体交叉。其具体形式如图 5-20 所示。

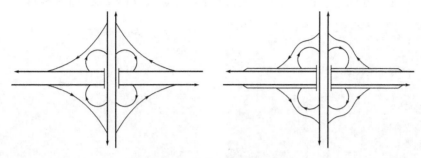

图 5-20　苜蓿叶形立体交叉

3) 枢纽互通式立体交叉

(1) 三路枢纽互通式立体交叉

三路枢纽互通式立体交叉的常用基本形式有三路 Y 形和三路 T 形两种。

①三路 Y 形枢纽互通式立体交叉。

三路 Y 形枢纽互通式立体交叉适用于三个方向交通量大小大致相等时,如图 5-21 所示。

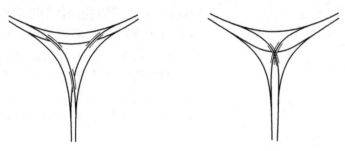

图 5-21　三路 Y 形枢纽互通式立体交叉

②三路 T 形枢纽互通式立体交叉。

三路 T 形枢纽互通式立体交叉适用于两条高速公路主次分明时,如图 5-22 所示。

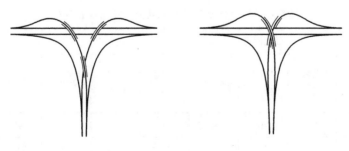

图 5-22　三路 T 形枢纽互通式立体交叉

（2）四路枢纽互通式立体交叉

四路枢纽互通式立体交叉的常用形式有四路 X 形、涡轮形、苜蓿叶形和变形苜蓿叶形（混合型）枢纽互通式立体交叉。

四路 X 形枢纽互通式立体交叉：四路各转弯交通量均大于或等于 1500pcu/h 时，宜采用左转弯匝道均为内转弯半直连式的 X 形枢纽互通式立体交叉，如图 5-23 所示。

四路涡轮形枢纽互通式立体交叉：四路各转弯交通量大小相当，且小于 1500pcu/h 时，可采用左转弯匝道均为外转弯半直连式的涡轮形枢纽互通式立体交叉，如图 5-24 所示。

图 5-23　四路 X 形枢纽互通式立体交叉　　　　图 5-24　四路涡轮形枢纽互通式立体交叉

苜蓿叶形枢纽互通式立体交叉：四路各转弯交通量均小于单车道设计通行能力时，可采用左转弯匝道均为环形的完全苜蓿叶形枢纽互通式立体交叉。当交叉公路为高速公路或交织交通量大于 600pcu/h 时，应在完全苜蓿叶形枢纽互通式立体交叉基础上设集散道，将两环形匝道间的交织区与交叉公路直行车道隔离，如图 5-25 所示。

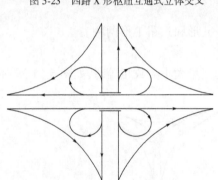

图 5-25　苜蓿叶形枢纽互通式立体交叉

尽管设立立体交叉的目的是尽可能提高交通安全性及各交通流的运行效率，但是立体交叉范围内出现的关于驾驶员、车辆、道路、交通和环境条件的任何突变，都会造成安全隐患。

立体交叉发生交通事故的可能性和匝道交通量与主线交通量之比有着密切的关系。发生在匝道上的交通事故主要有追尾碰撞、擦边碰撞、碰撞固定物体、失控、倾斜和碰撞行人。表 5-20 展示了某高速公路立体交叉各组成部分的交通事故分布情况。

某高速公路立体交叉各组成部分的交通事故分布　　　表 5-20

组成部分	驶出匝道			驶入匝道			加减速车道	驶出匝道与干路分叉口	其他
	左转匝道	右转匝道	合计	左转匝道	右转匝道	合计			
事故数（次）	23	20	43	4	2	6	42	37	3
占总数百分比（%）	17.6	15.2	32.8	3.1	1.5	4.6	32.1	28.2	2.3

由表 5-20 可知,驶出匝道的事故明显多于驶入匝道的事故,造成这种现象的原因主要是进入匝道前后的车速不同。高速公路主线上的行车速度一般高于收费站进口至驶入匝道的连续道路上的行车速度,对于驶出匝道而言,事故多发的原因除了个别事故为匝道超高不足、摩擦系数过低外,多数是车辆在减速车道上没有充分地减速,因车速高于匝道的限制车速而在离心力的作用下发生翻车事故。高速公路的左转驶出匝道事故略多于右转驶出匝道事故主要是因为线形上的差异,左转匝道的转角及起终点由于受到互通式立体交叉口的出口的影响极易发生交通事故。分析这些事故发生的原因和行为,结果如表 5-21 所示。

事故发生原因与行为分析　　　　　　　　　　表 5-21

编号	时间	地点	事故原因	事故行为
1	2015 年 7 月 8 日	沪宁高速	前方车辆突发变道	侧面碰撞
2	2017 年 11 月 4 日	绍兴高速	前方车辆突发停车	追尾
3	2019 年 5 月 15 日	绵西高速	前方车辆突发停车、倒车、变道	侧面刷擦
4	2019 年 6 月 14 日	G15 国道	前方车辆突发变道	追尾
……	……	……	……	……
30	2020 年 1 月 2 日	河南高速	前方车辆强行变道	侧面碰撞
31	2020 年 1 月 4 日	G60 国道	前方车辆突发变道	侧面刷擦

通过对事故发生地点的主线线形调查可知,80% 的事故发生点在圆曲线上,如图 5-26 所示。在 80% 的事故中,有 50% 的事故出口识别视距都不满足《公路立体交叉设计细则》(JTG/T D21—2014)要求的极限值,部分驾驶员因识别视距不足,在换道距离不够的情况下仍选择强行换道,这是造成事故的根本原因。

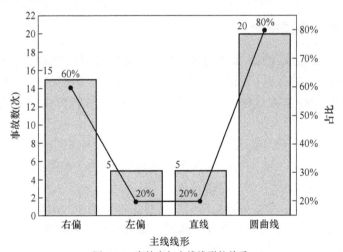

图 5-26　事故率与主线线形的关系

注:25 次事故,右偏、左偏、直线占比分别为 60%、20% 和 20%。

主要的事故原因分为以下两种:
(1)忽略对出口标志的识读;
(2)知道前方有出口,但不甘于降低行驶速度在最外侧车道行驶,从而在出口位置强制换道。

经调查分析，事故高发的主线线形及路段主要有以下四种：
(1) 出口位于左偏圆曲线外侧；
(2) 出口位于右偏圆曲线；
(3) 出口位于小半径凸形竖曲线变坡点后；
(4) 出口位于长大下坡坡底。

随着经济的发展，我国各城市主要的平面交叉口超负荷现象日趋严重，个别路口高峰时拥堵时间甚至超过1h，造成了时间与经济的巨大损失。近年来，各大城市修建了各种类型的立体交叉，对于缓解交通拥塞与减少交通肇事起到了重要的作用。

5.7 路面条件与交通安全

5.7.1 路面种类

路面按照力学特性可分为柔性路面和刚性路面。

柔性路面包括各种沥青路面与碎石构成的结构层，它是一种与荷载保持密切接触并且将荷载分子分布于土基之上，并借助颗粒嵌锁、摩阻和结合料的黏结等作用而获得稳定的路面。柔性路面具有一定的抗剪和抗弯的能力，在荷载的作用下会产生一定的变形。

水泥混凝土路面属于刚性路面，具有较大的刚性和抗弯的能力，能够直接承受车辆荷载并分布车辆荷载到路基。承载能力取决于道路本身的强度，铺设适当的基层可以为刚性路面提供良好的支承条件。可使用弯沉仪测量道路在标准实验车后轮的垂直静载作用下轮隙回弹弯沉值，进而对道路路面的强度进行评定。

5.7.2 路面与交通安全

道路除了应有足够强度的路面结构外，从交通参与者的角度看，还应该使驾驶员在行车的过程中有一种舒适的体验，保证驾驶员行车的质量，这体现了道路对于驾驶员的舒适程度，包括汽车驾驶操控是否自如，车上的乘客是否舒适，行驶费用的高低以及路面的抗滑性能等。

随着科技的不断发展，汽车配置越来越先进，以努力满足驾驶员和乘客舒适的要求。但是随着汽车性能的不断提高，汽车的行驶速度也在逐渐提高，为了获得良好的舒适性和安全性，人们对路面平整度、抗滑性要求越来越高。

路面平整度主要是为了满足车辆对路面行车舒适性的要求，路面抗滑性则是交通安全的需要，因为路面的抗滑性过差会对交通安全造成一定的危害。虽然现代路面技术在不断发展，但是由于道路附着性变差而引发的交通事故率依然较高。

5.7.3 路面平整度

平整度是道路表面的平整程度，是判定路面质量的一个重要指标。路面平整度差，行车时的阻力也会较大，车辆产生的颠簸振动会加速车辆机件、轮胎的磨损，行车的舒适性和安全性也会降低。汽车在凸形路面行驶时会出现垂直向上的离心力，与车辆垂直向下的重力相抵消，地面对车辆的垂直反力大大减小甚至变成零,这会导致汽车出现失重现象,从而引发汽车操控系统的失灵,容易造成交通事故。汽车通过凹形路面时,由于垂直向下的离心力较大,与汽车本身的重力结合,故汽车本身的结构部件所受的力增大。当凹形竖曲线长度很小时,极易损坏汽车的铁板弹簧或轮胎的机件。

1)平整度标准

道路平整度影响行车的平稳性、乘客的舒适性、路面寿命、轮胎磨损和运输成本。

我国沥青路面平整度采用连续式路面平整度仪或者 3m 直尺控制施工的质量,其标准见表 5-22。用 3m 直尺量测路面平整度是当前各国仍沿用的简易方法。

平整度标准 表 5-22

沥青路面种类	允许偏差		检查频率				检查方法	
	平整度仪(mm)	3m 直尺(mm)	范围(m)	平整度仪	数量		平整度仪	3m 直尺
					3m 直尺			
沥青混凝土沥青碎石	≤2.5	≤5	100	连续	公路	10 杆	2 车道测一条轨迹;4 车道测两条轨迹	直接或随机抽样
上拌下贯	≤3.5	≤8			城市道路 路宽(m)	<9 5 杆		
						9~15 10 杆		
表面处治	≤4.5	≤10				>15 15 杆		

我国的水泥混凝土路面平整度,规定用 3m 直尺连续测量三次,取最大三点的平均值控制施工的质量。高速公路和一级公路的允许偏差为 3mm,其他公路为 5mm。

2)路面粗糙度

路面粗糙度可以用车辆纵向紧急制动距离、纵向摩擦系数和横向摩擦系数来表示。目前,常用的测量路面摩擦系数的仪器有摆动式摩擦系数测定仪等。

3)路面构造深度

路面构造深度是用来评定路面表面的宏观粗糙度、排水性能以及抗滑性能的指标。路面构造深度越小,表明路面越光滑,摩擦系数越小。在一般情况下,路面摩擦系数过小,路面会丧失渗水、排水的功能,容易使汽车出现滑水现象,造成严重的交通事故,因此为了减少交通事故,路面要保持一定的粗糙程度。

5.7.4 路面抗滑性对交通安全的影响

当道路表面的抗滑能力小于要求的最小限度时,车辆在行驶的过程中即使是轻微的制动,也可能会使车辆产生侧滑从而失去控制。尤其是在道路表面潮湿或者是表面覆盖有冰雪时,发生侧滑的概率增大,发生交通事故的概率也会相应增大。当车辆经过弯道、坡路和环形交叉口时,因车辆侧滑而发生道路交通事故的情况较多。路面表面结构对抗滑能力也有一定的影响,当路面集料被车辆摩擦得很光滑时,即使路面表面十分干燥,车辆在行驶的过程中也可能出现滑移的现象。

5.7.5 路面病害对交通安全的影响

1) 泛油

在修建沥青路面时油石比过大,并且矿料用量不足,会导致路面在气温高时泛油,轻则形成黏稠面,严重时则形成"油海"。这种现象会使油粘在轮胎上,使行车的速度降低,增大运行时的阻力。在雨天时,多余的沥青会降低路面的防滑性能,影响行车安全。

2) 油包、油垄

由于石料级配不当,油量过大,路面在车辆的水平作用力下会产生推移变形,这种病害多发生在路口、停靠站的路面上。油包、油垄会严重影响行车的舒适性,同时也加快了车辆机件的磨损。

3) 裂缝

由于施工不良、路基沉陷造成的路面整体性不好,以及沥青材料老化、沥青质量低、油石比过小等原因,路面出现裂缝,影响了路面的平整度,干扰车辆的正常行驶。

4) 麻面

麻面主要是由于施工不符合规范、油石比小、搅拌混合不均匀造成的,严重时可使行车颠簸,对自行车交通的影响更加明显。

5) 滑溜

石料磨光、磨损或者泛油形成表面滑溜,危害行车安全。

5.8 案例分析

5.8.1 案例概况

2018年11月3日晚上7:21,驾驶员李某驾驶一辆拉运塔式起重机的半挂车沿兰海高速公路由南向北行驶,经17km长下坡路段,行驶至距兰州南收费站50m处,与排队等候缴费通行的车辆发生碰撞,造成重大道路交通事故。

兰海高速公路起点为兰州市七里河区兰工坪路,终点为定西市临洮县,全长93km,设计速度80km/h,双向四车道,2004年12月验收通车。针对兰州市地处黄河河谷盆地、周围群山环绕、项目所处地形最大高差1057m的客观条件,在翻越七道梁时设计采用了隧道穿越方案;为克服高差,从隧道口到项目起点处,设计采用了连续纵坡或组合坡段方案。兰州南收费站现有位置,若向上坡移,弯多坡更陡,向下坡移,坡更长、距市区更近、危险性更大,故采用在现有方案,建设收费车道10条。该路段设计和建设采用的平曲线、纵坡坡长和坡度、收费站设置等技术指标,符合《公路路线设计规范》(JTG D20—2017)和《公路工程技术标准》(JTG B01—2014)的要求。

5.8.2 原因分析

(1) 人为原因

兰州市公安部门初查显示,驾驶员李某因频繁采取制动,导致车辆制动失效,经17km长下坡路段行驶至距兰州南收费站 50m 处与 31 辆车连续相撞。据悉,李某是第一次在该路段行驶,不了解路况,车辆失控后速度加快,李某惊慌失措,也没有找沿途避险车道,导致事故发生。

(2) 路线原因

事故中频繁提到的"17km 长下坡路段",对于机动车,特别是大型货车而言,有时候会变成"死亡之路"。在这种长下坡路段,车辆即使熄火或挂空挡,都会受自身重力的影响,沿着下坡路段滑行。而为了防止车辆在这种路段失速,只能依靠制动(脚刹)、发动机制动和驻车制动(手刹)。通常驾驶员在发现车速过快时,都会优先使用脚刹。倘若制动系统负载过高,根据脚刹的机械原理,会因为制动片过热而导致制动效果降低或直接失效。

(3) 车辆原因

高速行驶的机动车,特别是大货车(特别强调超载大货车),在制动时对制动系统的负载是非常大的。因此在长下坡路段,制动减效或失效的概率会比平常高出很多。

【习题与思考题】

1. 请从道路使用者的角度出发,提出若干条提高道路交通安全性的措施。
2. 什么类型的平纵面线形容易发生交通事故?
3. 山区选线出现起终点高差较大的纵断面,为了减少交通事故发生,从设计的角度出发可以采取何种手段或者措施来提高行车安全性?
4. 某高速公路有一左偏曲线须设置避险车道,请画出示意图,并介绍避险车道的作用。
5. 什么是识别视距?采取何种措施可以保证足够的识别视距?
6. 利用网络地图找出一个山区平面交叉口或者一个互通式立体交叉,分析其影响交通安全的主要因素。
7. 收集几个因积雪冰冻灾害影响交通安全的案例,并提出改善措施。

第6章
交通运行环境与交通安全

交通流和天气条件是影响道路交通运行效率与安全的关键因素,对驾驶员驾车影响较大。本章通过分析交通运行条件,阐述交通流和不良天气对行车的影响,探索交通流、不良天气与交通安全的内在规律。

6.1 交通流与交通安全

交通流是指在道路上形成的车流和人流,本节主要探讨交通量、交通组成、车流速度、自动驾驶交通流与交通安全的关系。

6.1.1 交通量对交通安全的影响分析

1) 交通量对交通安全的影响

交通量是指单位时间内通过道路某一断面的交通实体数(车辆数或行人数)。实际生活中,交通量一般比可承载的数量少,此时的交通运行基本是稳定、安全、可以操控的。但是一些大城市,在上下班拥堵的高峰时段,交通量往往出现饱和甚至过度的情况,这时会对交通安全造成一定程度的影响。道路堵塞严重导致车辆走走停停,再加上车距过小,一不小心就可能造成交通事故。城市道路交通量的大小直接决定交通流饱和度大小,而交通流饱和度直接影响交通事故发生的频率和严重程度,这一关系表明城市道路交通量对交通事故的发生有着直接的影响。一般认为,交通量小,事故率低;交通量大,事故率高,但实际状态并不完全如此。

交通流从自由到阻塞状态大致可以分为自由流、非自由流和阻塞流三个阶段,其中非自由流可以分为稳定流、不稳定流和饱和流。不同的交通流状态,对应不同的交通安全水平,其关系如图 6-1 所示。

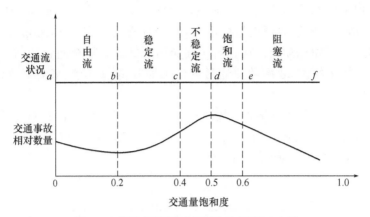

图 6-1　不同的交通流状态下对应的交通安全水平

从图 6-1 中可看出,交通流处于自由流状态或稳定流状态前期时,其交通安全水平和道路服务水平均较高;随着饱和度增大,交通流进入稳定流后期,超车危险性增大,行车安全性较差,事故率迅速上升,在接近饱和流状态以前达到最高峰;交通流处于阻塞流状态时,车辆的轨迹、行驶自由度完全被限制,没有任何超车机会,车速缓慢,事故率迅速降低。

(1) a 点表示交通量很小时,车辆之间的间距较大,驾驶员基本上不受同向行驶车辆的干扰,可以根据个人习惯选择行车速度。绝大多数驾驶员都能保持符合车辆动力性、经济性、制动性和安全性的行驶车速,只有当个别驾驶员忽视行驶安全而冒险高速行车,遇到视距不足、车道狭窄或其他紧急情况,来不及采取措施时,才会发生交通事故。

(2) a—b 段(交通量饱和度小于 0.2),事故率随交通量增加而缓慢下降。表示当道路上的交通量逐渐增加时,驾驶员不再单凭个人习惯驾车,必须同时考虑与其他车辆的关系,由于对向来车增多,驾驶员的驾驶行为更加谨慎,因而交通事故相对数量有所下降。

(3) b—c 段(交通量饱和度在 0.2~0.4 之间),事故率随交通量增加而缓慢上升。车流在此处于稳定状态,交通量增加,车辆间有一定制约,但存在超车的可能,各种车型混合行驶(客车的动力性能明显优于货车,小轿车的动力性能明显优于大客车),超车行为增多,使得事故率随交通量增加而上升。

(4) c—d 段(交通量饱和度在 0.4~0.5 之间),事故率随交通量增加而快速上升。交通量继续增大,车流处于不稳定状态,超车困难,随着交通量增加,超车危险性增大。

(5) d—e 段(交通量饱和度在 0.5~0.6 之间),事故率随交通量增加而快速下降。这表示当交通量增加到使车辆间距大大减小,不能够超车时,交通流密度增大,形成饱和流。由于饱和流的平均车速低,因此事故相对数量也有所降低。

(6) e—f 段(交通量饱和度大于 0.6),事故率随交通量增加而较慢下降。当车流进入阻塞流状态时,道路交通状况将明显恶化。恶化的交通状况会对驾驶员的心理状态和情绪产生直接影响。一般而言,畅通的交通状况有利于驾驶员保持良好的心理状态和稳定的情绪,拥挤和堵塞的交通状况则易使驾驶员心理状态变差,且随着拥挤和堵塞时间的增加,其情绪变得急躁而不稳定,而驾驶员驾车过程中产生不良的心理状态和急躁的情绪对交通安全会产生不利影响。

要详细调查交通量对事故率的影响程度难度很大,因为交通事故发生时的交通量一般难以准确把握,但事故率与年平均日交通量(AADT)及月平均日交通量(MADT)与之间存在一定的联系。由英国的事故调查数据可知,对于日交通量超过10000pcu/d的道路,导致死亡的事故率随交通量的增加而降低,但导致受伤的事故率随交通量的增加而升高。同时发现,对于单个车辆事故,事故率随交通量的增加而降低;对于多车辆事故,事故率随交通量的增加而升高。

图6-2所示为美国双车道公路的事故率与年平均日交通量(AADT)的关系,由图可知,事故率与AADT呈U形曲线关系。当AADT从0增加到12000pcu/d时,事故率降低;当AADT从12000pcu/d继续增加时,事故率开始升高。

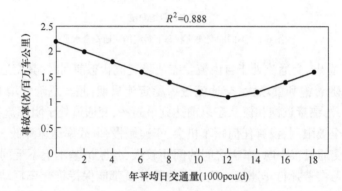

图6-2 美国双车道公路事故率与年平均日交通量的关系
数据来源:《2018年道路安全年度报告》

某高速公路3年的交通事故数与月平均日交通量的关系如图6-3所示,从图中可以看出,尽管该高速公路3年的交通事故数增长速度有所不同,但在月平均日交通量低于10000pcu/d的情况下,事故数具有随交通量增长而增加的趋势。

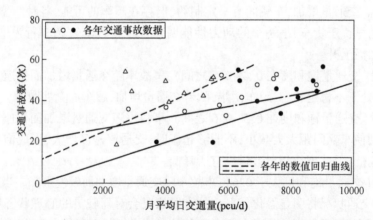

图6-3 某高速公路事故数与月平均日交通量的关系

2)交通事故计算指标

衡量交通事故多少及严重程度,多以事故数以及死伤人数为指标,具体如下。

(1) 事故的绝对指标

通常,以事故数、死亡人数、受伤人数三项指标来衡量每年或每月、每周不同地区、不同范围或不同路段的事故情况。若比较世界各国发生交通事故死亡人数,需将死亡时间标准化,换算成世界标准的交通事故死亡人数。通常以30d为标准,然后附加一个交通事故死亡人数的修正因子。

(2) 事故的相对指标

常用的事故率有以下几种:

① 万车事故率(次/万车):

$$A = \frac{B}{M} \times 10^4 \tag{6-1}$$

式中:A——1万辆登记汽车的事故率,次/万车;
B——该地区1年内事故数或死亡、受伤数总和,次;
M——该地区的机动车的保有量,辆。

② 万人事故率(次/万人):

$$A_1 = \frac{B}{P} \times 10^4 \tag{6-2}$$

式中:P——该地区的人口数,人。

③ 亿车公里事故率(次/亿车公里):

$$A_2 = \frac{C}{V} \times 10^8 \tag{6-3}$$

式中:C——该地区1年内事故数,次;
V——该地区1年内登记运行的车公里数,车公里。

④ 按百万车或万车流入交通量,计算交叉口的交通事故率,即以交通事故数为基数,除以汽车进入交叉口的流量,就是交叉口事故率(次/百万辆):

$$交叉口事故率 = \frac{1年内交通事故数 \times 10^6}{24h流入交通量 \times 365} \tag{6-4}$$

(3) 交通事故严重性计算

交通事故中死亡、受伤和财产损失的严重程度是不相同的,对不同地区不同的死亡、受伤、财产损失的统计量很难进行统一比较。故实际分析时,一般以财产损失为参考标准,将一个死亡或受伤人员所造成的损失换算为相当的经济损失费用数,然后将死亡、受伤统一换算成财产损失,这样不同类型、不同性质的各类交通事故损失就可以被统一换算成经济损失费用。

6.1.2 交通组成对交通安全的影响分析

1) 交通组成现状

城市道路交通组成是指构成城市道路交通流的类型,包括小客车(包括小轿车)、中客车、大客车(包括公交车)、小货车、中货车、大货车(包括大型集装箱运输车、渣土车)、特殊车辆(包括救护车、警车、消防车)、两轮摩托车、三轮摩托车、电动自行车、普通自行车和行人等。国内绝大部分城市道路上人车混行、机非混行现象相当普遍,交通组成比较复杂。

不同的车辆具有不同的行驶速度,如此高度混杂的状况很容易造成快车等慢车,快车抢道甚至追尾的情况发生。由于我国大部分城市的人与车、机动车与非机动车之间没有被完全物理隔离，由此增加了交通事故发生的概率，影响车辆、行人的安全，影响交通的流畅。道路上的车辆混杂是一个严重影响交通安全的重点和难点问题。

道路交通流的类型构成越复杂，对交通安全越不利。对城市道路交通事故数据的统计分析表明：大型车辆、货车、摩托车和电动自行车是影响交通安全的主要因素，随着这些车辆比例的增大，事故率也增加。通过道路实际调查数据分析得知，这些车种在城市路段交通组成中的比例对交通安全的影响呈二次函数关系。车辆构成复杂、车辆行驶速度不同非常容易引发交通事故。交通管理部门应该加大对城市道路上车辆类型方面的管理控制力度，避免道路上的车辆混杂行驶，并且应以小型车为主要管理控制对象。车种比例影响交通事故率分析如下：

(1)大型车辆比例增大导致事故率增加。大型车辆由于其车身体形较大的特点，对尾随的小型车的视距产生了非常大的不良影响；小型车在大型车后面，无法安全、准确地判断前方信号灯的变化情况，车速时快时慢，严重影响了道路上其他车辆的正常行驶。这在一定程度上增加了交通事故发生的概率。

(2)货车比例增大导致事故率增加。

(3)摩托车比例增大导致事故率增加。摩托车具有较高的灵活性，其行驶过程中见缝就钻的行为，常常导致其他运行车辆的驾驶员措手不及；摩托车行车速度较客车、货车的差异性导致车速分布更离散。

(4)电动自行车比例增大导致事故率增加。近几年电动自行车逐渐在我们的城市道路上流行起来，由于具有价格便宜、驾驶方便等特点，其在城市中的使用范围很广。一些电动自行车的驾驶员在道路行驶过程中安全意识不够强，而且电动车自身不稳定、安全系数不高，较容易与快速行驶的机动车发生安全事故。

如图6-4所示，虽然散点图出现数值反复的现象，但总体趋势是事故率随大型车、货车和摩托车比例增加而逐渐增加。

因此，要想提高城市道路交通安全，就必须加强对大型车、载货车、摩托车的管理，可以采取以下措施：

(1)对城市过境车辆进行有效分离，使过境车辆尽可能走城市外环线。

(2)对载货汽车实施限时、限区域禁行措施，即让部分交通繁忙的主干道路白天禁止载货汽车通行，让城市中心区域或其他重要区域禁行载货汽车通行。

(3)合理地在城市部分道路设置公交专用道。城市道路白天交通量大，当货车被实施禁行后，主要的大型车就是大客车，尤其是公交车。因此设置公交专用道，将公交车与其他车型分离，能最大限度地减小大型车对交通流的影响。

(4)减少摩托车许可牌照的发放。摩托车对道路交通安全的影响显著，应适当减少其牌照发放。

2)交通组成对交通安全的影响机理

在机非混行的道路上，机动车与非机动车在有限的空间里同向行驶，二者的运行速度、动力性能、稳定性差异较大，导致了冲突形成。另外，当机动车在路边停车占用非机动车行驶路径时，非机动车流向机动车流"挤压"，增大了机非冲突的概率。相比机非冲突，机人冲突更严重，行人过街路径垂直于机动车流，导致出现"截断"车流的结果，即使在有人行横道和信号灯控制路段，如果有行人违规穿行车道，也会影响行人和驾驶员的安全。

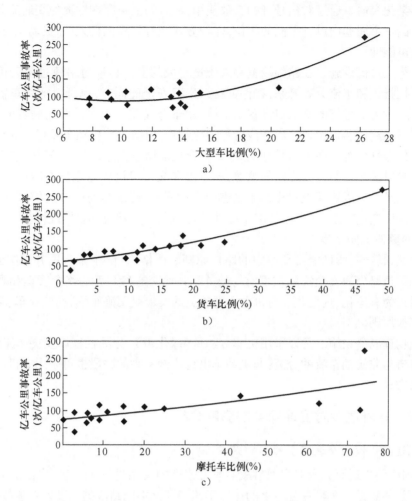

图 6-4 某市路段亿车公里事故率与各种车型比例的关系
a)亿车公里事故率与大型车比例的关系;b)亿车公里事故率与货车比例的关系;c)亿车公里事故率与摩托车比例的关系

在交叉路口,混合车流对交通安全的影响更大。我国城市交通事故的抽样统计表明,发生在交叉路口的交通事故所占比例约为 30%。交叉路口事故多发的根本原因是大量冲突集聚,以最基本的十字形交叉路口为例,含交叉冲突点 16 个,分流、合流冲突点 8 个,总计 24 个冲突点。当车道数增加到双车道时,冲突点数激增到 52 个。若加入非机动车和行人的影响,冲突点数将增加得更快。不仅如此,冲突点的密度比起其数量更加值得重视,在无信号灯或者只有简单信号灯控制的路口,可能出现三向或更多向的车流锁死,由此造成的长时间延误比一般的冲突后果更加严重。

3) 改善混合交通的交通安全对策

(1) 针对交叉口的防范措施

① 交叉口工程改造。首先,对进入交叉口前的道路设置标志;其次,对设置不合理的车道数量、宽度加以调整;最后,最大限度地减少行人和车辆的摩擦,可采用修建地下通道、搭设天桥等方式。

②完善渠化交通。通过对信号灯的有效使用,从时间上将存在冲突的交通流分离开来,可以在信号灯的一个周期内设置不同的相位,这种方式能有效降低行人、非机动车及机动车之间相互碰撞的可能性。

③完善行人过街设施。在路幅较宽和人流量较大的交叉口通过搭建过街天桥、地下通道等从空间上把行人和车流分离开来,在保证行人出行安全的同时,也可以加快车辆通行速度。在视野较差或者无信号灯的交叉口设置反射镜,用于补充交叉口机动车驾驶者的视野。在未设置人行横道的路口通过设置隔离栏或者种植植物带,以防止非机动车及行人穿行车道。

④优化信号灯设置。在无信号灯交叉口,要合理地增置交通信号灯,这样能够有效减少车辆之间的碰撞以及车辆与行人之间的摩擦,如可以在交叉口设置专用的左转相位。在有交通信号控制的交叉口可以定期地对交通流量进行测量调查,确定当前的交通信号周期和绿信比是否满足现阶段交通需求,如果不能够很好地满足,则进一步调整信号灯设置。

(2)针对路段的防范措施

①强化交通管理,明确混合交通中的路权原则。严格执行《中华人民共和国公路法》《中华人民共和国道路交通安全法》,加强对驾驶员和其他交通参与者的路权管理和观念的教育,从而使交通行为有序化、规范化。对机动车驾驶员的要求是明确车辆行驶、让车、会车、超车和停放中的路权原则。

②设置物理隔离设施。可以采用机非分隔带(绿化带)、分隔栏杆以及突起路缘带等方式实现机动车流与非机动车流的分离;非机动车出行比例不高的路段也可采用非机动车、行人一体化处理的方式。

6.1.3 车流速度对交通安全的影响分析

1)车流速度快慢对交通安全的影响概述

目前,国内外交通研究者对交通事故与车流速度的关系进行了大量、广泛的分析研究,取得了比较一致的意见。车辆在公路上的运行车速特别是不同路段的速度差对事故率和事故严重程度有重要影响。

研究人员对伤亡率与平均车速以及85%位车速和15%位车速差值的关系进行了研究,建立了线性模型。结果表明,平均车速每降低1km/h,伤亡率将降低7%。英国交通研究实验室的 A. Buruga 提出的 EURO 模型表明,平均车速和车速离散性(即个体行驶速度与平均车速的差值分布情况)都会对事故率产生影响。

联邦德国在石油危机时,车速限制从100km/h降至80km/h,致人死亡的交通事故数减少了22%;石油危机后,车速限制恢复到100km/h,致人死亡的交通事故数增加了12%。英国车速从104km/h限制至80.47km/h时,致人受伤的交通事故数减少了10%;车速限制从80km/h提高到104km/h时,致人死亡和重伤的交通事故数增加了7%。

另外,以往研究发现,快速道路上实施可变限速控制之后,交通事故频次有所减少,交通事故率有所下降。例如,Harbord 等对英国 M25 和 M4 两条高速公路上可变限速控制系统的安全效果进行了评价,结果表明该系统实施后控制路段内致人伤亡的交通事故数减少了10%,仅造成财产损失的事故数就减少了30%;Van 等针对荷兰某高速公路200km 路段内可变限速控制效果进行了评价,结果表明可变限速控制有效降低了交通流速度波动的幅度,减少了交通流冲击波发生的数量。

2) 车流速度之差对交通安全的影响

事故的严重程度取决于碰撞时车速的瞬时变化 d_v (尤其在 0.1~0.2s 的时间范围内)。当 d_v 超过 20~30km/h 时,发生严重事故的可能性开始增加;当 d_v 超过 80~100km/h 时,便会有人员在事故中死亡。如果车辆发生正面碰撞,由于两辆车的制动距离都有限,行驶车速和 d_v 对事故严重性的影响是最大的。在有行人的事故当中,当车辆与行人发生碰撞时的车速从 40km/h 增加到 50km/h 时,行人死亡的概率会增加 2.5 倍。即使驾驶员在发生碰撞之前采取制动措施,d_v 也会随着碰撞速度增加而增加,而碰撞速度是随着初始速度的增加而增加的。因此,随着车速的提高,事故率和事故的严重程度一般都会提高。

双车道公路的事故率与平均速度、速度差的关系式如下:

$$\gamma = 0.01802v_a + 0.01884v_d - 1.94294 \tag{6-5}$$

式中:γ ——事故率,%;

v_a ——速度累积曲线上的 85% 位车速,km/h;

v_d ——速度差,$v_d = v_{85} - v_{15}$,km/h;

v_{15} ——速度累积曲线上的 15% 位车速,km/h。

在对大量的事故多发点(不包括道路交叉口)进行速度调查后发现,事故率与速度、速度标准差关系并不十分密切,其回归公式为:

$$\gamma = 0.08273v_b + 0.07502v_s - 1.606 \tag{6-6}$$

式中:γ ——事故率,%;

v_s ——速度样本方差,$(km/h)^2$;

v_b ——平均速度,km/h。

其回归系数并不太高,但是当加入速度单位变化率 v_e 后,回归关系就比较密切,公式为:

$$\gamma = 0.01801v_b + 0.2303v_e - 11.07 \tag{6-7}$$

3) 车流速度离散性对交通安全的影响

裴玉龙等在 2004 年根据国内 14 条普通公路的车速标准差与事故的统计数据,对车速标准差与亿车公里事故率建立了回归分析模型,模型表明车速离散程度越大,事故率越高。青岛大学的王海鹏研究了车型比例对速度离散的影响,用 85% 位车速与 15% 位车速差值和变异系数两个参数对车速的离散程度进行了定量描述,进而研究了基于车型比例的车速离散对交通安全风险的影响。广州市道路养护中心的黎毅研究了车速与交通事故率和事故严重程度之间的关系,结果表明,车速离散程度越高,则事故率越高;事故冲撞前后车速变化绝对值越大,则事故越严重。

在高速公路车流中,车速的离散性对交通事故也有很大的影响。个别车辆与车流的平均车速相差越大,其发生交通事故的概率就越大,如表 6-1 和图 6-5 所示。

高速公路车速与事故统计数据 表 6-1

高速公路	平均车速 (km/h)	车速标准差 (km/h)	事故数量 (次/年)	交通量 (pcu/年)	里程 (km)	亿车公里事故率 (次/亿车公里)
成渝高速	87.61	17.16	206	7708800	114	23
石太高速	71.00	20.32	244	3972470	213.4	29

续上表

高速公路	平均车速（km/h）	车速标准差（km/h）	事故数量（次/年）	交通量（pcu/年）	里程（km）	亿车公里事故率（次/亿车公里）
广佛高速	58.13	13.01	145	42223200	16	21
京石高速	93.00	26.63	1065	8719852	269.4	45
沪宁高速	79.86	14.22	194	12511608	70.08	21
沈大高速	79.50	12.73	887	12334480	375	19

如图6-5所示，亿车公里事故率随着车速标准差的增加而呈指数增长，即车速分布得越离散，事故率越高。该模型为车速管理提供了有力的依据，应该对车辆进行高速和低速限制，而且应使二者的差值尽可能小，降低车速分布的离散性，从而降低事故发生率。

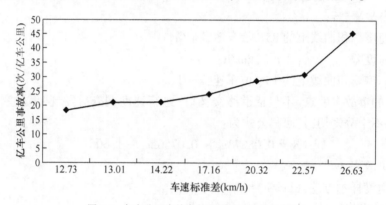

图6-5 亿车公里事故率与车速标准差关系曲线

6.1.4 自动驾驶交通流对交通安全的影响分析

1）自动驾驶的定义与分类

自动驾驶是在无须驾驶员干预的情况下，车辆自动完成部分驾驶操作（转向、加速、制动等）。自动驾驶的出现，为消除人类驾驶员失误所致的道路交通伤害提供了契机。与传统驾驶模式相比，自动驾驶可以依靠传感器、摄像头、雷达、全球定位系统等设备并结合人工智能对行车环境进行感知与理解。自动驾驶作为汽车智能化发展的高级形态，近年得到了广泛重视。美国汽车工程师学会2014年提出的自动驾驶分类见表6-2。

自动驾驶分类　　　　表6-2

自动驾驶分类	名称	特点	驾驶操作者	周边监控者	接管者	应用场景
L_0	人工驾驶	由驾驶员全权操作系统，在行驶过程中可以得到警告和保护系统的辅助	驾驶员	驾驶员	驾驶员	限定场景
L_1	辅助驾驶	通过驾驶环境给转向盘和加减速中的一项操作提供驾驶支援，其他的驾驶动作都由驾驶员进行操作	驾驶员和系统	驾驶员	驾驶员	限定场景

续上表

自动驾驶分类	名称	特点	驾驶操作者	周边监控者	接管者	应用场景
L_2	部分自动驾驶	通过驾驶环境给转向盘和加减速中的多项操作提供驾驶支援,其他的驾驶动作都由驾驶员进行操作	系统	驾驶员	驾驶员	限定场景
L_3	条件自动驾驶	由无人驾驶系统完成所有的驾驶操作。根据系统请求,驾驶员作出适当的应答	系统	系统	驾驶员	限定场景
L_4	高度自动驾驶	由无人驾驶系统完成所有的驾驶操作。根据系统请求,驾驶员不一定需要对所有的系统请求作出应答,限定道路和环境条件等	系统	系统	系统	限定场景
L_5	完全自动驾驶	由无人驾驶系统完成所有的驾驶操作。驾驶员在可能的情况下接管。在所有的道路和环境条件下驾驶	系统	系统	系统	不限场景

2) 自动驾驶混入对交通安全的影响

自动驾驶车辆从进入人们的日常生活到占据一定地位并不是一蹴而就的,未来很长一段时间内,都将处于自动-人工驾驶车辆混行的状态,而不同混入率下自动驾驶车辆对交通安全的影响也不尽相同。目前,关于自动驾驶导致道路交通事故的统计数据很少。根据密歇根大学交通研究学院的报告,在 2015 年只有 11 起自动驾驶汽车的事故,有 2 起是过渡期的汽车(从手动向自动驾驶过渡的汽车)造成的,其中 72.00% 是追尾;2017 年共有 24 起自动驾驶汽车的事故,其中 75.00% 是追尾,12.50% 是侧刮。传统汽车的伤亡率是 0.41,而自动驾驶汽车是 0.36。虽然业界普遍认为自动驾驶车辆的普及将在一定程度上提高交通运行效率,但交通安全依然是自动驾驶车辆推广需面临的核心问题。

为此,各领域学者们开展了诸多混行状态下的交通流特性和环境效益评估研究。Hayes 等指出,自动驾驶可使车辆间停车间距变小,从而节省城市空间资源;Talebpour 等发现 CAV(网联自动驾驶车辆)可提高交通流运行稳定性,且在适当的自动驾驶车辆混入率下,可提高道路通行能力;Deluka、Tibljas 等采用微观仿真技术,基于车辆运行速度和交通量等实测数据,搭建交通仿真场景,探究了自动驾驶车辆不同混入率对单车道环形交叉口交通运行和安全水平的影响,结果表明随着自动驾驶车辆混入率的增加,交叉口车辆平均行驶速度变快,平均停车延误降低,但交通冲突数量有所增加;Virdi 等采用微观仿真模型,使用定制开发的外部控制算法模拟 CAV 的驾驶行为,研究 CAV 混入对交通安全的影响,结果显示,随着 CAV 混入率的增加,信号交叉口冲突数量会有所减少;魏修建构建了双车道自动-人工驾驶车辆混行交通流模型,研究表明自动驾驶车辆混入率越高,交通流稳定性越强,当混入率达到一定比例时,交通系统运行效率有显著提升。

3) 自动驾驶交通安全的相关模型

由于自动驾驶的事故数量和资料相当有限,目前尚无法做到有效的统计和分析,不能揭示其本质特点与规律。现有研究通常从微观交通流跟驰模型角度展开研究,期望通过有效的交通管理来提升交通安全性。采用的跟驰模型均假定人类驾驶车流连续,车辆不允许超车,驾驶员能够根据前方 1~2 辆车的驾驶信息进行主观判断并调整车距和速度,受驾驶员影响较大,信息接收滞后。总体来说,采用的跟驰模型可以分为自动驾驶交通流模型和常规驾驶交通流模型。

(1)自动驾驶交通流模型

典型模型从安全距离、刺激反应、生理心理特征等不同方面提出,为简便计算,仅考虑安全距离和驾驶员反应。Vander Werf 认为自动驾驶车辆可以通过和前车的通信获取前车驾驶信息并优化自身加速度,将第 i 辆车在某时刻的加速度 a_i 表达为:

$$a_i = k_1 a_{i-1} + k_2(\Delta s_t - s') + k_3(v_{i-1} - v_i) \tag{6-8}$$

式中:$k_1 \, , k_2 \, , k_3$——模型参数;

Δs_t——第 i 辆车与第 $i-1$ 辆车车头间距,m;

v_i, v_{i-1}——分别为第 i 辆车和第 $i-1$ 辆车实时速度,m/s;

s'——期望车头间距,m。

采用 Treiber 提出的智能驾驶员模型(IDM)计算为:

$$s' = Tv_i + d - \frac{v_i(v_{i-1} - v_i)}{2\sqrt{ab}} \tag{6-9}$$

式中:T——安全车头时距,s,一般取 1.5s;

a——最大加速度,m/s²;

d——拥挤车头间距,m;

b——保证舒适性的减速度,m/s²。

(2)常规驾驶交通流模型

为便于仿真,通常采用 Gipps 模型,该模型结合安全距离和加速度来反映车辆对前车的反应情况,车辆依据前车调整的最大速度 $v_{\max}$ 和求导得到的最大加速度 $a_{\max}$ 为:

$$v_{\max} = a_i \Delta t + \sqrt{a_i^2 t_1^2 - a_i \left[2(\Delta s_t - l_{i-1}) - v_i t_1 - \frac{v_{i-1}^2}{a_{i-1}} \right]} \tag{6-10}$$

$$a_{\max} = a_i(t)\Delta t + \frac{2a_i(t)t^2 - a_t(t)\left[2(\Delta s_t - l_{i-1}) - v_i t_1 - \frac{v_{i-1}^2}{a_{i-1}}\right] - a_i\left[2s_i(t) - a_i t_1 + \frac{v_{i-1}^2}{a_{i-1}^2} - 2\right]}{2\sqrt{a_i^2 - a_i\left[2(\Delta s_t - l_{i-1}) - v_i t_1 - \frac{v_{i-1}^2}{a_{i-1}}\right]}}$$

$$\tag{6-11}$$

式中:t_1——驾驶员反应时间,s;

l_{i-1}——前车车身长度,m;

Δt——时间间隔,s。

对于混行公路上的交通流,有研究结果表明自动驾驶车辆比例应表示为 $m = p^2$,对应的常规车辆比例为 $n = 1 - m$。考虑交通流运行风险,应结合速度和车头间距两方面,定义交通流扰动为:

$$\begin{cases} u_i(t) = v_i - v_0 \\ s_i(t) = \Delta s_t - s_0 \end{cases} \tag{6-12}$$

式中:v_0——交通流均衡态的速度,m/s;
s_0——交通流均衡态的车头间距,m。

根据学者的研究,对式(6-12)进行泰勒展开和拉普拉斯变换:

$$\dot{u}_i(t) = \dot{k}_1 \dot{u}_{i-1}(t) + k_2[s_i(t) - Tu_i(t)] + \left(\frac{k_2 v}{2\sqrt{ab}} + k_3\right)[u_{i-1}(t) - u_i(t)] \quad (6-13)$$

自动驾驶交通流干扰函数为:

$$F_u = \frac{k_1 s^2 + \left(\frac{k_2 v}{2\sqrt{ab}} + k_3\right)s + k_2}{s^2 + \left(\frac{k_2 v}{2\sqrt{ab}} + k_3 + k_2 T\right)s + k_2} \quad (6-14)$$

式中:k_1、k_2、k_3——模型参数;
s——拉普拉斯域;
v——交通流速度,m/s;
T——安全车头时距,s,一般取1.5s;
a——最大加速度,m/s²;
b——保证舒适性的减速度,m/s²。

常规驾驶交通流干扰函数为:

$$F_n = 1 - s^2 \bigg/ \left[s^2 + \frac{\lambda}{s_0 - (v_0/c)\ln(1 - v/v_0)}s + cd\left(1 - \frac{v}{v_0}\right)\right] \quad (6-15)$$

式中:λ、c、d——模型系数。

转化后得到混合道路交通流稳定性阈值模型为式(6-16),当 $p > 54\%$ 时才能保证稳定。

$$(\|F_u\|_\infty)^{p^2} \times (\|F_n\|_\infty)^{1-p^2} < 1 \quad (6-16)$$

式中:p——自动驾驶汽车比例。其中,p^2表示车辆功能发生退化后的自动驾驶汽车比例,$1-p^2$表示手动驾驶汽车比例。

6.1.5 案例

1) 数据描述

案例采用国内某条高速公路相关数据,该高速公路全长133.255km,采用设计速度120km/h,全线控制出入、全封闭、全立交,具体事故、交通量、车型组成等情况如表6-3~表6-5所示。

国内某高速公路交通事故统计表   表6-3

交通事故数（次）	死亡人数（人）	平均每次事故死亡人数(人)	累计交通量（万辆）	事故数/累计交通量（次/万辆）
829	141	0.170	2723	0.30

国内某高速公路年平均日交通量统计表   表6-4

年份	2013	2014	2015	2016	2017	2018	2019
年平均日交通量(pcu/d)	7324	8507	13229	13164	13549	12461	12846

国内某高速公路车型组成统计表　　　　　　　表6-5

小 型 车	中 型 车	大 型 车	特 型 车
42.08%	24.96%	30.38%	2.58%

2）数据处理

（1）建立交通流参数与时间变量的对应关系

首先将上述数据输入数据库，并对其进行预处理后，剔除其中明显不正确的数据并补充缺失数据，对获取的不同日期里相同时间的数据取平均值，再采用 Microcal origin 建立起数据与时间变量的对应关系。

（2）建立交通事故参数与时间变量的对应关系

仅凭交通事故发生数据无法判断高速公路交通安全状况，而分析"当量"交通事故发生率则对研究交通流特征参数与运营安全的相关关系具有重要意义。

案例用国内某条高速公路一年里发生的交通事故数除以 8760h 得到年平均小时事故数，然后采用式（6-17）计算出相应的交通事故率（百万车事故次数 1h/km）：

$$\text{crashrate} = \frac{N \times 10^6}{365 \times L \times T} \tag{6-17}$$

式中：N——小时事故率，包括死亡事故、伤人事故和财产事故，%；

　　　L——路段长度，m；

　　　T——单向小时交通量，辆/h。

通过（1）、（2）分别建立了交通量-时间关系、速度-时间关系、交通流大车比例-时间关系和事故发生率-时间关系，则以时间为中间变量就可以建立起事故发生率-交通量、事故发生率-速度、事故发生率-交通流大车比例相关性关系。

3）交通量与交通安全相关性分析

在一天中交通量较小的早晚时段，事故率却较高。在一天中交通量较大的时段（10:00—14:00），事故率却出现了明显的下降。这说明高速公路事故率与交通量存在一定的负相关性，呈现 U 形分布的特征，如图 6-6 所示。

这可能是因为早晚时段交通量较小，驾驶员往往能够以更高的速度行驶，反而为交通事故的发生埋下了隐患。因此，交通事故的发生与交通量虽然具有一定的相关性，但由于受到其他交通流特性的影响而并不呈现为正向相关。

4）交通流组成与交通安全相关性分析

交通流构成要素中，从车型角度进行划分可以分为大型车、中型车、小型车。不同车型往往具有不同的特征（例如长、宽、质量等），并且速度也存在明显的差异。在这些要素中，大型车比例无疑是对交通流运营状态具有明显影响的因素。在我国对混合交通流研究更有现实意义。案例所指的大型车（简称大车）包括大货车、大客车，车长一般在 7m 以上。国内某高速公路交通事故率与大型车比例相关性如图 6-7 所示。

从图 6-7 中可看出，交通事故发生率随着大型车比例的增加而逐渐降低，并且当大型车比例低于 10% 时交通事故的发生率较高。

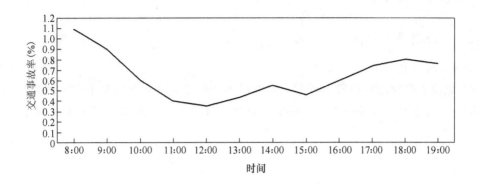
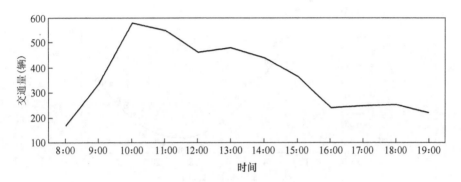

图 6-6 某高速公路交通事故率与交通量相关性分析

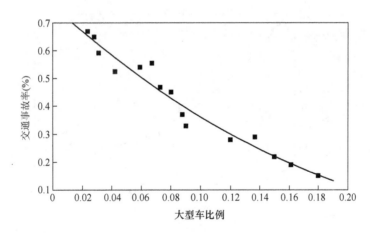

图 6-7 国内某高速公路交通事故率与大型车比例相关性分析

5) 交通流速度与交通安全相关性分析

有研究表明,一辆车的速度与平均速度偏差越大,那么这辆车发生事故的概率也越大。案例在交通流速度与交通安全的分析中选取速度标准差作为研究参数,这一参数能够表征速度参数间的离散程度,其计算公式见式(6-18):

$$S = \sqrt{\frac{1}{N-1}\sum_{i=1}^{N}(k_i - m)^2} \tag{6-18}$$

式中：m——样本平均值，$m = \dfrac{\sum\limits_{i=1}^{N} X_i}{N}$；

N——样本数。

国内某高速公路取样路段上行方向速度样本的标准差变化范围为 10.25~24.33km/h，下行方向的变化范围为 8.89~22.14km/h。交通事故率与速度标准差变化对应关系如图 6-8 所示。

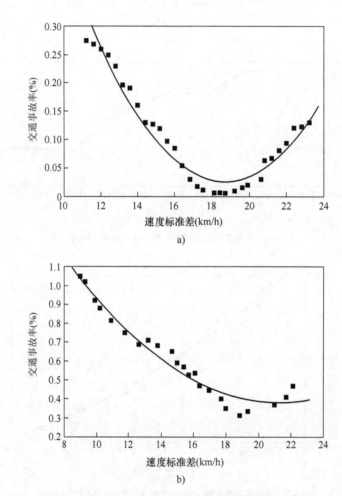

图 6-8　国内某高速公路交通事故率与交通流速度标准差相关性分析
a）上行方向；b）下行方向

由图 6-8 可以看出，高速公路交通事故率与交通流速度标准差具有明显的相关特征。交通事故率与速度标准差之间的关系大致呈现 U 形分布。U 形分布的分界区间在 18~20km/h 之间。对比速度标准差的分界区间[18,20]两侧时发现，速度标准差小于 18km/h 的区间是速度标准差的主要分布区域，并且具有速度标准差越小交通事故率越高的特点。速度标准差距离[18,20]区间越近，交通事故率越低。

6.2 不良天气与交通安全

我国高速公路40%的交通事故、71%的重特大事故均在恶劣天气条件下发生。不良天气在一年中所占的比例为1/4~1/3,其给高速公路行车增加了困难,更容易诱发交通事故。影响道路交通安全的不良天气有冰雹、霜冻、暴雨、暴雪、冻雨、大雾、大风、结冰、雾霾、浮尘等,这些不良天气会影响驾驶员心理状态、视野开阔度、路面附着系数等,且极易出现低能见度、车辆打滑、雪盲等情况,从而影响城市道路交通安全。不同城市所处地域不同,所面临的不良天气的种类、概率也不相同。

6.2.1 雨天与交通安全

降雨是一种常见的天气现象,地球上的水蒸发后变成水蒸气散发于空气中,水蒸气在高空遇冷凝聚成小水滴从而聚集成云,经过进一步凝结以及相互碰撞而增大,大到空气再也托不住时,便从天空降落到地面,成为常见的雨水。降水量的定义是从天空降落到地面上的水,未经蒸发、渗透以及流失,而在水平面上积聚的深度,以 mm 为单位,气象观测中取一位小数。国家标准《降水量等级》(GB/T 28592—2012)将降雨量划分为7个等级。

1) 雨天对道路交通安全的影响

雨天对道路的安全行车十分不利,尤其是在高速公路上行驶的车辆,面临的危险因素更多。高速公路发展较早国家的统计数据表明:雨天高速公路的交通事故率较平时增加2~3倍,雨天道路环境下交通事故伤亡率增加25%,事故率上升10%,因雨引起的交通事故占因不良天气引起的交通事故的31.3%。雨天事故死亡人数占总事故死亡人数的9.8%,比所有事故的平均水平高出1.3个百分点。

上海地区交通事故率与降雨情况关系如图6-9所示。交通事故率与雨量有关:中雨时日均交通事故率最高,暴雨时最低,两者的曲线关系为抛物线型。

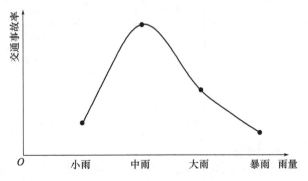

图6-9 上海地区交通事故率与降雨情况的关系

(1) 路面附着系数降低,车辆产生"水滑"现象

降雨后路面形成积水,当车辆驶过积水路面时,在路面与轮胎之间容易形成水膜,这层水膜就是"润滑剂",使轮胎处于漂浮状态,降低了轮胎与路面之间的摩擦力。而且车辆行驶速

度越高,轮胎与路面之间的摩擦力、附着力就越小,制动、转向越容易失效,车辆在制动时轮胎越容易抱死,发生侧滑和甩尾的可能性越大。特别是行驶在隧道比较多的高速公路上时,隧道内和隧道外路面情况是"两重天",在高速公路上驶出隧道极易发生侧滑,使车辆失去控制,从而导致交通事故的发生。路面状态(降水量)与路面附着系数的对应关系见表 6-6。

路面状态与路面附着系数的对应关系 表 6-6

路面状态	温度(℃)	12h 降水量(mm)	路面附着系数
常温、干燥	>10	<1.0	>0.7
潮湿、少量积水	>10	1.0~15.0	0.51~0.7
	0~10	<1.0	
	>10	>15.0	
积水、低温	0~10	1.0~15.0	0.41~0.5
	<0	<1.0	
浮雪、低温	0~10	>15.0	0.3~0.4
	<0	>15.0	
结冰	<0	1.0~15.0	<0.3

(2)行车视线受阻,驾驶员易疲劳

雨天天气条件下,车辆行驶过程中前风窗玻璃、侧窗玻璃及后视镜沾满雨滴,对驾驶员的视线阻碍较大,能见度大幅度下降。同时,由于降雨后潮湿的路面会反射光线,道路标线的可识别性下降,反光也使驾驶员容易产生视觉疲劳,加之难以看清前车的行车取向,无法提前采取措施,较易发生翻车和碰撞护栏等事故,对道路的行车安全十分不利。

降雨等级与能见度关系见表 6-7。

降雨等级与能见度的关系 表 6-7

降雨等级	1h 雨强 (mm·h^{-1})	1min 雨强 (mm·min^{-1})	能见度区间值 (m)	能见度可能降至的低值(m)
小雨	≥5	0.4~0.6	500~1000	500
中雨	≥10	0.7~1.0	300~500	250
大雨	≥15	1.1~2.0	100~300	80~150
暴雨及以上	≥20	>2.0	100~150	50~100

(3)影响行车速度和跟车间距

雨天天气条件对车辆速度有较大影响,然而对于不同等级雨天下车速的变化程度,目前的研究结论并不统一。美国《道路通行能力手册》(HCM2000)建议,在小雨和大雨天气下,车辆速度应分别降低 2%~4% 和 5%~17%。

研究表明,车辆平均速度随着降雨强度等级的提升而降低,如图 6-10 所示。

降雨不仅影响驾驶员的行车速度,还会使车辆在小范围内形成列队,并且车队整体速度较低。快车和慢车在不同降雨强度下的平均速度及其减少率如表 6-8 所示。

第6章 交通运行环境与交通安全

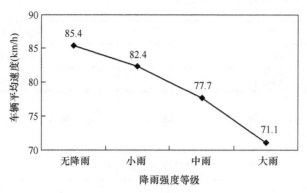

图 6-10　不同降雨强度下的车辆平均速度变化

快车和慢车在不同降雨强度下的平均速度及其减少率　　　　表 6-8

车　　型		无降雨	小雨	中雨	大雨
快车	平均速度(km/h)	90.6	85.4	80.2	77.0
	与无降雨相比时的速度减少率(%)		5.7	11.5	15.0
慢车	平均速度(km/h)	76.5	73.1	68.4	65.8
	与无降雨相比时的速度减少率(%)		4.4	10.6	14.0

针对降雨条件下的车头时距和车头间距,相关研究表明:随着降雨强度的增大,车头时距和车头间距均增加。

2)雨天行车的交通安全防治措施

(1)雨天行车必须严格控制车速,严禁高速急转弯和紧急制动。行车应根据路况,尽可能地加大侧向间距。

(2)雨天行车时保证行车视野十分重要,应注意保持刮水器能正常使用。当天气阴沉或夜间下雨时,可使用防雾灯;当降水量大、能见度低时,应及时选择安全地点停车"躲雨"。

(3)公路管理部门应定期对路面附着系数进行调查,对附着系数偏低的路面及时加以恢复,一时难以恢复的路面应报告交通管理部门,采取设立标志等管理措施。

6.2.2　雪天与交通安全

降雪量以 mm 为单位,气象观测中取一位小数。《降水量等级》(GB/T 28592—2012)将降雪量划分为 7 个等级,见表 6-9。

12h 降雪量等级划分(单位:mm)　　　　表 6-9

等　　级	12h 降雪量
微量降雪(零星降雪)	<0.1
小雪	0.1~0.9
中雪	1.0~2.9
大雪	3.0~5.9
暴雪	6.0~9.9

续上表

等级	12h 降雪量
大暴雪	10.0~14.9
特大暴雪	≥15.0

雪天事故死亡人数占总事故死亡人数的 1.2%，比所有事故的平均水平高。冰雪对道路交通的危害见表 6-10。

冰雪对道路交通的危害 表 6-10

冰雪现象	对道路交通的危害
降雪或风雪流	妨碍车辆行驶与视距
积雪	驾驶困难,易发生事故
风吹雪堆	
路面结冰	
雪花覆盖标志	降低标志作用,降低车速
积雪荷载	可能破坏防护工程
雪崩	阻断交通
路面冻胀	妨碍行驶,破坏路基
冰雪融化	边坡可能崩塌

1) 雪天对交通安全的影响

(1) 驾驶员视线受阻,产生雪盲现象

雪天天气条件下,降落的雪粒干扰驾驶员的视线,对能见度的影响类似雨天,降雪强度与能见度关系如表 6-11 所示。而当雪后天晴时,雪地对阳光的反射率极高,将近 95%,直视雪地如同直视阳光,使驾驶员眼睛刺痛、怕光、流泪、水肿,以致短暂视物模糊不清,即产生雪盲现象,给行车安全带来很大的隐患。

不同降雪强度与能见度对应关系 表 6-11

降雪等级	24h 降雪量(mm)	能见度(m)
小雪	0.1~2.4	≥1000
中雪	2.5~4.9	500~1000
大雪	5.0~9.9	100~500
暴雪	10.0~19.9	50~100
大暴雪	20.0~29.9	20~50
特大暴雪	≥30.0	≤20

(2) 路面附着系数减小

冰雪天气条件下的路面附着系数与干燥路面的附着系数相比,前者仅是后者的 1/8~1/4。雪天的路面比雨天路面更滑,极易出现交通事故。车辆在转向、骤停和起动时都是极度危险的,因为在冰雪路面上,车轮稍微用力不平衡,就会造成车辆整体失去平衡。表 6-12 列出了不同车速在冰雪条件下的制动距离。

不同车速在冰雪条件下的制动距离(单位:m)　　表 6-12

路面条件	车速(km/h)						
	50	60	70	80	90	100	110
干燥沥青路面	12.3	17.8	24.0	31.5	39.9	49.2	59.5
冰雪路面	49.2	71.0	95.5	126.0	150.0	196.9	238.2

(3)公路雪阻

在我国东北、西北地区,积雪对行车的另一个常见的危害是公路雪阻。公路路面积雪过厚,或雪被大风吹至路面堆积,或山坡积雪达到一定程度时发生了雪崩,雪塌至路面等,易导致"公路雪阻"现象出现,严重阻碍了车辆的正常行驶,极易造成交通事故。

研究表明,气温不同,积雪的厚薄也不相同,对行车的危害也不一样。当积雪厚度在 5～15cm、气温在 0℃左右时,汽车最容易发生交通事故。因为在这种恶劣的条件下,路面上的积雪常常呈"夜冻昼化"的状态,故道路表面过于光滑,车辆几乎无法行驶。

(4)影响行车速度和起动延迟

降雪天气条件对车辆的速度及车辆起动时间造成了较大影响,降雪对道路通行能力和平均速度的影响见表 6-13。美国《道路通行能力手册》(HCM2000)建议,小雪和大雪情况下,速度应分别降低 3%～10% 和 20%～35%。Ibrahim 等的研究结果显示:小雪天气车辆速度降低 3%～5%,大雪天气车辆速度降低 30%～40%,大雪天气下车辆速度折减程度要大于 HCM2000 所建议的数值。路面结冰或者湿滑条件下,车辆的起动与干燥路面下也有所不同,一般而言其起动延迟均高于晴天。

降雪对道路通行能力和平均速度的影响　　表 6-13

参考文献	降雪量(mm/h)	通行能力降低率(%)	速度降低率(%)
HCM2000	≤1.27	4	4
	1.524～2.54	9	8
	2.55～12.7	11	9
	>12.7	22	13
相关论文	积雪路面		20
	结冰路面		30

2)雪天行车的交通安全防治措施

(1)雪天行车技巧

①雪后驾车时,起步不要过猛,以适应冰雪路面,避免驱动轮滑转。若驱动轮打滑,在有条件的地方,应铲除车轮下的冰雪,以提高附着性,必要时应装防滑链。

②路面积雪,路况难辨,此时上路应根据路标等判明行车路线,沿着道路中心或积雪较浅处行驶。

③控制车速,特别是转弯或下坡时必须将车速控制在能随时停车的范围内,需要加速或减

速时,应缓缓踩下或松开加速踏板。

④在冰雪道路上要避免超车,若情况特殊非超车不可,一定要选择宽敞、平坦、冰雪较少的路段,不得强行超车。

⑤需转向时,一定要提前最大限度地降低车速,把稳转向盘,慢转慢回,尽量加大转弯半径,以减小转弯时的离心力,切不可快速急转猛回,以防侧滑横甩。

⑥不要空挡滑行,尽量利用发动机的牵制作用减速,避免紧急制动。

⑦由于积雪对阳光的反射性强,易使驾驶员双目畏光、流泪、视力下降(即雪盲症),因此,驾驶员行车时应戴有色眼镜,并注意休息。

⑧在冰雪路面上停车时,应选择朝阳、避风、平坦、干燥处停放,不得紧靠建筑物、电线杆或其他车辆,以防侧滑时碰撞。

(2)交通组织措施

根据高速公路路网及相邻路网的结构特征、交通特性,针对恶劣天气下考虑纳入路网的控制节点和道路条件,从以下几个层次开展交通组织:

①节点交通控制与组织。当高速公路发生恶劣天气等灾变事件而引起交通拥挤、堵塞现象时,能够在路网节点处实施限流、分流、封闭等交通组织措施,达到预设的控制效果。

②通道交通控制与组织。当高速公路因恶劣天气发生拥挤堵塞时,可以合理利用影响范围内相邻的平行道路和相交道路,以通道管理的理念,将高速公路主线和周边道路纳入交通组织的范围,通过限制主线流量、速度,分流部分车流到周边道路,达到控制目的。

③路网交通控制与组织。将整个区域的路网作为一个整体来实施控制和交通组织,根据路网的起讫点分布和整个路网的结构特征,结合路网等级、交通诱导通道控制、节点组织等,以路网综合性能最优为目的,实施交通组织。

(3)雪阻防护措施

为减少"三北"(东北、华北、西北)地区雪崩、风雪流等的危害和减轻除雪量,我国在"三北"地区进行了不同程度的防雪工程建设,效果明显。主要的防护措施有修筑导风栅栏、雪檐预防栅、稳雪栅栏,种植防雪林,设置防雪走廊等。表6-14详细介绍了雪崩、风雪流等的防护措施。

雪崩、风雪流等的防护措施　　　　　　　表6-14

种类	设施(措施)名称		作用
预防工程	防雪林	阶梯形防护	预防雪崩
	预防桩	稳雪栅栏	
	吊筐	防雪网	
	雪檐预防栅		预防雪檐
	阻雪栅栏	导风栅栏	预防风雪流
防护工程	防雪走廊	挡雪墙	防护行车
	导向堤	导向墙	雪崩导向设施
	阻雪栅栏		
	雪崩消力堤	消力桩	雪崩消力设施
	土垒		

续上表

种类	设施(措施)名称		作用
控制	人工雪崩(人工消除雪崩)		控制雪崩
除雪融雪	撒布盐类融雪剂	冲雪沟	路面防滑
	路面电热		

6.2.3 雾天与交通安全

雾是一种常见的天气现象,指的是在接近地球表面的大气中悬浮的由小水滴或冰晶组成的水汽凝结物。雾天会对城市交通运行及安全造成较大的影响,车辆在雾天慢速行驶容易导致交通拥堵,较高的车速则极易引发交通事故。能见度是反映大气透明度的一个指标,其定义为:白天能见度是指视力正常的人,在当时的天气条件下,能够从天空背景中看到和辨认目标物的最大水平距离;夜间能见度是指中等强度的发光体能被看到和识别的最大水平距离,单位为 m。中华人民共和国气象行业标准《雾的预报等级》(GB/T 27964—2011)利用水平能见度将雾分为 5 个等级,如表 6-15 所示。

雾等级划分 　　　　　　　　表 6-15

等级	轻雾	大雾	浓雾	强浓雾	特强浓雾
能见度 $V(m)$	$1000 \leqslant V < 10000$	$500 \leqslant V < 1000$	$200 \leqslant V < 500$	$50 \leqslant V < 200$	$V < 50$

雾的产生有一定的规律,通常在昼夜温差较大的季节里,早晚特别容易出现雾。浓雾一般发生在头年 11 月至次年三四月之间;山区、盆地空气不易流通,在春、秋季也时常有雾情出现。近年来,由于受环境污染及地球温室效应影响,雾情的不规律性在加剧。雾天事故死亡人数占总事故死亡人数的 5.9%,比所有事故的平均水平高。图 6-11 表示雾天各类事故与晴天条件下事故的比值。

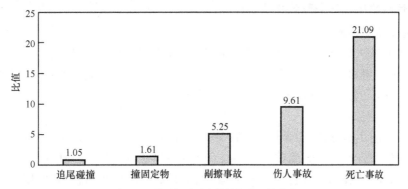

图 6-11　雾天与晴天事故特征的比值分布

1) 雾天对交通安全的影响

(1) 影响能见度和行车速度

雾对光的吸收和散射作用,使得道路能见度下降、视野变窄;能见度有时降到 30～40m 甚至更低,导致驾驶员看不清前方和周围的情况,对前方车辆等识别困难,极易发生追尾等事故,高速公路雾况与能见度的关系见表 6-16。能见度低进一步影响行车速度,不同能见度下的平均车速见表 6-17。

雾况与能见度关系 表 6-16

雾　　况	能见度(m)	雾　　况	能见度(m)
淡雾	300~500	特浓雾	<50
浓雾	50~150		

不同能见度下的平均车速 表 6-17

能见度(m)	平均车速(km/h)	能见度(m)	平均车速(km/h)
800	72.4	200	52.3
600	69.7	100	44.7
400	61.5	50	40.2

(2) 道路附着系数减小

雾中的水珠与路面上和空气中的灰尘混合，导致道路附着系数减小，从而导致制动距离延长、行驶打滑等现象发生，进而引发道路交通事故。

(3) 产生行车感知错觉，增加驾驶员紧张感

威尔士大学的心理学教授罗伯特·斯诺登研究发现，在雾中行驶时，95%的驾驶员都对车速做了偏小的估计，即大雾中快速行驶的驾驶员，通常会认为自己的车速很慢，并且由于能见度太低，驾驶员因为担心前面的路段会出现突发情况，在一般情况下不愿意把注意力从道路上转移，因而很少去看仪表盘确认车速，于是交通事故便很容易发生。

在雾中行车，即使打开车前灯和雾灯，能见度也极差，老驾驶员很容易产生急躁情绪，只是想着早一点驶出这段迷雾区，自然又造成快速行驶。而对新驾驶员或外来不熟悉情况的驾驶员，因方向不明、视线不清则会产生孤独、急躁、紧张的情绪。这两种情况下都易发生交通事故。据统计，70%左右的驾驶员在进入雾区时心理过度紧张，85%左右的驾驶员在雾天开车容易感到疲劳，87.5%的驾驶员在雾天开车驾驶姿势会发生变化。

2) 雾天行车的交通安全防治措施

(1) 了解道路交通雾况

应该关注天气情况，收听相关区域的交通广播，确定当天的天气是否适合出车。雾天能见度不低于 100m 时可以出车，但出车时应该使用近光灯照明，并且打开示宽灯，车速最好不要超过 40km/h。如果能见度不足 30m，就应该停止发车。

(2) 掌握雾天行车技巧

雾天出车应使用雾灯，因为雾灯的光线穿透性较强，在雨雪天气都可以使用。示宽灯可以将车辆大小和位置告诉后车的驾驶员，避免超车、并线等造成危险。打开除远光灯以外的大部分灯具，提醒来往车辆你的存在；雾天不开远光灯。遇到危险停车时，一定要使用双闪灯，并且把警示牌放在车后 150m 以外。如果是在高速路上，应该迅速绕离故障车，避免事故的发生。

(3) 及时呼叫紧急交通事故救援

发生交通事故时，及时实施交通控制，并通知交警、路政、医院和消防等部门进行救护，以最大限度地降低事故的严重程度。

除了雨、雪和雾三类主要的不良天气，还有如冰雹、大风、沙尘暴等不良天气条件，也对道路交通安全有极大影响，读者若是感兴趣可以自行查阅相关资料。

6.3 案例分析

6.3.1 事故概况

2013年4月20日深夜1:00许,大宁县昕水镇葛口村李某驾驶小型轿车(车上乘坐人庞某)由北向南行驶至大宁县北外环城西加油站向北15m道路时,由于采取措施不当,碰撞上前方同向行驶的临汾市蒲县薛关镇井沟村北队张某驾驶的中型自卸货车尾部,造成了李某、庞某当场死亡,车辆受损。

6.3.2 事故分析

经现场勘查、调查分析,驾驶员李某驾驶经历短(不足1个月且不是专职驾驶员),安全行车经验和应急处置经验不足,驾驶车辆在降雨天气行驶时,车速较快,临危时措施和操作不当,且醉酒、超速驾驶,致使车辆发生追尾,其违法行为和过错是造成本起事故的根本原因。

驾驶员李某的行为违反《中华人民共和国道路交通安全法》(2011年修正版本)第二十二条第二款"饮酒、服用国家管制的精神药品或者麻醉药品,或者患有妨碍安全驾驶机动车的疾病,或者过度疲劳影响安全驾驶的,不得驾驶机动车",以及第四十二条第一款"机动车上道路行驶,不得超过限速标志标明的最高时速。在没有限速标志的路段,应当保持安全车速"与第二款"夜间行驶或者在容易发生危险的路段行驶,以及遇有沙尘、冰雹、雨、雪、雾、结冰等气象条件时,应当降低行驶速度",也违反了第四十三条"同车道行驶的机动车,后车应当与前车保持足以采取紧急制动措施的安全距离"以及第五十一条"机动车行驶时,驾驶人、乘坐人员应当按规定使用安全带,摩托车驾驶人及乘坐人员应当按规定戴安全头盔"的规定。

在降雨天气条件下驾车,驾驶员李某视线不好、制动距离过长、醉酒驾驶等因素叠加,是造成本起事故的根本原因,李某应对本起事故负全部责任,其他当事人张某、庞某不对本起事故负责任。

【习题与思考题】

1. 交通流从自由流状态到阻塞流状态,共经历几个阶段?划分的依据是什么?在每个阶段驾驶员分别有什么样的行为表现?
2. 交通组成为什么会对交通安全产生影响?如何减轻交通组成给交通安全带来的不良影响?
3. 试述超速行驶所带来的危害。
4. 如何看待自动驾驶技术对交通安全的影响?
5. 影响道路交通安全的环境因素主要包含哪些?
6. 雨天对道路交通安全的影响有哪些?
7. 雨天行车的交通安全防治措施有哪些?

8. 和雨天相比，雾天对道路交通安全的影响有什么不同？

9. 某公路路段上，某年发生交通事故 36 起，死亡 10 人，路段长 20km，年平均日交通量为 4500pcu/d。问：年事故率和死亡率各是多少（按 1 亿车公里计算）？

10. 某三级公路长 20km，年平均日交通量为 2000pcu/d，年事故率为 110 次/亿车公里，年死亡率为 34 人/亿车公里。如果将这条公路改建成一级公路，通车里程可减至 15km，年平均日交通量可达 4500pcu/d，年事故率和死亡率分别可降至 24 次/亿车公里和 8 人/亿车公里。问：改建后这条公路的交通事故可减少多少起？每年可减少死亡多少人？

第 7 章
道路交通事故现场勘查与再现

随着人们法律意识和维权意识逐渐增强,由道路交通事故引起的法律纠纷、保险赔偿事件屡见不鲜。道路交通事故现场勘查作为收集事故证据的第一步,对于交警正确处理事故案件,还原事故真相起着重要作用。当事故现场遗留的痕迹不足以明确事故事实时,道路交通事故再现分析手段作为还原事故的有效工具,被道路交通安全研究机构和道路交通事故司法鉴定部门广为应用。

7.1 道路交通事故现场勘查

道路交通事故现场勘查工作一般由交警部门人员承担。为进一步规范道路交通事故现场勘查工作,不断提升交警部门事故处理水平和"执法为民"办案质量,《中华人民共和国道路交通安全法》及有关法律法规和技术标准对道路交通事故现场勘查进行了规定。

7.1.1 人员配备

道路交通事故现场勘查应当由两名或者以上交通警察进行,勘查工作应当遵循合法、安全、及时、客观、全面、科学的原则。参加道路交通事故现场勘查的人员可以分为指挥人员、勘查人员和辅助人员。

1) 指挥人员

指挥人员应当由县级以上公安机关交通管理部门的负责人指定的人员担任,死亡事故或者其他复杂、疑难的伤人事故及其他重大敏感道路交通事故应当由县级以上公安机关交通管理部门的负责人担任。指挥人员应承担以下职责:

(1) 决定和组织实施现场勘查的紧急措施;
(2) 汇总上报相关事故信息;
(3) 制定和实施现场勘查工作方案;
(4) 对参加现场勘查的人员进行分工;
(5) 指挥、协调现场勘查工作;
(6) 确定现场勘查见证人;
(7) 审核现场勘查工作记录;
(8) 组织现场分析;
(9) 决定对现场的处理;
(10) 其他相关工作。

2) 勘查人员

勘查人员应当由具备相应道路交通事故处理资格的交通警察或者公安机关交通管理部门组织的专业技术人员担任,并应具备现场勘查的专业知识和专业技能。勘查有尸体的现场,应当有法医参加。勘查人员应承担以下职责:

(1) 实施现场紧急处置;
(2) 进行现场调查访问;
(3) 发现、固定和提取现场痕迹、物证;
(4) 记录现场原始情况和现场勘查的过程与所见,并对现场勘查工作进行记录;
(5) 参与现场分析;
(6) 提出处理现场的意见;
(7) 其他现场勘查工作。

勘查人员执行现场勘查任务时应当配备相应的个人防护装备,佩戴帽子、手套等。

3) 辅助人员

辅助人员可以由交通警察或者警务辅助人员担任,警务辅助人员担任辅助人员的,应当在交通警察的指导或者监督下开展工作。辅助人员应承担以下职责:

(1) 现场安全警戒;
(2) 指挥疏导过往车辆;
(3) 维护现场秩序;
(4) 协助勘查事故现场;
(5) 保护和清理事故现场;
(6) 协助控制、看管违法犯罪嫌疑人和交通肇事人;
(7) 其他现场勘查辅助性工作。

7.1.2 勘查设备

交通警察勘查道路交通事故现场应当按照规定使用执法记录设备,同时应配备必需的安全防护(如反光背心)、应急救援(如灭火器)、照明(如手电筒)、取证和实验测试等器材、装备(如酒精测试仪),所配备的器材、装备应当符合相关技术标准。鼓励配备和应用锥形筒自动布设回收装置、无人机低空域勘查设备等先进科技装备。各类勘查设备如图 7-1 所示。

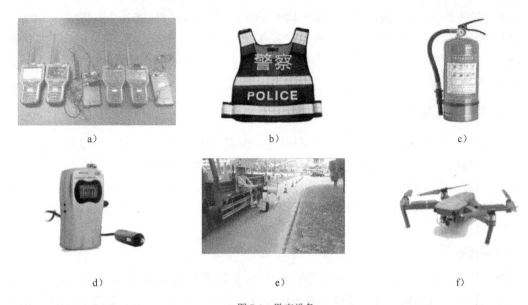

图 7-1 勘查设备

a)执法记录设备;b)反光背心;c)灭火器;d)酒精测试仪;e)锥形筒自动布设回收装置;f)无人机

7.1.3 现场处置

交通警察到达道路交通事故现场后,应当按照《道路交通事故处理程序规定》及有关技术标准和交通警察执勤执法安全防护等有关工作规范的要求,立即实施道路交通事故现场保护、现场安全防护和组织抢救受伤人员等紧急处置措施,如图 7-2 所示。

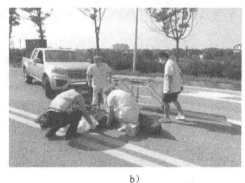

图 7-2 紧急处置措施

a)摆放锥形筒;b)现场抢救

交通警察应当及时向指挥中心报告到达时间和事发地点、事故形态、初查后果等现场简要情况,根据具体情况决定是否需要请求增派救援人员或者装备。并且应当在确保安全的前提下,积极组织抢救受伤人员,并将现场人员疏散和撤离至安全地点。因抢救伤员需要变动现场的,应当采取拍照、录像或者标画受伤人员位置等方式固定证据。受伤人员被送往医院的,应当记录医院名称、地址及受伤人员的基本情况。道路交通事故造成人员当场死亡的,应当经急救、医疗人员或者法医确认。

对于逃逸案件,已初步确定肇事逃逸车辆的车型、车号、车身特征或者逃逸路线、方向等信息的,交通警察应当立即报告指挥中心布置堵截和查缉。另外,现场处置、现场勘查需要采取封闭道路等交通管制措施时,应当向指挥中心报告,由指挥中心通知相关路段执勤交通警察提前对车辆、人员进行引导分流。

7.1.4 勘查规范

勘查现场时,非参加现场勘查的人员不得进入现场。确需进入现场的,须经指挥人员同意,并按指定路线进出现场。进出现场时,不得触动、破坏现场痕迹、物品和尸体。

勘查人员进入现场后,应当对现场进行巡视,并向当事人或者相关人员了解情况,判断事故类型、现场是否为原始现场、是否涉嫌逃逸等情况,划定现场勘查范围,确定勘查顺序和勘查内容,进行勘查分工。

1)勘查流程

勘查人员进入现场后,应当向现场执勤的交通警察或者现场知情人、事故报案人、事故发现人、事故当事人、现场保护人和其他有关人员开展以下调查工作,并通过执法记录设备记录调查过程:

(1)通过走访、询问等方式寻找事故当事人、证人,了解当事人是否受伤,查验当事人身份证件,并记录当事人的基本信息、驾驶资格、交通方式、精神状态及联系方式等。对现场发现的交通肇事嫌疑人,应当及时控制,经出示"人民警察证",可以口头传唤。

(2)现场有人员伤亡的,应当通过拍照、录像或者标画等方式固定伤亡人员的位置和姿势。伤亡人员已被送往医疗机构、殡葬服务单位或者发生人车分离的,应当及时询问救援人员、当事人或者证人,确认驾驶员状况。

(3)使用呼气式酒精测试仪或者唾液试纸等器材,对车辆驾驶员进行酒精含量、国家管制的精神药品或者麻醉药品测试。经测试,发现车辆驾驶员有饮酒或者服用国家管制的精神药品、麻醉药品嫌疑的,应当按照规定及时提取血样或者尿样,及时送交有资质的鉴定机构检验。车辆驾驶员当场死亡或者受伤无法接受测试的,应当及时提取血样或者尿样。

(4)事故受伤人员已被送往医疗机构的,现场勘查结束后,勘查人员应当立即赶往医疗机构调查。

(5)对当事人、证人可以进行现场询问,制作询问笔录,不具备制作询问笔录条件的,应当通过录音、录像的方式记录询问过程。

(6)当场死亡两人以上的,应当对尸体编号,逐一拍照,并记录尸体的位置、特征等。对一次死亡三人以上的道路交通事故,还应当进行现场录像。

(7)根据调查需要,可以对当事人的手机等电子通信设备中的微信、短信、电话记录等与事故有关的信息进行采集。

(8)调查了解其他与事故有关的情况。

2)勘查原则

现场勘查应当根据现场实际情况,按照先静态后动态、先低处后高处、先重点后一般、先车外后车内、先固定后提取的原则确定勘查顺序。

对易改变、损毁、灭失的痕迹、物证等证据应当优先勘查,因地点、气候等原因,现场不具备勘查条件或者遇特殊情形需要撤除现场的,应当先行固定证据,待条件具备后再进行勘查。

3)勘查方式

现场勘查可以采取以下方式:

(1)现场接触点明确的,从接触点向外勘查;

(2)车辆行驶轨迹明确的,沿车辆行驶轨迹勘查;

(3)现场范围较大或者痕迹物证呈区域性分布的,分片分段勘查。

勘查人员应当对人员、车辆、物品、痕迹及道路、环境等与事故有关的元素进行全面勘查,及时发现与案件有关的痕迹、物证和其他相关信息,按照相关技术标准和工作规范要求,通过拍照、录像及标记、绘制现场图、制作现场勘查笔录等方式固定,并及时提取、采集与案件有关的痕迹、物证。

现场勘查结束前,应当对现场图、现场勘查笔录、现场照片等是否记录或者反映现场全貌及是否相互印证、相互补充进行验证。其中绘制现场图应当符合《道路交通事故现场图绘制》(GA/T 49—2019)和《道路交通事故现场图形符号》(GB/T 11797—2005)的规定。

4)勘查内容

现场痕迹勘查包括以下内容:

①地面痕迹,包括滚印、压印、拖印、侧滑印、挫划印等痕迹;

②车体痕迹,包括车体的变形、破损、剐蹭、部件脱落或者车体分离等痕迹;

③人体痕迹,包括衣着、体表形成的痕迹;

④其他痕迹,包括树木、道路交通设施、建筑物以及其他物品表面形成的痕迹。

现场物证勘查内容包括固定物、附着物、散落物、抛洒物等物品、物质形态。

现场勘查应当及时制作现场勘查笔录,现场勘查笔录应当客观、全面、详细、准确、规范,能够作为核查现场或者恢复现场的依据,并符合法定的证据要求。

现场勘查笔录经核对无误后,由勘查现场的交通警察、当事人和见证人签名;当事人不在现场、无见证人,或者当事人、见证人拒绝签名、无法签名的,应当在现场勘查笔录中注明。

现场勘查结束后清理现场前,勘查人员应当进行现场分析,现场分析包括以下内容:

①案件性质是否属于道路交通事故;

②道路交通事故分类;

③事故发生的时间、地点以及车辆、人员的基本情况等;

④事故各方当事人的交通方式及位置、行进方向、速度和采取措施等;

⑤事故接触点是否客观、合理;

⑥事故各方当事人的过错及事故发生的初步原因。

现场分析中发现有明显违背客观规律或者证据缺失、证据相互矛盾的,应当立即补充勘查现场,并完善现场勘查笔录。

现场勘查基本完成后,应当对以下内容进行现场复核,发现有遗漏或者相互矛盾的,应当及时补充、补正,排除错漏:

①现场收集的证据是否客观、完整,有无疏漏;

②证据形式和证据采集程序是否合法;
③现场照相、现场摄像、现场图和现场勘查笔录的内容是否齐全,与现场状况是否一致;
④证据之间是否相互印证、相互补充。
具体勘查内容详述如下:
(1) 人体痕迹勘查

衣着痕迹勘查包括衣着基本特征、穿着情况、破损痕迹、附着物痕迹、鞋底挫划痕迹等。根据需要能够在现场固定、提取、初检痕迹物证的,应当在现场完成;现场不具备条件的,应当妥善保全。伤亡人员已被送往医疗机构、殡葬服务单位的,应当根据需要及时前往医疗机构、尸体存放场所固定、提取衣着、鞋帽等物证。

体表痕迹勘查包括性别、体长、体型、坐高及体表损伤的部位、类型、形状尺寸情况,人体损伤部位的高点和低点距足跟或者地面的高度、损伤部位的附着情况等,并分析造成损伤的作用力方向和原因。

需要在现场识别机动车驾驶员的,应按照《道路交通事故机动车驾驶人识别调查取证规范》(GA/T 944—2011)的要求勘查,并参照《道路交通事故涉案者交通行为方式鉴定》(SF/Z JD0101001—2016)对事故发生时驾乘人员的交通行为方式进行分析判断。同时重点勘查以下内容:

①衣着颜色、款式、质地、花纹、饰物等;
②衣着裆部有无与坐垫擦划的痕迹和附着物质;
③鞋有无与车辆部件作用形成的印压痕迹、擦划痕迹、附着物质;
④头盔、帽子、护手套等有无血迹、人体组织、毛发等;
⑤胸部、腹部、面部有无与车把、后视镜、仪表盘作用形成的损伤;
⑥前臂有无因车把突然扭转而形成的间接损伤;
⑦手部有无握持车把形成的损伤;
⑧腹部、会阴部、大腿内侧有无与坐垫等部位作用形成的损伤;
⑨小腿、足部有无与前护杠、护板、挡杆等车辆部件作用形成的损伤。

(2) 车辆勘查

机动车勘查包括以下内容:

①车辆的基本情况,包括车辆品牌、型号、颜色、核载、号牌、车架号、发动机号及改装情况、驱动方式、驾驶方式等,勘查时通常会对车辆的铭牌信息进行拍照取证,如图 7-3a)所示;
②车辆现场位置、车辆损坏情况、车体痕迹、车体散落物、轮胎损坏痕迹、车底痕迹及倒地方向等,如图 7-3b)~g)所示;
③车辆乘员乘坐情况,载物情况以及物品固定、捆扎、损坏情况等;
④车辆灯光部件、车身反光标志、安全防护设备及轮胎等安全部件的性能、使用及损坏情况等;
⑤发现、固定、提取车内外的指纹、毛发、纤维、血迹、人体组织、漆片等附着物;
⑥手机、鞋、包等车内物品的位置;
⑦转向盘、仪表盘指示及灯光、刮水器、挡位、驻车制动器、安全带、安全气囊、行驶记录设备等部件的性能、使用及损坏情况,如图 7-3 中 h)和 i)所示;
⑧驾驶员座椅高度、椅背与转向盘距离等情况;

⑨骑行车辆骑坐部位损坏情况,头盔、护手套、雨具等物品佩戴使用情况;
⑩车辆是否存在接触痕迹及物质交换,车辆痕迹的造痕体及对应的承痕体情况。

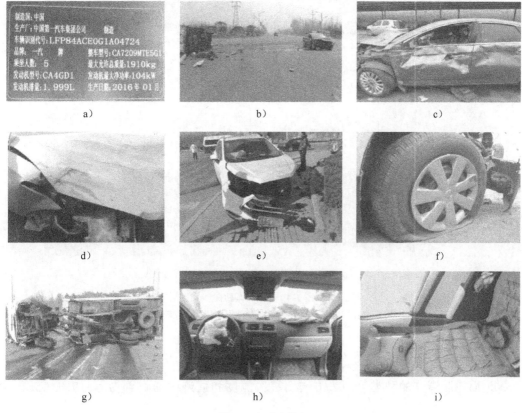

图 7-3　机动车勘查

a)车辆铭牌;b)车辆现场位置;c)车辆损坏情况;d)车体痕迹;e)车体散落物;f)轮胎损坏痕迹;
g)车底痕迹及倒地方向;h)安全气囊、仪表盘等损坏情况;i)安全带使用情况

非机动车勘查包括以下内容:
①车辆的基本情况,包括品牌、颜色、质量、号牌、改装情况、驱动方式、驾驶方式等;
②车辆现场位置[图7-4a)]、损坏情况、车体痕迹、现场散落物情况[图7-4b)]、轮胎、车底痕迹及倒地方向等;
③车辆乘员乘坐情况,载物情况及其物品的固定、捆扎、损坏情况;
④车辆的转向系统、灯光部件、反射器、轮胎及制动系统等安全部件的性能、使用及损坏情况等,如图7-4c)所示;
⑤发现、固定、提取车体附着的指纹、毛发、纤维、血迹、呕吐物、人体组织、漆片等附着物;
⑥骑行车辆骑坐部位损坏情况,如图7-4d)所示,头盔、护手套、雨具等物品佩戴使用情况;
⑦车辆是否存在接触痕迹及物质交换,车辆痕迹的造痕体及对应的承痕体情况。

此外,现场勘查中,勘查人员应当记录汽车行驶记录仪、车载事件数据记录仪、卫星定位装置等的安装及使用情况。

图 7-4 非机动车勘查
a)车辆现场位置;b)现场散落物情况;c)部件损坏情况;d)骑坐部位损坏情况

(3)地面痕迹物证勘查

地面痕迹勘查包括以下内容:

①地面轮胎痕迹的种类、形状、方向、长度、宽度和痕迹中的附着物等,如图 7-5a)~d)所示;

②地面轮胎痕迹对应的车辆轮胎;

③滚印、压印、拖印、侧滑印分段点相对基准线的垂直距离,痕迹与道路中心线的夹角,痕迹的滑移量、旋转方向及旋转度数,痕迹突变点位置,弧形痕迹的弦长、弦高,轮胎产生的间断痕迹及距离;

④车辆、人体或者其他物体留在地面的挫划痕迹[图 7-5e)和 f)]及其长度、宽度、深度,痕迹中心或者起止点至基准线的距离,以及相对应的造痕体。

地面物证勘查包括以下内容:

①地面散落物、抛洒物、血迹、人体组织等物质的种类、形状、颜色及分布位置;

②主要散落物、抛洒物着地的起始位置、着地方向和终点位置等;

③脱落物、部件碎片表面痕迹及断口形态,比对分离前整体状态,判断受力方向及损坏原因,如图 7-6a)所示;

④车辆掉落的货物、车体脱落的尘土及水油迹等痕迹,判断车辆行驶轨迹及停、驶状态;

⑤绿化带、警示桩、线杆等固定物的损坏状况[图 7-6b)~d)]及其痕迹的长度、宽度、深度及距离地面的高度,确定造痕体。

另外,现场地面痕迹物证被其他物体覆盖时,在不妨碍其他勘查项目的前提下,可以在照相、录像固定证据后,清除覆盖物再进行勘验。

图 7-5 地面痕迹勘查

a)滚印;b)压印;c)拖印;d)侧滑印;e)机动车留在地面的挫划痕迹;f)非机动车留在地面的挫划痕迹

图 7-6 地面物证勘查

a)整体分离比对;b)绿化带损坏;c)警示桩损坏;d)线杆损坏

(4) 道路、环境勘查

现场道路勘查包括以下内容：

①路口或者路段类型，路面性质及路面沉降、坑洞、凸凹等状况；

②弯路、桥梁、隧道、地下通道、窄路、坡路、施工路段及临水临崖路等路段属性；

③交通标志、交通标线、交通信号灯、路灯等管理设施、照明设施设置情况及被遮挡、被污损情况，如图7-7a)和b)所示；

④护栏、警示桩、隔离带、防眩板等道路安全防护设施设置情况，如图7-7c)~f)所示；

⑤车道设置、通行及障碍物情况；

⑥人行横道、人行过街设施、人行道设置、通行及障碍物情况；

⑦其他与事故有关的道路情况。

图7-7 道路、环境勘查
a)交通标志被遮挡；b)交通标线被污损；c)护栏；d)警示桩；e)隔离带；f)防眩板

现场环境勘查包括以下内容：

①天气情况；

②事发当时道路通行情况；

③影响交通参与者安全视距或者视线的因素，如图7-8a)所示；

④光线变化及对事故的影响；

⑤周边卡口、电子监控设备等分布情况，如图7-8b)所示；

⑥其他与事故有关的环境情况。

恶劣天气情况下，还应当重点勘查以下内容：

①雨、雪、雾、沙尘等环境下的现场能见度；

②涉水的事故现场积水情况。

图 7-8 现场环境勘查
a)交叉口处立柱;b)电子监控

7.1.5 事故补充勘查

在实际执法过程中,为了尽量避免由于交通事故带来的交通堵塞,要求现场勘查人员及时、有效地处理事故现场,便于将事故车辆和人员及时撤离现场,恢复交通秩序。勘查人员往往根据执法经验对事故现场信息进行有针对性的采集,这种简化处理方式能够满足一般事故的处理要求,但收集的信息用于事故安全研究是远远不够的。需要在此基础上,对事故现场和事故车辆进行补充调查。

1)现场补充调查

现场补充调查是在交警对事故现场勘查的基础上,对现场环境和道路信息的进一步完善和补充,主要目的是调查影响事故发生的道路环境因素。

(1)道路环境

为了反映事故现场周边环境,对事故地点进行360°拍摄。具体拍摄方法如下:调查人员站在事故现场中央(一般取碰撞点和某一参与方最终位置之间),身体原地转动一圈,连续拍摄12~18张照片,要求相邻两张照片有重叠,最后一张照片要和第一张照片重合,如图7-9所示。

道路状况好坏影响事故发生概率大小,为了反映事故现场道路状况,应观察是否存在弯道或者坡度。采取如下方式拍摄道路照片:事故调查人员距离事故碰撞点30~50m,站在某一参与方行驶方向的道路中央,背对和面对事故现场各拍摄一张照片。对于十字路口事故需拍摄12张照片,按照图7-10所示的箭头方向拍摄。

如图7-11所示,对于丁字路口或小分岔路口事故需拍摄9张照片,其中有一张比较重要,这张照片要将两车碰撞前所在的两条道路的情况记录在同一张照片中,便于事故分析。对于直路上发生的事故,只需要拍摄4张照片即可。

(2)驾驶员视野

事故发生有时是驾驶员的视线受到阻挡而导致的。事故现场有可能存在高大的树木、民房、建筑物等影响驾驶员视野,因此需要对驾驶员的视野情况进行拍摄,以证明或排除驾驶员存在视野障碍。即在车辆事发前所在的车道上,沿车辆行驶方向,从距离事故现场50m左右的位置开始拍照,每隔10m拍摄一次,共拍摄5个位置,每个位置拍摄2张照片,其中一张沿车辆本身行驶的方向,另一张的拍摄角度指向事故对方方向,如图7-12所示。

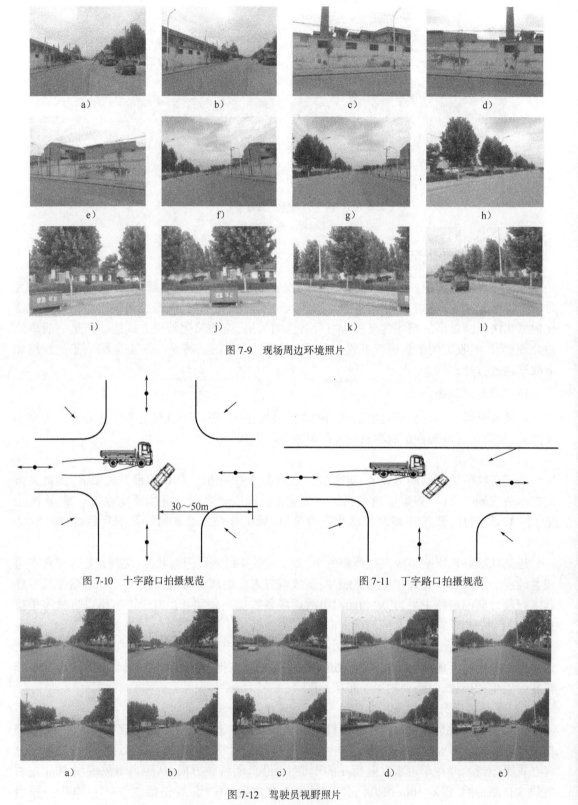

图 7-9 现场周边环境照片

图 7-10 十字路口拍摄规范

图 7-11 丁字路口拍摄规范

图 7-12 驾驶员视野照片
a)位置 1;b)位置 2;c)位置 3;d)位置 4;e)位置 5

(3) 其他因素

为了进一步调查事故现场环境和道路路况,对有可能影响事故发生的客观因素进行细致的测量和拍照,包括道路几何特征(半径、纵坡坡度、超高横坡度)、路侧特征(边坡坡度、路基高度)、路侧指示牌、交通标志、照明设施、障碍物高度,以及碰撞物的损坏特征、测量基准点等。

① 道路半径测量。

若事故地点为弯道路段,需进行道路半径测量,测量方式为通过标定弦高和弦长,利用式(7-1)进行计算。计算示意图如图 7-13a)所示,数据采集方式如图 7-13b)所示。

$$R = \frac{h}{2} + \frac{l^2}{8h} \tag{7-1}$$

式中:R——道路半径,m;
$\quad h$——弦高,m;
$\quad l$——弦长,m。

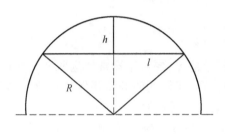

a)　　　　　　　　　　　　b)

图 7-13　道路半径
a)计算示意图;b)弦高、弦长采集方式

② 道路坡度测量。

若事故地点为上坡、下坡路段,或为弯道超高路段,需对纵坡坡度和超高横坡度进行测量,测量工具为坡度测量仪,如图 7-14a)所示。若事故地点路侧为边沟,需对边坡坡度和路基高度进行测量,测量方式如图 7-14b)所示。根据图中 l_1 和 l_2 尺寸,利用正弦关系,可求边坡坡度 α;若将图中卷尺置入沟底,对应的 l_2 即为路基高度。

a)　　　　　　　　　　　　b)

图 7-14　坡度测量
a)测量纵坡坡度和超高横坡度;b)测量边坡坡度和路基高度

③路侧固定物测量。

若车辆与路侧固定物发生碰撞，如路侧行道树、线杆、路侧护栏、中央护栏、乱石、墙体等，应对固定物相关尺寸进行测量，如图7-15所示。

图7-15 路侧固定物测量
a)测量路侧行道树周长；b)测量路侧护栏高度

2) 车辆补充调查

(1) 车外损坏信息

为了全方位、直观地展示事故车辆损坏变形情况，要对车辆整体选取8个角度进行拍照。拍照时需注意拍摄高度要始终位于同一水平位置，相机的俯仰角要保持一致。如遇到空间限制，一张照片无法将整个车身拍摄进来，则采取照片拼接的方式进行拍摄。对事故车辆进行全方位整体拍摄，一般需拍摄8张照片，以一起事故案例为例，车辆整体照片如图7-16所示。

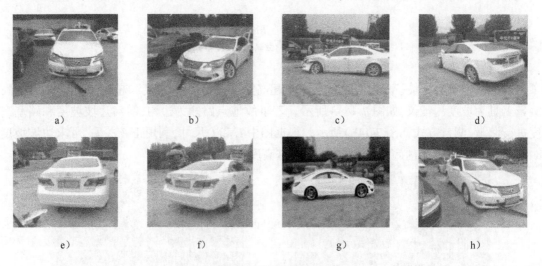

图7-16 车辆整体照片
a)前方；b)左前方；c)左方；d)左后方；e)后方；f)右后方；g)右方；h)右前方

由于事故碰撞强度不同，车辆损坏程度和损坏区域也会不同。对于损坏比较严重的车辆，采取"由重到轻"的拍摄顺序；对于损坏区域比较大的车辆，在损坏区域按照自上而下或从左向右的顺序拍摄。对车辆所有外部损坏按照"整体照片+局部照片"的原则进行拍摄，如图7-17所示。

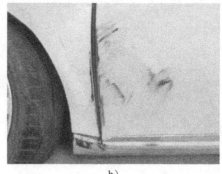

图 7-17 车辆损坏照片

a)整体照片;b)局部照片

为了便于对车辆碰撞部位进行比对分析,要对车体损坏部位进行定位,尤其是要对车体第一碰撞点、最大变形深度及碰撞对应特征痕迹进行定位。选取车头中部最前端到地面的投影点作为坐标系原点,根据右手法则建立坐标系,即可对车辆某一损坏部位进行 X、Y、Z 方向的定位,如图 7-18 所示。

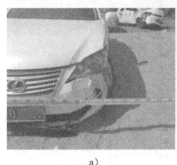

图 7-18 车辆损坏部位定位

a)X 方向;b)Y 方向;c)Z 方向

如果损坏部位有比较明显的特征,且能在碰撞对方车体上找到对应损坏部位,则需要对该损坏部位拍摄细目照片并测量其痕迹尺寸,以便对碰撞痕迹进行比对分析。如图 7-19a)所示,车体前保险杠蒙皮左端有蓝色漆痕且凹陷区域比较规整,经测量凹陷宽度约为 13cm;如图 7-19b)所示,车体前保险杠宽度约为 10cm,虽然该位置的车牌已经脱落,但是经高度比对,可以确定车牌位置应与图 7-19a)中蓝色漆痕位置对应,认为上述两区域发生接触碰撞。

为了利用能量法进行车速计算及在仿真分析时绘制车体变形轮廓,需要对车体变形量进行测量。测量车体变形量时,应将塔尺放在保险杠或者门槛梁所在高度处,使尺子紧贴车身外缘,确保塔尺垂直或平行于车身;确定好坐标系后,利用钢卷尺依次测量变形深度,如图 7-20 所示。

(2)车内损坏信息

为了分析事故中车内人员损伤原因,确定事故过程中人员受伤部位与车内部件碰撞的对应关系,应对车内部件按照一定顺序和规范进行拍摄,如有损坏,则应拍摄细目照片,如图 7-21 所示。

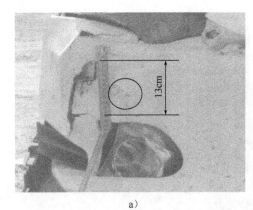
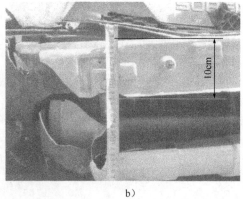

图 7-19 车体痕迹对应
a) 本体痕迹；b) 对方车体痕迹

图 7-20 车体变形量测量

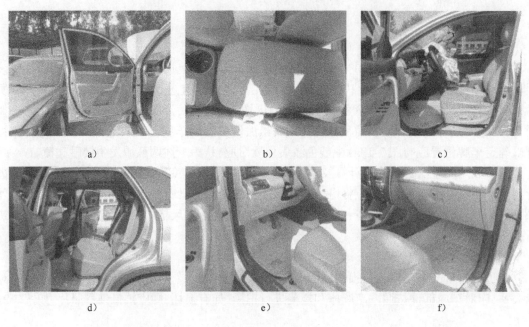

图 7-21

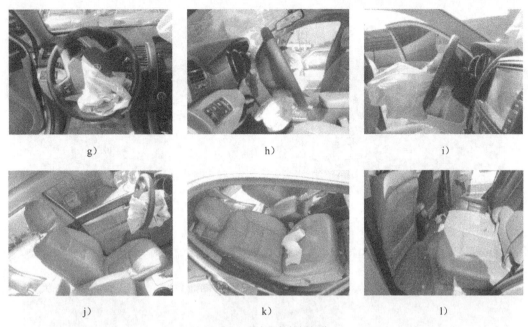

图 7-21 车内部件拍摄规范

a)车门内饰;b)中央扶手;c)前排空间;d)后排空间;e)驾驶员腿部空间;f)副驾驶员腿部空间;
g)转向盘正视;h)转向盘左视;i)转向盘右视;j)驾驶座椅;k)副驾驶座椅;l)后排椅面

在正面碰撞事故中,如果车内人员未正确佩戴安全带,其头部有可能与前风窗玻璃发生碰撞,胸腹部有可能与转向盘形成挤压,膝部、腿部有可能与腿部空间饰板发生接触。因此,应该针对上述可能与车内人员发生二次碰撞的部位或部件进行勘验,按照顺序拍摄照片,如图 7-22a)~d)所示。另外,考虑到剧烈的冲击力可能造成车内人员的身体与座椅发生碰撞,可通过勘验座椅损坏状态进行致伤原因分析。

安全带和安全气囊作为车辆被动安全最主要的设备,对车内乘员起到很大的保护作用,因此也是事故补充调查研究的重点。对于安全带,主要关注车内人员是否系及是否正确系安全带,安全带功能是否正常,有没有保护效果等;对于安全气囊,主要关注气囊是否应该引爆,引爆后是否正常展开,有没有起到保护作用等,如图 7-23 所示。

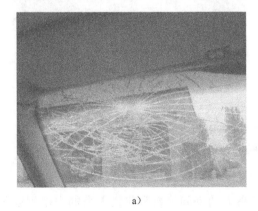

a)

b)

图 7-22

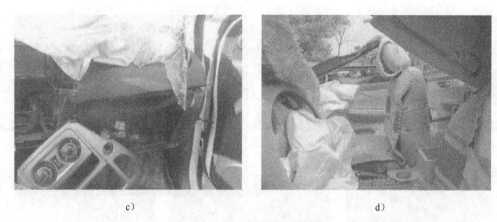

图 7-22 车内部件损坏情况

a)前风窗玻璃破裂;b)转向盘变形;c)副驾驶员腿部空间变形;d)副驾驶座椅前倾变形

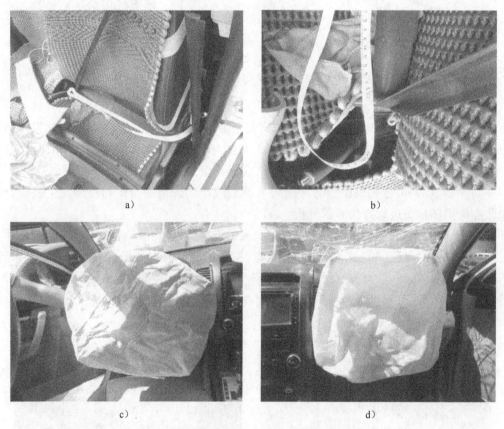

图 7-23 安全装备使用和展开情况

a)驾驶座安全带整体照;b)安全带痕迹至下支点的距离;c)驾驶座安全气囊;d)副驾驶座安全气囊

(3)参与人员信息

参与人员信息包括当事人的基本信息、对当事人的询问材料和伤亡人员的损伤程度及致伤原因。尤其是对当事人的询问材料可作为交通事故过程的初步分析依据,对人员损伤信息的采集可为后期进行汽车安全性研究提供数据支持。以上信息主要通过交警部门提供的警方材料以及后期的伤情回访来获取。

3) 事故数据采集表

为了方便收集和整理事故调查数据,参考国外国家交通事故调查的成熟经验,研究制定了适合我国国情的事故数据采集表。采集内容涉及事故现场信息、事故车辆信息和参与人员信息。

(1) 事故现场信息

事故现场信息包括事故基本信息(表 7-1)、现场环境信息(表 7-2)和现场道路信息(表 7-3)。

事 故 基 本 信 息　　　　　　　　　　表 7-1

项　目	内　容
日期/时刻	＿＿＿＿年＿＿＿＿月＿＿＿＿日＿＿＿＿时＿＿＿＿分
事故地点	
道路	
涉及人员数	
伤亡总人数	
参与方类型(可多选)	1.小客车 2.大客车/货车 3.机动二轮车/三轮车 4.非机动二轮车/三轮车 5.行人

现 场 环 境 信 息　　　　　　　　　　表 7-2

项　目	内　容
现场环境	1.城市 2.工业区 3.郊区 4.村庄 5.其他
路口信息	1.直路 2.丁字路口 3.十字路口 4.窄路 5.变窄路段 6.多分支路口 7.铁路道口 8.隧道 9.立交桥 10.桥梁 11.高架路段 12.其他
天气	1.晴 2.阴 3.雨 4.雪 5.雾 6.大风 7.沙尘 8.冰雹 9.其他
照明情况	1.日间,无云 2.日间,有雾 3.夜间,有路灯照明 4.夜间,无路灯照明 5.其他
风速	＿＿ m/s
风向	
摄氏温度	＿＿ ℃

现 场 道 路 信 息　　　　　　　　　　表 7-3

项　目	内　容
非机动车道	1.无 2.两侧均有 3.仅右侧 4.仅左侧
两侧道路路面布局	1.平地表面 2.灌木丛 3.树木 4.栅栏、墙 5.防护板 6.沟渠 7.向下倾斜的堤坝 8.向上升的筑堤 9.线杆 10.扶手 11.隧道墙 12.水道 13.石头 14.沙石 15.其他
水沟深(若跌入水沟)	＿＿ cm
道路横截面的轮廓	1.无横向倾斜 2.向一侧横向的倾斜 3.向两侧横向的倾斜 4.其他
道路线形	1.平直 2.一般弯 3.一般坡 4.急弯 5.陡坡 6.连续下坡 7.一般弯坡 8.急弯陡坡 9.一般坡急弯 10.一般弯陡坡 11.其他

续上表

项 目	内 容
弯道曲率半径	＿ m
路面材料	1.沥青 2.水泥 3.沙石 4.土路 5.其他
道路表面	1.干 2.潮湿 3.湿滑 4.冰冻 5.积雪 6.其他
双向机动车道隔离形式	1.无 2.单虚线 3.单实线 4.双实线 5.绿化带 6.保护板 7.石墩 8.其他
影响视线的障碍物	1.无 2.非长期性物体(比如车辆) 3.长期性物体(比如建筑、植物)
建筑设施	1.没有 2.有 3.因建筑设施路面变窄 4.因建筑设施道路路线改变
有何交通标志	
交通标志是否被阻挡	1.无交通标志 2.否 3.是,因为天气 4.是,因为车辆 5.是,因为建筑 6.是,因为植物 7.是,因为其他
信号灯	1.无 2.只有直行 3.有直行和左转 4.只有黄闪

(2)事故车辆信息

事故车辆信息包括车辆基本信息(表7-4)、车辆碰撞信息(表7-5)、车辆外损信息(表7-6)、车辆外部损坏变形信息(表7-7)和车辆内损信息(表7-8)。

车 辆 基 本 信 息　　　　　表7-4

项 目	内 容
行驶里程	＿ km
长/宽/高	＿ cm/＿ cm/＿ cm
轴距	＿ cm
前轮距/后轮距	＿ cm/＿ cm
前悬/后悬	＿ cm/＿ cm
总质量/事故时质量	＿ kg/＿ kg
是否有 ABS	1.是 2.否
是否有 ESP/VSC 车身稳定系统	1.是 2.否
是否有制动力分配系统	1.是 2.否
是否有制动辅助系统	1.是 2.否
是否有牵引力控制系统	1.是 2.否

车 辆 碰 撞 信 息　　　　　表7-5

项 目	内 容
碰撞对方	1.参与方 2.道路路面 3.栏板 4.坑穴 5.堤坝等 5.绿化带、树木等 6.田野、草地 7.墙 8.动物
事故前车辆运动状态	1.起步 2.超车 3.掉头 4.倒车 5.向左变道 6.向右变道 7.紧急停车 8.静止 9.泊车中 10.直行加速 11.直行减速 12.匀速直行 13.曲线行驶 14.左转 15.右转 16.未知
事故前采取措施	1.未采取 2.左转 3.右转 4.多个方向转向 5.缓慢制动 6.紧急制动 7.仅松掉加速踏板

续上表

项 目	内 容
碰撞时速度	__ km/h
碰撞速度来源	1.估算 2.他人供述 3.计算 4.事故再现仿真
碰撞角度	__°
碰撞方式	1.正面碰撞 2.侧面碰撞 3.追尾碰撞 4.撞固定物
接触范围	__%

车 辆 外 损 信 息　　　　　　　　　　　　　　　　表 7-6

损坏类型:1.刮擦 2.变形 3.脱落 4.碎裂							
变形位置:1.上 2.下 3.左 4.右 5.前 6.后 7.中 8.整体 (可多选)							
碰撞物:1.事故对方 2.道路路面 3.道路栏板 4.坑穴 5.堤坝等 6.绿化带 6.田野、草地 7.墙 8.动物 9.其他 10.未损坏或无该部件(可多选)							
零部件名称	损坏类型	损坏位置	碰撞物	零部件名称	损坏类型	损坏位置	碰撞物
保险杠				前/后风窗玻璃			
散热器				顶盖			
前/后照灯				天窗			
刮水器				后视镜			
发动机舱盖				车门			
行李箱盖				门槛			
前/后围板				车门防撞杆			
翼子板				侧窗玻璃			
轮罩				A柱			
轮胎				B柱			
前/后轴				C柱			
悬架弹簧				D柱			
悬架减振器				发动机			
转向机构				离合器			
纵梁				变速器			
油箱				万向节			
加油口				传动轴			

车辆外部损坏变形信息　　　　　　　　　　　　　　　　表 7-7

损坏变形信息	最大变形量	至最前部距离 X	至纵轴的距离 Y	至地面的距离 Z
最大变形区域				
第一碰撞点				

车 辆 内 损 信 息　　　　　表 7-8

损坏类型:1.剐擦 2.变形 3.脱落 4.碎裂							
变形位置:1.上 2.下 3.左 4.右 5.前 6.后 7.中 8.整体（可多选）							
碰撞物:1.仅车辆损坏 2.车辆损坏和车内人员碰撞 3.仅车内人员碰撞 4.未损坏或无该部件							
零部件名称	损坏类型	损坏位置	碰撞物	零部件名称	损坏类型	损坏位置	碰撞物
前风窗玻璃				离合器踏板			
遮阳板				制动踏板			
内后视镜				加速踏板			
仪表板				前围板			
转向盘				顶部装饰			
手套箱				车顶			
转向盘旁操纵杆				车门内板			
变速器杆				座椅椅背			
手刹				座椅椅面			
中央扶手				座椅头枕			

(3) 参与人员信息

参与人员信息包括驾驶员信息（表7-9）和伤亡人员信息（表7-10）。

驾 驶 员 信 息　　　　　表 7-9

项　目	内　　容
年龄	
性别	
驾照级别	
驾龄	＿＿月
是否是实习期驾照	1.是 2.否
使用事故车辆时间	＿＿月
事故车辆使用频率	1.全年 2.经常 3.偶尔 4.仅一次
事故前是否正常休息	1.是 2.否
出发点到事故点的距离	＿＿km
出发点到事故点驾驶时间	＿＿h
是否饮酒	1.是 2.否
经过事故地点的频率	1.几乎每天 2.经常 3.很少 4.从未到过
事故时是否使用手机	1.未使用 2.正在通话 3.正在操作 4.通过车载免提电话通话 5.通过耳机通话
事故时是否抽烟	1.是 2.否

续上表

项目	内容
事故时是否交谈	1.是 2.否
事故时是否饮食	1.是 2.否
是否有吸毒史	1.是 2.否
事故前如何意识到危险	1.未意识到 2.通过对方的操作和运动 3.通过制动灯 4.看到障碍物 5.碰撞后才意识到
是否受到强光影响	1.否 2.太阳 3.路边物体 4.其他车辆 5.其他
是否有视野盲区(车内部分)	1.无 2.车身部分造成 3.载货造成 4.乘员造成 5.其他
是否有视野盲区(车外部分)	1.无 2.隔离带造成 3.路边树木造成 4.其他车辆造成 5.路边建筑物造成 6.车外人员造成 7.路边牌子造成

伤亡人员信息　　　　　　　　　　　　　表7-10

年龄		性别	
最大创伤指数 AIS:0.未受伤 1.轻度 2.中度 3.较重 4.重度 5.危重 6.极度(目前不可救治)			
创伤种类:1.擦伤 2.挫伤 3.裂伤 4.撕脱伤 5.骨折 6.烧伤 7.挤压伤 8.脱套伤 9.穿透伤 10.非机械性损伤			
部位	最大创伤指数(AIS)		创伤种类

7.2 道路交通事故再现技术

现阶段,我国的道路交通事故分析及责任认定在很大程度上还处于完全依靠人工分析与判断的阶段,这种方法会在很大程度上受主观因素的影响。近年来发展起来的道路交通事故仿真与重现技术,为道路交通事故分析预处理提供了更加科学的手段。典型的道路交通事故再现软件为奥地利 DSD(Dr.Steffan Datentech. nik GmbH)公司开发的 PC-Crash 仿真软件。

7.2.1 PC-Crash 软件简介

PC-Crash 软件专门用于道路交通事故再现分析,该软件包含两大部分:PC-Reet 和 PC-Crash,前者可将现场拍摄所得照片转换成分析系统所需的 DXF 文件;后者为道路交通事故再现分析系统,其中包含轨迹、拖车、多刚体模型及基于动量守恒的碰撞模型等,可实现对常见道路交通事故形态的模拟分析。

PC-Crash 软件进行道路交通事故再现与分析主要是根据对事故现场信息的采集、记录、调查与分析,将事故涉及车辆由碰撞后的最终位置反推到碰撞过程,再反推至碰撞前的车辆运行状态,来进一步分析事故原因,然后根据有关法律进行责任认定。

PC-Crash 软件的主要功能包括以下几点:

(1)实现多种事故形态、多车型和多车多次碰撞模拟及碰撞优化。

(2)实现多体动力学模拟分析计算,支持 MADYMO 软件接口。

(3)实现事故可避免性分析。

(4)包含事故现场环境图像绘制软件,支持 BMP、DXF 等格式的图片输入。

(5)车辆模型包括刚体模型和网格模型,可模拟车辆连续碰撞形态。

(6)车辆数据库定期扩展升级,包括当前世界各国主要车型参数数据。

(7)模拟过程支持常见位图格式和 AVI 格式视频文件输出。

PC-Crash 软件的应用过程大致可以分为以下几步:

(1)绘制现场图:利用 PC-Crash 软件绘制出与实地相近的现场路面图形。

(2)调车:一般可以从数据库中调取所需要的车辆模型及相应的参数,如果在数据库内没有与实际案例相符的车辆,可重新写入存用。

(3)车辆初始位置的设置:将碰撞车辆摆放在推测出的碰撞点上。

(4)行驶状况确定:对碰撞前车辆的各种行驶状况序列进行调整,以此确定相应的车辆行驶轨迹和行驶情况。

(5)碰撞模拟:通过多次参数调整,在屏幕上进行碰撞模拟实验,直至最终输出结果符合实际事故形态,然后调取所需数据。

(6)输出结果:将模拟仿真结果输出打印或保存。

PC-Crash 软件除了可以对机动车与机动车、机动车与非机动车等之间的碰撞事故进行数字化重构外,还可以对机动车与行人、机动车与固定物之间的碰撞和机动车翻车等事故类型进行模拟计算,可以同时模拟 32 辆车多次碰撞,并以三维动画显示。PC-Crash 软件使用界面如图7-24 所示。

图 7-24　PC-Crash 软件使用界面

7.2.2 碰撞仿真模型构建

1) 多体模型

PC-Crash 软件自带的行人模型和骑车人+二轮车模型是由多个彼此相互独立的刚体组成的多体动力学系统。将构成人体的各部位(头部、躯干部、四肢、臀部等)均视为一个独立刚体,其表面外形由一个椭球体定义,将各部位相连的关节处简化为铰链连接,如图 7-25 所示。即把人体定义为由 16 个独立刚体和 15 个铰接点组成的多体系统,见表 7-11、表 7-12。

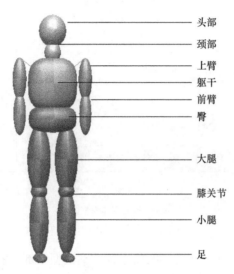

图 7-25 人体模型

多 体 模 型 体 段   表 7-11

编号	1	2	3	4	5	6	7	8
体段	躯干	臀部	左股骨	左小腿	左大腿	右股骨	右小腿	右大腿
编号	9	10	11	12	13	14	15	16
体段	右上臂	右前臂	左上臂	左前臂	颈部	头部	左膝盖	右膝盖

多 体 模 型 铰 链   表 7-12

铰链编号	1	2	3	4	5	6	7	8
刚体 i-刚体 j	1-2	1-13	1-11	1-9	2-3	2-6	3-2	4-5
铰链编号	9	10	11	12	13	14	15	
刚体 i-刚体 j	6-2	7-8	9-10	11-12	13-14	6-16	3-15	

根据不同的人体特征来定义各个部位的参数,比如其外形的几何尺寸、质量、接触刚度及摩擦因数等。多刚体模型中独立刚体和铰接点数量将直接影响仿真模型计算的复杂程度。在实际实验要折中考虑,平衡计算所需要的时间和模型的细节之间的关系。多刚体参数可以根据人体的实际参数进行赋值,如人的身高、体重、年龄等。若在实际案例中可以获取各刚体的初始状态及运动变化的过程,即可便利地实现对行人和骑车人碰撞前后运动过程的仿真模拟。

(1) 人体模型调入

PC-Crash 软件中有多种行人模型和骑车人+二轮车模型可供选择,单击菜单栏左侧

""中的""按钮,在出现的对话框中单击"Multibody"多体按钮,可弹出如图 7-26a)所示的窗口。当双击"Bicycles Motorcycles"时,可调入自行车、电动二轮车和摩托车模型;当双击"Pedestrians"时,可调入行人模型。下面以调入的行人模型为例[图 7-26b)],介绍多体模型常用的基本操作。

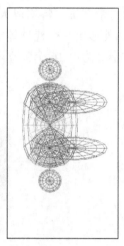

图 7-26　行人多体模型调入
a)多体模型调取窗口;b)人体模型

单击菜单栏""中""按钮,将鼠标放到模型中部,按住鼠标左键不放可拖动模型;将鼠标放到模型边缘,按住鼠标左键不放可旋转模型。

(2)行人模型参数设置

单击菜单栏左侧"车辆"菜单下的"多体系统"按钮,可以对调入的人体模型进行参数设置,比如将身高设为 1.835m,体重设为 80.0kg,如图 7-27a)所示。单击"右视图"按钮,左右拖动下方滑块也可对行人的姿态进行调整;此外,单击"目前的系统"按钮,在对话框中可以对行人步行速度进行设置,如图 7-27b)所示。

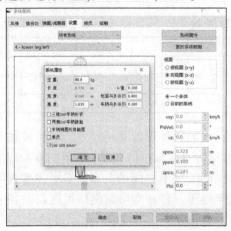
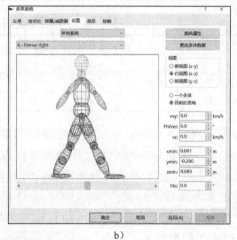

图 7-27　行人模型参数设置
a)参数设置;b)步行速度设置

2) 刚体模型

在利用 PC-Crash 软件进行碰撞事故仿真分析时,通常将车辆视为刚体。一般而言,通过 PC-Crash 系统内的车辆数据库可以获得不同车辆的诸多信息,如长、宽、高等几何尺寸。

根据车头形状,汽车主要分为矮头型汽车、平头型汽车和高头型汽车。

矮头型汽车前端上缘离地高度与行人身高之比小于 1/2,汽车前端碰撞接触点离地高度与立姿行人身体重心离地高度之比小于 1。

平头型汽车前端上缘离地高度与行人身高之比小于或等于 1/2,汽车前端碰撞接触点离地高度与立姿行人身体重心离地高度之比小于或等于 1。

高头型汽车前端上缘离地高度与行人身高之比大于 1/2,汽车前端碰撞接触点离地高度与立姿行人身体重心离地高度之比大于 1。

(1) 车辆模型调入

在 PC-Crash 软件中,单击菜单栏左侧""中的""按钮,打开车辆模型数据库(图 7-28),选择所需要的车辆类型。在选择车辆模型时可以看到左侧有一个关于车辆详细信息的对话框,便于了解相关信息。

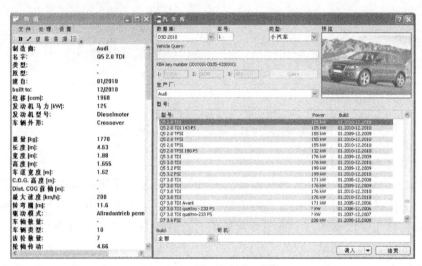

图 7-28　车辆模型数据库选择界面

(2) 车辆模型参数设置

调入车辆模型后,通过鼠标右击用户界面空白区域,在弹出的对话框中,单击"车辆设置"按钮,可以进行车辆的基本参数设置,包括车辆的几何尺寸、车辆轴距、车辆载质量、车辆重心高度、减震等,如图 7-29a)和 b)所示。对于系统中不存在的车辆型号,可以选择类似车型,通过修改车辆形状参数达到与事故车辆相一致的尺寸,如图 7-29c)所示。车辆信息中车辆外形尺寸属于非常敏感的参数,在仿真时应该尽可能准确地获取事故车辆的各尺寸准确值,特别是车头部分尺寸值。

在条件允许的情况下,上述尺寸值可以进行实际测量或对同一型号的其他车辆进行测量获取,或直接将事故车辆的侧视图调入 PC-Crash 软件内经适当缩放后用系统自带的米尺测量获得。此外,可通过单击菜单栏左侧"车辆"菜单下的"轮胎模型"按钮,对车辆每个车轮轮胎规格进行设置,如图 7-29d)所示。

a) b)

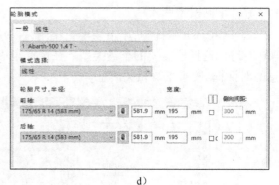

c) d)

图 7-29 车辆模型参数设置
a)基本参数;b)车辆载重;c)车型尺寸;d)轮胎规格

(3)车辆运动参数设置

在实际案例中可以通过经验、各种痕迹公式和技术手段对车辆事故时的车速进行初步估算,并对事故碰撞点在路面上的位置进行判断。在利用 PC-Crash 软件对各种碰撞事故进行仿真模拟分析时,首先要设置的一个重要参数是车辆的初始位置,并以此作为坐标原点来进行分析,设置窗口如图 7-30a) 所示。

另外,鼠标右击用户界面空白区域,在弹出的对话框中,单击"序列"按钮,可进行车辆运动序列设置,运动序列包括车辆驾驶员的刹车延迟、转向等,设置窗口如图 7-30b) 所示。

(4)车辆 3D 外形

为提高仿真实验效果,在调入车辆模型后,在用户界面空白区域右击,在弹出的对话框中,单击"车辆 DXF"按钮可给车辆加装 3D 外壳,效果如图 7-31 所示。

(5)其他物体

当道路两侧设有交通设施如路灯、公共候车亭、树木、路缘石、护栏等,或者建有房屋、墙体等时,单击菜单栏左侧"▨▨▨▨"中的"▨"按钮,在出现的对话框中单击"Objects"按钮,可以将所需刚体模型调入,根据需要展示的物体外观,可对刚体添加 3D 外形,操作方法与前述添加车辆 3D 外形一致。

3)道路模型

在 PC-Crash 软件中可以根据实际情况进行道路模型的建立,方法有两种:一种是直接导入事故现场 CAD 图,操作方法详见 7.3.1 案例一,在 CAD 图中可以清楚地找到事故的碰撞点和事故车辆的最终位置,以及车辆在路面上留下的制动痕迹、散落物等;另一种是利用软件自带的画图工具对道路进行绘制,可以绘制的道路类型包括二维道路(操作方法详见 7.3.2 案例二)和三维道路。在仿真过程中,如果实际道路为弯道或存在纵坡、超高横坡等,建议使用三维道路绘制工具进行道路模型的绘制,以使仿真效果更加符合实际情况。现以构建三维道路为例进行介绍。

 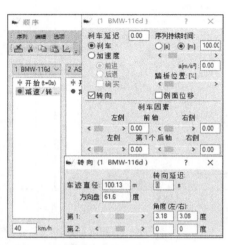

a)　　　　　　　　　　　　　　　　b)

图 7-30　车辆运动参数设置

a)车辆初始状态;b)车辆运动序列

 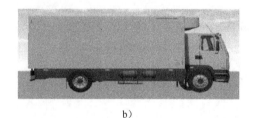

a)　　　　　　　　　　　　　　　　b)

图 7-31　实验车辆 3D 外形

a)小型客车;b)载货汽车

(1)道路基本参数设置

单击菜单栏"▸ ⌃ ⌵ ▦ ◣"中"▨"按钮,调出三维道路基本参数设置界面,如图 7-32a)所示,可以进行道路长度、宽度、边坡坡度的设置;单击"标记"选项卡,可进行车道数量、车道宽度、路肩宽度和路面标线(如单实线、单虚线、双实线、双虚线)的设置,如图 7-32b)所示。

(2)道路线形指标设置

当道路存在圆曲线半径、圆曲线宽度、纵坡坡度、路基高度或超高横坡度时,单击"图表"选项卡可进行相应指标设置,如图 7-33 所示。

在设置完道路参数的情况下,需要根据实际道路路面情况设置摩擦系数,双击用户界面右下角" μ: 0.80 "按钮,弹出如图 7-34a)所示设置窗口。通过对道路各项指标进行设置,构建的三维道路模型如图 7-34b)所示。

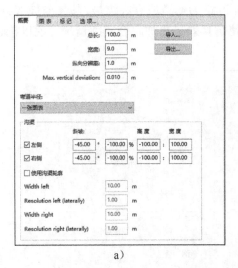 

图 7-32 道路基本参数及断面设置
a)基本参数设置;b)道路断面设置

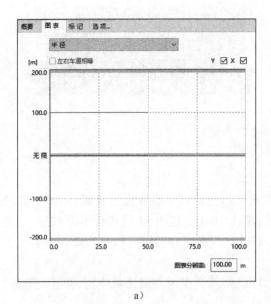 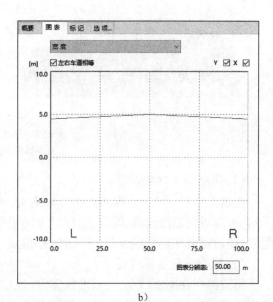

图 7-33

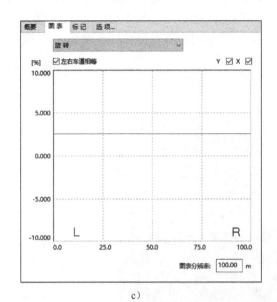 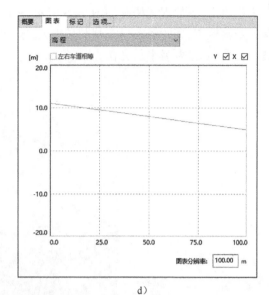

c)   d)

图 7-33 道路线形指标设置
a)圆曲线半径;b)圆曲线宽度;c)超高横坡度(旋转);d)纵坡高程

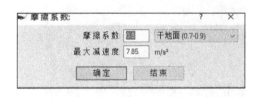 

图 7-34 道路模型构建
a)摩擦系数设置;b)道路模型

7.3 案例分析

本节将通过分析两起典型事故案例(车-车碰撞事故和车-人碰撞事故),详细介绍道路交通事故勘查分析过程,以及如何利用 PC-Crash 软件进行事故重现。

7.3.1 案例一

1)事故概况

奔腾轿车由南向北行驶至十字路口,恰遇速腾轿车由西向东行驶至此,奔腾轿车的左侧后部与速腾轿车的前部发生碰撞。碰撞后两车失控,奔腾轿车发生逆时针旋转运动,最终停在路口东北角花坛内,车头朝西北;速腾轿车亦发生逆时针旋转运动,最终驶入路口东北角花坛内,车头朝西南,事故现场概况如图 7-35 所示,事故车辆最终位置如图 7-36 所示。经现场勘验和警方资料核查,速腾轿车内有驾驶员 1 人,未受伤;奔腾轿车内有驾驶员和后排乘员 2 人,驾驶员未受伤,后排两名乘员受伤。

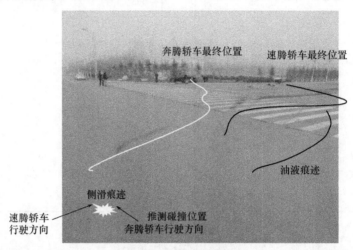

图 7-35 事故现场概况

a) b)

图 7-36 事故车辆最终位置
a)奔腾轿车;b)速腾轿车

2) 事故痕迹物证勘验

根据现场勘查发现,路口处有树木遮挡,经测量树木高度大于 2m,如图 7-37 所示,对双方驾驶员视野造成了一定影响。根据询问笔录可知双方驾驶员通过路口时均未减速慢行及观察路况。

根据现场路面留下的痕迹和车辆最终位置分析认为,图 7-38a)所示的侧滑痕迹应为奔腾轿车碰撞后车身逆时针旋转过程中轮胎形成,图 7-38b)所示的油液痕迹应为速腾轿车碰撞后发动机油底壳泄漏的机油遗留形成,图 7-38c)所示的散落物应为速腾轿车车头所掉落。

事故车辆外部损坏状况如图 7-39 所示。

奔腾轿车外部损坏状况:左后车门凹陷变形且车门玻璃损坏,左后翼子板凹陷变形,左侧尾灯损坏,左后轮内倾,后保险杠蒙皮脱落,后保险杠弯曲变形。

图 7-37 视野遮挡物

图 7-38 现场路面痕迹和散落物

a) 奔腾轿车侧滑痕迹；b) 速腾轿车油液痕迹；c) 速腾轿车散落物

速腾轿车外部损坏状况：发动机舱盖变形，两侧前翼子板变形，两侧前照灯脱落，进气隔栅变形，前保险杠蒙皮脱落，前保险杠弯曲变形。

根据车辆外部损坏情况进行碰撞对应关系分析：从痕迹形态、颜色来看，奔腾轿车损坏的左侧尾灯与速腾轿车发动机舱盖右前角附着的红漆可以对应，如图 7-39b)所示；从整体损坏情况来看,奔腾轿车损坏区域为从左后门开始变形处至尾灯处,宽度约为 1.45m,速腾轿车损坏区域为整个车头,宽度约为 1.4m,两处损坏区域可以对应;从空间位置和汽车部件结构强度来看,奔腾轿车左后轮轮胎后侧到左侧尾灯水平距离约为 0.54m,速腾轿车保险杠最大变形处到发动机舱盖红漆处水平距离约为 0.56m,如图 7-40 所示。结合第一处对应关系,推断奔腾轿车左后轮轮胎后侧与速腾轿车保险杠最大变形处发生碰撞。

a)　　　　　　　　　　　　　　　　　　b)

图 7-39　车辆外部损坏情况

a)奔腾轿车;b)速腾轿车

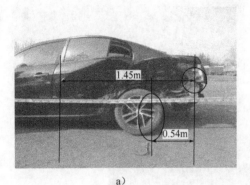
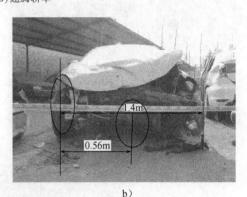

a)　　　　　　　　　　　　　　　　　　b)

图 7-40　两车碰撞部位对应尺寸

a)奔腾轿车;b)速腾轿车

3)车速分析计算

根据事故现场照片、事故现场勘查资料可知:碰撞后奔腾轿车运动距离 s_1 约为 25m,且旋转角度 α 约为 367°,之后停于最终停止位置,由此可计算奔腾轿车碰撞后的速度 v_{11}:

$$v_{11} = \sqrt{254\varphi_1 s_1 + 254\frac{\alpha_1}{360°}\pi\varphi_2 d_1} \approx 48(\mathrm{km/h}) \tag{7-2}$$

根据事故现场照片、事故现场勘查资料可知:碰撞后速腾轿车不规则旋转运动距离 s_2 约为 38m,之后停于最终停止位置,由此可计算速腾轿车碰撞后的速度 v_{21}:

$$v_{21} = \sqrt{2k\varphi_2 g s_2} \approx 68(\mathrm{km/h}) \ (k=0.637) \tag{7-3}$$

结合上述计算结果,通过 CAD 软件辅助作图分析,两车近似直角碰撞,如图 7-41 所示。

碰撞瞬间,两车在事故现场道路南北方向及东西方向上动量守恒,由此可得:

$$m_1 v_1 = m_1 v_{11}\cos\beta_1 + m_2 v_{21}\sin\beta_2 \tag{7-4}$$

$$m_2v_2 = m_1v_{11}\sin\beta_1 + m_2v_{21}\cos\beta_2 \tag{7-5}$$

式中：φ_1——车辆轮胎的纵向附着系数，取 0.1；

φ_2——车辆轮胎的横向附着系数，取 0.75；

π——圆周率；

d_1——奔腾轿车轴距，取 2.675m；

m_1——奔腾轿车事故时的总质量，取 1550kg；

m_2——速腾轿车事故时的总质量，取 1365kg；

β_1——奔腾轿车最终停止位置与南北向道路中心线的夹角，取 42°；

β_2——速腾轿车最终停止位置与东西向道路中心线的夹角，取 30°。

求解可得：奔腾轿车碰撞速度 v_1 约为 57km/h；速腾轿车碰撞速度 v_2 约为 95km/h。

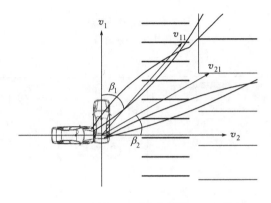

图 7-41　动量分解图

4）事故仿真分析

(1) 车辆模型构建

由于 PC-Crash 车型数据库中没有录入与事故车辆相同的车型，故从数据库中选取与事故车辆参数相似的车型，随后根据事故车辆出厂公告信息对已调入的车辆参数进行调整。

图 7-42~图 7-45 分别为调整好的车辆基本参数信息、载重信息、外形尺寸和轮胎参数。

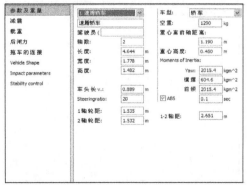

a)　　　　　　　　　　　　　　　b)

图 7-42　两车基本参数及重量信息

a) 奔腾轿车；b) 速腾轿车

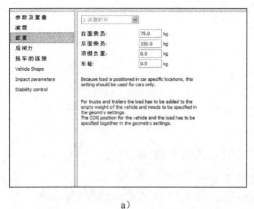
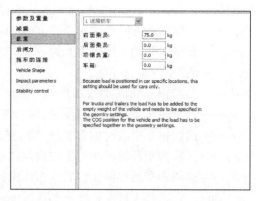

图 7-43 两车载重信息
a)奔腾轿车;b)速腾轿车

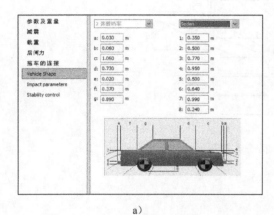
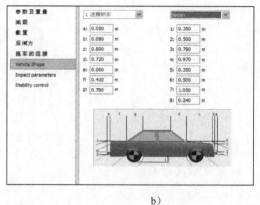

图 7-44 两车外形尺寸
a)奔腾轿车;b)速腾轿车

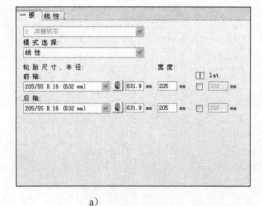
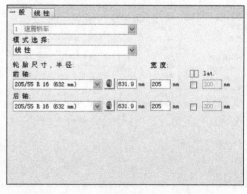

图 7-45 两车轮胎参数
a)奔腾轿车;b)速腾轿车

为了提高仿真的逼真度,为调整好的车辆加上 3D 外形,如图 7-46 所示。

图 7-46　两车 3D 外形图
a)奔腾轿车;b)速腾轿车

(2)绘制车体变形轮廓

在用户界面空白区域右击,在弹出的对话框中,单击"车辆 DXF"按钮,从数据库中分别调入两车 DXF 模型,为了能使两车碰撞部位更好贴合,应确保仿真精度。根据实际测量的车体变形量,在车辆 2D 模型上绘制车体变形轮廓,如图 7-47 所示。

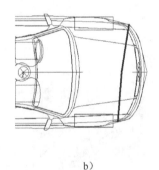

图 7-47　车体变形轮廓
a)奔腾轿车;b)速腾轿车

(3)道路模型构建

因本次事故路段不存在坡度,属于平坡路段,可通过单击菜单栏左侧"　　　"中的"　　"按钮,导入绘制好的事故现场 CAD 图,如图 7-48 所示,随后单击用户界面右下角"比例尺"按钮,根据比例尺对现场图进行缩放。

根据事故概况,两车发生碰撞后最终都停止在路边花坛内,可从数据库中调取刚体模型来模拟事故现场的路肩和灌木丛,添加模型后的三维场景如图 7-49 所示。

(4)仿真模拟和优化

将事故勘查分析确定的两车接触部位、碰撞角度、事故过程,以及理论计算车速等作为仿真的初始输入参数,单击菜单栏"　　　　　"中的"　　"按钮进行仿真。若仿真结果与事故事实偏离较大,可在用户界面空白区域右击,在弹出的对话框中,单击"碰撞模拟"按钮,对车辆之间的碰撞角度、接触面、接触点及车辆运动序列等参数进行反复调整,直至模拟的车辆碰撞形态、碰撞点、车辆运动轨迹、车辆最终停止位置和姿态等信息与事故现场勘验情况基本吻合,即可获得最优模拟结果。优化后的两车碰撞运动序列和仿真结果如图 7-50 和图 7-51 所示。

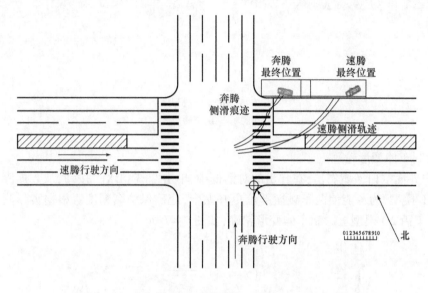

图 7-48 事故现场 CAD 图

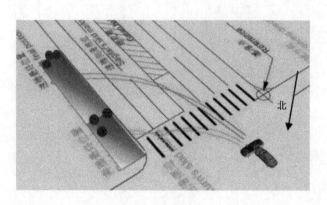

图 7-49 三维场景

从图 7-51 中可以看出,通过仿真获得的车辆碰撞部位、路面痕迹、车辆运动过程、车辆最终姿态和停止位置与事故现场勘验情况基本吻合。根据上述仿真结果,可以得到速腾轿车事故发生时的速度约为 97km/h,奔腾轿车事故发生时的速度约为 55km/h。

进行理论计算车速与仿真车速误差分析,速腾轿车车速误差和奔腾轿车车速误差分别如式(7-6)、式(7-7)所示:

$$车速误差 = \frac{97 - 95}{97} \times 100\% = 2\% \tag{7-6}$$

$$车速误差 = \frac{57-55}{57} \times 100\% = 4\% \tag{7-7}$$

仿真所得两车车速与理论计算出来的车速的误差分别为 2% 和 4%,误差范围可以满足实践要求。

图 7-50 两车碰撞运动序列
a)奔腾轿车;b)速腾轿车

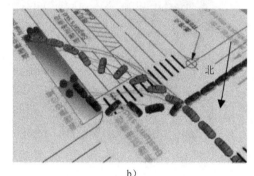

图 7-51 仿真结果
a)碰撞形态;b)碰撞过程

7.3.2 案例二

1)事故概况

奥拓轿车由北向南行驶至事故地点,恰遇一行人自西向东穿越公路。为了躲避行人,驾驶员急踩制动踏板并向左打转向盘,导致轿车前部右侧与行人发生碰撞。奥拓轿车右前部受损,驾驶员在事故中未受伤,行人当场昏迷,经抢救无效,6h 后死亡,西侧第一车道与第二车道标线处留有大量行人血迹。事故现场概况如图 7-52 所示。

2)事故痕迹物证勘验

奥拓轿车右前翼子板前部弯折变形,右侧后视镜损坏松脱,如图 7-53 所示。
根据行人尸检报告可知,行人创伤性硬膜下血肿,多发脑挫伤,蛛网膜下腔出血,脑脊液鼻漏,颅底骨折,左侧肋骨骨折,肺挫伤。分析认为,行人左侧肋骨骨折、肺挫伤为与奥拓轿车保险杠右侧、右前翼子板、右侧后视镜碰撞所致,行人创伤性硬膜下血肿、多发脑挫伤、蛛网膜下腔出血、脑脊液鼻漏、颅底骨折为行人跌落后与地面撞击所致。

图 7-52 事故现场概况

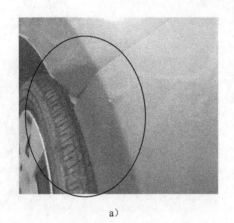 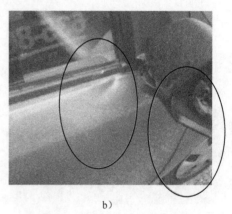

a) b)

图 7-53 奥拓轿车损坏情况
a)右前翼子板弯折变形;b)右侧后视镜损坏松脱

3)车速分析计算

根据事故现场照片、事故现场勘查资料可知,奥拓轿车在事故现场路面上留有长度 s 约为 25.7m 的制动印迹,忽略碰撞行人对轿车速度的影响,运用能量守恒定律计算轿车事故时的行驶速度 v:

$$v = \sqrt{254\varphi s} + 3.53\varphi \approx 76(\text{km/h}) \tag{7-8}$$

式中:φ——实测轿车制动附着系数,取 0.81。

4)事故仿真分析

(1)车辆和行人模型构建

首先从车型数据库中选取与事故车型相近的车辆,根据奥拓轿车车型尺寸、载重情况、轮胎规格等对选取的车型进行参数调整,并为其添加 3D 外形,具体操作方法与案例一中相同。通过多体系统调入行人模型,并根据事故受害人形体特征对其进行参数调整,如图 7-54a)所示,构建的仿真模型如图 7-54b)所示。图中已将调入的车辆和行人模型按照事故时接触部位进行摆放。由于奥拓轿车外部变形较小,无须进行车体变形轮廓绘制。

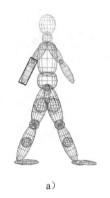 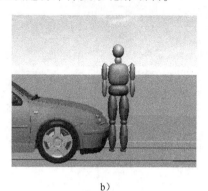

a) b)

图 7-54 行人模型和接触姿态
a)行人模型;b)接触姿态

(2)道路模型构建

由于本次事故路段不存在坡度,属于平面道路,可构建二维道路模型。通过单击"▬"按钮,调入二维道路模型。根据事故现场车道数量、交通渠化等情况输入道路参数,如图 7-55a)所示(PC-Crash 软件最多能构建双向六车道模型,在不影响仿真结果的情况下可构建双向六车道模型),构建的道路场景如图 7-55b)所示。

a) b)

图 7-55 道路模型
a)道路参数;b)道路场景

(3)仿真模拟和优化

将事故勘查分析确定的车辆与行人接触部位、碰撞角度、事故过程,以及理论计算车速等作为仿真的初始输入参数。若仿真结果与事故事实偏离较大,单击"碰撞模拟"按钮,对车辆与行人之间的碰撞角度、接触面、接触点及车辆运动序列等参数进行反复调整,直至模拟的车辆碰撞形态、碰撞点、车辆运动轨迹、车辆最终停止位置和姿态等信息与事故现场勘验情况基本吻合,即可获得最优模拟结果。优化后的奥拓轿车运动序列和事故过程如图 7-56 所示。

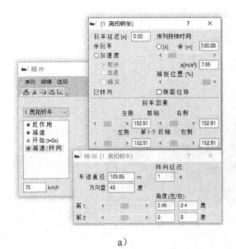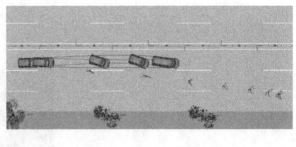

a)   b)

图 7-56 仿真结果

a) 运动序列; b) 事故过程

根据仿真结果可以看出，行人身体左侧首先与奥拓轿车右前照灯处发生碰撞，然后身体胸部倾倒在发动机舱盖上；由于受到巨大的撞击力，行人掠过车顶从汽车右侧跌落下来，紧接着在地面上做翻滚运动，直到停止于最终位置。事故仿真过程基本与事故勘查结论一致，并且车辆制动印痕与实际距离基本相符。通过仿真结果得到事故发生时奥拓轿车车速为 75km/h。

理论计算车速与仿真车速误差分析：

$$车速误差 = \frac{76-75}{76} \times 100\% = 1.3\% \tag{7-9}$$

仿真所得车速与理论计算出来的车速的误差为 1.3%，误差范围满足工程实践要求。

【习题与思考题】

1. 道路交通事故现场勘查应配备哪些人员？各自的职责是什么？
2. 简述道路交通事故现场勘查规范。
3. 现场痕迹勘查包括哪些内容？
4. 现场物证勘查包括哪些内容？
5. 人体痕迹勘查主要包括哪两方面的内容？
6. 地面痕迹勘查包括哪些内容？
7. 简述事故补充调查过程中，对道路环境进行 360°拍摄的方法。
8. 简述 PC-Crash 软件的主要功能。
9. 除了本章介绍的 PC-Crash 软件，目前还有哪些交通事故仿真再现软件？

第 8 章
交通事故预测与多发位置鉴别

交通事故是一种随机事件,表面上看没有规律可循,但是交通事故偶然性的表象受到其内部规律的支配,这种规律已经被大量的交通事故的研究结果所证实。因此,通过对交通事故的系统探讨,正确认识并利用交通事故的客观发展规律,对交通事故的发展进行预测,能更好地掌握未来交通事故的状况,从而达到减少或防止交通事故发生的目的,对城市交通状况的改善发挥至关重要的作用。

8.1 交通事故预测概述

8.1.1 交通发展的时代背景

运用人工智能和大数据技术,科学预测交通事故,可更好地预防和减少交通事故,提升人民的生活满意度。

东北尤其是吉林省,是汽车工业的摇篮,掌握了汽车制造核心技术,为智能车辆、智慧出行和安全出行贡献了力量。世界范围内新一轮的科技革命和产业变革正在加速,我国社会经济发展也进入新阶段,而这无疑给交通强国建设带来了新的战略机遇。尤其是随着人工智能、大数据等新一代信息技术与交通行业的深度融合,自动驾驶、车路协同等技术的逐步推广,在智能、平安、绿色、共享交通的发展水平不断提升的同时,人民生活的幸福感也得到提升。

综合交通运输进入了新的发展阶段,各种运输方式都要融合发展,要调整运输结构,加快形成安全、便捷、高效、绿色、经济的综合交通体系。这为加快构建现代化综合交通体系提供了科学指引。其中,安全是交通运输发展的永恒主题,是综合交通运输发展的本质要求和基本前提,提升道路交通安全程度是利国利民的大事。

交通事故预测是交通安全的主要任务之一,也是交通工程学研究的重要内容。根据交通事故预测情况有针对性地采取相应的对策,可避免日后工作中的盲目性和被动性,有效控制各影响因素,从而最终达到减少交通事故的目的。

8.1.2 道路交通事故预测的定义

道路交通事故预测就是对交通事故未来的形势进行估计和推测。它是通过对过去和未来的交通事故状态的系统探讨,考虑相关因素的变化,分析交通事故的未来状况和发展趋势,对交通事故未来状态的过程描述。具体可以定义为:以某个地区或某条道路为研究对象,通过查阅资料、调查等手段获得与道路交通事故相关的信息(历年事故指标、人口、地区生产总值、机动车保有量、公路通车里程、道路设施、道路线形、天气等),根据这些信息,应用数学方法,如模糊数学、统计学、灰色理论等,通过定性与定量相结合的方法来预测未来道路交通事故发生状况。

8.1.3 道路交通事故预测的类型

按照预测目标,道路交通事故预测可以分为事故率预测和事故数预测。事故率预测用来表示未来年事故率发展趋势,如万车事故率预测、人口事故率预测等,事故数预测用来表示未来年事故数量的发展情况。

按预测范围,道路交通事故预测可以分为交通事故宏观预测和交通事故微观预测。交通事故宏观预测是指对较长时间(一年以上)或较大空间区域内的交通事故进行总体性和趋势性的预测,如某地区交通事故变化趋势预测。交通事故微观预测是指对短时间内或某一地点、路段交通事故变化的预测,如一年内各月交通事故预测、交叉口事故预测、某路段事故预测等。

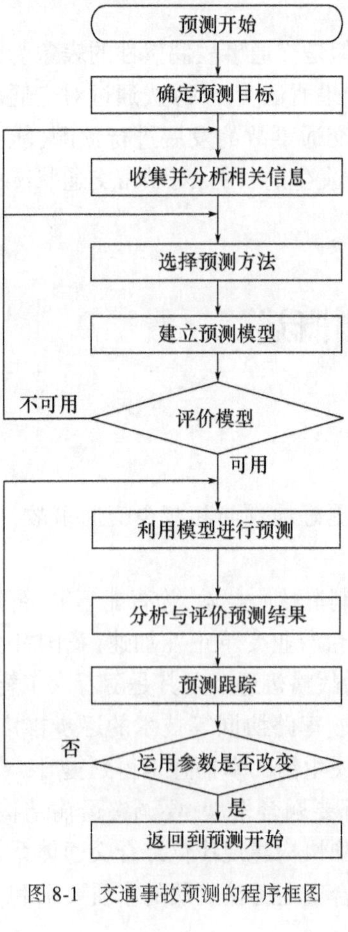

8.1.4 道路交通事故预测的步骤

在对道路交通事故广泛调查研究的基础上,进行交通事故的预测工作。预测工作涉及方法的选择、数据资料的收集与分析、预测模型的建立以及利用模型预测和对预测结果进行分析等一系列工作。交通事故预测的程序框图如图 8-1 所示。预测步骤如下:

(1)确定预测目标。预测的目标是预测的对象、类型、范围、年限以及预测精度要求等。预测目标的选择直接影响预测过程中的具体做法。

(2)收集并分析相关信息。相关信息指的是与交通事故预测相关的各种类型的数据和资料。

图 8-1 交通事故预测的程序框图

(3) 选择预测方法。根据预测目的、要求和环境的限制,考虑预测工作的实现形式及组织情况,合理选择,最大限度地满足目标的预测方法。

(4) 建立预测模型和评价模型。此部分可分为建立模型和模型的检验分析两个阶段。确定预测模型能否反映交通事故未来发展规律,如果能,则说明该模型可用,如果不能,则应该舍弃该模型,重新建立新的模型。

(5) 利用模型进行预测。明确模型预测的前提条件,因为模型是在一定假设条件和一定预测期限下建立的,只有在确认模型符合预测要求时,才可以利用模型进行预测。

(6) 分析与评价预测结果。在建立模型时,往往因为影响因素考虑不全面或者数据缺乏等问题使得预测模型的结果与实际情况相差较大,需从以下两个方面进行分析:
① 用多种预测方法预测同一事物,将预测结果进行对比分析之后加以修正和改进;
② 运用反馈原理及时用实际数据修正模型,完善模型。

(7) 预测跟踪。得到预测结果后,还应该在一定时间内对可能得到的实际数据进行跟踪处理,及时检验预测结果与预测模型,对此进行必要的修正,分析预测误差,并在预测过程中不断地完善预测模型。

8.1.5 道路交通事故预测的目的和意义

道路交通事故预测是为了掌握道路交通事故的未来状况和发展趋势,以便及时采取相应的对策,有效地控制各影响因素,达到减少道路交通事故的目的。

预测是科学决策的重要前提。在道路交通规划、设计、管理、法规和教育等方面,交通安全的科学决策显得越来越重要,不仅在数量上越来越多,而且在时间和质量上的要求也越来越高。因此,做好道路交通事故预测工作,对提高交通安全管理工作水平具有十分重要的意义。

8.2 交通事故的定性预测方法

交通事故预测可以分为定性预测和定量预测两大类。其中,定性预测是在数据资料掌握有限或需要短时间作出预测的情况下,分析者依据自身经验,根据分析对象过去和现在的延续状况及最新的信息资料,对分析对象的性质、特点、发展变化规律作出判断的一种方法。常见的定性预测方法有专家会议法、德尔菲法、情景预测法等。

8.2.1 专家会议法

专家会议法,也称专家座谈法,是根据规定的原则选定有较丰富知识和经验的一定数量专家,组织专家会议,让专家互相启发、集思广益,预测对象未来的发展趋势,最终得出预测结果的方法。专家会议法的具体组织形式有头脑风暴法、交锋式会议法和混合式会议法。

运用专家会议法,必须确定专家会议的最佳人数和会议进行的时间。专家小组规模以10~15人为宜,会议时间一般以20~60min效果最佳。会议提出的设想由分析组进行系统化处理,以便在后续阶段对提出的所有设想进行评估。

专家会议有助于专家们交换意见,互相启发,可以弥补个人意见的不足;通过内外信息的交流与反馈,产生"思维共振",进而将产生的创造性思维活动集中于预测对象,在较短时间内得到富有成效的创造性成果。专家会议法的不足之处在于,有时心理因素影响较大,容易屈服于权威或者服从大多数人的意见,容易受劝说性意见的影响,不愿意轻易改变已经发表过的意见等。

8.2.2 德尔菲法

德尔菲法的本质是一种反馈匿名函询法,其采用通信方式分别将所需解决的问题单独发送给各专家以征询意见,然后回收汇总并整理出综合意见。随后将该综合意见和预测问题再分别反馈给各专家,再次征询意见,各专家依综合意见修改自己原有的意见,然后再次汇总。如此反复,直到得到比较一致的预测结果。由此可见,德尔菲法是一种利用函询形式进行的集体匿名思想交流的方法。它有三个明显区别于其他专家预测方法的特点,即匿名性、多次反馈、小组的统计回答。

在德尔菲法的实施过程中,始终有两方面的人在活动,一是预测的组织者,二是被选出来的专家。德尔菲法中的调查表与通常的调查表有所不同,它除了像通常调查表一样向被调查者提出问题并要求回答外,还兼有向被调查者提供信息的责任,它是专家们交流思想的工具。德尔菲法的工作流程大致可以分为四个步骤,在每一个步骤中,组织者与专家都有各自不同的任务。

【例 8-1】 预测 5 年后某地区事故数与当前事故数相比较的变化趋势。假设备选趋势如下:

(1)与当前事故数持平(A);
(2)事故数增长但不超过 5%(B);
(3)事故数增长超过 5%(C);
(4)事故数减少但不超过 5%(D);
(5)事故数减少超过 5%(E)。

为了完成上述预测,选定的方法是德尔菲法,预测过程如下:

(1)选定 6 名对道路交通事故有研究成果的专家成立专家咨询小组(分别记为 P_1、P_2、P_3、P_4、P_5、P_6);
(2)把咨询的问题发送给专家,让他们根据要求进行预测;
(3)收集专家意见,进行数学处理,检验一致程度;
(4)如果一致性较差,则把结果反馈给专家,让专家重新考虑自己的意见,直到结果一致性达到要求;
(5)集中专家意见,最后得出预测结果。

上述是 6 名专家对 5 种备选趋势按可能性从大到小的排列情况,未进行数学处理,先将表 8-1 转化为调查结果位次表(表 8-2)。

第一轮预测结果　　　　　　　　　　表 8-1

专家	位次				
P_1	A	B	C	D	E
P_2	B	E	C	A	D

续上表

专　家	位　次				
P_3	A	C	D	E	B
P_4	C	D	A	B	E
P_5	D	C	B	E	A
P_6	E	B	A	D	C

第一轮调查结果位次表　　　　　　　　表 8-2

趋势	专　家						位次和
	P_1	P_2	P_3	P_4	P_5	P_6	
A	1	4	1	3	5	3	17
B	2	1	5	4	3	2	17
C	3	3	2	1	2	5	16
D	4	5	3	2	1	4	19
E	5	2	4	5	4	1	21

计算一致性系数如式(8-1)所示：

$$\mathrm{CI} = \frac{12S}{m^2(n^3-n)} \tag{8-1}$$

式中：CI——反映协调程度指数的一致性系数；

m——专家人数，此例中 $m=6$；

n——备选项数量，此例中 $n=5$；

S——每一种备选项的位次数总和与平均位次差的平方和。

根据式(8-1)可得：$S_A = (17-18)^2 = 1, S_B = (17-18)^2 = 1, S_C = (16-18)^2 = 4, S_D = (19-18)^2 = 1, S_E = (21-18)^2 = 9, S = 1+1+4+1+9 = 16, \mathrm{CI} = \frac{12 \times 16}{6^2 \times (5^3-5)} = 4.4\%$。

预测结果说明，专家意见的一致性很差，预测结果的可靠性也很低，因此要进行第二轮咨询，结果见表 8-3。

第二轮调查结果位次表　　　　　　　　表 8-3

趋势	专　家						位次和
	P_1	P_2	P_3	P_4	P_5	P_6	
A	1	3	1	2	2	1	10
B	2	1	2	3	1	3	12
C	3	2	5	1	3	2	16
D	4	5	3	4	4	5	25
E	5	4	4	5	5	4	27

第二轮与第一轮相比，一致性程度有了很大的提高，但一般认为一致性系数要达到 70% 以上，预测结果才是可靠的。因此，需要进行第三轮咨询，具体步骤同前两轮。从第二轮结果可以基本得出结论，今后 5 年某地区事故数与当前事故数持平。

8.2.3 情景预测法

情景预测法是假定某种现象或某种趋势将持续到未来的前提下,对预测对象可能出现的情况作出预测的方法,是一种直观的定性预测方法。

情景预测法的主要步骤包括:①确定预测主题;②分析未来情景;③寻找影响因素;④具体分析;⑤预测。

情景预测法的特点包括:

(1)使用范围广,只要是对未来的分析,均可使用。

(2)考虑问题较全面,应用灵活。它尽可能地考虑将来会出现的各种状况和各种不同的环境因素,并引入各种突发因素,将所有可能尽可能展示出来,有利于决策者进行分析。

(3)定性和定量分析相结合。通过定性与定量分析相结合,为决策者提供主、客观相结合的未来前景预测。通过定性分析找出各种因素和各种可能;通过定量分析提供一种尺度,使决策者能更好地进行决策。

(4)能及时发现未来可能出现的难题,以便采取行动减轻或消除影响。

8.3 交通事故的定量预测方法

定量预测是在历史数据和统计材料的基础上,运用数学或其他分析技术,建立可以表达数量关系的模型,并利用它来预测未来年的交通事故发生情况。此种预测方法偏重数量方面的分析,重视预测对象的变化程度,能对变化程度做出数量上的准确描述,在交通事故预测中应用广泛。常见的定量预测方法有增长曲线预测、灰色预测、生成数列回归分析、神经网络预测和大数据技术预测等方法。

8.3.1 增长曲线预测

交通事故的发展规律多类似于生物的自然增殖过程,可用一条近乎S形的曲线来描述:预测对象数值随时间推移而逐步增长,发展初期增长速度较慢,一段时间后,增长速度会逐渐加快,到接近某一增长极限时,增长速度又会放慢。常用于预测的S形增长曲线模型有戈伯兹曲线预测模型和逻辑曲线预测模型。

1) 戈伯兹曲线预测模型

戈伯兹曲线如图8-2所示,其数学模型如式(8-2)所示:

$$y = Ka^{b^t} \tag{8-2}$$

式中:y——预测函数值;

t——时间变量;

K、a、b——模型参数。

如果通过对时间序列数据的观察分析,认为可以用戈伯兹曲线拟合,则按如下步骤计算K、a、b等三个待求参数。

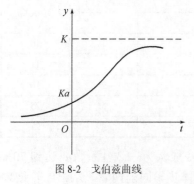

图8-2 戈伯兹曲线

(1)进行时间编序,第一年$t=0$,第二年$t=1$,依次类推。

(2) 将时间序列数据分为三段,每段 n 年,计算各时间段内实际数据之对数和,如式(8-3)所示:

$$\begin{cases} \sum_1 \lg y = \sum_{t=0}^{n-1} \lg y_t \\ \sum_2 \lg y = \sum_{t=n}^{2n-1} \lg y_t \\ \sum_3 \lg y = \sum_{t=2n}^{3n-1} \lg y_t \end{cases} \tag{8-3}$$

式中:y_t——第 t 年的实际数据。

(3) 计算 K、a、b。

计算过程如式(8-4)~式(8-6)所示:

$$b^n = \frac{\sum_3 \lg y \sum_2 \lg y}{\sum_2 \lg y - \sum_1 \lg y} \tag{8-4}$$

$$\lg a = \left(\sum_2 \lg y - \sum_1 \lg y \right) \cdot \frac{b-1}{(b^n - 1)^2} \tag{8-5}$$

$$\lg K = \frac{1}{n} \left(\sum_1 \lg y - \frac{b^n - 1}{b - 1} \lg a \right) \tag{8-6}$$

2) 逻辑曲线预测模型

逻辑曲线的数学模型如式(8-7)所示:

$$y = \frac{K}{1 - be^{-at}} \tag{8-7}$$

式中:y——预测函数值;

t——时间变量;

K——渐近线值;

a、b——模型参数;

e——自然对数的底。

可按如下步骤计算 K、a、b 这三个待定参数:

(1) 进行时间编序,第一年 $t=1$,第二年 $t=2$,依次类推。

(2) 将时间序列数据分为三段,每段 n 年,计算各时间段内实际数据的倒数之和,分别记作 s_1、s_2、s_3,计算过程如式(8-8)、式(8-9)所示:

$$\begin{cases} s_1 = \sum_{i=1}^{n} \frac{1}{y_t} \\ s_2 = \sum_{i=n+1}^{2n} \frac{1}{y_t} \\ s_3 = \sum_{i=2n+1}^{3n} \frac{1}{y_t} \end{cases} \tag{8-8}$$

$$\begin{cases} D_1 = s_1 - s_2 \\ D_2 = s_2 - s_3 \end{cases} \tag{8-9}$$

(3)计算 K、a、b。

计算过程如式(8-10)~式(8-12)所示：

$$K = \frac{n}{s_1 - \dfrac{D_2}{D_1 - D_2}} \tag{8-10}$$

$$a = \frac{1}{n}(\ln D_1 - \ln D_2) \tag{8-11}$$

$$b = \frac{KD_1}{C(D_1 - D_2)} \tag{8-12}$$

式中：$C = \dfrac{\mathrm{e}^{-a}(1 - \mathrm{e}^{-na})}{1 - \mathrm{e}^{-na}}$。

将求得的 K、a、b 代入式(8-7)，即可得逻辑曲线预测模型。

8.3.2 灰色预测

在对交通事故进行预测时，传统的事故统计方法普遍存在着"小样本、长周期、大区域、低信度"的缺陷，直接影响交通事故分析的准确性和精确度。而灰色理论以"部分信息已知、部分信息未知"的"小样本""贫信息"的不确定问题为研究对象，通过对"部分"已知信息的生产开发，提取有价值的信息，可实现对系统运行行为的正确认识。

例如，城市道路交通系统作为一个抽象系统，没有物理原型，很难确定影响系统的全部因素，更不可能确定因素之间的映射关系。因此，可将城市道路交通系统视为本征性灰色系统。交通事故存在于交通系统中，事故的发生与众多因素相互关联和制约，但又很难找出影响事故发生的全部因素。也就是说，影响事故发生的信息不明确、不完全、不全面。在多种因素中必然有的对事故影响大，有的对事故影响小。经过对大量交通事故的调查研究发现，各种因素都与交通事故存在一定的关系，对事故影响大的因素支配着交通事故次数的变化。灰色理论所研究的是这种外延明确、内涵不明确的对象。灰色理论认为，尽管客观系统表象复杂，但总是有整体功能的，总是有序的，在离散的数据中必然蕴含着某种内在的规律。

在事故信息收集不完全或信息没有明显的规律性的情况下就可以考虑使用灰色预测方法。使用灰色预测方法时，先采用累加或累减的方法对时间数据列进行处理，弱化数据列的随机性，从而使其转化为比较有规律的数据列。

例如，给定数据列如式(8-13)所示：

$$[x^{(0)}(t_i)] = [x^{(0)}(t_1), x^{(0)}(t_2), \cdots] \tag{8-13}$$

式(8-13)是规律不明显的时间序列，做数据累加生成处理，令式(8-14)成立：

$$[x^{(1)}(t_i)] = \sum_{k=1}^{i} x^{(0)}(t_i) \tag{8-14}$$

得到新数据列，如式(8-15)所示：

$$[x^{(1)}(t_i)] = [x^{(1)}(t_1), x^{(1)}(t_2), \cdots] \tag{8-15}$$

新数据列随机性被弱化，有明显的增长规律性(可进行 n 次处理)，新数据列的绘制曲线多接近指数式曲线。

灰色动态模型 GM(n,h),n 为微分方程阶数,h 为变量的个数。一般采用 GM(1,1)模型形式,如式(8-16)所示：

$$\frac{\mathrm{d}x^{(1)}}{\mathrm{d}t} + ax^{(1)} = \mu \tag{8-16}$$

式中：a,μ ——建模过程中待识别的参数和内部变量；

$x^{(1)}$ ——原始数据 $x^{(0)}(t_i)$ 经过累加生成处理得到的新数据列。

参数辨识过程如下：

(1) 构造数据矩阵 $\boldsymbol{B}$：

$$\boldsymbol{B} = \begin{bmatrix} -\frac{1}{2}[x^{(1)}(1) + x^{(1)}(2)] & 1 \\ -\frac{1}{2}[x^{(1)}(2) + x^{(1)}(3)] & 1 \\ \vdots & \vdots \\ -\frac{1}{2}[x^{(1)}(n-1) + x^{(1)}(n)] & 1 \end{bmatrix} \tag{8-17}$$

(2) 构造矩阵向量 $\boldsymbol{y}_n$：

$$\boldsymbol{y}_n = [x^{(0)}(2), x^{(0)}(3), \cdots, x^{(0)}(n)]^{\mathrm{T}} \tag{8-18}$$

(3) 做最小二乘法计算,求参数 a,μ：

$$\hat{\boldsymbol{c}} = \begin{bmatrix} a \\ \mu \end{bmatrix} = (\boldsymbol{B}^{\mathrm{T}} - \boldsymbol{B})^{-1} \boldsymbol{B}^{\mathrm{T}} \boldsymbol{y}_n \tag{8-19}$$

(4) 建立时间响应函数：

$$\hat{x}^{(1)}(t) = \left[x^{(1)}(0) - \frac{\mu}{a}\right] \mathrm{e}^{-at} + \frac{\mu}{a} \tag{8-20}$$

基于灰色理论模型 GM(1,1)的预测,称为灰色预测。可将一个地区的道路交通系统视为灰色系统,把交通事故当作灰色量。对影响本次交通事故的有关因素进行分析,找出主要影响因素,建立灰色预测模型。利用灰色系统建模进行预测的优点是,要求的样本数据数量较少、原理简单、运算方便,具有可检验性。但是灰色系统建模数据必须为光滑离散函数,且模型仅能描述一个随时间按指数规律单调增长或衰减的过程。在实际预测中,可运用定性和定量相结合或灰色预测与其他方法相结合构造预测模型,预测精度会有很大的提高。

8.3.3 生成数列回归分析

生成数列回归分析是运用灰色预测的基本理论对影响因素进行关联分析,定量地找出主要影响因素,并建立因变量、自变量的生成数列,据此进行一元或多元回归分析,得到生成数列预测模型的方法。其基本步骤如下：

1) 关联度分析

关联度分析的基本思想是根据曲线间的相似程度来判断曲线关联程度,几何形状越相似,其关联程度越高,因素间的关系越密切。关联度分析的目的是找出影响预测对象的主要因素。

设参考数列(预测对象的原始数列)为 x_0,被比较数列(影响因素的原始数据列)为 x_i ($i =$

$1, 2, \cdots, m$),且

$$x_0 = \{x_0(1), x_0(2), \cdots, x_0(n)\}$$
$$x_i = \{x_i(1), x_i(2), \cdots, x_i(n)\}$$
$$i = 1, 2, \cdots, m$$

则称 $\xi_i(t)$ 为曲线 x_0 与 x_i 在第 t 点的关联系数:

$$\xi_i(t) = \frac{\min\limits_{i}\min\limits_{t}|x_0(t)-x_i(t)| + \rho\max\limits_{i}\max\limits_{t}|x_0(t)-x_i(t)|}{|x_0(t)-x_i(t)| + \rho\max\limits_{i}\max\limits_{t}|x_0(t)-x_i(t)|} \tag{8-21}$$

式中: $|x_0(t) - x_i(t)| = \Delta_i(t)$ ——第 t 点 x_0 与 x_i 的绝对差;

$\min\limits_{i}\min\limits_{t}|x_0(t)-x_i(t)|$ ——两级最小差;

$\max\limits_{i}\max\limits_{t}|x_0(t)-x_i(t)|$ ——两级最大差;

ρ ——分辨系数,在 0~1 之间取值,一般取 $\rho = 0.5$。

曲线 x_i 与曲线 x_0 的关联度为 r_i,其值如式(8-22)所示:

$$r_i = \frac{1}{n}\sum_{i=1}^{n}\xi_i(t) \tag{8-22}$$

对单位不同或初始值不同的数列作关联度分析时,一般要做处理,使之无量纲化,即用 $x_0(1)$ 去除 $x_0(t)$,用 $x_i(1)$ 去除 $x_i(t)$。关联系数大的因素 $x_i(t)$,对预测对象 $x_0(t)$ 的影响大,一般应作为主要影响因素。一般可选择 1~3 个关联度大的因素作为自变量进行回归分析。

2)建立生成数列回归模型

设因变量的原始数列为 $y^{(0)}(t)$,其一次累加生成数列为 $y^{(1)}(t)$,即
$y^{(0)}(t) = \{y^{(0)}(1), y^{(0)}(2), \cdots, y^{(0)}(n)\}$,$y^{(1)}(t) = \{y^{(1)}(1), y^{(1)}(2), \cdots, y^{(1)}(n)\}$

应当注意,原始数列 $x_i^{(0)}$ 和 $y^{(0)}(t)$ 应是连续若干年份的数据,若某一年的数据缺乏,应该进行数据修补。对生成数列进行常规的回归分析,建立生成数列的回归预测模型,用相关系数等进行回归模型的精度检验,根据回归模型逐年计算出预测年限内的生成预测值。

【例 8-2】 已知预测变量、自变量的原始数据如表 8-4 所示,用生成数列回归分析法进行预测。

原 始 数 据 表   表 8-4

t	1	2	3	4	5
$y^{(0)}(t)$	2.88	2.67	4.73	5.44	5.97
x_1	5.729	7.364	8.649	9.865	11.461
x_2	18.978	20.9766	23.5862	26.551	28.761
x_3	101.7775	104.7008	106.354	105.394	107.2519
t	6	7	8	9	10
$y^{(0)}(t)$	6.37	6.06	6.99	8.02	7.77
x_1	11.019	13.303	15.692	17.155	19.518
x_2	31.3789	34.7431	39.6518	42.5518	47.6818
x_3	107.3935	112.2696	118.5068	121.6828	123.3535

【解】 自变量对因变量的关联度分别为：

$$r_1 = 0.79189, r_2 = 0.72043, r_3 = 0.53517$$

根据关联度的大小可知，x_1、x_2 对 y 的影响是主要的，可以建立二元线性回归方程。如采用三元线性回归，对表 8-4 中的数据进行一次累加生成处理，再进行多元线性回归，得到以下预测模型：

$$y^{(1)} = -2.2339 - 0.5555 x_1^{(1)} + 0.4512 x_2^{(1)} - 0.0047 x_3^{(1)}$$

$$R = 0.99959$$

为了进一步检查精度，表 8-5 中列出了预测计算结果，并与一般的回归方法进行了比较。比较结果是，生成数列回归预测法的离差是 4.6102，一般回归方法的预测离差是 5.543，前者较后者减少了 16.8%，显然提高了预测精度。

预测结果　　　　　　　　　　　　　　　表 8-5

$y^{(0)}(t)$	2.88	2.67	4.37	5.44	5.97	6.37	6.06	6.99	8.02	7.77
$\hat{y}^{(1)}(t)$	2.04	6.17	10.66	15.72	20.80	27.20	33.71	40.91	48.48	56.86
$\hat{y}^{(0)}(t)$	2.04	4.13	4.49	5.06	5.08	6.40	6.51	7.20	7.57	8.38
一般回归 $y^{(0)}$	2.32	2.96	3.76	5.08	5.91	6.07	6.00	7.21	8.12	9.89

8.3.4 神经网络预测

道路交通事故的形成因素包括人、车、路（包括环境）等多个非线性因素，传统的线性分析方法无法揭示其内涵，存在较大的局限性，同时受到数据量少和噪声污染等因素的影响，使得预测无法得到满意的结果。

根据神经网络中的 Kolmogorov 定理，给定任一连续函数 $f:[0,1]^n \to R^m, f$ 可以用一个三层前向神经网络精确地实现，此网络的第一层即输入层有 n 个神经元，中间层有 $2n+1$ 个神经元，第三层即输出层有 m 个神经元。或者说，给定任意 $\varepsilon > 0$，对于任意的 L_2 型连续函数 $f:[0,1] \to R^m$，存在一个三层神经网络，它可以在任意 ε 平方误差精度内逼近 f。而对于交通事故的预测，由于可以视作一个非线性随机的输入输出系统，因此从理论上保证了将上述思路用于时间序列预测的可行性。

所以，选用 BP 神经网络建立城市道路交通事故神经网络预测模型。但是，BP 算法具有学习速度慢，目标函数存在局部极小点的缺点。为此采用改进的快速 BP 算法，即采用加动量项和自适应学习速率的方法来弥补这一不足，实现对交通事故的预测。

常用的预测方法是先预测交通事故因子，再来预测交通事故。然而鉴于我国交通事故统计中的各种影响因素（道路设施、人口、车辆、道路线形、气候等发展变化的信息）所占比例缺乏相应的统计资料，所以难以采用因子预测方法，故而常采用时间序列预测交通事故。

1）改进的快速算法

BP 算法是一种迭代算法，一次学习过程由输入数据的正向传播和误差的反向传播两个子过程组成。其数学描述是：

设有 N 个学习实例 $(\boldsymbol{X}_k, \boldsymbol{Y}_k^*)$，$k=1,2,\cdots,N$，对实例 $(\boldsymbol{X}_k, \boldsymbol{Y}_k^*)$，在正向传播过程中，实例 k 的输入向量 $\boldsymbol{X}_k = (x_{1k}, x_{2k}, \cdots, x_{nk})$ 从输入层的 n 个节点输入，经隐含层逐层处理，由输出层的

m 个节点的输出端得到实例 k 的网络计算输出向量 $Y_k = (y_{1k}, y_{2k}, \cdots, y_{mk})$，比较 Y_k 和实例 k 的期望输出向量 $Y_k^* = (y_{1k}^*, y_{2k}^*, \cdots, y_{mk}^*)$，若 N 个学习实例的计算输出都达到期望的结果，则学习过程结束；否则，进入误差反向传播过程，把 Y_k 与 Y_k^* 的误差输出层向输入层反向传播，在反向传播过程中，修改各层神经元的连接权值。

设 $I_{jk}^{(l)}$ 表示实例 k 的输入向量 X_k 输入后，传播到第 l 层节点 j 的输入，$O_{jk}^{(l)}$ 表示第 l 层节点 j 的输出，$w_{ij}^{(l-1)}$ 为第 $l-1$ 层的节点 i 连接第 l 层节点 j 的权值，$n^{(l-1)}$ 为第 $l-1$ 层的节点数，f 为节点神经元的传递函数(一般使用可微的 sigmoid 型函数)，BP 网络神经元的输入输出关系，见式(8-23)、式(8-24)：

$$I_{jk}^{(l)} = \sum_{i=1}^{n^{(l-1)}} w_{ij}^{(l-1)} O_{jk}^{(l-1)} \tag{8-23}$$

$$O_{jk}^{(l)} = f[I_{jk}^{(l)}] \tag{8-24}$$

实例 k 对节点 j 的期望输出 $O_{jk}^{*(l)}$ 与节点 j 对实例 k 的网络计算输出 $O_{jk}^{(l)}$ 的误差定义为：

$$E_{jk}^{(l)} = \frac{1}{2}[O_{jk}^{*(l)} - O_{jk}^{(l)}]^2 \tag{8-25}$$

若第 l 层是 BP 网络的输出层，即节点 j 是输出节点，则 $O_{jk}^{*(l)} = y_{jk}^*$，$O_{jk}^{(l)} = y_{jk}$，实例 k 的输出误差见式(8-26)：

$$E_{jk}^{(l)} = \frac{1}{2}(y_{jk}^* - y_{jk})^2 \tag{8-26}$$

若对 N 个样本的任意一个样本 k，输出层的 n 个输出节点的计算输出分别满足期望输出，即 $E_{jk}^{(l)} \leq \varepsilon$，则学习过程结束，否则，由误差反向传播过程修改权值分布 w。权值修改为：

$$w_{ij}^{l-1}(t+1) = w_{ij}^{l-1}(t) + \Delta w_{ij}^{l-1}(t) \tag{8-27}$$

如前所述，由于 BP 算法在应用之中存在许多不足之处，所以，根据标准 BP 算法提出改进，以此来训练前向网络。

(1) 动量法

$$w(t+1) = w(t) + \eta\left\{(1-a)\left[-\frac{\partial E}{\partial w(t)}\right] + a\left[-\frac{\partial E}{\partial w(t+1)}\right]\right\} \tag{8-28}$$

式中：a ——动量系数；
η ——学习速率；
E ——误差。

基本思路就是在每个加权调节量上加上一项正比例于前次加权变化量的值(即本次权值的修改表达式中引入前次加权的权重修改)。这种方法所加入的动量项实质上相当于阻尼项，它减弱了学习过程的振荡趋势，从而改善了收敛性。

(2) 自适应学习调整频率[式(8-29)]

$$w(t+1) = w(t) + \eta(t)\left[-\frac{\partial E}{\partial w(t)}\right] \tag{8-29}$$

自适应学习调整速率先给一个初值，利用乘法使之增加或减少，以保持学习速度快且稳定。当连续两次迭代梯度方向相同时，表明下降太慢，这时可使步长加倍；当连续两次迭代梯度方向相反时,表明下降过头,这时可使步长减半。标准 BP 算法学习过程框图如图 8-3 所示。

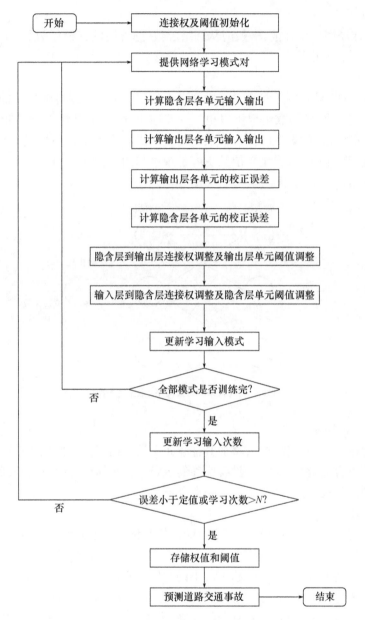

图 8-3 标准 BP 算法学习过程框图

由式(8-23)、式(8-24)、式(8-25)有:

$$\frac{\partial E_{jk}^{(l)}}{\partial w_{ij}^{(l-1)}} = \frac{\partial E_{jk}^{(l)}}{\partial O_{jk}^{(l)}} \cdot \frac{\partial O_{jk}^{(l)}}{\partial I_{jk}^{(l)}} \cdot \frac{\partial I_{jk}^{(l)}}{\partial w_{ij}^{(l-1)}} = \delta_{jk}^{(l)} O_{jk}^{(l-1)} \tag{8-30}$$

$$\delta_{jk}^{(l)} = \frac{\partial E_{jk}^{(l)}}{\partial I_{jk}^{(l)}} = \frac{\partial E_{jk}^{(l)}}{\partial O_{jk}^{(l)}} \cdot \frac{\partial O_{jk}^{(l)}}{\partial I_{jk}^{(l)}} = \frac{\partial E_{jk}^{(l)}}{\partial O_{jk}^{(l)}} f \left[I_{jk}^{(l)} \right] \tag{8-31}$$

运用上述两种方法来训练,都具有一个特点,即一旦训练达到最大的训练次数,或者网络误差平方和达到期望误差,就会使网络停止学习。

2) BP 神经网络的设计

在进行 BP 神经网络设计前,一般应从网络层数、隐含层的神经元数目、学习速率、期望误差的选取等方面进行考虑。

(1) 网络层数

理论上早已证明,具有偏差和至少一个 S 型隐含层加上一个线性输出层的网络,能够逼近任何有理函数。增加网络层数主要可以更进一步减小误差,提高精度,但同时也使网络复杂化,从而延长了网络权值的训练时间。而误差精度的提高实际上也可以通过增加隐含层的神经元数目来实现,其训练效果比增加层数更容易观察和调整,所以一般情况下优先考虑增加隐含层的神经元数目。为此选用三层网络,如图 8-4 所示。

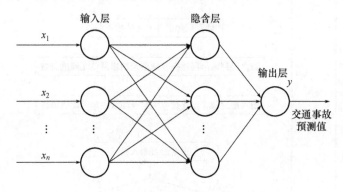

图 8-4 交通事故神经网络预测模型结构

(2) 隐含层的神经元数目

虽然可以通过采用一个隐含层,增加其神经元个数来提高网络的训练精度,但是究竟选取多少个隐含层节点合适,在理论上并没有明确的规定。在具体设计时,比较实际的做法是对不同神经元进行训练比较,然后适当地加上一点余量。

(3) 学习速率

学习速率决定每一次循环训练中所产生的权值变化量。但是快的学习速率可能导致系统的不稳定,而慢的学习速率将会导致训练时间较长,收敛速度很慢,不过后者能保证网络的误差值不跳出误差表面的低谷,而最终趋于最小误差值。所以一般情况下,倾向于选择较慢的学习速率以保证系统稳定性。学习速率的选取范围通常在 0.01~0.8 之间。任何具体的网络都存在一个合适的学习速率,但对于较复杂的网络,为了减少寻找学习速率的训练次数以及缩短时间,比较合适的方法是采用变化的自适应学习速率。

(4) 期望误差的选取

在设计网络的训练过程中,期望误差值也应当通过对比训练确定一个合适的值,这个所谓的"合适",是相对于所需要的隐含层的节点数来确定的,因为较小的期望误差值是要靠增加隐含层的节点,以及延长训练时间来获得的。一般情况下,作为对比,可以同时对两个不同的期望误差值进行训练,最后通过综合考虑来确定采用其中哪一个网络。

3) BP 神经网络模型的不足与改进

(1) BP 神经网络模型的不足

BP 算法最主要的优势是它可以以任意精度逼近任何非线性函数,因而得到越来越广泛的应用。然而 BP 算法仍然存在以下不足:由于 BP 算法是非线性优化,因而不可避免地易形成局部极小,而得不到全局最优;该算法的学习效率低,收敛速度慢,并且收敛速度始终与初始权值的选择有关;算法的网络结构设计虽然已有若干尝试,但尚缺乏严格的理论指导;训练时加入新样本有遗忘旧样本的趋势,学习参数取值尚无通用准则而且存在过度拟合的现象。

(2) BP 神经网络模型的改进

为了弥补上述不足,各国的科学家和工程技术人员采取了许多模型来改进 BP 神经网络模型,如灰色理论与神经网络相结合的灰色神经网络模型,模糊数学理论与神经网络相结合而成的模糊神经网络模型,遗传算法与神经网络相结合的遗传算法神经网络模型,模拟退火算法和神经网络相结合的模拟退火算法神经网络模型等。总体来说,这些模型都可以或多或少地改善 BP 神经网络模型的预测能力。

采用组合预测能有效提高预测能力。如生成数列回归分析技术模型相比单独灰色预测模型的预测精度提高近 50%,主要是因为生成数列回归分析技术模型综合了生成数列技术和回归分析技术的优点,生成数列技术揭示了数列的内在规律性,而回归分析技术能深刻反映交通事故受主要因素影响的量化关系。因此,其能够有效地提高交通事故预测精度,当原始数据分布波动大、样本少时,效果更加明显。采用组合预测的关键是确定单个预测方法的加权系数。

道路交通事故是一种十分复杂的随机现象,它不仅与交通管理水平及车辆有关,而且受到道路条件、交通组成、人的交通行为、社会经济及政治等因素的影响。因此,交通事故的变化规律也呈现出复杂多样的特点。选择交通事故预测方法,一定要根据具体的预测目标、数据性质、预测精度要求等条件综合考虑,确定合理有效的预测方法。

8.3.5 大数据技术预测

随着交通信息采集技术的发展和完善,交通数据采集的范围、广度、深度得到进一步的加强,交通数据的规模正以指数级增长,交通领域已经迎来了大数据时代。交通大数据为智能交通领域带来了机遇和挑战,海量的交通数据中隐含着极具价值的信息。通过大数据技术对海量交通数据进行挖掘,提取有价值的信息来解决现实交通问题,是当前交通领域研究的重要方向。

通过分析交通大数据的特征,利用 Hadoop 技术建立大数据平台进行交通大数据的处理工作。以实例数据在 Hadoop 大数据平台进行交通大数据的预处理工作,在此基础上结合机器学习算法对交通运行状况进行预测,预测结果具有准确性和时效性。

1) Hadoop 平台架构

Hadoop 是一个由 Apache 基金会所开发的分布式系统基础架构,核心包括 HDFS(分布式文件系统)、YARN(资源管理调度系统)及 MapReduce(分布式运算框架)。其中 HDFS 主要由主控节点 NameNode、数据节点 DataNode 以及辅助节点 Secondary NameNode 组成。NameNode 负责接收用户的操作请求,并维护文件系统的目录结构,管理文件与 block、block 与 DataNode 之间的关系。每台服务器上运行一个 DataNode,其主要负责将 HDFS 数据块写到本地文件系统,同时需要将文件分成 block 存储在磁盘上。为了保证数据安全,存储在磁盘上的文件会产生多个副本,Secondary NameNode 则负责与 NameNode 进行通信,并定期保存 HDFS 的元数据快照,当 NameNode 发生故障时就会作为备用的 NameNode 使用 HDFS 的基本架构。MapReduce 是一种编程模型,用于大规模数据集(大于 1TB)的并行计算。概念"Map"(映射)和"Reduce"(归约),是其主要思想。它极大地方便了编程人员在不会分布式并行编程的情况下,将自己的程序运行在分布式系统上。当前的软件实现是指定一个 Map 函数,用来把一组键值对映射成一组新的键值对,用来保证所有映射的键值对中的每一个共享相同的键组。

YARN 作为资源管理调度系统,主要由 Resource Manager、Node Manager、Application Master 组成。其中 Resource Manager 在整个 Hadoop 集群中只有一个,主要负责集群资源的统一管理和调度、客户端请求的处理、Application Master 的启动或监控、Node Manager 的监控以及资源分配与调度。

2) 实验分析

预测交通事故首先需要获取源交通数据。由于获取的源交通数据有可能是异构的,无法直接使用,故需要先对获取的源交通数据进行 ETL[抽取(E)、转换(T)、加载(L)]处理,即抽取—转换—载入,然后将经过处理的数据存入数据仓库中,并参与之后的交通事故预测处理过程,最后将预测处理结果写回目标数据库中,以便前端可视化显示。交通事故预测实验流程如图 8-5 所示。

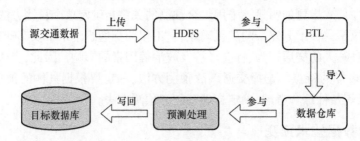

图 8-5 交通事故预测实验流程

(1) 数据处理

① 数据源获取。

从真实项目对应数据库中获取多源异构交通数据,按指定的时间间隔生成一系列交通数据集合。

② 数据上传。

后台系统每隔一段时间将产生一个数据集合,并通过 Flume 载入 HDFS 中。Flume 是 Cloudera 提供的一个高可用、高可靠、分布式的海量日志采集、聚合和传输的系统,用于收集数据。在生产服务器(如 Linux 系统环境)上进行 Flume 相关配置,当定时产生的数据集合上传到服务器上某个目录后,Flume 会根据配置自动将数据集上传到 HDFS 的目标目录中。

③ 数据清洗。

对于多源交通数据,初始情况下无法直接使用,需要进行 ETL 处理。ETL 是将业务系统的数据经过抽取、清洗转换之后加载到数据仓库中的过程。ETL 是构建数据仓库的重要步骤。ETL 工作流程如图 8-6 所示。

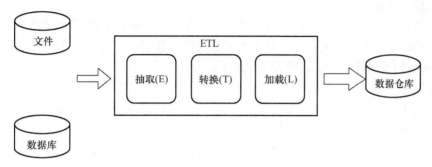

图 8-6 ETL 工作流程

④数据载入。

处理后的实验数据会导入分布式数据仓库 HIVE，同时形成参与实验的测试集 testTrafficData 与训练集 trainTrafficData，进行预测分析。事故风险预测模型提取事故发生前和非事故情况下的交通流特征数据作为自变量，以事故发生与否作为因变量，通过数理统计或机器学习方法构建模型，分析事故的发生与交通流状态的相关性，可使用该模型来预测未来一段时间内某路段发生交通事故的概率。

⑤预测分析。

通过 MapReduce 大数据计算框架，并配合逻辑回归算法，根据 HDFS 上产生的数据进行交通事故发生概率的计算。测试数据集经过预测计算，会加入 testTrafficData 中。

（2）MapReduce 计算处理

此处将采用 MapReduce 实现整个实验计划，具体的 key-value 数据构成如下。

Map 端：$<(x_1, x_2, x_3, \cdots, x_n), R>$。Reduce 端：$<(x_1, x_2, x_3, \cdots, x_n), P>$。

其中，$x_1, x_2, x_3, \cdots, x_n$ 表示特征向量；R 表示是否发生了交通事故，1 表示发生，0 表示未发生；P 表示预测是否正确，1 表示预测正确，0 表示预测错误。

最终计算结果：在统计出测试数据条目 Num 的基础上，输出 $<(T, S, D), P>$ 键值对，并且需要在 Reduce 端统计出 P 值为 1 的键值对个数 accurate，最终预测准确率为 accurate/Num。

（3）处理结果写入

HIVE 中的数据参与交通事故预测后，需要将预测结果写入目标数据库中，可将结果数据显示在前端页面，用于可视化显示，有利于工作人员对道路情况提前作决策，最大限度地减少经济与财产损失和人员伤亡。

3）具体实施步骤

交通事故预测算法的实验和研究将应用于实际生产实践，有助于将思想转化为企业经济效益。基于 Hadoop 技术的交通事故预测可以用于大型交通领域，具体实施步骤如下：

（1）HDFS 集群搭建

选择合适的主机搭建 Hadoop 集群，若条件受限，可以只使用一台主机搭建 Hadoop 单机环境。该安装方式允许一台运行 Linux 或在 Windows 下运行 Linux 虚拟机的单机上安装 Hadoop 环境。Hadoop 启动后，当主机的 NameNode、Secondary NameNode、Resource Manager 进程启动并且从机的 DataNode 进程也启动时，Hadoop 环境安装完成。最终，主从结构与各机器启动进程。

(2) 数据预处理

将需要的数据从数据库中导出,按照需要的字段进行数据预处理,形成训练数据集。在下一个时间间隔内,再如此形成一个带有真实标签的测试数据集。此外需要安装 Flume,并将获得的需要参与的数据通过 Flume 载入 HDFS 中。

(3) 编写程序

编写 MapReduce 交通事故预测算法应用程序,完成编译后,最终导出成一个 jar 包。

(4) 新建线程

在系统后台新建一个线程,负责数据集成以及该 jar 包指定间隔内的启动分析,最终将预测结果反馈给系统,系统将结果显示在前端页面。

8.4 道路事故多发位置的鉴别

8.4.1 交通事故多发位置的定义

交通事故多发位置是指在所定的统计周期内,特定的路网范围(点、段、区域)对应某种算法得到的交通事故发生水平评定指标明显高于类似地点、类似交通状态下区域路网上的平均指标的区域。合理地确定统计周期、特定的路网范围、评定指标和鉴别方法等,是鉴别事故多发位置的关键。

1) 事故多发位置的范围

根据事故集中发生范围的大小,可以将事故多发位置分为事故多发点、事故多发路段和事故多发区域 3 种情况。澳大利亚的 K. W. Ogden 在 *Safer Road: a Guide to Road Safety Engineering* 一书中将事故多发位置定义为:道路系统中事故具有无法接受的高发生率的位置。事故多发点指的是道路的某些特征点(或很小一个区域)上集中了超常数量的事故,其长度一般不大于 500m。事故多发路段是指一个集中发生超常数量事故的有一定长度的路段,其长度一般为 1~5km。事故多发区域的大小一般在 5km^2 以上,多用于城市路网,也可以用于公路网,这一区域应该具有一定的功能特征,如居民区、商业区。

事故多发位置对评价的时间段有要求,即"较长一段时间"。这个"时段"的长度应根据所研究道路的运营状况分析确定,通常为 1~3 年。在选择的时间段内,项目应无重大的改扩建工程,否则应分段分析研究。另外,所研究位置的交通量及交通组成等也应作为重要因素加以考虑;在评价的时间段内,交通量和交通组成不应有重大的变化。

2) 道路安全评价指标

道路安全评价指标反映道路交通安全的综合状况,也可以反映道路交通安全状况的某一个或几个侧面。评价指标为能反映交通事故某一特征或数量的事故指标,包括事故的绝对指标和相对指标,如事故数量、事故率,评价指标的临界值为"正常"与"突出"。

(1) 绝对指标

绝对指标是反映交通事故状况的基本指标,常用的有事故数、死亡人数、受伤人数、直接经济损失,被称为四大指标。

绝对指标简单清晰,是其他评价指标的计量基础,一般可直接从事故记录中获得。由于绝对指标是静态的、孤立的,无法反映实际道路、交通条件的差异对事故的影响,因此除绝对指标外,人们还通常用相对指标作为事故的评价指标。

(2) 相对指标

在相对指标中,人们引入了一些事故关联因素作为比较的基础,这些关联因素与事故有着直接或间接的联系,从而使相对于这些关联因素的事故指标有较强的可比性。这样的关联因素很多,常用的有车辆保有量、交通量、人口、区域面积等。

① 公里事故率。

公里事故率即平均每公里的事故数,也称事故频数。将公路长度作为考虑因素可以使事故数更具有可比性,公里事故率是仅次于事故数的基础指标,其计算公式如下:

$$R_L = \frac{A}{L} \tag{8-32}$$

式中:R_L——公里事故率,次/km;
$\quad A$——事故数,次;
$\quad L$——公路长度,km。

② 车辆交通事故率。

车辆交通事故率表示在一定区域内单位机动车保有量所对应的平均交通事故数,最常用的是万车交通事故率,计算公式如式(8-33)所示:

$$R_V = \frac{A}{V} \times 10^4 \tag{8-33}$$

式中:R_V——万车交通事故率,次/万车;
$\quad A$——事故数,次;
$\quad V$——机动车保有量,辆。

同上,将事故数 A 换成其他绝对数指标,如死亡人数、受伤人数、直接经济损失等,车辆交通事故率还可表示万车死亡率、万车受伤率、万车损失率等。

当研究的区域范围变大,机动车保有量较大时,为方便起见,车辆交通事故率也可用次/百万车或次/亿车来计量。

③ 人口事故率。

人口事故率表示在一定区域内单位人口所对应的平均交通事故数(死亡人数、受伤人数、直接经济损失),如式(8-34)所示:

$$R_P = \frac{A}{P} \times 10^4 \tag{8-34}$$

式中:R_P——每万人交通事故率,次/万人;
$\quad A$——事故数,次;
$\quad P$——区域内人口总数,人。

④ 综合事故率。

综合事故率是万车事故率与万人事故率的几何平均值,如式(8-35)所示:

$$R_{PV} = \frac{A}{\sqrt{VP}} \times 10^4 \tag{8-35}$$

式中：R_{PV}——综合事故率，当 A 采用死亡人数时，R_{PV} 也称死亡系数；
　　　A——事故数，次；
　　　V——机动车保有量，辆；
　　　P——区域内人口总数，人。

⑤车公里事故率。

车公里事故率是指在一定区域内，所有机动车行驶一年的公里数总和所对应的平均交通事故数（或伤亡人数）。通常以百万车公里事故率或亿车公里事故率来表示，如式（8-35）所示：

$$R_K = \frac{A}{K} \times 10^8 \tag{8-36}$$

式中：R_K——区域内1年间每亿车公里事故数，次/亿车公里；
　　　A——区域内1年总交通事故数，次；
　　　K——区域内1年总运行车公里数，车公里。

总运行车公里数是一个宏观的平均值，可以用几种方法估算：

a. K = 区域内每辆车的年平均运行公里数×区域内总车辆数。
b. K = 各分段公路长度×各分段公路上统计年内的总计交通量。
c. K = 区域内全年总的燃料消耗量(L)/单车每公里平均燃料消耗(L/车公里)。

(3) 当量事故数与当量事故率

相对指标虽然考虑了相关因素，但大多是对某一因素单独考虑、计算，每一种事故率都反映了事故的一个侧面，而对综合因素的反映是不够的，既然事故是多因素综合作用的结果，就应采用一些综合指标。以下介绍的是一些国家采用的事故综合指标。

①当量事故数。

当量事故数，有时也称当量死亡人数。它是考虑到在交通事故中，事故数对事故严重程度的描述不够，同样的事故数，严重程度不同，其损失及对社会的危害程度也不同，不能将不同严重程度的事故数简单地累加，而是应该根据事故造成的死亡、受伤及经济损失等社会危害的大小赋予不同的权值，提出当量事故数。常用的算法有：

a. 当量事故数算法：

$$A_{EQ} = A + k_1 D + k_2 W + k_3 L \tag{8-37}$$

式中：A_{EQ}——当量事故数；
　　　A——实际事故数，次；
　　　D——死亡人数，人；
　　　W——受伤人数，人；
　　　L——直接经济损失，万元；
k_1、k_2、k_3——分别为死亡、受伤和直接经济损失的权重。

b. 当量死亡人数算法：

$$B_{EQ} = D + k_1 W_G + k_2 W_F + k_3 L \tag{8-38}$$

式中：B_{EQ}——当量死亡人数；
　　　D——实际死亡人数，人；
　　　W_G——重伤人数，人；

W_F——轻伤人数,人;

L——直接经济损失,万元;

k_1、k_2、k_3——分别为重伤、轻伤和直接经济损失的权重。

c.联邦德国和民主德国采用的当量次数:

$$U = p_1 n_1 + p_2 n_2 + \cdots + p_m n_m \tag{8-39}$$

式中: U——事故当量数;

$n_1,\cdots,n_m$——各种类型的事故数;

$p_1,\cdots,p_m$——各种事故对应的严重性系数。

②当量事故率。

当量事故率是以当量事故数(当量死亡数)来计算前面的各种事故率,从而更综合地反映事故水平。如当量亿车公里事故率为:

$$R_{kEQ} = \frac{A_{EQ}}{K} \times 10^8 \tag{8-40}$$

(4)致死率

致死率通过死亡人数占伤亡人数的比例来表征事故的严重水平:

$$d = \frac{D}{W + D} \times 100\% \tag{8-41}$$

式中:d——致死率或死亡率,%;

D——死亡人数,人;

W——受伤人数,人。

以上各项指标都具有各自的特点,都从不同的角度、不同的深度反映了事故的严重程度。

8.4.2 事故多发位置鉴别指标的选用

事故多发位置鉴别中的评价指标应满足两个要求:一是能反映被评价单元事故的实际情况;二是能反映评价范围内的事故的"正常"状况。只有这样才能在评价范围内找出那些事故处于"超常"状态的单元。

绝对指标含义直观、明确,计算简单,既可以表征一个点、一个路段,也可以表征一个区域甚至一个国家的事故状况。因此,绝对指标是最基本也是最常用的指标。其不足是对不同交通量、不同交通条件的道路或地区可比性较差。

相对指标在绝对指标的基础上不同程度地考虑了一些影响事故的相关因素,使它们的可比性增强,其含义仍很明确、直观,计算也不复杂,其表征能力取决于所采用的关联因素。如前文所述车辆事故率和人口事故率通常适用于区域的事故状况评价,其区域可小可大,小至一个县,大到一个国家,但无法用来对一个路段或一条道路进行事故评价;公里事故率消除了公路长度对事故数量的影响,使不同长度的公路上的事故数有了可比性,因而成为最常用的指标之一,但仍不能反映公路之间等级、交通量等方面的不同,可用于沿路段交通量变化不大的同一条公路中的事故多发路段的研究;车公里事故率考虑了道路长度和交通量,从而在很大程度上反映了道路等级、拥挤程度等情况,既可用于区域评价,又可用于对一个路段和一个道路进行事故评价,是适应性最好的指标,可优先考虑用于事故多发位置鉴别。

针对事故数不能综合反映事故的严重性和对社会的危害程度，人们又提出了当量事故数和当量事故率的概念，它们考虑了死亡和受伤的不同严重性，甚至分别考虑了不同类型的事故的严重性，更加真实地反映了事故的状况。但要想获得当量事故次数（事故率）中各种损害情况（死、重伤、轻伤等）的权重，需要进行长期、大量的研究（道路交通伤亡经济损失的计量方法）。另外，与道路设施有关的事故严重性的规律比事故多发位置的规律离散性更大。因此，除在条件成熟的地区外，当量事故数目前还不宜直接用于事故多发位置的鉴别。

鉴别指标的选用很大程度上取决于事故多发位置研究的目的和项目的类型，如要确定那些交通量大、事故多发的具有不良社会影响的交叉口或路段，则使用绝对指标更有利。

8.4.3 事故多发位置的鉴别方法

目前，国内外有许多关于事故多发位置的鉴别方法，主要有事故数法、事故率法、矩阵法、预测法等。

1) 事故数法

事故数法是以事故数为指标，以一定时期各路段发生的事故数为依据来确定事故多发位置。首先确定正常事故数的标准值，若在规定时间和空间范围内事故数大于标准值，则被认为是事故多发位置。

事故数法的优点主要表现在：计算与选择比较方便，只要依据既定的标准值，直接根据事故统计数据即可得到结果。此法在我国应用较普遍，主要原因是算法简单，操作方便。

但是事故数法的使用直接受事故统计资料的限制，在适用空间上更适用于较小的行政区域，在使用时间上应以事故统计最短周期的倍数进行；事故数法没有考虑在同一公路上不同地点的交通量及道路环境条件；标准值的确定较为困难，而且不同道路、不同地区的标准值更难以统一。此外，该法的准确度直接受到统计资料准确度的影响，因此其可作为一个初步预测事故多发点的方法，为进一步准确定量分析提供帮助。

2) 事故率法

事故率法是以事故率为指标，确定正常事故率的标准，若在规定时间和空间范围内的事故率大于标准值，则被认为是事故多发位置。表 8-6 为泰国规定的一年中的事故率标准。

泰国事故率标准   表 8-6

交通量(AADT) （辆/日）	路段事故率标准 （次/亿车公里）	交通量(AADT) （辆/日）	路段事故率标准 （次/亿车公里）
0~15000	500	50000~70000	100
15000~30000	150	>70000	75
30000~50000	125		

事故率法考虑了交通量的影响因素，比事故数法更为合理，事故率指标既可采用车公里事故率，也可采用当量事故率或死亡率等。但对于绝对指标，无论是事故数还是事故率，其正常标准都是一个定值。事实上事故多发位置的确定完全由这一"定值"决定，因而，这种方法的适用场合是：

(1) 有长时间的统计资料，能够获得研究区域内较稳定的事故平均水平数据；

(2) 公路运营水平(交通量、道路条件、车速等)相对接近，至少同一等级公路的运营水平是接近的，这样才能对各路段(点)进行比较。

3) 矩阵法

鉴于事故数法和事故率法各有优缺点，单独用于反映事故状况都有片面性。一些专家提出将两者结合起来考虑的矩阵法(事故数-事故率法)。该法对每个被研究的道路单元进行事故数和事故率计算，然后将事故数作为横坐标，车公里事故率作为纵坐标，找出两者的分布规律。整个坐标面可以分为4个区域(图8-7)，Ⅰ区为高事故率、高事故数区，Ⅱ区为高事故率、低事故数区，Ⅲ区为低事故率、高事故数区，Ⅳ区为低事故率、低事故数区。若数据落入Ⅰ区，则可列为事故多发段；落入Ⅳ区，则为安全路段；落入Ⅱ、Ⅲ区，则应对这些点进行进一步分析后作出判断。

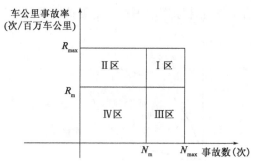

图 8-7 矩阵法划分区域

具体的执行步骤如下：

(1) 根据各路段 K 年的事故数、年平均日交通量计算第 i 段事故率 R_i(次/百万车公里)：

$$R_i = \frac{N_i \times 10^6}{365 \times \mathrm{AADT}_i \times L_i \times K} \tag{8-42}$$

式中：AADT_i——第 i 段年平均日交通量，辆/d；

N_i——第 i 段 K 年内的事故数，次；

L_i——第 i 段路段长度，km；

K——事故数统计年数，年。

(2) 计算所有路段平均事故数 N_m 和平均事故率 R_m：

$$N_m = \frac{1}{n} \sum_{i=1}^{n} N_i \tag{8-43}$$

$$R_m = \frac{\sum_{i=1}^{n} N_i \times 10^6}{365 \times K \times L \times \sum_{i=1}^{n} \mathrm{AADT}_i} \tag{8-44}$$

根据 N_m 和 R_m 可以确定事故多发段和安全路段的划分，即矩阵中的Ⅰ区和Ⅳ区。当某路段交通事故数和事故率均大于 N_m 和 R_m 时，数据肯定落在Ⅰ区，即此路段为事故多发段；当某路段交通事故数和事故率均小于 N_m 和 R_m 时,即为安全路段。

(3) 对数据落入Ⅱ区和Ⅲ区内的路段进行判断。

可以看出,Ⅱ区内事故率较高、事故数较低,而Ⅲ区内事故数较高、事故率较低。由事故数判断法和事故率判断法可知,当某路段事故数或事故率高达一定程度时,该路段可确定为事故多发路段。

引入判断系数 ε_1 和 ε_2,对于数据落入Ⅱ区内的路段,如果有 $R_i > \varepsilon_1 > R_m$,则判定该路段为事故多发段;同样,对于数据落入Ⅲ区内的路段,如果有 $N_i > \varepsilon_2 > N_m$,则判定该路段为事故多发段。其中判断系数 ε_1 和 ε_2 应大于1,具体值可视情况而定,如在道路整改方面可根据整改投资情况而定。ε_1 和 ε_2 值越小,被判定为事故多发段的路段就越多。

4) 预测法

预测法是将交通事故数与影响交通事故的几个因素进行回归分析,求得该地区各路段交通事故数的预测模型,然后根据统计原理求得在一定置信度下的置信区间,如图 8-8 所示。

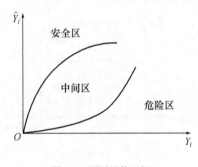

图 8-8 预测置信区间

在预测法中,由不同的预测方法可得到不同的鉴别方法:

(1) 质量控制法

1956 年,Norden 等提出了质量控制法。该方法不同于以上各种方法,它首先假设各路段的交通事故数服从泊松分布,然后将路段的交通事故率与相似路段的平均交通事故率作比较,而不是与所有路段的平均交通事故率作比较。根据显著性水平确定交通事故危险点的综合交通事故率的上、下限,如果所考虑路段的交通事故率大于上限值,则被认为是交通事故危险点。

应用质量控制法鉴别交通事故危险点时,首先假定任何情况下,交通事故发生的概率都服从交通事故频率的泊松分布,即某路段在时间 t 内发生 n 起交通事故的概率可用式(8-45)表示:

$$P(n \mid \mu, t) = \frac{e^{-\mu t}}{n!}(\mu t)^n, n \geqslant 0 \tag{8-45}$$

式中:μ ——该路段的交通事故频率,次/年。

n 的均值与方差见式(8-46):

$$E(n) = \mu t, \mathrm{Var}(n) = \mu t \tag{8-46}$$

若这一分布的置信度取 95%,则上限值 R^+ 为:

$$R^+ = \lambda + 1.96\sqrt{\frac{\lambda}{m}} + \frac{1}{2m_i}, i = 1, 2, \cdots, n \tag{8-47}$$

式中：λ——相似路段的平均亿车交通事故率，次/亿车。

$$\lambda = \frac{\sum E(n)}{\sum m_i} \tag{8-48}$$

式中：m_i——路段 i 的累计车辆数，亿车。

将该路段在统计年度内实际的亿车交通事故率与 R^+ 对比，若大于 R^+，则该路段为交通事故危险点。

(2) 英国微观模型

英国根据调查提出了非线性回归模型：

$$Y = aX^\beta \tag{8-49}$$

式中：Y——1 年间每公里的交通事故数，次/车公里；

X——路段平均日交通量或车公里数，辆/日(车公里)；

a、β——回归参数。

(3) 交叉口模型

在对区域和路段预测的基础上，专家们对交叉口提出了不同的预测模型。Tanner 于 1953 年提出了平方根法则，用于无信号灯十字形交叉口，即

$$A = \sqrt{\frac{Q_1 + Q_2}{2} \times \frac{Q_3 + Q_4}{2}} \tag{8-50}$$

式中：A——交叉口交通事故数预测值，次；

$Q_1, \cdots, Q_4$——交叉口 4 个进口道的流量，辆/日。

对 T 形交叉口，提出以下模型：

$$A = 0.24(QP)^{0.49} \tag{8-51}$$

式中：A——在交叉口 22m 范围内的交通事故预测值，次；

Q——主路进口道的流量，辆/日；

P——次路进口道的流量，辆/日。

对环形交叉口，提出以下模型：

$$A = kQ^a \tag{8-52}$$

式中：A——在交叉口 22m 范围内的交通事故预测值，次；

Q——进口道的流量，辆/日；

k、a——回归参数。

8.4.4 事故多发位置的成因分析

应用定性分析及概率论、模糊数学等定量方法，分析在事故多发点发生的历史交通事故资料，挖掘数据中的隐含信息，可以找到其事故多发的原因。国内外对事故多发点成因的分析正逐渐从定性分析转向定量分析，现有的事故多发点成因定量分析方法主要有突出因素分析法、模糊聚类分析法等。

1) 突出因素分析法

该方法基于如下考虑:若高等级公路上的事故多发点的某些事故诱导因素或综合因素在与事故的平均因素相比时很突出,如高速公路上的某一事故多发点,其某些事故诱导因素或综合因素所引发的事故数量与上述因素在所有与事故多发点具有相似道路、交通及气候条件的路段上所引发的平均事故数量相比时很突出,则假设这些突出的诱导因素或综合因素即为事故多发点的事故诱发因素。此方法是一种离散的多变量算法,分为两个步骤:变量的选择和模型的建立。

(1)变量的选择

对于平原区的高速公路,可考虑采用以下 10 个潜在的事故诱导因素,即 10 个潜在的变量,变量的分类及等级划分见表 8-7。

变量的分类及等级划分　　　　　　　　　　表 8-7

变量分类	序号	变量名称	等级标准值
一类变量	1	平曲线半径(m)	$R \leqslant 2000$
			$2000 < R \leqslant 5500$
			$R > 5500$
	2	道路纵坡(%)	$i_纵 \geqslant 3$
			$i_纵 < 3$
	3	事故类型	追尾
			撞固定物
			翻车
			其他事故类型
	4	天气与路面状况	恶劣
			不恶劣
	5	视距条件	良好
			不良
二类变量	6	超速行驶	是
			否
	7	肇事驾驶员驾龄	3 年以下
			3~6 年
			6 年以上
	8	酒后驾驶	是
			否
	9	疏忽大意	是
			否
	10	驾驶员使用本道路的次数	初次
			多次

一类变量是与道路条件及交通条件有关的变量，可用于从道路工程及交通工程方面提出事故预防措施；二类变量是与驾驶员有关的因素，可用于交通执法、交通法规的制定。变量选择的目的就是将上述10个潜在的变量缩减到只剩下对某一事故多发点有突出影响的变量，即显著性变量。在建模时对显著性变量加以分析，对于不显著性变量，则在进一步的研究中删除。

变量选择采用如下算法：

①每个变量与因变量（事故数）是交叉分类的（即事故多发点的事故数对所有相似路段上的平均事故数），从而形成一个以事故数为基础的偶然事件二元表。对每个表计算 Pearson χ^2 统计值，并从中选择 P 值最低（即显著性水平最高）的变量作为主要变量，不显著的变量则被淘汰。

②对于剩下来的每个变量，其与因变量及第①步中确定的主要变量三者之间会形成一个偶然事件三元表。对每一个表计算统计值，并从中选择显著性水平最高的变量作为次要变量，同样淘汰掉不显著的变量。

③对剩下来的每个变量重复第②步的过程，再在每一步中加入一个未被淘汰的变量。上述过程重复进行，直到所有变量被选择完或被删除完，或者数据用完为止。

④如果因数据过少以致在偶然事件中许多单元的样本量不足以进行正常的分析，此时还有既未被选择又未被删除的变量，则这些变量即为稀有变量。此时去掉最后一个已选变量，用每个稀有变量来重复前述计算过程。如果某个稀有变量还是显著的，则在建模时还应考虑这个稀有变量。

上述变量选择的算法保证了所选变量对评价点（事故多发点）事故的发生具有显著的影响，但变量间的内部组合情况还须由模型来查明和分离。

(2) 模型的建立

①列出整条高速公路交通事故数的偶然因素表，包括已查明的所有显著的一、二类变量，但不包括显著的稀有变量。计算偶然因素表中所有单元概率。模型采用如下的算法：第 $(i,j,\cdots,k)$ 个单元的事故概率 $P_{i,j,\cdots,k}$，由单元事故总数 $\sum Y_{i,j,\cdots,k}$ 得出，即有式(8-53)：

$$P_{i,j,\cdots,k} = \frac{Y_{i,j,\cdots,k}}{\sum Y_{i,j,\cdots,k}} \tag{8-53}$$

式中：$i,j,\cdots,k$——所选显著性变量的坐标。

②计算确定评价点预测事故数的偶然因素表，$E_{i,j,\cdots,k}$ 按式(8-53)确定的单元概率来计算，见式(8-54)：

$$E_{i,j,\cdots,k} = NP_{i,j,\cdots,k} \tag{8-54}$$

式中：N——评价点在统计年度内实际发生的事故总数。

③将评价点的实际事故数 $X_{i,j,\cdots,k}$ 与式(8-54)得出的预测事故数 $E_{i,j,\cdots,k}$ 进行比较，按式(8-55)计算单元残差 $E_{i,j,\cdots,k}$，即

$$E_{i,j,\cdots,k} = (X_{i,j,\cdots,k})^{1/2} - (4E_{i,j,\cdots,k} + 1)^{1/2} \tag{8-55}$$

$E_{i,j,\cdots,k}$ 值大于 1.5 的单元即为明显突出的单元。

④逐一用每个显著的稀有变量取代最后一个显著性变量,重复上述三个步骤。

某平原区高速公路的某一事故多发路段,按照上述方法进行成因分析,其结果见表8-8、表8-9。

变量选择结果　　　　　　　　　　　　　　　表8-8

变量分类	显著性变量	显著的稀有变量	被淘汰的变量
一类变量	平曲线半径 道路纵坡 视距条件	天气与路面状况	事故类型
二类变量	超速行驶	驾驶员使用本道路的次数	酒后驾驶 肇事驾驶员驾龄 疏忽大意

模型计算结果　　　　　　　　　　　　　　　表8-9

平曲线半径(m)	道路纵坡(%)	视距条件	超速行驶		天气与路面状况		驾驶员使用本道路的次数	
			是	否	恶劣	不恶劣	初次	多次
$R \leqslant 2000$	$i_{纵} \geqslant 3$	良好	▲	▲				
		不良	▲	▲		▲		
	$i_{纵} < 3$	良好						
		不良						
$2000 < R \leqslant 5500$	$i_{纵} \geqslant 3$	良好						
		不良						
	$i_{纵} < 3$	良好						
		不良						

注:"▲"为事故突出的单元。

基于突出因素分析法的"突出性"原理的高速公路事故多发点成因分析方法,经过变量的重新选择和等级标准的调整后,可应用于其他等级公路或城市道路路段上的事故多发点成因分析。

2) 模糊聚类分析法

在公路交通事故多发点成因分析中,一些成因(尤其是道路、环境等非人为因素)对交通事故的影响具有一定的模糊性,采用经典数学模型确定事故多发点成因,很难得到准确、合理的分析结果。因此,如何对众多的事故影响成因进行合理的空间划分、影响程度等级归类,找出一定路段上导致事故多发的主要因素、诱导因素以及潜在的事故隐患,以便采取相应的事故治理和防范措施。如何对成因分析结果的合理性和准确性进行评价,是交通安全工作者面临的关键问题。

通过运用模糊划分空间方法,对事故多发点成因进行空间划分,采用模糊聚类方法确定模糊划分矩阵和成因各特征指标聚类中心,并进行事故多发点成因聚类分析;利用划分系数$F_c(U)$对聚类效果进行评价。通过运用基于模糊划分的模糊聚类方法,能准确、合理地实现对公路交通事故多发点成因的聚类分析,从而有利于交通安全工作人员针对一定条件下的事故多发点成因归类结果,采取相应的道路改善和交通管理措施,对公路交通事故进行治理和防范。

(1) 成因划分空间的确定方法

某一特定路段或点事故频发,往往是多种因素综合作用的结果,而各成因对事故的影响,具有一定的模糊性,很难用经典的数学模型加以描述。因此,为了确定各成因在公路交通事故多发点上的等级归属,以便于对各成因进行聚类分析,采用模糊 c^- 划分的方法对公路交通事故多发点成因进行合理的空间划分。

设公路交通事故多发点所有成因集 $X = \{X_1, X_2, \cdots, X_n\}$ 为一有限集,则它的模糊 c^- 划分空间为 X 的 c 个子集:

$$A = \{A_i | i = 1, 2, \cdots, c\}, 2 \leq c \leq n \tag{8-56}$$

满足:① $A_i \cap A_j = \varnothing, i \neq j, i, j = 1, 2, \cdots, c$;

② $U_{i=1}^{c} A_i = X$;

③ $\sum_{i=1}^{c} \mu_{A_i}(x_k) = 1, \forall x_k$。

式中:c——事故多发点成因分类数;

$\mu_{A_i}(x_k)$——成因 x_k 属于 A_i 类的程度,即隶属度。

事故多发点成因集 X 的模糊 c^- 划分空间可以用一个 $c \times n$ 模糊矩阵 $\boldsymbol{U} = (u_{ki})$ 表示。即

$$u_{ki} = \mu_{A_i}(x_k), 0 < \sum_{k=1}^{n} u_{ki} < n, \forall i \tag{8-57}$$

元素 x_k 属于 A_i 类的隶属度 u_{ki} 可采用如下模糊统计方法加以确定:

让参与评价的 N 位专家将各成因元素 $\{x_1, x_2, \cdots, x_n\}$ 分配到事先规定的模糊 c^- 划分空间的各子空间 $\{A_1, A_2, \cdots, A_c\}$,然后依次统计各成因元素 $x_k (k = 1, 2, \cdots, n)$ 属各子空间 $V_i (1, 2, \cdots, n)$ 的频数 n_{ki},即

$$u_{ki} = \frac{n_{ki}}{N} \tag{8-58}$$

式中:N——专家人数;

u_{ki}——成因元素 x_k 隶属于 A_i 等级的隶属度。

(2) 成因聚类

根据公路交通事故多发点各成因元素(各划分空间元素)对应于 $A_i (0 < i \leq c)$ 的隶属度,确定 $A = \{A_i | i = 1, 2, \cdots, c\}$ 的聚类中心 $V = \{v_1, v_2, \cdots, v_c\}$,然后对各划分空间元素进行聚类分析,经反复修正,实现对公路交通事故多发点成因的模糊归类。具体如下:

设公路交通事故多发点成因集 $X = \{x_1, x_2, \cdots, x_n\}$ 中元素有 m 个特征,即

$$x_i = (x_{i1}, x_{i2}, \cdots, x_{im}) \tag{8-59}$$

另设公路交通事故多发点成因共有 c 个聚类中心 $V = \{v_1, v_2, \cdots, v_c\}$,其中:

$$v_i \in \{v | v = \sum_{i=1}^{n} a_i x_i, a_i \in \mathbf{R}, x_i \in X\} \tag{8-60}$$

公路交通事故多发点成因的最佳划分矩阵通过求以下目标函数值最小的 U 得到,即

$$J(U,V) = \sum_{k=1}^{n} \sum_{i=1}^{c} (u_{ki})^r (d_{ki})^2 \qquad (8-61)$$

式中:$u_{ki} = \mu_{A_i}(x_k)$;

r——待定参数,$r \geqslant 1$,参数 r 的选取是否恰当,将直接影响聚类效果,当 $r \to 1$ 时,最终分类的模糊性较小,当 $r > 2$ 且逐渐增大时,最终分类的模糊性增大;

d_{ki}——样本 x_k 与聚类中心 v_i 的欧式距离,即

$$d_{ki} = \|x_k - v_i\| = \left[\sum_{j=1}^{m} (x_{kj} - v_{ji})^2 \right]^{\frac{1}{2}} \qquad (8-62)$$

第一步,取定 c 满足 $2 \leqslant c \leqslant n$,取初值 $l = 0$,$U(0) \in M_{fc}$,则

$$M_{fc} = \left\{ \begin{array}{c} U \in V_{cn} | u_{ki} \in [0,1], \forall i, \forall k \\ \sum_{i=1}^{c} u_{ki} = 1, \forall k; 0 < \sum_{k=1}^{n} u_{ki} < n, \forall i \end{array} \right\} \qquad (8-63)$$

第二步,计算聚类中心 $V = \{V_i^{(l)}\}$:

$$V_i^{(l)} = \frac{\sum_{k=1}^{n} [u_{ki}^{(l)}]^r x_k}{\sum_{k=1}^{n} [u_{ki}^{(l)}]^r} \qquad (8-64)$$

第三步,修正 $U^{(l)}$:

$$U_{ki}^{(l+1)} = \sum_{j=1}^{c} \frac{1}{\left(\frac{\|x_k - v_i\|}{\|x_k - v_j\|} \right)^{\frac{1}{r-1}}}, \forall i, \forall k \qquad (8-65)$$

第四步,判断迭代是否停止:

用一个矩阵范数 $\|\cdot\|$ 比较 $U^{(l)}$ 与 $U^{(l+1)}$,若 $\|U^{(l+1)} - U^{(l)}\| \leqslant \varepsilon$,则停止迭代,否则 $l = l + 1$,转向第二步。

第五步,模糊归类:

$\forall x_k \in X$,$\|x_k - v_{i_0}\| = \min_{1 \leqslant i \leqslant c} \|x_k - v_i\|$,则将 x_k 归入第 i_0 类,其中 v_{i_0} 是第 i_0 类的聚类中心。

(3) 聚类效果评价

经过聚类分析,可得到在一定条件下的局部优越解,若改变条件,如分类数 c、迭代初值 $U^{(0)}$ 等,则可得到许多局部优越解。如果要确定所得聚类效果是否为"最好"的解,则需要有一个鉴别模糊划分聚类的标准,依据该标准评价模糊划分的聚类效果。采用划分系数作为标准,评价模糊划分的聚类效果。

划分系数 $F_c(U)$ 定量地描述模糊划分的不确定性程度,$F_c(U)$ 按照式(8-66)计算,即

$$F_c(U) = \frac{1}{n} \sum_{k=1}^{n} \sum_{i=1}^{c} u_{ki}^2 \qquad (8-66)$$

划分系数 $F_c(U)$ 越接近 1,最终分类的模糊性就越小,聚类效果越好。

8.4.5 事故多发位置的改造措施

对事故多发位置进行辨识改造,主要采用工程措施、交通工程措施以及交通控制措施。工程措施是对事故多发位置改造最彻底的方法,然而在通常情况下,也是投资成本最高耗时最长的方法。是否选用工程措施对事故多发位置进行安全改造,应当通过成本效益分析确定。在可能的情况下,应首先考虑采用交通工程措施或交通控制措施来弥补安全缺陷,保护交通安全,改善交通条件。

1) 不良线形路段安全改善设计

(1) 单个急弯

符合下列条件之一的转弯路段称为单个急弯:
①设计速度为 40km/h,且半径小于 125m;
②设计速度为 30km/h,且半径小于 60m;
③设计速度为 20km/h,且半径小于 30m。

对于设计速度大于或等于 60km/h 的公路,有些路段平曲线半径较小、视距受限,也可以借鉴急弯路段的处置采取一定的措施。

单个急弯存在的主要安全隐患一般是视距不良或车速过快,易造成两车相撞、单车碰撞山体或车辆驶出路外。为消除这一隐患,可采用以下措施之一或综合采用以下措施:
①设置向左(右)弯路或事故多发路段等警告标志。
②设置限速标志,并根据需要设置限速解除标志。如果超速现象严重,且是造成事故频发的主要原因,则可在进入弯道前一定距离设置 20~30m 的块石路面,或设置其他强制减速设施。
③设置禁止超车标志,并根据需要设置解除禁止超车标志。
④路侧设置线形诱标或轮廓标。
⑤设置中心实线或物理硬分隔设施,减少因视距不良车辆越过中心线发生的对撞事故。
⑥弯道处外侧路面加宽。
⑦根据路侧危险程度和历史事故资料在弯道外侧设置护栏。

(2) 连续急弯

设计速度小于 60km/h,连续有三个或以上小于下列半径(R)的平曲线,且各曲线间的距离(L)小于下列长度的路段称为连续急弯路段:
①设计速度为 40km/h,$R<125m$,$L<50m$;
②设计速度为 30km/h,$R<60m$,$L<35m$。

连续急弯存在的安全隐患与单个急弯路段类似,但交通事故的发生率一般更高。因此,除可选择单个急弯采取的处置措施外,还可采取以下两个措施或其中之一:
①设置"连续弯道,超速危险"警告标志,还可以加设辅助标志说明前方连续道路的长度,或使用告示牌,提示前方有连续弯道。
②设置限速标志,可以设置限速解除标志或使用一块辅助标志说明限速路段长度。

(3) 下坡路段

下坡路段存在的主要安全隐患一般是车速过快或连续制动导致车辆制动失效,易造成追尾或对撞事故。设计方案时,可采用以下措施之一或综合采用以下措施:

①设置下陡坡警告标志或其他文字型警告标志。
②设置限速标志、减速设施和视线诱导设施。
③根据路侧危险程度和历史事故资料设置护栏。
④如果设置了避险车道,应在坡道起点处设置避险车道的告示牌,在避险车道前至少设置两处预告标志。

(4)连续下坡路段

连续下坡路段的长度越大,危险性越高。连续下坡路段的主要安全隐患与下坡路段类似,主要是由于制动距离过长和制动失效而发生交通事故,因此交通事故发生率较高且事故较严重。设计方案时,可采用以下措施之一或综合采用以下措施:

①设置连续下坡告示牌标志,根据情况可以设辅助标志标明连续下坡长度,或使用告示牌,说明"前方连续下坡××m,超速危险"。
②设置限速标志、禁止超车标线、减速设施。
③在因制动失灵造成事故频发的路段,可根据地形条件设置避险车道;如果设置了避险车道,应在坡道起点处设置避险车道的告示牌,在避险车道前至少设置两处预告标志,修建避险车道应注意:a.连续下坡或陡坡路段接小半径曲线路段,在车辆驶入小半径曲线前,宜沿曲线切线方向设置预告标志;b.预告标志宜设置在连续长下坡的下半部;c.避险车道受地形条件限制,不能满足失控车辆的制动要求时,应在避险车道端部设置柔性防撞设施;d.根据路侧危险程度和历史事故资料为避险车道设置护栏。

(5)上坡路段

上坡路段存在的主要安全隐患一般是占道行驶或违章超车,这容易造成与下坡车辆的对撞事故。改造时应该以设置标志和标线为主要措施,提醒驾驶员禁止超车。

(6)视距不良路段

视距不良路段的主要安全隐患一般是车辆占用对向车道时易造成对撞事故。可采用以下措施之一或综合采用以下措施:

①设置鸣喇叭标志、限速标志、禁止超车标线。
②设置线形诱导设施、强制减速设施。
③根据路侧危险程度和历史事故资料设置护栏。
④修剪、处置弯道内侧树木,使弯道内侧通视。

(7)隧道路段

隧道路段由于缺乏照明设施、隧道出入口光线强度变化、驾驶者视觉对光线强度的适应性反应需求,易引起的主要安全隐患是车辆碰撞洞口、洞身以及车辆对撞、追尾等事故。消除安全隐患的基本原则是提供良好的视线诱导,限制车速,禁止超车。可综合采用以下措施:

①根据隧道长度和线形、交通情况,隧道前后路段线形情况,在隧道入口前选择设置以下标志:隧道标志、限高标志、限速标志、禁止超车标志等。如果需要,也可根据具体情况设置其他必要的标志。例如:隧道内连续下坡,可在隧道入口前一定距离设置连续下坡的警告标志或人性化图形标志。双向行车的公路隧道内应施划黄色中心实线,所有标线应采用反光标线。隧道内宜配合标线设置反光突起路标。
②设置必要的视线诱导设施,如主动发光诱导设施。
③隧道洞口可根据具体情况设置必要的安全防护设施,并做好连续过渡处理。

2) 道路路侧安全设计

路侧安全净区是指公路行车方向最右侧车行道以外的相对平坦、无障碍物、可供失控车辆重新返回正常行驶路线的带状区域,是从行车道边缘开始,车辆驶出路外后能够安全驶回车道的一个宽度范围。该区域不应存在能导致碰撞伤害的坚硬危险物,驶出路外的车辆在该区域内不会发生倾覆,行驶在净区内的车辆能得到有效控制,并且通常能再次安全地返回行车道。净区大小取决于设计车速、平均日交通量,更取决于道路几何要素(包括平面线形、填挖断面的位置、平行坡度的数量、道路两侧的地面坡的出现或消失,以及这些坡面的坡度)。

(1) 净区内障碍隐患的处理

一般可以考虑采用下列方法:

①排除障碍。

②将障碍至少挪到净区边缘以外。

③排除险障,如将涵洞洞口建成可越式。

④控制障碍,降低障碍的危险程度,如可利用解体消能式灯杆、易断的标志杆等。

⑤在危险区域内安装冲击衰减设备或再导向设备,如安全护栏和防撞垫等。

(2) 桥梁对道路使用者造成危害的处理

桥梁对道路使用者也会造成一些危害,故应考虑以下问题:

①从路面边缘到桥墩、桥台和挡土墙间的净空应尽量扩大。

②如果净空比规定的小,则须在路旁设置护栏和防撞垫。

③中央分隔带较窄时,不应在里面设置高架桥墩。

④两独立结构物如果靠得很近,则应将其合并成一个,以排除中央两个护栏的潜在危险。

⑤引道路侧护栏应与桥梁护栏设计成一体。

(3) 护栏与边坡设置

当边坡坡度等于 1∶1.5、1∶2.0 或 1∶3.0,路堤高度分别高于 2m、3m 或 6m 时,就需要设置安全护栏。当边坡坡度小于 1∶4.0 时,则无须设置安全护栏。

(4) 中央分隔带护栏与边沟设置

中央分隔带护栏一般不采用单柱双面波纹板护栏。在交通量大、中央分隔带狭窄的路段,一般首选刚性混凝土护栏。车速超过 60km/h 的路段,路缘石和边沟不应设于波纹板护栏前沿。如果不能满足这个条件,则只能使用可越式或半可越式缘石。

3) 交叉口安全设计

交叉口包括平面交叉口、互通立体交叉口和分离式立体交叉口等类型。道路交通事故多发生于交叉口,因此,做好交叉口事故多发地点的改造设计,对保护交通安全非常有意义。

(1) 平面交叉口

平面交叉口的改造主要应注意以下几点:

①平面交叉路线尽量为直线正交,必须斜交时,其交角不宜小于 45°;各相交道路距平面交叉口前后停车距范围内,应保持通视,受条件限制时视距可减少 30%,但必须在醒目的位置设置减速标志。

②平面交叉地点应设在水平路段,且紧接水平路段的纵坡坡度一般不大于 3%,困难地段不得大于 5%。

③一、二级公路的平面交叉,根据需要应设置转弯车道、变速车道、交通岛。转弯车道宽度不小于3m,并应根据道路等级设置适当的缓和段,有时还要进行不同程度的渠化。

④改造不合适的道路连接,需要认真考虑车流方向,在某些情况下还要利用视觉原理,使驾驶员在心理上受其影响而降低车速。

⑤减少冲突点。平面交叉口的冲突点减少后,其事故数也会相应地减少。

⑥控制相对速度。对于平面交叉口,可采取物理隔离或交通信号控制等措施,降低平面交叉口交通流的相对速度。

(2) 互通立体交叉口

①基本情况。互通立体交叉与平面交叉形式的路口相比,安全性更高。但立体交叉形式也会带来另外一些不安全的因素,如立体类型与布局、交通控制和立交间距等。反映其特征的主要是匝道、连接道的布局。而匝道和连接道的交通事故主要随着交通量的增加和匝道的半径的减小而增加。立体交叉的交通控制主要体现在进入立体交叉区的各种分离设施、标志标线、警告和禁令标志。这些设施、标志标线设置的位置、尺寸、颜色直接关系交通安全。

②立体交叉的处理。立体交叉的均衡性,主要是要考虑驾驶员对道路变化预估的问题。一般来说,驾驶员都愿从右侧进入(或驶出),如果采用左侧出口,驶出车辆须变线横穿快车道才能从出口驶出,会严重影响交通安全。

(3) 分离式立体交叉口

分离式立体交叉口的处理也要遵循路线设计规范。

①跨线桥应满足桥下道路的净空规定,跨线桥交角最好大于45°。当跨线桥位于平曲线内时,视距要满足停车视距。

②主干路跨越次干路时,要保证其桥墩不影响次干路的视线,同时桥墩的设置位于次干路中央分隔带时,前后位置需加设防撞护栏。桥墩不得设在双车道中间,桥梁上部应设防撞护栏。

③主干路下穿时,上跨桥应保证一孔跨越,同时尽量避免中央有桥墩。若不可避免,应在桥墩前后加防撞护栏或防护网,并与车道相协调。

④在铁路与公路的分离式立体交叉中,道路上跨时除满足铁路净空要求外,还应在桥梁两侧加装防落物网,避免因交通事故固定物坠落到铁轨而发生二次事故;下穿时,其要求与主干路下穿一致。

8.5 案例分析

某城市2015—2020年交通事故数见表8-10。使用灰色预测理论建立交通事故预测模型。

某城市2015—2020年交通事故次数　　　　　　　　　表8-10

序号(k)	0	1	2	3	4	5
年份	2015	2016	2017	2018	2019	2020
事故发生次数$x^{(0)}(k)$(百次)	11.28	12.86	8.65	8.7	13.75	15.55
累加次数$x^{(1)}(k)$(百次)	11.28	24.14	32.79	41.49	52.24	70.79

【解】　　　　　　　$y_n = [12.86, 8.65, 8.7, 13.75, 15.55]^T$

$$B = \begin{bmatrix} -\frac{1}{2}[11.28 + 24.14] & 1 \\ -\frac{1}{2}[24.14 + 32.79] & 1 \\ -\frac{1}{2}[32.79 + 41.49] & 1 \\ -\frac{1}{2}[41.49 + 52.24] & 1 \\ -\frac{1}{2}[52.24 + 70.79] & 1 \end{bmatrix} = \begin{bmatrix} -17.71 & 1 \\ -28.47 & 1 \\ -37.14 & 1 \\ -46.87 & 1 \\ -61.52 & 1 \end{bmatrix}$$

可得：$a = -0.1012$，$\mu = 7.9601$。

时间响应函数为：

$$\hat{x}^{(1)}(t) = \left[x^{(1)}(0) - \frac{\mu}{a}\right] e^{-at} + \frac{\mu}{a}$$

令 $x^{(1)}(0) = x^{(0)}(0) = 11.28$，则：

$$\hat{x}^{(1)}(t) = \left(11.28 - \frac{7.9601}{-0.1012}\right) e^{-(-0.1012)t} + \frac{7.9601}{-0.1012} = 89.9371 e^{-(-0.1012)t} - 78.6571$$

将上式离散化，得：

$$\hat{x}^{(1)}(k) = 89.9371 e^{0.1012k} - 78.6571$$

上式为交通事故发生次数预测模型，可由上式求得 $\hat{x}^{(1)}(k)$ 值后，累减还原可得到预测数据 $x^{(0)}(k)$，由于计算误差较大，还需要进行修正，建立生成数据残差模型。计算生成数据残差数据列：

$$q^{(0)}(k) = x^{(1)}(k) - \hat{x}^{(1)}(k)$$

式中：$x^{(1)}(k)$——实际原始数据累加值；

$\hat{x}^{(1)}(k)$——由时间响应函数计算得到的数据列预测值。

计算得到的残差数据见表 8-11，在表中进行残差数累加生成处理，得到输出结果。

残 差 数 据 列 表   表 8-11

序号(k)	0	1	2	3	4	5
年份	2015	2016	2017	2018	2019	2020
实际事故次数累加值 $x^{(1)}(k)$	11.28	24.14	32.79	41.49	52.24	70.29
预测值 $\hat{x}^{(1)}(k)$	11.28	20.8581	31.4562	43.1381	56.1589	70.5164
残差 $q^{(1)}(k) = x^{(1)}(k) - \hat{x}^{(1)}(k)$	0	3.2819	1.3338	-1.6481	-3.9189	-0.2264
第一次累加 $q^{(1)}(k)$	0	3.2819	4.6157	2.9676	-0.9964	-0.77
第二次累加 $q^{(2)}(k)$	0	3.2819	7.8976	10.8652	9.8236	9.0536

将 $q^{(2)}(k)$ 输入计算机得到输出结果为：

$$a = 0.2927$$
$$\mu = 5.9848$$

时间响应函数为：

$$\hat{q}^{(2)}(t) = \left[\hat{q}^{(2)}(0) - \frac{\mu}{a}\right]e^{-at} + \frac{\mu}{a}$$

$$= \left[3.2819 - \frac{5.9848}{0.2927}\right]e^{-0.2927t} + \frac{5.9848}{0.2927}$$

$$= 20.4469 - 17.1649e^{-0.2927t}$$

将上式离散化得：

$$\hat{q}^{(2)}(k) = 20.4469 - 17.1649e^{-0.2927(k-1)}$$

将 $\hat{q}^{(2)}(k)$ 求导数，与 $\hat{x}^{(1)}(k)$ 相加可得到该城市用灰色系统理论建立的交通事故预测模型(累加值)：

$$\hat{x}^{(1)}(k) = 89.9371e^{0.1012k} - 78.6571 + 5.0242\left[-e^{-0.2927(k-1)} - e^{0.2927(k-2)}\right]$$

修正后该模型经过精度检验、残差大小检验和后检差检验，均得到较好的结果。

如对城市 2034 年交通事故进行预测：

(1) 由 $\hat{x}^{(1)}(k)$ 的计算式求得：

2033 年 $k = 133 - 120 = 13$；2034 年 $k = 134 - 120 = 14$。

$$\hat{x}^{(1)}(13) = 89.9371e^{0.1012 \times 13} - 78.6571 = 256.537$$

$$\hat{x}^{(1)}(14) = 89.9371e^{0.1012 \times 14} - 78.6571 = 292.235$$

$$\hat{x}^{(0)}(14) = \hat{x}^{(1)}(14) - \hat{x}^{(1)}(13) = 292.235 - 256.537 = 35.698$$

(2) 由 $\hat{q}^{(2)}(t)$ 的计算式得：

2032 年 $k = 12$；2033 年 $k = 13$；2034 年 $k = 14$

$$\hat{q}^{(2)}(12) = 20.4469 - 17.1649e^{-0.2927(12-1)} = 19.761$$

$$\hat{q}^{(2)}(13) = 20.4469 - 17.1649e^{-0.2927(13-1)} = 19.935$$

$$\hat{q}^{(2)}(14) = 20.4469 - 17.1649e^{-0.2927(14-1)} = 20.065$$

第一次累减：

$$\hat{q}^{(1)}(13) = \hat{q}^{(2)}(13) - \hat{q}^{(2)}(12) = 19.935 - 19.761 = 0.174$$

$$\hat{q}^{(1)}(14) = \hat{q}^{(2)}(14) - \hat{q}^{(2)}(13) = 20.065 - 19.935 = 0.130$$

第二次累减：

$$\hat{q}^{(0)}(14) = \hat{q}^{(1)}(14) - \hat{q}^{(1)}(13) = 0.130 - 0.174 = -0.044$$

所以，2034 年交通事故次数为：

$$x = \hat{x}^{(0)}(14) + q^{(0)}(14) = 35.698 - 0.044 = 35.654$$

或直接代入 $\hat{x}^{(1)}(k)$ 式计算：

$$\hat{x}^{(1)}(13) = 89.9371e^{0.1012 \times 13} - 78.6571 + 5.0242\left[-e^{-0.2927(13-1)} - e^{0.2927(13-2)}\right] = 256.486$$

$$\hat{x}^{(1)}(14) = 89.9371e^{0.1012 \times 14} - 78.6571 + 5.0242\left[-e^{-0.2927(14-1)} - e^{0.2927(14-2)}\right] = 292.197$$

$$x = \hat{x}^{(0)}(14) = \hat{x}^{(1)}(14) - \hat{x}^{(1)}(13) = 292.197 - 256.486 = 35.711$$

【习题与思考题】

1. 什么是道路交通事故预测？交通事故预测的目的及意义是什么？
2. 简述交通事故预测的步骤。

3. 简述交通事故的定性预测和定量预测的定义。
4. 简述常用交通事故预测模型的优缺点。
5. 什么叫事故多发位置?
6. 简述事故多发位置鉴别指标的选用要求。
7. 简述交通事故多发位置的鉴别方法及适用条件。
8. 简述常用事故多发位置的成因分析方法。
9. 什么是路侧安全净区?
10. 某地区主干道道路网,年平均事故率为 40 次/亿车公里,其中某路段长 12km,每年有 55 次事故,年平均日交通量为 3900 辆/d。试分析该路段是否为事故多发段。

第 9 章 道路交通安全评价

目前,我国道路设计采用基于设计速度的路线设计方法,但是设计速度对一特定路段而言是一个固定值,其作为基础参数,用于规定一个路段的最低设计标准,而在实际驾驶行为中,没有任何驾驶员自始至终去恪守这一固定车速。实际行驶速度总是随道路线形、车辆动力性能及驾驶员特性等各种条件的改变而变化,只要条件允许,驾驶员总是倾向采用较高车速行驶。运行速度(在单元路段上车辆的实际行驶速度,通常将统计学中测定的 85% 位车速作为运行速度)的引入,可以有效地解决路线设计指标与实际行驶速度所要求的线形指标脱节的问题。采纳这种设计方法需对我国的运行速度进行深入的调查,确定适合我国国情的设计参数值。因此,我国仍采用基于设计速度的设计方法,但会应用运行速度进行道路线形的安全评价,通过控制相邻路段线形指标的协调性,使运行速度相对均衡,达到行驶安全和舒适的目的。由于重大及特大交通事故主要发生在公路上,且公路交通相较于城市道路交通更加复杂,因此本章参考《公路项目安全性评价规范》(JTG B05—2015),重点介绍不同阶段的公路交通安全评价内容与方法,以及运行速度计算方法,并给出实际工程案例。

9.1 不同阶段的公路交通安全评价内容与方法

9.1.1 工程可行性研究阶段

1)一般规定
(1)本阶段评价重点应为走廊带及工程方案对交通安全、社会和环境的影响。
(2)新建公路应针对同深度比选的走廊带方案进行评价。
(3)改扩建公路应分析既有公路交通安全特点,评价改扩建方案对交通安全的影响。

2)评价方法

本阶段宜采用经验分析法或安全检查清单进行评价。

改扩建公路在对既有公路进行交通安全特点分析时,应符合后评价中关于"总体评价"和"公路安全状况评价"的有关规定。

3)评价内容

(1)工程方案评价

①应根据路网条件、出入交通量及沿线城镇布局等,评价互通式立体交叉选址、形式,相邻互通式立体交叉之间,互通式立体交叉与隧道等大型构造物以及管理、服务设施之间关系等对交通安全的影响。

②应根据地形条件、主线技术指标、相交公路状况、预测交通量等,评价平面交叉选址、形式、交通组织及交叉口间距等对交通安全的影响。

③应评价与项目交叉或邻近的铁路、油气管道、高压输电线路等对交通安全的影响。

④应根据穿越村镇、居民区、牧区、林区等情况,评价路侧干扰等对交通安全的影响。

⑤改扩建公路在施工期不中断交通或将主线交通量分流到相关道路时,应评价改扩建方案交通组织及采取的相应安全措施。

(2)其他评价

①应根据降雨、冰冻、积雪、雾、侧风等自然气象条件,评价气象条件对交通安全的影响。

②应评价在发生自然灾害或严重交通事故而造成交通中断时,路线方案与相关路网配合进行应急救援和紧急疏散的能力。

③应根据动物活动区及动物迁徙路线,评价设置隔离栅或动物通道的必要性。

4)评价结论

评价结论应列出安全分析结果,明确影响项目交通安全的重点问题,并针对下阶段的设计提出改进对策和建议。

改扩建公路应明确影响既有公路交通安全的重点问题在改扩建后能否得到改善或解决。

9.1.2 初步设计阶段

1)一般规定

本阶段评价重点应为路线方案的选取及其技术指标的运用情况、结构物布设的合理性、交通工程及沿线设施建设规模的合理性等。

本阶段应进行总体评价、比选方案评价和设计要素评价。比选方案评价应针对各同深度比选方案进行,设计要素评价应针对推荐方案进行。

2)评价方法

比选方案评价宜采用经验分析法或安全检查清单等方法进行。

设计要素评价可采用运行速度协调性分析等方法进行。

3)设计要素评价

(1)运行速度协调性评价

设计速度在 80km/h 及以下的公路应进行运行速度协调性评价,并应符合下列规定:

①运行速度协调性评价应包括相邻路段运行速度协调性评价和同一路段运行速度与设计速度协调性评价。

②运行速度与设计速度协调性采用同一路段运行速度与设计速度的差值进行评价,当差值大于20km/h时,应根据运行速度对该路段的相关技术指标进行评价。

③相邻路段运行速度协调性应采用相邻路段运行速度差值的绝对值 $|\Delta v_{85}|$ 及运行速度梯度的绝对值 $|\Delta I_v|$（100m长度路段的运行速度变化值）进行评价,具体计算方法如式(9-1)所示:

$$|\Delta I_v| = \frac{|\Delta v_{85}|}{L} \times 100 \tag{9-1}$$

式中：$|\Delta I_v|$——运行速度梯度绝对值,km/(h·m);

$|\Delta v_{85}|$——分析单元起点、终点运行速度差值的绝对值,km/h;

L——分析单元路段长度,m。

a.高速公路、一级公路:

$|\Delta v_{85}|$ <10km/h 且 $|\Delta I_v|$ ≤10km/(h·m):运行速度协调性好。

$|\Delta v_{85}|$ 为10~<20km/h 且 $|\Delta I_v|$ ≤10km/(h·m):运行速度协调性较好,宜对相邻路段平面、纵断面设计进行优化,或采取安全改善措施。

$|\Delta v_{85}|$ ≥20km/h 或 $|\Delta I_v|$ >10km/(h·m):运行速度协调性不良,应调整相邻路段平面、纵断面设计;当调整困难时,应采取安全改善措施。

b.二级公路、三级公路:

$|\Delta v_{85}|$ <20km/h 且 $|\Delta I_v|$ ≤15km/(h·m):运行速度协调性好。

$|\Delta v_{85}|$ ≥20km/h 或 $|\Delta I_v|$ >15km/(h·m):运行速度协调性不良,应调整相邻路段平面、纵断面设计或采取安全改善措施。

(2)路线评价

①平面线形。

应根据运行速度,对采用接近最小半径的圆曲线进行评价,采用路段运行速度计算平曲线半径,当 R_{85} > R 时,加大 R 或降低 v_{85}。R_{85} 计算公式如式(9-2)所示:

$$R_{85} = \frac{v_{85}^2}{127(\mu + i)} \tag{9-2}$$

式中：μ——横向力系数;

i——路拱横坡度,‰。

运行速度与横向力系数的关系见表9-1。

运行速度与横向力系数的关系　　　表9-1

运行速度 v_{85}(km/h)	120	100	80	60	40	30	20
横向力系数 μ	0.10	0.12	0.13	0.15	0.15	0.16	0.17

宜结合运行速度、视觉条件等,对回旋线参数及长度、曲线间直线长度、平曲线长度进行评价。

应对回头曲线前后线形的连续性和均衡性、回头曲线间距等进行评价。

宜对卵形曲线、复合曲线等特殊曲线进行评价。

②视距。

高速公路、一级公路应对停车视距进行评价;二级公路、三级公路应对停车视距、会车视距和超车视距进行评价。

高速公路、一级公路以及大型车比例较高的二级公路、三级公路,尚应采用货车的停车视距对相关路段进行评价。

宜采用运行速度对停车视距、会车视距、超车视距进行评价。

③纵断面线形。

应对连续上坡、连续下坡进行评价。

宜根据运行速度对采用接近最小半径或最小长度的竖曲线进行评价。

④横断面。

当横断面宽度、车道数等发生变化时,应对横断面过渡渐变段的设置位置、长度进行评价。

对连续上坡路段,应根据预测交通量及交通组成、服务水平、运行速度等对设置爬坡车道的必要性和设置位置进行评价。

对连续长陡下坡路段,应根据预测交通量及交通组成、地形条件、服务设施的分布情况等,以及设置避险车道的必要性、设置位置和数量进行评价。

高速公路和一级公路右侧硬路肩宽度小于2.5m时,应对设置的紧急停车带的有效长度、宽度、间距及出入口过渡段进行评价。

非机动车和行人交通需求大的路段,宜对其路侧干扰情况、非机动车道和人行道设置情况进行评价。

非机动车、行人密集的公路和城市出入口的公路,宜评价混合交通对交通安全的影响。

⑤改扩建公路。

改扩建公路尚应对主线分、合流的位置及其车道数平衡进行评价。

(3)互通式立体交叉评价

①应根据交叉公路地形、主线及被交道路平面和纵断面线形指标,以及转向交通量等因素,对互通式立体交叉选址及形式进行评价。

②应对互通式立体交叉的间距及互通式立体交叉与服务区、隧道、主线收费站等的间距进行评价。

③应根据相交公路等级、转向交通量、地形条件、收费方式等,对互通式立体交叉入口形式进行评价。

④当主线运行速度与设计速度差值大于20km/h时,应按运行速度对互通式立体交叉的视距、相邻出入口间距和加减速车道长度等进行评价。

⑤可根据互通式立体交叉的交通量,对其通行能力和服务水平等进行评价。

⑥改扩建公路的互通式立体交叉评价尚应符合下列规定:

a.拟新增互通式立体交叉时,应对新增互通式立体交叉与其他设施或构造物的间距进行评价。

b.改扩建互通式立体交叉时,应根据预测交通量、交通事故调查情况等,对改扩建方案进行评价。

(4)平面交叉评价

①应根据地形、主线平面和纵断面线形、路网布局及交叉公路状况等,对平面交叉位置及

间距进行评价。间距较小的平面交叉尚应对合并设置的可行性进行评价。

②应根据转向交通量、交叉公路等级、交通管理方式以及相邻道路的分布情况等,对平面交叉的形式进行评价。

③应按运行速度对采取的速度控制和交通管理措施进行评价。

④应结合交通管理方式和运行速度,对平面交叉通视三角区的通视情况进行评价。

9.1.3 施工图设计阶段

1) 一般规定

本阶段评价重点应为交通工程及沿线设施的设置情况等。

本阶段应进行总体评价和设计要素评价。

改扩建工程尚应评价施工期间的交通组织设计对交通安全的影响。

对于采用一阶段施工图设计的公路项目或初步设计阶段未进行安全性评价的公路项目,设计要素评价应按初步设计阶段有关规定执行。

2) 评价方法

本阶段宜采用运行速度协调性分析、安全检查清单等评价方法进行评价。

对复杂项目、复杂路段,可采用驾驶模拟方法对线形设计协调性、交通安全设施等进行评价。

3) 设计要素评价

(1) 路线评价

①超高设计评价。

a. 在圆曲线半径不变的前提下,应按运行速度对采用的超高值进行评价。

b. 应根据公路等级、区域气候条件以及交通组成等因素,对采用的最大超高值进行评价。

c. 大型车比例较高的公路,应考虑不同车型间的速度差,以及大坡度下坡对超高值的影响,对采用的超高值进行评价。

②设置圆曲线加宽时,应根据交通组成对加宽值和加宽形式进行评价。

③应根据气候条件、地形条件和交通组成,采用运行速度对公路合成坡度进行评价。

④对设有爬坡车道的路段,应对爬坡车道的长度和宽度,紧急停车带的位置和数量,以及相关标志、标线等进行评价。

⑤对设有避险车道的路段,应对其设置位置、数量和间距进行评价,并对避险车道的引道、平纵线形、横断面宽度、长度和坡度、制动坡床材料、排水、端部处理以及交通安全设施和管理设施等进行评价。

(2) 互通式立体交叉评价

①应评价出口匝道分流鼻端至匝道控制曲线起点路段的长度及其平曲线半径对交通安全的影响。

②应对匝道运行速度协调性进行评价:相邻路段运行速度差值的绝对值或匝道控制曲线处运行速度预测值与匝道设计速度之差大于20km/h时,协调性不良。

③视距评价应符合以下规定:

a. 宜根据运行速度对匝道基本路段的视距进行评价。

b.应根据运行速度,对分流鼻端、合流鼻端的通视情况进行评价。
④匝道出、入口评价应符合下列规定:
a.应根据运行速度,对主线的相邻出口或入口之间、匝道的相邻出口或入口之间、主线的出口至前方相邻入口之间的距离进行评价。
b.应根据主线运行速度以及匝道车道数、主线纵坡,对加减速车道长度进行评价。
⑤宜对改扩建公路的匝道运行速度协调性进行评价。
(3)平面交叉评价
①宜对平面交叉设置的变速车道和转弯附加车道进行评价。
a.变速车道宜按运行速度、交叉角度等,对其长度、宽度、纵坡,以及渐变段的宽度、长度等几何设计指标进行评价。
b.宜根据平面交叉交通管理方式,按运行速度对左转弯附加车道长度和右转弯车道半径进行评价。
②宜根据公路等级及交通量等,对渠化设计中各方向车道数的合理性进行评价。
③宜对平面交叉采用的交通管理方式进行评价。

9.1.4 交工阶段

1)一般规定

本阶段评价重点应为通车前交通工程及沿线设施的设置情况。

本阶段安全性评价应在工程质量验收合格的前提下,进行总体评价和公路安全状况评价。

对公路项目交工阶段进行安全性评价,《公路项目安全性评价报告》格式应符合《公路项目安全性评价规范》(JTG B05—2015)附录的有关规定。

2)评价方法

公路安全状况评价应进行公路现场踏勘和实地驾驶,宜采用安全检查清单等方法进行评价。

3)公路安全状况评价

(1)路线评价

①应根据实地驾驶状况,对路线平纵线形的连续性和协调性以及横断面过渡的顺畅性进行评价。

②应根据实地驾驶状况,对公路平面、纵断面视距进行评价。

(2)互通式立体交叉评价

①应根据实地驾驶状况,对分、合流鼻端的通视情况,以及加减速车道长度、匝道的速度协调性进行评价。

②应根据实地驾驶状况,对互通式立体交叉出口标志信息进行评价。

(3)平面交叉评价

①应根据实地驾驶状况,对通视三角区的通视情况进行评价。

②应对交通管理方式及交通组织措施进行评价。

③应对行人和非机动车相关的标志、标线等交通安全设施进行评价。

9.1.5 后评价

1) 一般规定

适用于公路建设项目后评价中的交通安全评价,也适用于通车后公路安全状况发生较大变化,或竣工验收、大中修、改扩建时的安全性评价。

评价重点应为公路设施、交通量及交通组成、路网环境、路侧环境等的现状对公路交通安全的影响。

后评价中应进行总体评价和公路安全状况评价。总体评价应在调研和资料收集的基础上,进行交通事故分析;公路安全状况评价应进行公路现场调查、速度观测与评价,提出安全改进建议和对策。

对公路项目进行后评价,《公路项目安全性评价报告》格式应符合《公路项目安全性评价规范》(JTG B05—2015)附录的有关规定。

2) 评价方法

总体评价宜采用交通事故统计分析、问卷调查等方法进行。

公路安全状况评价宜采用安全检查清单、断面速度现场观测等方法进行。

3) 公路安全状况评价

(1) 路线评价

①应根据现场观测数据确定代表车型的运行速度,评价运行速度与设计速度协调性。

②应根据驾驶状况对平纵线形的连续性和视距进行评价。

③二级公路、三级公路,应根据实际的交通组成对小半径圆曲线路段的加宽值进行评价。

(2) 互通式立体交叉评价

①应对互通式立体交叉之间,以及互通式立体交叉与服务区、停车区、隧道等的间距进行评价。

②应根据实地驾驶状况和运行速度,对分、合流鼻端的通视情况进行评价。

③应根据实地驾驶状况和运行速度,评价出口匝道分流鼻端至匝道控制曲线起点路段的长度和速度过渡对交通安全的影响。

④应对车道数平衡,以及变速车道、辅助车道、交织区长度进行评价。

⑤应根据实地驾驶状况,对互通式立体交叉出口标志信息进行评价。

(3) 平面交叉评价

①应通过现场观测,评价平面交叉的位置、形式、交叉角度、间距等对交通安全的影响。

②应结合运行速度,对通视三角区的通视情况进行检查和评价。

③应对交通渠化措施,以及与行人和非机动车相关的标志、标线等交通安全设施进行评价。

④宜根据相交公路等级、直行和转弯车辆比例、历史交通事故情况等,对转弯车道和附加车道进行评价。

⑤宜根据平面交叉专项交通量和现场条件,对采用的交通管理方式及交通组织措施进行评价。

9.2 公路运行速度计算方法

9.2.1 一般规定

1) 代表车型

初步设计阶段和施工图设计阶段公路运行速度预测所采用的代表车型应符合表9-2的规定。

车型对照　　　　　　　　　　表9-2

车　型	高速公路、一级公路	二级公路、三级公路
小型车	轴距≤7m 且比功率>15kW/t	轴距≤3.5m
大型车	轴距>7m 或比功率≤15kW/t	轴距>3.5m

2) 分析单元划分

根据曲线半径和纵坡坡度等,可将公路划分为平直路段、纵坡路段、平曲线路段、弯坡组合路段、隧道路段、互通式立体交叉路段等若干个分析单元。其中,平曲线路段、弯坡组合路段宜以曲线中点为基准拆分为两个分析单元。

3) 运行速度计算

(1) 计算原则

①应按行车方向分别计算小型车和大型车的运行速度。
②分析单元的起、终点宜作为运行速度计算的特征点。
③分析单元的纵坡方向应与行车方向一致。

(2) 计算步骤

①确定路段第一个分析单元的起点初始运行速度。
②根据行车方向和分析单元对应的运行速度预测模型,计算第一个分析单元末端的运行速度,并以此作为第二个分析单元的初始运行速度。
③将第二个分析单元的初始运行速度代入第二个分析单元对应的计算公式,计算该单元的运行速度,以此方法依次迭代计算至最后一个分析单元。

4) 运行速度预测模型

运行速度预测模型宜根据项目所在地区类似公路观测结果建立,并应进行参数标定;条件受限时,可采用《公路项目安全性评价规范》(JTG B05—2015)附录 B 中的模型。

运行速度预测模型分为基本模型和修正模型。

基本模型包括平直路段模型、纵坡路段折算模型、平曲线路段模型、弯坡组合路段模型、隧道路段模型、互通式立体交叉段模型。

修正模型:对于需要进行修正的分析单元,宜在基本模型计算结果的基础上进行修正,以修正后的结果作为计算结果。

采用运行速度预测模型计算的运行速度应符合下列规定:

①分析单元起点和终点的运行速度均不大于期望速度,也不小于分析单元对应的最低运行速度或最低限速值。

②当计算结果大于或等于期望速度时,宜以期望速度代表分析单元终点的运行速度。

③当计算结果小于分析单元对应的最低运行速度或最低限速值时,宜以分析单元对应的最低运行速度或最低限速值代表分析单元终点的运行速度。

9.2.2 高速公路运行速度

1)分析单元划分

平直路段、平曲线路段、纵坡路段、弯坡组合路段划分应符合表9-3的规定。

高速公路平直路段、平曲线路段、纵坡路段、弯坡组合路段划分标准　　表9-3

车型	纵断面	平面	
		圆曲线半径>1000m	圆曲线半径≤1000m
小型车或大型车	纵坡<3%	长度>200m 平直路段; 长度≤200m 短平直路段	平曲线路段
	纵坡≥3%	纵坡路段	弯坡组合路段

隧道路段应为驶入隧道洞口前200m至驶出隧道洞口后100m。

互通式立体交叉主线路段应为减速车道渐变段起点至加速车道渐变段终点,匝道路段宜为匝道与主线连接点至匝道终点。

2)初始运行速度 v_0

初始运行速度 v_0 应根据设计速度按表9-4确定。

高速公路初始运行速度确定标准　　表9-4

设计速度(km/h)		120	100	80	60
初始运行速度 v_0 (km/h)	小型车	120	100	80	60
	大型车	80	75	65	50

3)期望速度 v_e

期望速度 v_e 应根据表9-5确定。

高速公路期望速度确定标准　　表9-5

设计速度(km/h)		120 或 100	80	60
期望速度(km/h)	小型车	120	110	90
	大型车	80	80	75

4)推荐加速度 a

推荐加速度 a 应按表9-6确定。

推荐加速度表　　表9-6

车型	a_{min}(m/s²)	a_{max}(m/s²)
小型车	0.15	0.50
大型车	0.20	0.25

第9章 道路交通安全评价

5) 最低运行速度

小型车最低运行速度不宜低于50km/h,大型车最低运行速度不宜低于30km/h。

6) 平直路段运行速度预测

当分段后的平直路段长度大于200m时,平直路段终点的运行速度模型如式(9-3)及式(9-4)所示:

$$v_{out} = 3.6\sqrt{\left(\frac{v_{in}}{3.6}\right)^2 + 2as} \tag{9-3}$$

$$a = a_{min} + (a_{max} - a_{min})\left(1 - \frac{v_{in}}{v_e}\right) \tag{9-4}$$

式中:v_{out}——平直段终点的运行速度,km/h;
v_{in}——平直段起点的运行速度,km/h;
a——车辆加速度,m/s²;
s——平直路段长度,m;
a_{max}——最大加速度,m/s²;
a_{min}——最小加速度,m/s²;
v_e——期望速度,km/h。

当分段后的平直路段长度不大于200m时,宜视为短平直路段,该路段的起终点运行速度保持不变。

7) 平曲线路段运行速度预测

平曲线路段运行速度预测应符合下列规定:

(1) 应确定平曲线连接形式,其形式分为入口直线-曲线、入口曲线-曲线、出口曲线-直线、出口曲线-曲线。

(2) 应从曲线中点分段,分别对曲线中点和曲线出口的运行速度进行预测。

(3) 曲线中点和曲线出口运行速度应按表9-7中模型预测。

高速公路平曲线路段运行速度预测模型　　　　表9-7

曲线连接形式		运行速度预测模型
入口直线-曲线	小型车	$v_{middle} = -24.212 + 0.834v_{in} + 5.729\ln R_{now}$
	大型车	$v_{middle} = -9.432 + 0.963v_{in} + 1.522\ln R_{now}$
入口曲线-曲线	小型车	$v_{middle} = 1.277 + 0.942v_{in} + 6.19\ln R_{now} - 5.959\ln R_{back}$
	大型车	$v_{middle} = -24.472 + 0.990v_{in} + 3.629\ln R_{now}$
出口曲线-直线	小型车	$v_{out} = 11.946 + 0.908v_{middle}$
	大型车	$v_{out} = 5.217 + 0.926v_{middle}$
出口曲线-曲线	小型车	$v_{out} = -11.299 + 0.936v_{middle} - 2.0601\ln R_{now} + 5.203\ln R_{front}$
	大型车	$v_{out} = 5.899 + 0.925v_{middle} - 1.005\ln R_{now} + 0.329\ln R_{front}$

注:v_{middle}为曲线中点运行速度,km/h;v_{in}为曲线入口运行速度,km/h;v_{out}为曲线出口运行速度,km/h;R_{now}为所在曲线半径,m;R_{front}为即将驶入的曲线半径,m;R_{back}为驶入所在曲线前的曲线半径,m。

8)纵坡路段运行速度预测

(1)上坡路段

小型车:3%≤坡度≤4%,速度降低5km/(h·1000m);坡度>4%,速度降低8km/(h·1000m)。两种情况下速度均直至降低到最低运行速度。

大型车:坡度≤4%,速度降低10km/(h·1000m);坡度>4%,速度降低20km/(h·1000m)。两种情况下速度均直至降低到最低运行速度。

(2)下坡路段

小客车:3%≤坡度≤4%,速度增加10km/(h·500m)至期望运行速度;坡度>4%,速度增加20km/(h·500m)至期望运行速度。

大货车:坡度≤4%,速度增加7.5km/(h·500m)至期望运行速度;坡度>4%,速度增加15km/(h·500m)至期望运行速度。

9)弯坡组合路段运行速度预测

(1)应根据前后线形衔接方式确定弯坡组合形式,其形式分为入口直线-曲线、入口曲线-曲线、出口曲线-直线、出口曲线-曲线。

(2)应从曲线中点分段,分别对曲线中点和曲线出口的运行速度进行预测。

(3)曲线中点和曲线出口运行速度应按表9-8相应模型预测。

弯坡组合路段运行速度预测模型　　　　表9-8

曲线连接形式		运行速度预测模型
入口直线-曲线	小型车	$v_{middle} = -31.67 + 0.547v_{in} + 11.7\ln R_{now} - 0.176i_{now1}$
	大型车	$v_{middle} = 1.782 + 0.859v_{in} - 0.51i_{now1} + 1.196\ln R_{now}$
入口曲线-曲线	小型车	$v_{middle} = 0.750 + 0.802v_{in} + 2.717\ln R_{now} - 0.281i_{now1}$
	大型车	$v_{middle} = 1.798 + 0.248\ln R_{now} + 0.977v_{in} - 0.133i_{now1} + 0.23\ln R_{back}$
出口曲线-直线	小型车	$v_{out} = 27.294 + 0.720v_{middle} - 1.444i_{now2}$
	大型车	$v_{out} = 13.490 + 0.797v_{middle} - 0.6971i_{now2}$
出口曲线-曲线	小型车	$v_{out} = 1.819 + 0.839v_{middle} + 1.427\ln R_{now} + 0.782\ln R_{front} - 0.48i_{now2}$
	大型车	$v_{out} = 26.837 + 0.109\ln R_{front} - 3.039\ln R_{now} - 0.594i_{now2} + 0.830v_{middle}$

注:i_{now1}为变坡点前纵坡,上坡为正、下坡为负,代入值不带百分号;i_{now2}为变坡点后纵坡,上坡为正、下坡为负,代入值不带百分号。

10)隧道路段运行速度预测

隧道路段运行速度应按表9-9中的模型预测。

隧道路段运行速度预测模型　　　　表9-9

车　型	特　征　点	预测模型
小型车	隧道洞口	$v_1 = 0.99v_{in} - 11.07$
	隧道内	$v_2 = 0.81v_{in} + 8.22$
	驶出隧道洞口后100m	$v_3 = 0.74v_{in} + 16.43$

续上表

车 型	特 征 点	预 测 模 型
大型车	隧道洞口	$v_1 = 0.98v_{in} - 6.56$
	隧道内	$v_2 = 0.85v_{in} + 3.89$
	驶出隧道洞口后100m	$v_3 = 0.45v_{in} + 42.61$

注：v_{in}为驶入隧道洞口前200m衔接路段单元的速度，km/h。

除短隧道按照短平直路段计算外，其他隧道均按上述模型计算。

相邻隧道出口与入口间距小于200m的隧道群，可视为同一个隧道路段。

11）互通式立体交叉运行速度预测

互通式立体交叉主线路段运行速度应在不考虑划分互通式立体交叉分析单元的运行速度预测基础上，按表9-10进行折减。

互通式立体交叉主线路段运行速度折减值 表9-10

车型	小型车	大型车
最大折减值(km/h)	-8	-5

匝道路段运行速度应根据项目所在地区类似公路项目观测确定，或按二级、三级公路路段运行速度预测方法进行预测。

匝道路段的初始速度应采用分流鼻端通过速度。

9.2.3 一级公路运行速度

1）一般规定

（1）具干线功能的一级公路

无平面交叉、无路侧干扰、类似全部控制出入的路段，运行速度预测可按高速公路有关规定执行。

有平面交叉、有路侧干扰、部分控制出入的路段，应观测项目所在地区类似公路受到平面交叉的影响，对运行速度预测结果进行修正，或按具集散功能的一级公路确定。

（2）具集散功能的一级公路

按高速公路的有关规定预测分析单元的运行速度。

应根据路侧干扰和平面交叉口密度情况，对分析单元运行速度进行修正。

2）路侧干扰修正

路侧干扰主要指行人、非机动车、摩托车、农用车等交通流对主线小型车和大型车的干扰。

应用路侧冲突等级来量化路侧冲突的严重程度，并按表9-11确定路侧冲突等级对运行速度的影响。

路侧冲突等级影响系数 表9-11

路侧冲突等级	影响系数	路侧冲突等级	影响系数
0	1.00	2	0.82
1	0.91	3	0.73

路侧冲突等级应按表 9-12 对应的路侧冲突因素加权值 FRIC 确定。

路侧冲突等级确定标准 表 9-12

路侧冲突等级	FRIC	公路两侧用地性质通常情况说明
0	0<FRIC≤50	两侧为农田或山体峡谷等
1	50<FRIC≤100	有稀落的农舍,有少量行人出入等
2	100<FRIC≤150	有少量行人、车辆出入,有加油站、小店铺等
3	FRIC>150	路侧街道化严重,存在居民区、商业中心等,出入行人和车辆较多等

FRIC 按式(9-5)确定:

$$FRIC = 0.129bic + 0.164psv + 0.185tra + 0.148ped + 0.171smv + 0.202mot \quad (9-5)$$

式中:bic——自行车数量,辆/h;

psv——路侧停车数量,辆/h;

tra——慢行车辆(拖拉机等农用车辆)数量,辆/h;

ped——行人数量,人/h;

smv——电动自行车数量,辆/h;

mot——摩托车数量,辆/h。

3)平面交叉口密度修正

应根据分析单元的当量化平面交叉口密度,乘表 9-13 中相应的影响系数,以对运行速度进行修正。

平面交叉口影响系数 表 9-13

当量化平面交叉口密度 d (个/km)	影响系数		
	$v_{85} \geq 100$km/h	80km/h≤ v_{85} <100km/h	60km/h≤ v_{85} <80km/h
0<d≤1.0	0.99	0.99	1.00
1.0<d≤2.5	0.98	0.98	0.99
2.5<d≤5.0	0.95	0.96	0.97
d>5.0	0.90	0.92	0.94

当量化平面交叉口密度为分析单元内当量化平面交叉口个数之和除以分析单元长度。

当量化平面交叉口个数应根据进入平面交叉口的支路机动车交通量,按表 9-14 折算。

平面交叉口个数折算系数 表 9-14

支路机动车交通量 vol(辆/h)	平面交叉口个数折算系数
vol≤30	0.5
30<vol≤70	1.0
70<vol≤150	2.0
vol>150	3.0

9.2.4 二、三级公路运行速度

1）一般规定

设计速度在40km/h及以上的二级公路、三级公路、互通式立体交叉匝道路段运行速度预测应符合本节的有关规定。

当设计速度小于40km/h时，应根据项目所在地区类似公路建立模型或对本节运行速度预测模型进行修正。

平直路段、平曲线路段、纵坡路段、弯坡组合路段划分应符合表9-15规定。隧道路段应为驶入隧道洞口前200m至驶出隧道洞口后100m。

二、三级公路平直路段、平曲线路段、纵坡路段、弯坡组合路段划分标准　　表9-15

车　型	纵断面	平　面	
		圆曲线半径>600m	圆曲线半径≤600m
小型车或大型车	纵坡<3%	长度>600m平直路段；长度≤100m短平直路段	平曲线路段
	纵坡≥3%	纵坡路段	弯坡组合路段

平直路段、平曲线路段、纵坡路段、弯坡组合路段的运行速度应按相应的模型进行预测。

平直路段、平曲线路段、纵坡路段、弯坡组合路段分析单元的运行速度应根据路侧净区宽度、平面交叉口密度、路侧干扰情况进行修正。

隧道路段的运行速度应根据项目所在地区类似公路实际观测结果确定，或按公路项目的设计速度计算。

2）初始运行速度 v_0

初始运行速度 v_0 应根据设计速度按表9-16确定。

二、三级公路初始运行速度确定标准（单位：km/h）　　表9-16

设计速度		80	60	40
初始运行速度 v_0	小型车	80	60	40
	大型车	60	40	30

3）期望速度 v_e

期望速度 v_e 应根据设计速度按表9-17确定。

二、三级公路期望速度确定标准　　表9-17

设计速度（km/h）		80	60	40
期望速度 v_e（km/h）	小型车	105	85	65
	大型车	75	70	50

4）推荐加速度 a

推荐加速度 a 应按表9-18确定。

推荐加速度表 表9-18

车型	a_{min}(m/s²)	a_{max}(m/s²)
小型车	0.15	0.50
大型车	0.20	0.25

5) 最低运行速度

小型车最低运行速度不应低于30km/h,大型车最低运行速度不应低于15km/h。

6) 平曲线路段运行速度预测

应从曲中点分段,对曲中点和曲线出口的运行速度,分别通过表9-19 相应模型进行预测。

二、三级公路平曲线路段运行速度预测模型 表9-19

特征点	车型	运行速度预测模型
曲中点	小型车	$v_{middle} = -244.123 + 0.6v_{in} + 40\ln(R_{now} + 500)$
曲中点	大型车	$v_{middle} = -80.179 + 0.7v_{in} + 15\ln(R_{now} + 250)$
曲线出口	小型车	$v_{out} = -183.092 + 0.7v_{middle} + 30\ln(R_{front} + 500)$
曲线出口	大型车	$v_{out} = -53.453 + 0.8v_{middle} + 10\ln(R_{front} + 250)$

7) 纵坡路段运行速度预测

(1) 上坡路段

小型车:3%≤坡度≤4%,速度降低5km/(h·1000m);坡度>4%,速度降低8km/(h·1000m)。两种情况下速度均直至降低到最低运行速度。

大型车:坡度≤4%,速度降低10km/(h·1000m);坡度>4%,速度降低20km/(h·1000m)。两种情况下速度均直至降低到最低运行速度。

(2) 下坡路段

小客车:3%≤坡度≤4%,速度增加10km/(h·500m)至期望运行速度;坡度>4%,速度增加20km/(h·500m)至期望运行速度。

大货车:坡度≤4%,速度增加7.5km/(h·500m)至期望运行速度;坡度>4%,速度增加15km/(h·500m)至期望运行速度。

8) 路侧净区宽度对运行速度的修正

应根据分析单元的路侧净区宽度,乘表9-20中相应的影响系数,以对运行速度结果进行修正。

路侧净区宽度影响系数 表9-20

路侧净区宽度(m)	0.50	0.75	1.00	1.25	1.50	1.75	2.00	2.50
影响系数	0.88	0.93	0.97	1.00	1.02	1.04	1.06	1.09

续上表

路侧净区宽度(m)	3.00	4.00	5.00	6.00	7.00	8.00	9.00	
影响系数	1.11	1.15	1.17	1.20	1.22	1.23	1.25	

9)平面交叉口密度对运行速度的修正

平面交叉口密度为分析单元内平面交叉口数量之和除以分析单元长度,应根据平面交叉口密度,乘表9-21中相应的影响系数,以对运行速度进行修正。

平面交叉口密度影响系数　　　　　　　　　　　表9-21

平面交叉口密度 (个/km)	影响系数				
	90km/h	80km/h	70km/h	60km/h	50km/h
5.0	0.89	0.92	0.94	0.96	0.97
2.5	0.93	0.94	0.96	0.97	0.98
2.0	0.94	0.94	0.96	0.98	0.98
1.0	0.97	0.97	0.98	0.99	0.99
0.5	0.98	0.99	0.99	0.99	0.99
0.3	0.99	1.00	1.00	1.00	1.00

10)路侧干扰对运行速度的修正

应根据路侧干扰物数量和路侧干扰横向间距,按图9-1确定影响系数,以对运行速度结果进行修正。

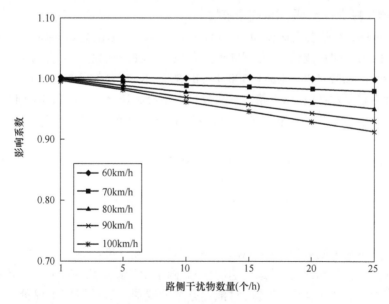

图9-1　路侧干扰对运行速度的影响曲线($W=2.5m$)

注:路侧干扰横向间距 $W=$(硬路肩宽度+土路肩宽度)/2+1.0,m,取0.5的倍数。当进入路侧干扰区段的运行速度 $v_{in}<60km/h$ 或 $W>2.5m$ 时,可以认为不受路侧干扰物的影响。路侧干扰物数量=行人数量+自行车数量/3+摩托车数量/12+路侧停车数量×1.25,个/h。

9.3 案例分析

9.3.1 昭通至会泽高速公路初步设计阶段交通安全评价

1)工程概况

昭通至会泽高速公路(简称昭会高速)是国家高速公路G85重庆至昆明公路的一段,也是云南省干线公路网规划中"七出省"通道昆明至水富公路的重要组成部分。国家高速公路G85重庆至昆明公路由四川宜宾进入云南省水富市,经昭通、曲靖的会泽到达昆明,是云南出省通往四川、重庆及华北方向最便捷的交通运输主通道。

2)既有道路安全特征分析

(1)通过对昭会高速整体交通量分析可知,昭通南(主线收费站)、会泽出入口交通量与其他路段相比,压力较大。

(2)高速公路货车比例相对较大,但仍小于客车比例(60%)。从昭通南(主线收费站)和其他出入口调查点车型对比来看,长途车辆中货车特别是大型货车明显较多,沿线交通出行以客车和小型货车为主。

(3)自2008年以来,昭会高速事故数除2010年有明显下降外,2010年以来事故数有逐年增加的趋势。2010年事故数下降,使得2010年死亡人数略有下降,其他年份死亡人数基本持平。

(4)昭会高速交通事故在节假日期间比较集中,如"五一""十一"等,由于受到节假日的影响,交通量增长幅度较大,易诱发交通事故。

(5)2008—2012年昭会高速夜间(18:00—次日6:00)均比白天(6:00—18:00)交通事故多。这主要是因为夜间视线较差,且驾驶员多有疲劳驾驶的现象,所以容易引发交通事故。

(6)昭会高速K232+920—K234+500、K238+590—K240+600、K307+600—K309+250路段为提取的事故相对多发路段,以上路段事故数量占昭会高速全部事故数量的18.52%。

(7)通过对昭会高速事故案例进行分析可知,驾驶员的不安全行为是交通事故的主要诱因。

(8)小客车事故的比例相对较高,占昭会高速全部事故数量的46%。但从事故率(次/辆)的角度看,大货车事故率是小客车事故率的2.2倍。

(9)受不良气候条件对行车安全的影响,31%的交通事故发生在阴雨天。

3)总体评价

利用推荐方案平纵线形设计资料和《公路项目安全性评价规范》(JTG B05—2015)提供的运行速度预测模型,对全线进行了运行速度预测,确定设计速度为80km/h,并计算了相邻路段运行速度差、设计速度与运行速度差,对推荐方案的线形一致性进行了评价。主要得出以下结论:

(1)经测算,小客车预测运行速度均在110km/h左右,大货车预测运行速度均在70km/h左右。

(2)小客车和大货车相邻路段运行速度差均未超过 10km/h,线形一致性较好。

(3)根据小客车预测运行速度与设计速度差大于 20km/h 的情况,需对相关技术指标进行安全性验算。

4)视距分析

根据获取的数据资料,重点对老路路基段的平曲线视距和全线的竖曲线视距进行了分析,主要得出以下结论,供设计单位参考。

(1)满足小客车按 120km/h 运行速度行驶时对应的停车视距要求的最小平曲线半径为 1624m。

(2)满足大货车按 75km/h 运行速度行驶时对应的停车视距要求的最小平曲线半径为 451m。

(3)凹形竖曲线均满足预测运行速度 120km/h 对应的停车视距要求。凸形竖曲线均满足运行速度 80km/h 对应的停车视距要求,但部分路段不满足车辆按 100km/h 和 120km/h 运行速度行驶时的停车视距要求。

(4)建议参照视距分析结果进一步优化平纵线形设计,在无法优化线形时应在充分分析对行车安全影响的基础上采取相应的交通工程措施。

5)路线分析

(1)本项目部分路段直线长度大于 1km,建议进一步优化线形设计。

(2)本项目改扩建路段及新建路段同向圆曲线间直线长度满足设计速度对应的标准规范要求。

(3)本项目改扩建路段及新建路段反向圆曲线间直线长度满足设计速度对应的标准规范要求。

(4)本项目部分改扩建路段圆曲线半径相对于设计速度对应的一般值要求偏小,但满足极限值的要求,建议加强视线诱导或采取强制减速措施。

(5)本项目部分路段平曲线长度相对于设计速度对应的一般值要求偏小,但满足最小值的要求,建议加强视线诱导或采取强制减速措施。

(6)本项目部分路段圆曲线转角相对于设计速度对应的要求偏小。

(7)本项目部分路段相邻圆曲线协调性欠佳,建议优化线形设计,条件受限时加强线形诱导。

(8)本项目部分路段回旋线长度相对于设计速度对应的要求偏小,建议优化线形设计。

(9)本项目改扩建路段圆曲线最大超高值为 8%,部分路段纵坡值较大,建议优化线形设计。

(10)本项目部分路段竖曲线半径相对于设计速度对应的一般值要求偏小,但满足极限值要求,建议优化线形设计。

(11)本项目部分路段竖曲线长度相对于设计速度对应《公路项目安全性评价规范》(JTG B05—2015)要求的一般值略小,但满足最小值要求,建议进一步优化线形设计。

(12)本项目部分路段纵坡坡度为 0.3%,建议加强路段的排水设计。

(13)本项目部分路段纵坡采用设计速度对应的最大要求,建议进一步优化线形设计。

(14)本项目最大合成坡度为 9.43%(左线,平曲线交点桩号 K335+190.552,超高 8%,纵坡5%),满足设计速度及运行速度对应的《公路项目安全性评价规范》(JTG B05—2015)要求,但接近极限值要求,建议调整路段的纵坡、超高设计,提高行驶安全性。

(15)本项目路段最小坡长满足运行速度对应的《公路项目安全性评价规范》(JTG B05—2015)要求。

(16)本项目部分路段最大坡长略大于设计速度对应的《公路项目安全性评价规范》(JTG B05—2015)要求。

(17)本项目横断面设计符合《公路项目安全性评价规范》(JTG B05—2015)要求。

(18)综合考虑双向路拱在福建省漳州至龙岩高速公路一期工程和江西南昌至庐山高速公路的应用情况,昭会高速既有道路路基利用路段的直线路段和平曲线半径远大于设计速度对应的不设超高最小平曲线半径的曲线路段,可维持原有的双向路拱形式。

6)隧道安全性分析

根据现场调研情况,对昭通至会泽高速公路隧道安全现状进行了分析,总结上述分析结果,主要有以下结论:

(1)昭会高速隧道主要设计指标满足设计时施行的标准规范要求。

(2)昭会高速大口子隧道、洗羊塘隧道、田坝隧道和太平隧道位于K4+627.79—K26+378.51连续下坡路段,邱家垭口隧道、青龙寺隧道位于K95+000—K104+958.60连续下坡路段;高粱地隧道、铁厂隧道、大山隧道位于K90+215.12—K65+422.16连续下坡路段;此外,小洼子隧道位于K96+069.835—K90+715.12连续下坡路段的坡底,建议在隧道前加强连续下坡路段信息和隧道预告,并采取强制减速措施。

(3)大口子隧道、洗羊塘隧道、邱家垭口隧道、青龙寺隧道、巴家沟1号隧道、田湾隧道、高粱地隧道、大山隧道洞口线形一致性欠佳,建议条件允许时优化洞口平纵线形设计(特别是银盏1#隧道),条件受限时,应设置限速标志,并采取强制减速措施。

7)桥梁安全性分析

根据现场调研情况,结合竣工设计图纸,对昭会高速公路桥梁安全现状进行了分析,总结上述分析结果,主要有以下结论:

(1)昭会高速桥梁线形指标良好,设计指标符合《公路项目安全性评价规范》(JTG B05—2015)要求。

(2)建议严格限速管理,减小大货车与小客车之间的速度差,减小车辆之间的干扰,降低车辆冲撞桥梁护栏的概率。

(3)昭会高速潘寨大桥、江底1~3号大桥位于右线连续长下坡K4+627.79—K26+378.51坡底位置,建议在桥面进行薄层铺装,增强车辆运行时的减速效果,提高行车的安全性。

(4)对位于中央分隔带和路侧净区的上跨桥梁墩台,建议进一步加强防护,可考虑在迎车面施划立面标记。

8)互通式立体交叉安全性分析

根据获取的数据资料,依据《公路项目安全性评价规范》(JTG B05—2015),重点对昭会高速推荐方案互通式立体交叉的安全性进行了评价,主要得出以下结论:

(1)田坝互通主线最小圆曲线半径不满足设计速度对应的标准要求。

(2)阿都互通与田都隧道间距为545m,间距相对较小,不利于行车安全。

(3)除江底互通出入口变速车道长度和田坝互通出入口、拖车互通左线入口、阿都互通出入口渐变段长度满足《公路项目安全性评价规范》(JTG B05—2015)要求外,其他互通出入口变速车道和渐变段长度均不满足《公路项目安全性评价规范》(JTG B05—2015)要求。

(4)黑土互通立交主线最小凸形竖曲线半径为16547.69m,不满足视距要求的半径。

(5)田坝互通、江底互通、阿都互通、黑土互通主线平曲线视距不满足设计速度80km/h对应的分、合流点视距要求。

9)主要结论

(1)展线方案

昭会高速推荐线展线时充分考虑了既有道路利用和新线方案的行车需求,通过采用分离式路基方案灵活调整既有道路在推荐线中的路幅位置,大幅度减轻了既有道路设计指标对扩建后行车安全的影响,对于提升运营后的交通安全水平有重要意义。

从提升运营后的交通安全水平和最大限度地利用既有道路角度考虑,昭会高速推荐方案中对行车安全影响较大的既有道路连续长下坡路段作为新建路的上坡方向半幅是合理的。

(2)典型连续长下坡路段安全性

昭会高速新建路幅中K95+040—K104+958.60和K4+627.79—K26+378.51两个典型连续长下坡路段存在相邻坡段坡差过大、坡底段纵坡过大、竖曲线曲率过小、存在半径较小的S弯与较大纵坡组合等不利交通安全因素。

对于相邻坡段坡差较大的凹曲线路段,驾驶员容易将缓坡误认为是上坡,采取错误的驾驶行为;对于相邻坡段坡差较大的凸曲线路段,驾驶员容易在缓坡路段加速行驶,运行速度过高,且视线欠佳。建议调整纵坡组成,采用-3%或该连续长下坡的平均纵坡进行展线。

K23+835—K26+378.51路段位于K4+627.79—K26+378.51连续长下坡路段坡底,平均纵坡较大,不利于行车安全。建议调整纵坡组成,采用较缓的纵坡。

对于竖曲线曲率过小的路段,建议增加竖曲线长度和竖曲线半径。

对于平纵线形组合欠佳的路段,建议优化平纵线形设计,增加曲线半径。条件受限无法进一步优化线形设计时,应强化其交通工程设施设计,并加强运营管理。

对于位于坡底附近的互通式立体交通和隧道,建议加强对隧道和互通式立体交通出口的预告和安全防护。

(3)老路路拱对行车的影响

根据定性定量分析结果以及《公路项目安全性评价规范》(JTG B05—2015)相关规定,综合考虑双向路拱在福建省漳州至龙岩高速公路一期工程和江西南昌至庐山高速公路的应用情况,昭会高速既有道路路基利用路段的直线路段和平曲线半径远大于设计速度对应的不设超高最小平曲线半径的曲线路段,可维持原有的双向路拱形式。

考虑到既有道路作为新线半幅路基后,由双向单车道行驶改为单向双车道行驶,小客车运行速度会远高于设计速度,建议对既有道路曲线半径与不设超高最小平曲线半径比较接近的路段重新按运行速度进行验算,适当增设超高,特别是位于较大下坡的曲线路段。

(4)爬坡车道设置

根据纵坡路段服务水平分析结果,绝大部分上坡路段在预测特征年2035年之前的服务水平均为Ⅱ级,至2035年时服务水平降至Ⅲ级。

对于位于既有道路半幅的长纵坡路段,受其横断面宽度(特别是桥梁和隧道路段)限制,若设置爬坡车道会大幅度增加工程量,且不易施工。因此,近期内可不设置爬坡车道,待开通运营后再根据实际的交通特征确定是否设置爬坡车道。

对于位于新建半幅的左线 K56+705—K59+775、右线 K26+378.51—K33+726.436 长纵坡路段,建议尽可能设置爬坡车道或预留爬坡车道设置位置,待开通运营后再根据实际的交通特征确定是否设置爬坡车道。条件受限时可考虑设置紧急停车带或采取加强交通安全措施等手段。

同时,在运营过程中应加强对上述长上坡路段的监控,根据交通流情况采取相应的管理措施,如限制总重超过 55t 的车辆进入高速公路、在节假日等高峰时段对重载货车进行分流或对货车进行限时段通行、加大对占用左侧行车道货车的处罚力度等。

(5)避险车道设置

根据不同驾驶行为下的载货汽车制动毂温度计算结果,推荐连续长下坡路段制动毂温度达到 260℃的位置见表 9-22。建议设计单位根据地形情况在上述位置附近设置避险车道及配套的交通工程设施或预留避险车道设置位置。

连续长下坡路段制动毂温度达到260℃的位置表　　表 9-22

线　别	路　段	达到260℃位置
右线(昭通至会泽方向)	K4+627.79—K26+378.51	K7+842.78
	K95+000—K104+958.60	K98+385
左线(会泽至昭通方向)	K96+069.835—K90+715.12	K94+439.835
	K90+215.12—K65+422.16	K86+15
	K33+844.40—K26+177.584	K30+655
	K5+757.915—K0+517.915	K2+967.915

事故案例分析结果表明,连续长下坡路段发生的事故多由人为因素导致,某些货车驾驶员为了经济利益,违规超速、超载或疲劳驾驶。因此,除了采取被动防护措施外,还需加强安全宣传教育,增强驾驶员安全意识,并采取配套的交通管理措施,以充分发挥安全技术措施的作用。如加大监管力度,提高执法水平,对货车超载进行及时有效治理,严禁车货总重超过 55t 的货车进入连续长下坡路段;在进入连续长下坡路段前设置检查站,对货车进行必要的检查,以确保制动性能正常;通过超速监测系统对连续长下坡路段车辆行驶速度进行监控,禁止车辆超速行驶。

9.3.2 粤湘高速公路博罗至深圳段施工图设计安全性评价

1)工程概述

粤湘高速公路博罗至深圳段(简称博深高速)地处广东省珠江三角洲东北部的惠州、东莞和深圳三市。项目区北依广州市黄埔区、增城区和惠州市博罗县,南连深圳及香港,东连惠州惠阳区,西临狮子洋(伶仃洋)。区域地理位置优越,水陆交通便利,是珠江三角洲经济最发达的地区之一,是广东省著名侨乡。博深高速全线采用《公路工程技术标准》(JTG B01—2014)中的双向六车道高速公路标准,设计速度为 100km/h,路基宽 33.5m。

博深高速连接广惠、莞惠、机荷等高速公路,是广东省高速公路主骨架"第四纵线"的重要组成部分,项目的建设将完善广东省高速公路网布局,有助于加强区域经济合作,是实施泛珠江三角经济圈发展战略的需要,对缩小地区经济发展差距、加快博罗等地区经济发展、加快深圳港港口货物集疏和外贸集装箱集疏运输、疏导口岸交通以及构建和谐社会都具有重要作用。

2)总体评价

利用获取的施工图设计数据资料,根据现行标准、规范和指南的相关规定,从设计符合性、线形一致性和安全性能预测分析等角度对博深高速总体设计情况进行了评价。综合上述分析结果,主要得出以下结论:

(1)博深高速平纵横主要设计指标符合现行标准规范要求,设计符合性较好。设计单位多次对施工图设计中平纵线形指标进行了细化和调整,优化后的路线方案几何设计指标和总体安全性有所提升。

(2)博深高速设计速度为80km/h,小客车预测运行速度在120km/h左右,大货车预测运行速度在75km/h左右。

(3)博深高速左右线相邻路段运行速度差均小于10km/h,路段线形一致性好。

(4)博深高速左右线小客车预测运行速度与设计速度差大于20km/h,运行速度与设计速度协调性不良,需要对全线设计指标进行安全性验算。

(5)博深高速总体安全性较好,各路段间预测事故数离散性相对较低,安全水平空间差异较小。

3)路线

根据现行标准、规范和指南,并参考国内外相关研究成果,对博深高速平面、纵断面、横断面、平纵线形组合设计和视距进行了全面、系统的评价。总结上述分析结果,主要得出以下结论和建议:

(1)博深高速平面、纵断面和横断面主要设计指标较高,均满足现行标准规范要求,平纵线形组合设计较好。

(2)博深高速路线设计满足车辆按100km/h运行速度行驶时的停车视距要求,部分路段不满足120km/h运行速度对应的停车视距要求。

(3)交点桩号为K14+492.764和K29+266.77的平曲线长度相对设计速度对应的一般值较小,建议加强视线诱导,并增设强制减速设施,如薄层铺装、减速标线等。

(4)左线交点桩号为K14+492.764的平曲线转角和曲线长度相对较小,建议有条件时优化平曲线设计,加大转角或采用较长的平曲线。条件受限时,建议设置线形诱导标和黄闪灯,并在曲线前接直线段、缓和曲线段设置纵向减速标线。

(5)部分凸形竖曲线(表9-23)半径相比120km/h运行速度对应的视觉所需的半径较小,建议加强视线诱导,并设置减速标线。

竖曲线半径相对较小路段 表9-23

线别	竖曲线方向	变坡点桩号	竖曲线半径(m)	评价标准(m)
右	凸	K4+886	16000	20000
右	凸	K13+172	18000	20000
右	凸	K61+180	17000	20000
右	凸	K63+370	16428.5027	20000

(6)建议加强左线 K32+420—K21+396 路段和右线 K32+420—K37+822.887 路段 2 个连续下坡路段的预告和警示,局部线形相对欠佳路段可考虑设置强制减速设施。同时,设置大货车在最外侧车道行驶标志。

4)路基路面排水

由于缺乏相关设计资料,无法开展更细化的评价。从安全角度考虑,建议对于路侧安全净空区内有上跨桥墩、民房、水塘的路段,提高路侧护栏的防护等级,以保障失控车辆和结构物的安全,尽可能避免引发二次事故。

5)桥梁

根据相关标准、规范和指南的规定,从桥梁引线主要设计指标、过渡段设计、桥梁横断面指标、护栏等方面对博深高速桥梁的安全性进行了评价。总结上述分析结果,主要得出以下结论和建议:

(1)总体来说,特大桥、大桥主要设计指标符合标准规范要求。

(2)根据相关标准、规范和指南的规定,桥梁设计速度为 80km/h,与引线路段的运行速度差大于 20km/h,建议在水敏感区域内的特大桥、大桥路段前方采取强制减速措施以确保行车安全。

(3)注意路基护栏与桥梁护栏的衔接过渡,并加强线形诱导标的设置。建议桥梁引线路侧波形梁护栏与桥梁混凝土护栏间采用路基波形梁护栏板直接与桥梁混凝土护栏搭接的连接方式,并对钢护栏端部予以加强。

(4)对于跨过京九铁路跨线桥的路侧护栏,建议采用不低于 SA 级的混凝土护栏。

(5)建议对位于中央分隔带的上跨桥中墩及位于路侧安全净空区范围(如路侧挖方碎落台上)内的桥梁墩台设置立面标记,并采用两个双波护栏、三波护栏或混凝土护栏等形式加强对桥墩的防护。

6)隧道

根据相关标准、规范和指南的规定,从洞口接线段、横断面、视距、路面及排水、通风照明等方面对博深高速隧道的安全性进行了评价。总结上述分析结果,主要得出以下结论和建议:

(1)总体来说,隧道各项主要设计指标符合现行标准规范要求。

(2)全线隧道左、右侧横净距均满足 100km/h 运行速度对应的停车视距要求,禾荷围一号隧道、禾荷围二号隧道、杨岗二号隧道左侧横净距不满足 120km/h 运行速度对应的停车视距要求。

(3)隧道接线段预测运行速度与隧道限速差大于 20km/h,建议在隧道接线段采取振动减速标线、薄层铺装等强制减速措施,以确保行车安全。同时应注意护栏的衔接过渡,并加强视线诱导以及隧道入口段的照明和出口处的遮阳设计。

(4)水涧山隧道、石鼓隧道、禾荷围一号隧道部分洞口线形一致性长度较小,建议条件允许时优化洞口纵断面线形设计,条件受限时采取设置薄层铺装、减速标线等强制减速措施。

(5)水涧山隧道和石鼓隧道、禾荷围一号隧道和禾荷围二号隧道、杨岗一号隧道和杨岗二号隧道间距均较小,为隧道群路段。建议在隧道入口前设置隧道群预告标志,并采取强制减速和加强视线诱导等措施,保障行车安全。

(6)建议在隧道前设置一定长度的过渡段,使车辆能够顺利驶入隧道。过渡段的长度,宜以前后路肩宽度差不超过1/30的坡度接顺,以保持隧道洞口内外横断面顺适过渡。

7)互通式立体交叉

根据相关标准、规范和指南规定,从主线线形、间距、连接处、视距等方面对博深高速互通式立体交叉安全性进行了评价。总结上述分析结果,主要得出以下结论和建议:

(1)总体来说,互通式立体交叉各项主要设计指标符合标准规范要求。

(2)大湖洋枢纽互通主线最大纵坡(2.519%)超过标准规定的最大纵坡(2%)。建议优化纵断面线形设计,进一步放缓纵坡,条件受限时应采取交通工程措施。

(3)博罗枢纽互通与义和互通间距为465.78m,官井头互通与杨岗半互通间距为860.25m,间距相对较小。建议用辅助车道或集散车道将间距较小的互通出入口贯通,加强出口预告标志设计,并采取强制减速措施。

(4)互通式立体交叉主线和匝道设计速度相差较大,建议按60km/h和40km/h进行分级限速,采用路面文字标记、门架标志等加强互通式立体交叉出口预告,使驶出主线的车辆提前变换车道,保障行车安全。

(5)排榜枢纽互通式立体交叉主线最小凸形竖曲线半径为16428.5027m,不满足视距要求的半径。建议采用更大的竖曲线半径,条件受限时应加强主线的视线诱导,并采取强制减速措施。

(6)约场互通、凤岗互通主线平曲线设计不满足110km/h运行速度对应的分流点视距要求。建议有条件时采用更大的平曲线半径,条件受限时应加强视线诱导、增设强制减速设施等交通工程设施。

8)交通工程及沿线设施总体评价

总体来说,博深高速交通安全设施两阶段初步设计的文件编制符合《公路工程基本建设项目设计文件编制办法》的要求,设计方案对相关标准的运用和掌握比较准确,反映了博深高速的特点和需求,方案合理可行。

考虑到标准的更新、新的研究成果的出现,设计方案在局部细节上应进一步优化,以更好地保障运营阶段的交通安全,为司乘人员创造更加舒适的交通环境。

(1)标志

博深高速全线交通标志按照《道路交通标志和标线》(GB 5768—1999)、《道路交通标志和标线应用指南》以及有关标准和规范设计,标志齐全、功能完整,充分考虑了博深高速的交通条件,道路使用者能够在高速行驶的条件下正确、完整地获取有效信息。交通标志总体评价如下:

①在指路标志信息选取方面,设计人员从本项目的服务对象出发,结合周围路网体系合理地选择标志信息,体现了交通标志信息的完整性、系统性和一致性。

②主线标志布设均衡,标志位置合理,没有出现信息过载现象。

③全线指示标志和诱导标志设置齐全。

④《道路交通标志和标线 第2部分:道路交通标志》(GB 5768.2—2022)已经颁布施行,建议根据新标准的规定完善交通标志设计。

(2)标线

博深高速全线交通标线按照《道路交通标志和标线》(GB 5768—1999)及相关规范设计,标线形式选取合理,标线颜色、宽度、厚度符合标准规范的要求。标线总体评价如下:

①标线形式选取合理,与交通标志配合较好,符合标准规范的要求。

②《道路交通标志和标线　第 3 部分:道路交通标线》(GB 5768.3—2009)已经颁布施行,建议根据新标准的规定完善标线设计。

(3)护栏

博深高速护栏设计立足于降低事故的严重程度,着眼于减轻事故对人、车的伤害,根据事故等级、性质确定护栏防撞等级。对桥梁路段、高边坡路段进行了护栏设计,设置原则合理,护栏设计方案满足相关规范要求。护栏设计总体评价如下:

①设计中建立了详细的护栏设置原则和波形梁、混凝土护栏防撞等级选择原则,并考虑了护栏的过渡衔接。设计方案符合标准规范要求。

②对于评价报告中提出的存在一定安全隐患的路段,建议提高路侧护栏的防护等级。

9)评价结论

根据《公路工程技术标准》(JIG B01—2014)、《公路路线设计规范》(JTG D20—2017)、《道路交通标志和标线》(GB 5768—1999)、《公路项目安全性评价规范》(JTG B05—2015)等标准、规范和指南,结合国内外交通安全相关研究成果,利用获取的设计文件和资料,项目组对博深高速路线、桥梁、隧道、交通安全设施等方面进行了评价,辨识了施工图设计方案中可能存在的交通安全不利因素,并提出了相应的安全完善建议。综合本评价报告的分析结果,项目组主要得出以下结论:

(1)博深高速施工图设计采用的主要技术指标符合标准、规范要求,设计符合性、总体安全性、线形一致性和协调性较好。

(2)博深高速平面、纵断面和横断面主要设计指标较高,平纵线形组合设计较好,满足 100km/h 运行速度对应的停车视距要求。

(3)博深高速隧道主要设计指标符合标准规范要求。

(4)博深高速互通式立体交叉主要设计指标符合标准规范要求。

(5)博深高速桥梁主要设计指标符合标准规范要求。

(6)根据初步设计文件,博深高速交通工程及沿线设施设计考虑了项目道路条件、交通特征和路侧环境,主要设计指标符合设计时采用的标准规范要求。

【习题与思考题】

1. 简述在初步设计阶段高速公路、一级公路运行速度协调性评价标准。
2. 简述在施工图设计阶段,对于互通式立体交叉设计要素的评价内容。
3. 试述运行速度的计算原则和计算步骤。
4. 运行速度预测模型是如何分类的?
5. 采用运行速度预测模型计算运行速度时应符合哪些规定?
6. 高速公路的初始运行速度、期望速度、推荐加速度如何确定?平曲线路段运行速度预测应该符合哪些规定?
7. 具干线功能的一级公路的运行速度一般如何确定?
8. 路侧冲突等级如何确定?
9. 纵坡路段的下坡路段运行速度如何预测?

第 10 章
道路交通安全保障

　　道路交通安全保障涉及的内容十分广泛,本章主要针对道路交通安全管理法规与教育、规划设计阶段以及运营管理阶段的交通安全保障进行介绍。通过本章的学习,要充分认识和理解道路交通安全保障;理解道路规划设计阶段安全保障的目的和意义;掌握具体的交通保障措施,并能够根据现有措施分析案例。

10.1　道路交通安全管理法规与教育

10.1.1　道路交通安全计划

　　我国政府越来越重视全国的道路交通安全工作,并采取了一系列强有力的措施。《中华人民共和国道路交通安全法》于 2003 年 10 月 28 日第十届全国人民代表大会常务委员会第五次会议通过,并于 2004 年 5 月 1 日正式实施;"十二五"期间,国务院发布了《道路交通安全"十二五"规划》,在国家层面第一次对道路交通安全工作进行专项规划;"十三五"期间,国务院发布了《道路交通安全"十三五"规划》,在进一步增强交通安全的基础上,采用交通安全大数据,建立完善交通大数据信息安全保障体系,为数据的大范围应用提供基础;"十四五"时期是加快建设交通强国的第一个五年期,迫切需要更好地发挥立法的引领和推动作用,在法治轨道上促进交通运输各方面制度更加成熟、更加定型,促进交通运输高质量发展。

　　1) 道路交通安全计划指导思想

　　我国道路交通安全计划以国家"十四五"规划为依据,以习近平新时代中国特色社会主义思想为指导,深入贯彻落实习近平法治思想,围绕党中央重大战略决策部署,聚焦加快建设交通强国目标任务,落实《交通强国建设纲要》和《国家综合立体交通网规划纲要》的要求,牢固树立安全发展理念,坚持人民至上、生命至上,坚持强化底线思维、红线意识和责任落实。坚持问题、目标、结果导向,聚焦交通安全工作短板,深化改革创新,强化安全科技信息化支撑,推动交通安全治理体系和治理能力现代化建设,深化和完善交通安全体系建设,持续提升应急救援能力,着力防范化解重大风险,坚决遏制重特大交通安全事故,建设更高水平的平安交通,积极回应行业发展需求和社会重大关切。以深入推进科学立法、民主立法、依法立法为主线,完善综合交通安全法规体系,加快立法步伐,提高立法质量,为"十四五"时期交通安全提供有力的法治保障。

2) 总体目标

到2025年,实现交通安全监管能力显著增强,交通安全管理水平明显提高,交通基础设施安全水平大幅跃升,交通安全应急保障体系全面建成,全面适应人民日益增长的美好生活需求,为实现交通运输现代化,建设交通强国提供有力支撑。

3) 主要任务和措施

完善道路交通安全责任体系;加强交通安全宣传教育;提高交通参与者的交通安全素质;提升车辆安全性;强化对运输企业的安全监管;提升道路安全性;提升道路交通安全管理执法能力;提升道路交通应急管理与救援急救能力;提升交通安全科技支撑能力,进一步加强道路交通事故预防的科学研究和技术应用。

4) 重点工程

交通安全文化建设工程,车辆性能提升工程,重点道路设施安全提升工程,道路交通安全主动防控体系构建工程,高速公路交通应急管理能力提升工程,道路交通安全科技应用与数据共享工程。

5) 保障措施

加强组织领导,各地区、各有关部门要按照职责分工,制定规划实施方案,逐级分解落实规划的主要内容和目标指标,明确责任主体,确定工作时序和重点,出台配套政策措施,加快实施规划重点工程。健全法律法规,完善技术规范和标准;采取扶持政策,促进农村交通可持续发展;加大交通安全资金投入力度,促进交通安全社会化管理;推进交通安全技术进步,依靠科技进步保障交通安全。

10.1.2 道路交通安全管理法规

道路交通法规在法律体系上属于国家行政法,是国家行政管理法规的组成部分,是根据宪法有关规定,由国家或地方权力机关依据立法程序制定的管理道路交通方面的法规,包括车辆及驾驶员的管理、行人的管理、道路的占据和管理、交通违章的处罚、道路交通事故的处理以及全民交通安全宣传教育等具体规定。

目前,我国现行的道路交通法规有2004年5月1日正式实施、2021年4月29日修正的《中华人民共和国道路交通安全法》和2017年新修订的《中华人民共和国道路交通安全法实施条例》及与之相配套的部门规章(《道路交通安全违法行为处理程序规定》《道路交通事故处理程序规定》《机动车驾驶证申领和使用规定》《机动车登记规定》),以及地方制定的实施办法、细则。这些交通法规均靠国家强制力来保证贯彻实施。

交通法规具有强制性、规范性、社会性和综合性的特点,其作用是建立、巩固和发展有利于我国人民的政治、经济、文化生活及与国际交往的道路交通秩序,保障交通安全与畅通。主要体现在以下几个方面:保障交通管理任务的实现;保护交通参与者的合法权益;促进交通秩序的建立,防止交通公害,保护交通环境;增强人们的交通法治观念,提高人们的交通道德水平。

10.1.3 道路交通安全教育

1)道路交通安全教育基本概念

道路交通安全教育是指公安交通管理部门为搞好道路交通管理,保障道路安全与畅通,依靠行政、社会、部门的力量,通过新闻宣传等多种形式,对广大交通参与者进行交通法规、交通道德、安全常识等多方面的教育。

道路交通安全教育包括教育主体、教育客体、教育内容及教育形式四个组成部分。在我国,道路交通教育主体通常为政府管理部门,如公安机关交通管理部门、公路交通管理部门等;教育的客体即教育对象,包括不同年龄段、不同行业的群体、个人;教育内容包括道路交通法规教育、安全常识教育等;教育形式包括社区宣传、影视教育、媒体宣传等。

从道路交通系统的构成要素来看,道路交通是由人、车、路(环境)三个基本要素构成的。人是交通安全最重要的因素,是交通安全的核心。因此,做好对交通参与者的宣传教育,提高全民遵守交通法律、法规的意识,使广大交通参与者能够自觉遵守交通公德,自觉遵守交通法律规范,才能保证良好的交通秩序,最大限度地减少交通事故的发生。

2)道路交通安全教育的特征

(1)启发性

交通安全教育是为了启发人们遵守和维护交通秩序的自觉性,促使人们自觉地采取符合交通安全目标的行为,是非强制性的,只能采取说服的方法,启发和引导人们遵守交通法律、法规。

(2)思想性

交通安全教育坚持以人为本,把增强人的交通安全意识作为开展工作的出发点和落脚点,通过多手段、多途径、多层面的教育,努力做到从源头上预防和减少交通事故,具有很强的思想性。进行宣传教育时,要注意观念的创新,从全局性、前瞻性、战略性的角度思考、筹划、部署工作,充分发挥人的积极性、主动性、创造性。转变过去形成的安全教育工作的思维定式和教育模式,认真研究安全教育工作面对的新情况、新特点,逐步认识和正确把握其规律,在实践中实现创新,不断改进安全教育工作的方式和方法。

(3)广泛性

衣食住行是人的基本需求,"行"是其中不可或缺的组成部分,也决定了社会生活中的每个人都是道路交通的参与者,其行为会对交通安全产生影响。交通安全教育的广泛性表现为教育主体的广泛性、教育客体的广泛性及教育形式的广泛性。

(4)针对性

不同的交通参与者,由于性别、年龄、个性和职业等不同,在交通中表现出了不同的行为习惯和特征,这体现出了交通参与者的差异性。因此,交通安全宣传教育具有很强的针对性,针对不同群体、不同个体,制定不同的教育方案,采取不同的教育方式,从多个侧面、多个角度采用群众易于接受、喜闻乐见的多种方式,使群众在学习了交通法律、法规后,能内化为自觉的行动,从而提高教育的效能。

(5) 长期性和艰巨性

人们长期形成的交通观念和交通习惯具有相对稳定性,短时间内难以改变,短期的宣传教育难以达到相应的效果,增强人们的交通法治观念和交通安全意识,使人们自觉遵守交通安全法律规范,具有长期性和艰巨性的特点。

3) 道路交通安全教育的作用

(1) 交通安全教育是交通安全管理工作的先导

交通安全管理工作是一个复杂的系统工程,交通安全教育是这个系统工程中各项工作的先导。各项交通安全法律规范的公布实施,都必须做好宣传教育工作,使大家明确法律规范的意义,了解法律规范的内容,掌握法律规范的精神,以便更好地执行法律规范。否则就难以增强人们的法治观念和遵守法律规范的自觉性,难以收到制定法律规范的预期效果。道路交通的迅速发展及管理规范和管理方式的不断改善,也要求人们的交通安全法治观念同步发展。有效的安全教育在提高人们的交通安全法治观念方面,具有不可替代的决定性作用。

(2) 交通安全教育是交通安全管理工作的保障

交通安全基础设施设备、交通安全法律法规及交通安全教育是道路交通安全管理的三大支柱。交通安全基础设施设备的完善是道路交通管理的硬件,是整个交通管理事业的基石;交通安全法律法规是进行交通管理的外部机制,是交通管理顺利进行的制约方式;而交通安全教育则是交通管理存在和发展的根本保障,是社会整体交通权益的实现方式。

(3) 交通安全教育是预防交通事故的前提

交通安全教育可以使交通参与者充分了解交通安全知识,认识到交通事故的危害性及自身行为对于预防交通事故的重要性,能全面提高公民交通安全素质,有效减少交通事故的发生,是防止交通事故发生的前提。

4) 道路交通安全教育工作的主体及责任

《中华人民共和国道路交通安全法》第六条从法律的高度规定了广泛的交通安全教育工作主体,即各级政府、公安机关交通管理部门、机关、部队、企事业单位、社会团体及其他组织,都有进行交通安全教育活动的义务。

公安机关交通管理部门及其交通警察执行职务时,应当加强道路交通安全法律、法规的宣传,并模范遵守道路交通安全法律、法规。机关、部队、企事业单位、社会团体以及其他组织,应当对本单位的人员进行道路交通安全教育。教育行政部门、学校应当将道路交通安全教育纳入法制教育。新闻、出版、广播、电视等有关单位,有进行道路交通安全教育的义务。

道路交通安全管理涉及社会的各个方面,是社会性很强的工作,它不能仅依靠公安机关,而必须依靠各级政府、各单位的重视和支持,依靠全社会的共同努力。

5) 道路交通安全教育工作的客体及内容

(1) 道路交通安全教育工作的客体

道路交通安全教育具有社会广泛性的特点。道路交通安全教育工作的客体即教育对象十分广泛,按照参与交通活动的角色可分为驾驶员、乘车人、行人、骑行者、交通管理者等;按照年龄段可分为老年人、成年人、青少年、小学生及学龄前儿童等;按照地区属性可分为农村居民、城郊居民、社区居民及流动人口等。

(2)道路交通安全教育的内容

①交通法律法规教育。

交通安全教育的目的是使所有的交通参与者都能遵守交通法律法规、自觉维护道路交通秩序。交通法律法规教育是交通安全宣传教育工作的重要内容,应及时把交通法规及有关规定传达给每个交通参与者,增强其交通安全意识,提高交通安全水平。

②交通道德教育。

人们的交通道德水准直接关系着交通秩序和交通安全。必须加强对全社会的交通道德宣传教育,提高全社会的交通道德水准,特别是驾驶员的职业道德对交通的安全、畅通、有序具有重要影响,驾驶员应成为交通道德宣传教育的重点。

③交通安全知识教育。

交通安全是一门科学,让交通参与者掌握必要的交通科学知识,对减少事故的发生具有重要的作用。交通安全教育工作应当根据不同的教育对象,采取不同方式,有重点地将交通安全知识传授给每一个交通参与者,使他们在不同的情况下,采取正确、有效的措施,从而避免交通事故的发生。

④交通安全心理教育。

交通安全心理教育的目的是向人们传授交通安全心理知识,培养人们良好的心理素质和道路交通适应能力。为了保证交通安全,就需要将人们的交通行为调节在一般常人的能力可以确保交通安全的范围内。道路交通安全法律规范中很多条款都体现了对人们交通行为的合理规定,道路交通心理教育,能使广大交通参与者深入了解交通安全法律规范和交通管理措施,真正理解并自觉遵守交通法律规范。

(3)重点教育对象及内容

①对驾驶员的教育。

提高驾驶员的交通道德、思想和技术素质,对预防交通事故具有非常重要的意义。对驾驶员的教育,主要包括职业道德教育和安全教育。职业道德教育主要是不断提高驾驶员对安全行车的认识,提高其交通道德水平。教育其礼貌行车、保护交通弱者、树立安全质量第一的思想,增强其遵章守法、安全行车的自觉性。安全教育主要是学习交通规则对保证交通安全、畅通的意义和作用。

②对自行车骑行者的教育。

我国城镇的自行车数量多,对交通安全影响大。对自行车骑行者的教育,主要是为了解决违章骑行的问题,即走机动车道、与机动车抢道、违法变道和违章载物等。同时,使他们认识到违章的危险性,增强他们遵章行驶的自觉性,加强他们的交通法规观念。

6)道路交通安全教育网络和措施

(1)道路交通安全教育网络

道路交通安全教育要充分利用网络资源,在深入研判的基础上,科学做好舆论引导,契合"十四五"发展规划,助力经济发展。只有构造一个涵盖城市和农村、纵横交错、贯穿全国的网络体系才能实现提高每个公民的交通安全素质、改善交通安全水平的目的。道路交通安全教育网络应以公安交通管理部门为主体,依托综合治安防范体系,以家庭、学校、单位及其他组织、城市社区、农村乡镇等为基本单元,通过新闻媒体辐射至每个人,形成有机的社会化交通安全教育网络。

①家庭。

家庭教育是交通安全教育的根本,对于提高公民交通安全意识具有持续性、长效性作用。从教育的根本出发,依靠家庭教育对儿童、青少年产生的深远影响,使交通安全的思想意识伴随个人终生,从而提高全民交通安全素质。

②学校。

学校是交通安全教育网络的基础,对于完善网络具有重要意义。学校实施持续的交通安全教育,可显著增强学生交通安全意识,提高学生的交通安全素质,进而为将来道路交通参与者的整体素质提高奠定基础,为交通安全水平提高提供有力保障。因此以学校为基础实施交通安全教育,是提高交通安全水平的可持续发展战略。

③单位及其他组织。

单位及其他组织由众多的交通参与者组成,是交通安全网络的重要组成部分,也是交通安全教育工作的客体之一。单位及其他组织的成员基本素质较高,坚持不懈地抓好交通安全教育工作,增强各成员交通安全意识,将会对整个社会的交通安全教育工作起到巨大的推动作用。

④城市社区。

城市社区的交通安全教育是城市道路交通安全的重要保障,直接影响着整个城市交通的运行,是当前交通管理的一项紧迫任务,可以结合城市文明社区建设,将交通安全教育工作纳入文明社区建设目标管理中去。

⑤农村乡镇。

农村交通安全教育网络建设必须以农村交通的特点为依据,以地区性、群众性、社会性、公益性为工作切入点,因地制宜,依靠乡镇党政的领导建立交通安全办事机构,设专职或兼职交通安全管理干部,形成以乡镇党组织为核心、村党组织为基础、村民积极分子为主体的道路交通安全教育工作格局。

(2)道路交通安全教育措施

道路交通安全教育的实施要依托交通安全教育网络,确立"政府主管,部门协调,全民参与,普及提高"的工作思路,通过"五进"(即安全教育进社区、进农村、进学校、进单位、进家庭)广泛深入开展交通安全宣传。交通安全教育措施分为正规严格的学校教育和灵活性较强的社会教育。

①学校教育。

学校教育是做好交通安全教育工作最根本的途径。《中华人民共和国道路交通安全法》第六条规定:"教育行政部门、学校应当将道路交通安全教育纳入法制教育的内容。"各级教育行政部门和各级各类学校都应依照该法,尽快开展交通安全教育。

②社会教育。

社会教育的内容较为广泛,包括交通安全教育主体单独或联合社区基层组织及其他部门到社区、街道、单位、农村乡镇等人口集聚地区宣传,利用新闻媒体进行全民教育并定期召开交通安全工作会议。

10.2 规划阶段的交通安全保障

10.2.1 开展道路交通安全规划的目的和意义

交通运输是国民经济发展的基础,交通安全是交通运输正常运转的前提条件,而道路交通安全规划则是交通安全发展的方向和战略。交通安全规划具有保证交通安全管理的科学性及避免决策失误的前瞻性作用。欧美国家和地区的经验表明,制定交通安全规划对于预防道路交通事故具有重要的战略意义:一方面,它能规范交通安全管理工作,明确目前及今后的奋斗目标;另一方面,它将有力推动政府领导下的道路交通事故预防长效机制建设,在客流、物流、车流迅速增长的情况下,遏制道路交通事故持续增长的势头。因此,开展道路交通安全规划势在必行,具有重大现实意义。

10.2.2 道路交通安全规划

道路交通安全规划是在分析、预测交通安全形势的基础上,根据具体实施目标,制定一系列战略重点及相关政策保障措施的过程。

1) 道路交通安全规划实施目标

由于我国道路交通安全相关因素发展不协调,各项预防机制刚起步,道路交通事故可控性缺乏一定的客观条件。因此,道路交通安全规划目标不能完全参照国外,仅用道路交通事故死亡人数下降的绝对数来衡量,应统筹影响交通安全各因素,提出各项工作的实施目标。

首先,工作机制应更加完善,交通安全工作联席会议作用更加明显,相关部门间的组织协调得到进一步加强,形成中央、省、市、县、乡五级政府领导下全面的事故预防机制。

其次,交通安全形势得到明显改善,死伤人数从高到低且基本平稳,交通安全状况步入良性循环轨道。从总体上提出分阶段量化的道路交通事故死亡人数、万车死亡率、各种严重交通违法率及农村公路交通事故率下降的目标,道路交通环境改善及安全设施完善的目标,交通参与者遵纪守法与交通安全意识增强的程度。

2) 道路交通安全规划战略重点

道路交通安全规划战略重点应建立在教育、工程、执法和紧急救援的基础上,主要包括以下几个方面。

(1) 完善全国道路交通安全工作部际联席会议制度,健全省、市、县、乡、村五级交通安全工作领导(协调)机构。

(2) 增强交通参与者的法律意识和交通安全意识。

(3) 提高道路的安全性,建立完善的事故多发点项目管理制度,建立道路安全审查制度,完善道路交通安全设施。

(4) 严格驾驶员管理,确保安全驾驶。

此外,还包括确保车辆安全性、整顿道路交通秩序、完善紧急救援系统及促进交通安全技术进步等。

3)道路交通安全规划政策保障措施

在完整的交通安全规划体系中,战略重点是确保目标顺利实现的关键,政策保障是实现目标的基础和保证。政策保障措施主要包括以下内容:

(1)加强各级政府和相关部门交通安全监管职责,全面落实交通安全责任制。

(2)加大国家、地方对道路交通安全的投入力度。

(3)加强道路交通安全的科学研究、国际交流及人员培训。

4)道路交通安全规划考虑的主要方面

道路交通安全规划应从标本兼治、综合治理的要求出发,立足当前,着眼长远。规划应考虑以下几个方面:

(1)规划应当成为当前和今后一段时期预防道路交通事故的纲领性文件,是交通安全管理的近期、中期目标。

(2)规划编制单位应包括道路交通安全工作部际联席会议成员单位、道路交通安全研究机构、大专院校、汽车生产和维修企业、汽车检验机构、运输企业、保险公司及道路交通安全协会等。

(3)规划应该由政府统一发布,统一实施,具体可由全国道路交通安全工作部际联席会议制定、实施、监督和考核。

(4)各地的道路交通安全规划要始终围绕全国规划进行分级规划、逐步实施,并确保上下各级规划的衔接和执行。

(5)规划时限不宜过长,一般以3~5年最为合适。在执行过程中应根据交通情况的变化及时调整,以确保其可操作性、科学性和可持续性。

10.3 设计阶段的交通安全保障

10.3.1 道路交通安全设计理念

安全是一个相对的概念,只有更安全,而不可能实现绝对安全。从工程角度出发,维护交通安全是一项系统工程,涉及规划、设计、建设、运营管理等不同阶段,其中交通安全设计至关重要。目前对于道路交通安全设计的理解应重视以下几点。

(1)结构安全不等同于交通安全。城市道路交通基础设施的结构安全是保障交通安全的前提条件,但两者含义不完全等同。交通安全在保证构造物结构安全的基础上,更需要考虑构造物的整体协调性,如路桥匹配性(避免宽路窄桥,确保桥头防护措施得当)、隧道进出口照明渐变的连续性等。此外,要保证运行车速一致性,尽量避免过长的纵坡、连续急弯、突然的急弯、视距不良等路段。

(2)符合设计规范或设计标准的道路不一定安全。即使设计指标满足既有标准,由于选用不当,也有可能形成安全隐患。这并没有否定既有标准的合理性,在进行城市道路安全设计时,应强调"灵活性设计",避免对既有规范或标准的生搬硬套。此外,我国各个城市在规划、地形、地貌、气候、驾驶员行驶特性等方面差异较大,在满足国家标准的前提下,应积极倡导具有地方特色的设计指南。

(3)对细节设计重视程度不足。目前在城市道路交通设计时,往往侧重主线几何、结构设计,轻视交通设施设计。例如,轻视路桥连接处的安全防护、对平面交叉口的渠化重视程度不足等。对于道路设施细节的重视,是"宽容性"设计理念的重要特点之一。

(4)重视运营效率和交通安全相协调。一方面,为了提高运营效率,总是希望车速越快越好,提供的线形指标尽可能优,车速控制措施尽可能少;另一方面,车速过快是导致事故高发的重要因素之一,为保证安全,又人为采取诸如交通静化之类的限速措施。在设计阶段应对这两个因素协同考虑,避免极端化地追求单目标最优。

(5)外界因素干扰。城市道路设计的安全性,受多种因素影响或制约,除项目本身不可避免的技术性因素外,也有外界因素的作用。如设计团队的技术水平及设计偏好、项目投资费用是否受约束、项目管理方的倾向性意愿等。

基于以上几点理解,进行道路交通安全设计必须遵循以下理念。

(1)安全与宽容理念

"宽容性设计理念"是指道路设计要以人为本,容许驾驶员由于疲劳、恶劣天气、汽车故障等出现一些失误,避免驾驶员和乘客由于这些非主观因素的行为失误而遭受重大的交通事故。道路设计应对危险起到减缓或消除的作用,驾驶员的过错不应以导致残疾甚至付出生命作为代价,所设计的道路应具有较强的"容错、纠错"功能。

①基于车辆性能和驾驶员生理特点的道路线形宽容设计。

传统的路线设计方法基于设计车速理论,并不考虑人的心理、生理负荷和承受度等因素。但是从道路使用者的安全角度考虑,不能简单地以设计速度来控制道路线形指标。运行车速在当前规范中主要用于检验道路设计的线形质量,运行车速理论考虑了车辆性能、驾驶员行为及道路的路况,其实质是通过降低路段单元的运行车速差来实现线形的协调与一致。道路线形宽容设计理念主要包括:

a.在道路的平、纵、横线形设计中应充分考虑车辆性能和驾驶员生理特点的局限性,道路线形应与车辆和人的特点相适应。

b.应尽量采用良好的线形参数,充分注意道路设计要素的一致性、协调性和诱导性。例如避免小半径平曲线的突然出现、保持运行车速的一致性等。

c.基于交通工效学,路线设计不仅要考虑驾驶员在驾车行驶时所需要的"容许犯错"问题,还要考虑医学、人体测量学和美学等许多方面的问题。

d.以满足车辆动力学需求为设计底线,以交通参与者在交通环境中的心理、生理等方面的"合理需要"为中心校核指标,综合考虑交通参与者、交通工具、道路设施与环境之间的协调,以安全、舒适作为交通设计的基本目标。

②路侧宽容设计。

路侧宽容设计是一种保证安全的有效手段。据调查,有很大比例的交通事故是车辆冲出路外所致。路侧宽容设计理念是指为了在驾驶员犯错误之后尽可能地保护驾驶员和乘客的生命,在重大交通事故多发路段进行路侧宽容设计,以有效地降低事故死亡率。

路侧宽容设计理念以人为本,起到预防、容错、纠错的作用,即允许驾驶员由于疲劳、天气、汽车机械故障等出现一些失误,以减少这种非主观因素带来的损失,是一种更加"宽容"的设计。路侧宽容设计理念提出了路侧净区的概念,并将路侧净区设计作为完整设计中的一个重要组成部分。所谓路侧净区,是指位于行车道外侧边缘与路权限界之间的区域。路侧净区设计容许过错车辆在一定范围内驶离路面,并为驶离路面的车辆提供一个安全返回的空间。该区域不应存在能导致碰撞伤害的坚硬危险物,驶出路外的车辆在该区域不会发生倾覆,行驶在净区内的车辆能够得到有效控制,并且通常能够再次安全地返回行车道。

(2) 动态与协调理念

①应采用动态指标运行速度进行道路设计。

早在20世纪50年代我国就引入了设计车速的概念,设计车速是道路设计的关键指标。依据机动车动力性和实际地形条件,确定了不同等级道路的设计车速。道路设计的其他相关要素(如平曲线半径、竖曲线半径、视距、车道宽等)需与设计车速的确定相配合。但这本质上属于静态的思维模式,有一定的局限性。实际上,驾驶员使用道路是一个动态的过程,不同的驾驶员可能会采用不同的车速。由于人处在静态和动态时有着不同的生理活动,因此采用运行速度进行道路设计才会更加切合实际。

②城市道路应保证协调。

这种协调有两个含义:一是各设计要素之间的协调;二是路线与周围环境之间的协调。其主要目的是强调不同的道路线形对乘客及驾驶员舒适度的影响,提高道路使用者的安全性。例如,大半径平曲线、反向曲线和同向曲线之间的直线不能太短,优化道路平曲线与竖曲线的组合以及加强景观和绿化设计等。

(3) 灵活性设计理念

灵活性设计理念是由美国联邦公路管理局(Federal Highway Administration, FHWA)在 *Flexibility in Highway Design* 一书中提出的,"设计灵活性并不是试图去创建一个新的标准,它是建立在充分掌握和理解现有标准、规范本质的基础之上,在不降低安全性的前提下,通过合理选择标准、灵活运用设计指标,力求使道路更符合道路沿线可持续发展的需要和利益目标。"

因此,灵活性设计理念就是在掌握和理解现有规范和标准的基础上,保证机动车行车安全的前提下,针对不同道路和不同路段灵活选择切合实际的技术标准和设计指标,从而使道路沿线更符合可持续发展的目标。灵活性设计理念在城市道路设计中的应用包括以下几个方面:

①灵活选用技术标准和设计指标。当受环境条件严格约束时,可以进行特殊设计。

②根据道路功能、建设条件等,分段确定技术标准。

③根据城市规划,遵循地形、地质、安全和环保选线,合理布线并灵活选用设计指标。

④灵活确定不同设计车速的最小设计路段长度,对于特别困难路段,允许超标设计。

⑤用运行车速进行安全检查,检查设计参数和指标在实际运营中的效果。

⑥设计人员在进行设计时首先要确定道路设计的主题,再结合设计主题对道路绿化、设施等进行设计,将道路美学发挥到极致。

(4) 以人为本设计理念

"以人为本,安全至上"是进行道路安全设计的核心。总体来说,以人为本设计理念更为宽泛,它融合在宽容性、灵活性等诸多设计理念之中。在此提出,是希望设计者将以人为本作为设计灵魂,在进行设计时,始终站在道路使用者(驾驶员、行人)的角度考虑。

对于城市道路穿过居民区的路段或支路,可采用强制性的车速控制措施,如限速标志、部分交通静化措施。常用的交通静化措施包括设置减速丘、隆起的人行道和交叉口、曲折行车道,路口窄化等。

对于城市快速路,由于车辆行驶速度快,物理限速措施在降低速度的同时会引起驾驶员的不适,同时还有可能成为事故诱因,因此可考虑采用警示性的限速措施,如立体减速标线、振荡标线等。

10.3.2 道路交通安全设计规范保障

在预防道路交通事故、保障道路交通安全方面,工程技术手段是不可或缺的,也是非常重要的。有效的工程技术手段不仅可以规范道路工程和车辆工程的每个环节,而且有助于提升道路环境和交通工程的安全性能,从而改善道路交通环境的安全水平,为交通安全起到有效的技术保障和工程保障。

本节重点枚举我国道路工程方面的部分技术规范,旨在体现我国完善的交通安全工程技术规范体系,也凸显这些工程技术规范对我国交通安全起到了保障作用。我国的道路工程技术规范主要包括城市道路技术规范、公路工程技术规范和交通管理工程技术规范三个方面。

1) 城市道路技术规范

为适应城市道路建设和发展,规范城市道路工程技术,统一城市道路主要技术指标,我国针对城市道路制定了相关的技术标准,主要包括城市道路设计的基本规定,通行能力和服务水平,道路横断面、平面和纵断面,道路及道路交叉,行人与非机动车交通,公共交通设施,公共停车场和城市广场,路基和路面,桥梁和隧道,交通安全和管理设施等。相关的主要技术标准包括:《城市道路工程设计规范(2016年版)》(CJJ 37—2012)、《城市快速路设计规程》(CJJ 129—2009)、《城市道路路线设计规范》(CJJ 193—2012)、《城市道路交叉口设计规程》(CJJ 152—2010)、《城市道路交通设施设计规范(2019年版)》(GB 50688—2011)、《城市道路路基设计规范》(CJJ 194—2013)、《城镇道路养护技术规范》(CJJ 36—2016)、《城镇道路路面设计规范》(CJJ 169—2012)和《城市停车规划规范》(GB/T 51149—2016)等。

2) 公路工程技术规范

公路工程技术规范标准化是我国公路工程领域的一项基础性工作。我国自1984年起正式建立公路工程行业标准体系,迄今为止,已经建立了完善的标准体系,主要涉及公路工程基础、公路工程设计、公路工程施工、公路工程养护与管理等。

(1) 公路工程基础方面的标准主要包括:《公路工程技术标准》(JTG B01—2014)、《公路工程抗震规范》(JTG B02—2013)、《公路建设项目环境影响评价规范》(JTG B03—2006)、《公路环境保护设计规范》(JTG B04—2010)、《公路项目安全性评价规范》(JTG B05—2015)、《公路工程结构可靠性设计统一标准》(JTG 2120—2020)。

(2) 公路工程设计方面的标准主要包括:《公路路线设计规范》(JTG D20—2017)、《公路路基设计规范》(JTG D30—2015)、《公路水泥混凝土路面设计规范》(JTG D40—2011)、《公路沥青路面设计规范》(JTG D50—2017)、《公路桥涵设计通用规范》(JTG D60—2015)、《公路圬工桥涵设计规范》(JTG D61—2005)、《公路钢筋混凝土及预应力混凝土桥涵设计规范》(JTG 3362—2018)、《公路桥涵地基与基础设计规范》(JTG 3363—2019)、《公路隧道设计规范 第二册 交通工程与附属设施》(JTG D70/2—2014)、《公路交通安全设施设计规范》(JTG D81—2017)、《公路路基施工技术规范》(JTG/T 3610—2019)等。

(3)公路工程施工方面的标准主要包括:《公路水泥混凝土路面施工技术细则》(JTG/T F30—2014)、《公路沥青路面施工技术规范》(JTG F40—2004)、《公路桥涵施工技术规范》(JTG/T 3650—2020)、《公路工程质量检验评定标准 第一册 土建工程》(JTG F80/1—2017)、《公路工程施工监理规范》(JTG G10—2016)等。

(4)公路工程养护与管理方面的标准主要包括:《公路养护技术规范》(JTG H10—2009)、《公路桥涵养护规范》(JTG 5120—2021)、《公路养护安全作业规程》(JTG H30—2015)、《公路隧道养护技术规范》(JTG H12—2015)等。

3)交通管理工程技术规范

交通管理工程技术规范主要列举交通秩序管理、交通组织设计和车辆管理三个方面。

(1)交通秩序管理方面的专业通用标准主要包括:《道路交通标志和标线 第1部分:总则》(GB 5768.1—2009)、《道路交通标志和标线 第2部分:道路交通标志》(GB 5768.2—2022)、《道路交通标志和标线 第3部分:道路交通标线》(GB 5768.3—2009)、《道路交通标志和标线 第4部分:作业区》(GB 5768.4—2017)、《道路交通标志和标线 第5部分:限制速度》(GB 5768.5—2017)、《城市道路交通标志和标线设置规范》(GB 51038—2015)和《道路交通信号灯设置与安装规范》(GB 14886—2016)等。

(2)交通组织设计方面的门类标准主要包括:《城市道路交通组织设计规范》(GB/T 36670—2018)、《城市道路交通工程项目规范》(GB 55011—2021)和《城市道路路内停车管理设施应用指南》(GA/T 1271—2015)等。

(3)车辆管理方面的专业通用标准主要包括:《机动车运行安全技术条件》(GB 7258—2017)、《机动车安全技术检验项目和方法》(GB 38900—2020)等。

10.4 运营管理阶段的交通安全保障

10.4.1 道路运营前的安全保障

在道路运营前,安全保障员须对道路进行认真的现场勘查,并且将其作为项目验收的必要环节之一,纳入项目的评审报告。

道路运营前的验收周期一般较短,并且在设计环节中已经对各个安全项目进行了定量分析。因此,在道路运营前的安全核查中,不应遵循道路设计阶段与道路施工阶段的安全核查思路,否则将会造成核查活动本身的重叠并延误道路的使用。道路运营前的安全核查,应以现场检验为主。

1)路线安全保障

道路运营前,安全保障员应该分乘小汽车、大型货车在道路上实地运行,考察路线的一致性。考察的路段包括在设计阶段经过了重点核查,并被认为可能存在潜在隐患的路段。记录车速表上显示的车速值,并将前后区段的数值加以对比,分析在实际行车中的车速波动。

在路线勘查过程中,有条件时,安全保障员应自行驾车,完成道路试用全过程。这样,他可以记录自己驾驶工作量产生较大波动的地点,并及时停车,记录此处的驾驶感受,然后与该处的道路条件及环境条件相对照。

对于在设计阶段没有定量化深入研究的指标,如长直线路段的速度是否会上升、长下坡路段的制动性能是否会衰减等进行重点测试,并且记录特定地点的车速数值。

视距特征是检验的另一个主要指标。在重点路段,可以采用模拟实验的方式,体会弯道、凸形竖曲线等特定路段是否存在视线障碍,分别体验超车、会车时的视距特征,描述道路视距的实际状况。

2) 路面及路侧净空的安全保障

在重点路段,可使用摩擦系数测量仪,测定路面的抗滑特性。如果条件和时间允许,应当在雨天对路面重新进行重点检验,确定道路在雨天的运行特性。重点考察路侧净空区的宽度与潜在隐患。对于重点路段,需要进行精确的丈量,体会路侧的容错程度,并记录重点路段可能存在的风险。

3) 平面交叉口的安全保障

在平面交叉口正式投入运营前,难以评估设施的供需性能。关于这方面的特性,必须在之前的设计环节中,通过定性的方案分析和定量的模型预测,必要时结合微观仿真手段加以深入研究。而在运营前的检验中,以体会交叉口的视距特征为主,分别从不同的转弯方向上体会交叉口的视距状况,必要时应丈量行车轨迹线与障碍物的距离。

4) 立交桥的安全保障

立交桥运营前检验的重点是分流点、合流点、匝道和辅助车道,应体会立交桥主线与匝道的纵坡和平曲线半径是否顺适。在北方地区,应预测立交桥在结冰、积雪环境下的运营特性。

城市跨线桥的进出口和桥下区域的视距是检验的重点。对于进出口,应着重分析其加速车道或减速车道的长度,以及其与行车道的分隔方式是否安全。

5) 非机动车及行人的安全保障

除驾车检验外,另外一个不可缺少的重要环节是在城市道路及公路的城镇化区段,分别进行非机动车、行人的安全检验,其中对于行人需分别考察穿越道路的安全性以及人行步道的安全性能。考察交叉口信号灯配时方案,看其能否满足行人过街的通行需要。

6) 景观体验

道路景观与行车安全之间存在着一定的关系。因此,在道路投入运营前,应结合景观分析,考察其安全特性。对于重要的道路,应对其动态景观进行实验研究,必要时,可采用视频监视器或其他设备记录驾驶员的视线和生理、心理波动等,对道路景观中存在的单调、干扰、压抑等隐患进行排查。

10.4.2 运营道路安全保障的基本内容

1) 道路技术指标安全性能的监控与保障

(1) 路面平整度安全保障

路面平整度与行车质量和安全性直接相关。若路面平整度差,车体会不断地颠簸,使车辆行驶处于紊乱状态,并易导致驾驶员疲劳,成为诱发事故的因素。

检查路面平整度,可以用路面平整度测量仪进行测量,并通过计算得到平整度指标 PrI,用以衡量路面平整性的优劣。路面平整度指标具体的取值范围与所对应的路面平整特性如表 10-1 所示。

路面平整度指标与路面平整特性 表 10-1

路面平整度指标 PrI(cm/km)	路面平整特性	相 应 措 施
3~16	优质	
16~85	合格	提高日常维护质量
>85	低劣	采取路面改造措施,或利用限速标志等手段确保行车安全

(2)道路横坡安全保障

经过运营后,道路横坡出现下述问题应采取改造措施,保证行车安全:

①道路横坡小于 1%,或大于 3% 时。

②中线产生偏移时,本应设置超高却因疏漏而未设置或出现反向超高时。

(3)沥青混凝土路面的安全缺陷

沥青混凝土路面的安全缺陷主要包括翻浆、沉陷、波浪与搓板。

(4)水泥混凝土路面的安全缺陷

水泥混凝土路面的安全缺陷主要包括沉降、裂缝、错台。

2)安全设备的维护

(1)设置位置

指路标志与所指地点间的距离,称为先行距离,其值会影响标志效用的发挥。先行距离必须取值合理,不合理时应予以调整。例如,平面交叉口指示标志一般超前约 30m,预告地名的标志一般在 300m 以内。

安全标志立柱位置与行车道横向距离过近,易引发碰撞立柱事故,应将标志位置适当外移。

当收费站附近标志杆频繁受撞时,可尝试采用"解体消能式"标志立柱(柱体下部铰接,车辆碰撞标志后,标志上部脱离,可减轻事故后果)。

(2)支撑类型

标志的支柱有单柱、多柱、悬臂式、门式和附着式五种。

单柱式交通标志杆是标志安装在一根立柱上,适用于中、小型尺寸的警告、禁令、指示标志和小型指路标志。

多柱式交通标志杆是标志板安装在两根及两根以上立柱上,适用于长方形的指示或指路标志。

悬臂式交通标志杆是标志板安装于悬臂上,标志下缘离地面的高度应大于该道路规定的净空高度。悬臂式交通标志杆适用于以下情况:

①柱式安装有困难。

②道路较宽、交通量较大、外侧车道大型车辆阻挡内侧车道小型车辆视线。

③视距或视线受限制。

④景观上有要求。

门式支撑,其标志位于行车道上方,视认性较强,适用于重要的指示信息。因此,比较重要的出口预告标志可采用门式支撑。

附着式支撑,即利用支撑物如灯杆等作为标志柱,不增加路侧支柱个数,对于行车安全比较有利。建议在易发生碰撞支柱事故处采用适宜的附着式支撑。

3)交通环境的维持

(1)街道化公路的处理

运营中的公路出现街道化趋势,将导致过境交通与地方交通、混合交通、横向交通的干扰,从而产生安全隐患。

针对已经街道化的公路,如果非机动车交通流发展到混合干扰明显的程度,建议设置条形分隔岛或绿化带,将机动车道与非机动车道隔离。

当本地交通量达到与过境交通量相近的水平时,建议修建城镇以外的公路绕行线。

当公路两边街道化形成城镇规模时,应在镇中的交叉口设置信号灯。如果交通流冲突进一步加剧,应予以渠化处理。

(2)支路管理

公路对区域经济的拉动作用,将促使与公路交叉的支路增多,忽略支路的管理将给公路的安全运营带来不利影响。当支路交通量形成一定规模时,应在支路上强化标志作用,提醒公路出口的位置。

注意监控道路运营期间新增加的交叉支路,以道路设计中的原则逐一对比排查,避免在运营周期内出现新的安全威胁。

(3)道路抗滑处理

采用不同类型的沥青表面处治,可提高路面防滑力。尤其是急弯、陡坡处,每隔一定时间建议用适当粒料重新罩面,以减少事故。

已被磨光的沥青混凝土路面,用压路机适量地压入预涂沥青的石屑,可提高抗滑效能。

已被磨光的水泥混凝土路面,用凿毛机横向、纵向拉毛,可提高抗滑效能。

降雨、降雪天气,车辆在路面上容易滑溜,易引发事故。针对一般道路,可简单地采用撒粗砂的方法以增加路面摩擦力。对于高等级公路和重要的路段,降雪时应当撒融雪剂,以促使冰雪迅速融化。

4)车辆速度的控制

城市道路网根据不同的功能分为快速路、主干路、次干路、支路。同时,根据不同的定位限制道路的行车速度,大城市一般情况下将快速路限速在80km/h,主干路限速在60km/h,次干路限速在40km/h,支路限速在30km/h。

超速不仅极易引发交通事故,同时导致的事故严重程度也高。可采取一系列的工程技术措施来控制车辆速度,如在道路上设置完善的限速标志;通过设置减速带控制车辆速度,在下坡路段、单位和小路出入口以及小半径平曲线路段均设置路面减速带;进行车辆超速监测,在一些转弯半径较小和合流、汇流点设置车速实时反馈设备,更人性化地提醒驾驶员减速慢行。

5)必要安全设施的设置

(1)交通标志和标线

交通标志和标线是重要的静态控制交通设施,具有控制疏导交通、维持道路交通秩序、提供道路交通信息、指引道路行进方向、视觉诱导等功能。通过设置交通标志和标线,可以指导交通参与者在行驶过程中做出正确选择,可以预告和警示危险地点,还可以引导和服务交通参与者。采用高反光性能的交通标志,可以在视线条件不佳的雨天、晚上和多雾季节,予以驾驶员路况提醒。

交通标志和标线的设计以向完全不熟悉本城市道路及周边道路的驾驶员提供完备的交通信息为设计原则。对于危险地点,如隧道、长下坡、连续弯路、小半径平曲线均应设置警告标志;对一些重要的交通标志进行重复设置;标志的尺寸采用高一级的设计车速的标志尺寸,以提高交通标志的视认效果;在城乡接合部设置振荡标线以确保行车安全。

(2)实时监测道路信息

强化道路信息实时监测是确保行车安全的重要手段,尤其在快速环道上,对于危险路段,采用一系列的工程技术措施来进行道路信息的强调。如设置可变信息显示板,用于提示市区内的交通状况及行车要求;采用标志强调,包括距离预告标志、限速标志、禁止超车标志、禁止车辆停放标志等;采用标线强调,在桥梁墩柱设置立面标志标线。匝道视线诱导,在上下匝道设置凸起路标用于提示车道位置,栏杆处设有柱式轮廓标进行视线诱导;设置电子警察抓拍违章行为。

6)路口交通组织的优化

(1)优化道路交通组织

城市道路不仅仅是通达某处的单一载体,除了具有通达性,它还必须服务于该区域,沿线单位、居民出入口设置,公交车站设置,停车场设置等都需要在城市道路设计中统筹兼顾。因此,城市道路设计需注意以下几个方面:

①路口需设置公交车站的,应设置在路口的出口道,并且按港湾式设置,站台需远离路口50m,避免影响出口的其他车辆通行。

②有中央分隔带的道路,需提前设置掉头车道。

③主干路与支路相交时,支路采用右进右出的原则,宜采用楔形且出入口分离。

④分、合流处需增加相应车道数与之匹配,且各交织段必须足够长。

⑤路段上公交站间距为500~800m,有中央分隔带的背向成对设置,避免设置于弯道及纵坡超过3%的路段。

⑥规范主干线沿线的道路开口。

(2)优化路口车道分配

交叉路口是常见拥堵点,城市大面积的拥堵都频繁出现在交叉路口,交叉路口几乎每天都发生拥堵。要想消除交叉路口的冲突点,可在路口采用渠化展宽式信号控制的方式。在进行路口设计时,应注重:

①了解该路口在整个区域的规划定位,根据是否有物流、车站、商场、学校等来确定组织方式。

②路口的纵坡不应超过2.5%,最大不得超过3%。

③确定公交站台的位置。

④确定车道数及车道划分,按照渠化的原则,在时间和空间上完全分离交通流,消除冲突点。

(3)标志和标线的设置

在路口设置的标志主要有禁令标志、指示标志和指路标志。在路口设置的标线有车行道中心线、车行道分界线、车行道边缘线、导向车道线、人行横道线、导向箭头、导流标线、停止线、减速让行线、路面文字标记、反光道钉和反光弹性柱等。一块板或三块板的道路横断面,在交通流量较大的情况下,通常于路中设置隔离栏强制分隔对向行驶的车辆。目前,大多数路口标志、标线信息都以静态的交通信息为主,今后可采用可变信息屏为驾驶员提供实时路况信息,以便驾驶员提前做出选择,绕开拥堵路段。

(4) 信号监控的设置

在市区繁忙路口设置信号灯、电子警察及监控设备等。信号灯保证路口人流、车流的有序通行;电子警察监测、抓拍违章车辆,监控、观察整个路口,将信号回传至信息控制中心,为交警执法提供有力依据,提高执法效率。

10.4.3 现有道路的安全保障措施

1) 工程改造措施

工程改造措施是道路安全保障最彻底的方法,然而在通常情况下,也是投资最大的方法。是否选用工程措施对道路进行安全改造,应当通过成本效益分析决定。其中的成本主要为工程投资额,其不难确定;效益为改造后由于交通事故数下降,交通事故所产生的损失的减少。而要确定改造措施的效益,必须具备两个先决条件:一是能够比较准确地预测改造后交通事故的下降数;二是要有各类交通事故损失的国民经济计量值。

2) 交通静化措施

有关交通静化的描述中,第一,关于交通静化的目标,应当涉及降低车速、促进交通安全,并且通过交通服务提高人们的生活质量;第二,关于交通静化的实施策略,一般认为包括"3E"领域的技术与手段,即教育(Education)、执法(Enforcement)以及工程(Engineering)措施。也就是说,经典的交通静化非常强调"主动"地调整驾驶员的行为,尤其是在没有警察直接监控的居住区、学校等地。在现阶段,随着交通工程与管理科技的进步,交通静化的设施与技术都得到长足的发展,包括许多具有智能化控制功能的先进设施都已经应用于交通静化。

3) 交通管控措施

交通管控是指不依赖于新建道路,而是对已有路网进行调整和优化以改善交通运行的所有工作,主要措施有接入管理控制、限速及设置交通安全设施等。交通管控的目标包括改善交通运行、减少交通事故、改善环境、为人和物的流动提供方便的接入。

10.4.4 事故预警管理

1) 预警管理的基础概念

(1) 预警管理的定义和适用领域

预警是指在事故发生前进行预先警告,即对将来可能发生的危险进行事先的预报,提醒相关当事人注意。预警管理是指为完成事件酝酿过程中一些征兆信息的确认、搜集与监测,确定不同预警级别的阈值或定性判据,并在事件形成前提供遏制或缓解方案。

预警管理适用的领域很广。从宏观上说,除了经济领域外,在能源、环境和交通等领域也开始进行预警管理的研究与实施;从微观上说,既可以在企业层面,也可以在大型临时性活动中根据现场情况进行预警,比如人群密度、流速的预警等。

(2)预警机制

预警机制是指能灵敏、准确地告示危险前兆,并能及时提供警示,使机构能采取有关措施的一种制度。预警机制的作用在于能超前反馈、及时布置、防风险于未然,最大限度地降低由事故发生对生命造成的侵害、对财产造成的损失。

预警机制作为一种制度,需要利用高科技手段,对监测到的各种异常信息进行预告。这要求明确报警、接警、处警的部门和第一响应队伍的工作要求与程序,明确预警的方式、方法、渠道和监督措施。

(3)预警管理的任务与特点

预警管理的任务是对各种事件征兆进行监测、识别、诊断与评价,及时报警,并根据预警分析的结果对事故征兆的不良趋势进行矫正、预防与控制。其目标是通过对安全生产活动和安全管理进行监测与评价,警示安全生产过程中所面临的危害。

预警管理在完成上述任务的基础上,具有如下特征。

①快速性。

建立的预警系统能够灵敏、快速地进行信息搜集、传递、处理、识别和发布,这一系统的任何一个环节都必须建立在"快速"的基础上,失去了快速性,预警就失去了意义。例如,假设事故预警尚未发出,事故就已经发生,根本来不及发布事故警报,也不可能实施预控,事故预警这个"报警器"就没有发挥任何作用。

②准确性。

预警不仅要求快速搜集和处理信息,更重要的是对复杂多变的信息作出准确的判断。判断是否正确,关系整个预警的成败。要在短时间内对复杂的信息作出正确判断,必须事先针对各种事故制定出科学、实用的信息判断标准和确认程序,并严格按照制定的标准和程序进行判断,避免信息判断及其过程的随意性。

③公开性。

事故信息一经确认,就必须客观、如实地向企业和社会公开发布。因为控制事故发展和应急救援需要企业、社会的力量。

④完备性。

预警系统应能全面收集与事故相关的各类信息,从不同角度、不同层面全过程地分析事故的发展态势。

⑤连贯性。

要想使预警分析不得出孤立、片面的错误结论,预警系统的每一次分析应以上次的分析为基础,紧密衔接,才能确保预警分析的连贯和准确。

(4)预警管理体系的构成

一个完整的预警管理体系应由外部环境预警系统、内部管理不良预警系统、预警信息管理系统和事故预警系统构成。

2)预警系统的组成

预警系统是建立预警机制的基础,它是在预警原理指导下,以事故现象的成因、特征及发展作为研究对象,运用现代系统理论和预警理论,构建能够对同性质灾害事故"免疫",并能够预防和"矫正"各种事故现象的一种"自组织"系统。预警系统也是一种以警报为导向,以矫正为手段,以免疫为目的的防错、纠错系统。

预警系统主要由预警分析系统和预控对策系统两部分组成。预警分析系统主要由监测系统、预警信息系统、预警评价指标体系系统、预测评价系统等组成,其作用是实现预警功能;预控对策系统根据具体警情确定控制方案,实现对事故的控制功能。

3)预警系统的实现

完善的预警系统为实现事故预警提供了物质基础。预警系统通过预警分析和预控对策实现对事故的预警和控制,预警分析完成监测、识别、诊断与评价,而预控对策对事故征兆的不良趋势进行纠错和治错。

监测、识别、诊断、评价这4个环节的预警活动,是具有前后顺序和因果联系的。监测是预警系统开展的前提,没有明确和准确的监测信息,后3个环节的活动就是盲目的,甚至是无意义的;识别是预警系统至关重要的环节,能实现对事故现象的判别,使诊断和评价活动有明确的目标;诊断和评价是预警系统中技术性的分析过程,对主要事故现象的成因与过程分析,以及对事故损失后果的评价,可使企业在采取预控对策或者危机管理对策时有科学的判断依据。

整个预警系统的工作过程,呈现一种前后有序、因果关联的特征。监测系统是整个预警管理系统所共享的,识别、诊断、评价这3个环节的结果将以信息方式存入监测系统中。这3个环节所使用的评价指标,也具有共享性和统一性。

10.4.5 事故紧急救援

1)道路交通事故救援理论

事故紧急救援是指在统一管理下,利用公安内部资源及社会资源,以最快的反应速度进行伤员救治、设施抢修、故障排除、交通恢复等作业。事故紧急救援可减少交通事故产生的影响,实现事故损失的最小化。

快速响应机理、联动协调机理和第一生命特征机理共同构成了道路交通事故救援理论。

(1)快速响应机理

①生物反馈机理:初级自救行为是快速响应的低级阶段,是属于自身救护的本能反应。

②网络协同机理:政府救援组织行为是快速响应的高级阶段,是对"监测、辨识、报警、响应"路网救援信息链的整合反应。

③实效性机理:实效性是快速响应的基本要素,各种救援行为本质上是对效果的追求。

(2)联动调度机理

方案馈选机理:权衡各种救援预案的时间性、经济性、实效性,建立不同事故等级救援方案数据库选择和方案馈选机制。

资源优化调度:救援资源的有效利用是救援行动成功的必备条件,优化调配不同性质的救险资源,包括人力、物力、财力,是救援组织的重要内容。

无障碍联动机理:不同性质救援行动间的有序组织是联动调度的难点,它能协调各方责任与利益,保障各体系联动无障碍进行。

(3)第一生命特征机理

第一生命救援,即以抢救伤员为救援第一要务,集中体现生命无价的理念。

生命救援时间特征:早期生存率是维持生命链的关键,生存率早期迅速削减反映生命的脆弱。早期联络、复苏、诊疗等高级生命救护活动均一致强调生命救援时间最短化。

2)道路交通紧急救援系统

(1)紧急救援任务

完成紧急救援任务就是保证社会效益最大化的过程,具体内容如下:

①及时获取发生交通事故的信息,协调各有关方面,迅速调剂救援资源,采取紧急救援行动,最大限度地降低交通事故所造成的人员伤亡和财产损失。

②交通事故发生后,提供紧急服务,包括消防、救护、环保等,对现场事故进行处理,尽快恢复道路的通行能力。

③行驶的车辆发生事故时,提供及时的维修服务,维修难度较大时,将车辆拖离道路,并提供代替行驶车辆,减少损失。

④科学分析交通事故可能的影响范围,及时将有关信息通过广播、电视、电子公告牌等信息发布设施告知驾驶员和乘客。

(2)救援系统的支撑条件

①良好的救援机制和救援保障机制,如法律法规、救援制度、保险制度、医疗制度、社会救助基金等。

②良好的救援技术研究和救援队伍建设,如交通创伤研究,培植交通专业医院,培养急救人才,探索交通事故诊断和预报技术、急救技术以及救援决策技术等。

③培植广泛的救援网络。交通事故紧急救援应划区(片)管理,实现分级救援,应使救援中心达到相当的密度和网络化。

④拥有交通事故紧急救援常识与技能的人员应相当广泛,尤其是机动车驾驶员、交通事故高发群体、交通警察、公路沿途的群众以及部分社会志愿者等。紧急救援常识与技能包括现场保护常识、财物保护技能和紧急避险技能等。

⑤确保救援通信和交通安全、畅通。

⑥大力宣传交通事故紧急救援,营造良好的社会环境,鼓励、支持救援活动。

(3)紧急救援系统的要求

紧急救援系统的要求包括:事故快速诊断、预报;及时、准确获取事故信息;科学的紧急救援预案;快速、科学、自动的最佳紧急救援方案生成;有相应的技术力量和技术装备;实现科学一体化的紧急救援管理。

(4)道路交通紧急救援系统运作程序

有效的交通事故紧急救援系统运作程序包括以下6个过程:事件检测与确认;事件快速反应;现场处理;交通管理;事件清理;事件信息发布。

在实际应用中,以上6个过程通常是同时进行或交替进行的,有时又会根据事件的具体情况减少某些工作环节,但是一个合理的事件管理(处理)程序可以提高各个环节的效率和有效性。

10.5 案 例 分 析

10.5.1 交通静化安全保障案例概述

根据长吉一体化空间发展规划研究,长春将结合新一轮区域经济合作发展与城市发展方式转型,把自身打造成为中国最佳绿色发展的示范城市。慢行交通能够提高道路资源利用率,同时慢行交通也是较为绿色环保的出行方式,促进城市节能减排,是向新兴的低碳城市迈进的最有力措施之一。

经调查发现,长春市慢行道路已初步铺设,但道路的建设多为线段式,缺乏系统的连接。虽初步具有设置慢行道路的意识,但建设实施性较差,存在诸多问题,如道路交叉口的缓坡设置高差较大,不利于骑行者骑行;树木、路灯位于慢行道路中心,占用慢行空间;自行车交通与机动车交通混行,缺乏独立路权,存在极大安全隐患。

缺乏系统性的研究,是长春市慢行道路建设的主要障碍。城市路网路段的单独设计,往往无法使整个慢行交通系统有效连接,慢行断头路时常出现。当人们兴致勃勃地骑行在道路中,突然断掉的道路使人们不得不原路返回或抬车行走等,削弱了慢行交通对人们的吸引力,阻碍了慢行交通的发展。

针对以上分析,借鉴交通静化措施在交通安全保障中的应用思路,依托长春慢行交通系统出行环境调查,在主要节点有针对性地采取交通静化措施,为步行和自行车交通系统创造优质出行环境,切实保障出行安全。

10.5.2 交通静化安全保障设计

1)针对视距不良路段的优化设计

视距不良主要由路侧障碍物(房屋、树木等)、急弯、陡坡、长下坡及以上因素组合作用引起,车辆行经视距不良路段,如果驾驶员注意力不够集中,仍以较高车速行驶,容易冲出道路或与对向车辆相撞。通过在视距不良路段前后设置减速丘、减速台、延伸路缘石,缩短路面宽度等速度控制措施可发挥预警作用,使车辆平稳减速,避免发生交通事故,如图10-1所示。

2)针对人流集散点的优化设计

人由于注意力分散,易与机动车发生冲突,其安全难以得到保障。通过交叉口特殊化处理及人行横道附近路面窄化等措施可有效降低主线车速,保障行人过街安全,如图10-2所示。

3)针对区域出入口的优化设计

各区域对外联系的出入口最易发生机动交通与步行、自行车交通的冲突,是慢行交通系统设计的重点。规划通过交通量控制措施限制某一个方向或某几个方向的机动车交通量,从而为步行和自行车交通提供优质通行环境,如图10-3所示。图10-3a)~c)所示技术主要适用于区域内部需要限制交通量的出入口及对外的小出入口;图10-3d)~f)所示技术主要适用于区域对外交通出入口,也可用于区域内部的出入口。以上交通量控制技术实施的前提是区域周边路网密度较高,不会因为实施了交通静化技术而影响正常的区域路网交通功能。

图 10-1 视距不良路段交通静化措施应用
a)急弯前设置减速丘;b)陡坡前设置减速台;c)急弯前路面窄化;d)变形交叉口;
e)急弯前路缘延伸形成的曲折车行道;f)陡坡前连续设置减速振荡器

图 10-2 人流集散点交通静化技术应用
a)凸起的交叉口;b)凸起的人行横道;c)人行横道附近路面窄化

10.5.3 总结

交通静化技术作为缓解城市交通安全问题的重要手段引入我国时间不长,其设计理念还没有被普遍接受,对其研究也处于认知阶段,交通静化技术离广泛应用还有较大距离。因此,在制定具体的微观交通静化安全保障设计方案时,应在科学的设计方法论的指导下,综合考虑目标区域慢行交通流特性及地形、地质特性等诸多因素,再进行微观交通静化措施的设计和应用。交通静化技术能够有效降低车速,从而有效保障交通安全,实现更人性化的设计,创造更宜居宜行的环境。

图 10-3 区域出入口交通静化技术应用
a)方向性限制出入;b)交叉口对角线半封闭;c)交叉口全封闭;
d)交叉口半封闭;e)交通花坛;f)交通环岛

【习题与思考题】

1. 简述我国道路交通安全法规体系及其主要内容。
2. 道路交通安全规划战略重点是什么?
3. 道路交通安全设计应注意哪些内容?
4. 道路交通安全设计理念有哪些?
5. 灵活性设计理念在城市道路设计中的应用包括哪几个方面?
6. 运营道路安全保障的基本内容有哪些?
7. 试在校园内选取1条道路提出交通静化的具体措施。
8. 简述预警管理的特点以及预警管理体系的构成。
9. 简述事故紧急救援的流程。

参 考 文 献

[1] 第十三届全国人民代表大会常务委员会.中华人民共和国道路交通安全法[M].北京:中国法制出版社,2021.
[2] 中华人民共和国交通运输部.公路工程技术标准:JTG B01—2014[S].北京:人民交通出版社股份有限公司,2014.
[3] 中华人民共和国住房和城乡建设部.城市道路工程设计规范:CJJ 37—2012[S].北京:中国建筑工业出版社,2016.
[4] 中华人民共和国交通运输部.公路路线设计规范:JTG D20—2017[S].北京:人民交通出版社股份有限公司,2017.
[5] 中华人民共和国国家质量监督检验检疫总局,中国国家标准化管理委员会.道路交通事故车辆速度鉴定:GB/T 33195—2016[S].北京:中国标准出版社,2016.
[6] 成卫,张瑾,李学敏.城市道路交通安全理论模型与方法[M].昆明:云南科技出版社,2005.
[7] 郭忠印,方守恩,等.道路安全工程[M].北京:人民交通出版社,2003.
[8] 郑安文,苑红伟.道路交通安全概论[M].北京:机械工业出版社,2010.
[9] 杨希锐,虞继亮,宋传平.道路交通事故案例剖析[M].北京:人民交通出版社,2005.
[10] 许金良,等.道路勘测设计[M].5版.北京:人民交通出版社股份有限公司,2019.
[11] 鲁光泉,王云鹏,林庆峰,等.道路交通安全[M].北京:人民交通出版社股份有限公司,2018.
[12] 程国柱,吴立新.双车道公路线形安全与附加车道设计方法[M].北京:知识产权出版社,2016.
[13] 张卫华.道路交通安全[M].北京:人民交通出版社股份有限公司,2016.
[14] 景云,吕松林,陈有仁,等.道路交通安全技术[M].银川:宁夏人民出版社,2006.
[15] 赵恩棠,刘晞柏.道路交通安全[M].北京:人民交通出版社,1990.
[16] 张兴强.城市交通安全[M].北京:北京交通大学出版社,2015.
[17] 刘运通.道路交通安全指南[M].北京:人民交通出版社,2004.
[18] 裴玉龙.道路交通安全[M].北京:人民交通出版社,2007.
[19] 过秀成.道路交通安全学[M].南京:东南大学出版社,2011.
[20] YANNIS G.Traffic Safety Manual[M].New York:Wiley-ISTE,2016.
[21] GSUL M,胡予红,周旋,等.道路交通运输安全发展报告(2017)[J].中国应急管理,2018(2):48-58.
[22] 冯忠祥,季诺亚,罗毅,等.基于问卷调查的公众交通安全意识评价方法[J].中国公路学报,2020,33(6):212-223.
[23] 董玉波.道路交通事故多元线性回归模型及其检验方法[J].中国人民公安大学学报(自然科学版),2013,19(2):73-75.
[24] 彭璇,方艾芬,裘晨璐,等.公路交通事故可视化分析关键技术研究[J].中国公共安全(学术版),2019(2):52-56.
[25] 裴玉龙,马艳丽.疲劳对驾驶员感知判断及操作特性的影响[J].吉林大学学报(工学版),2009,39(5):1151-1156.
[26] 华佳峰,吴昌成,袁晓君.行人闯红灯治理措施及建议[J].中国公共安全(学术版),2019(4):86-88.
[27] 边扬,杨家夏,赵晓华,等.基于轨迹数据的共享电动自行车逆行风险行为影响因素研究[J].中国公路学报,2021,34(12):262-275.
[28] 张国强,苏子钧,张潜力,等.信号控制平面交叉口拥堵状态下行人的交通行为研究[J].东南大学学报(哲学社会科学版),2020,22(S1):149-152.
[29] 欧居尚,赵晓华,毛科俊,等.虚拟场景下饮酒对驾驶操作的影响分析[J].北京工业大学学报,2010,36(12):

1663-1668.

[30] 张国强,王斯琨.行人过街交通心理与交通行为分析[J].东南大学学报(哲学社会科学版),2019,21(S2):142-144.

[31] 刘军,王利明,聂斐,等.基于转向盘转角的疲劳驾驶检测方法研究[J].汽车技术,2016(4):42-45.

[32] 徐军莉,王平,穆振东.融合眼动和脑电特征的疲劳驾驶检测研究[J].重庆交通大学学报(自然科学版),2021,40(12):7-11.

[33] 于雯,赵峰,王艳,等.基于车联网的酒驾疲劳预警监测管理系统[J].工业仪表与自动化装置,2020(5):87-89,92.

[34] 华佳峰,吴昌成,袁晓君.行人闯红灯治理措施及建议[J].中国公共安全(学术版),2019(4):86-88.

[35] 裴玉龙,程国柱.高速公路车速离散性与交通事故的关系及车速管理研究[J].中国公路学报,2004,17(1):78-82.

[36] 黎毅.车速与交通事故综合研究[J].公路交通技术,2012(3):115-117.

[37] 赵晓华,任贵超,陈晨,等.不良天气下驾驶行为研究综述[J].交通信息与安全,2017,35(5):70-75,98.

[38] 陈帅,王楠.不良天气条件下的高速公路交通管理研究[J].公路交通科技(应用技术版),2010(2):169-171.

[39] 高建平,张续光.雾天对高速公路驾驶员视觉影响研究[J].武汉理工大学学报,2014,36(9):68-72.

[40] 李长城,刘小明,荣建.降雨条件下高速公路车辆行驶速度特性[J].北京工业大学学报,2015,41(3):412-418.

[41] 赵炜,殷洪峰.大数据技术在交通事故预测中的应用及精细化落地架构[J].中国交通信息化,2020(9):137-140.

[42] 李依,邓昭华.交通稳静化理论研究的综述及启示[J].智能建筑与智慧城市,2021(5):16-21.

[43] SHAH S A R, AHMAD N, SHEN Y, et al. Relationship between road traffic features and accidents: an application of two-stage decision-making approach for transportation engineers[J]. Journal of Safety Research, 2019,69(1):201-215.

[44] TIKKA J, LUNETTA P. Land-traffic crash leading to passenger vehicle submersion, drowning and other fatal injuries: a 44-year study based on records from the Finnish Crash Data Institute[J]. Journal of Safety Research, 2021,77(7):99-104.

[45] WANG D, LIU Q, MA L, et al. Road traffic accident severity analysis: a census-based study in China[J]. Journal of Safety Research, 2019,70(4):135-147.

[46] ABDULMAWJOUD A A, JAMEL M G, AL-TAEI A A. Traffic flow parameters development modelling at traffic calming measures located on arterial roads[J]. Ain Shams Engineering Journal, 2020,12(4):437-444.

[47] World Health Organization. Global status report on road safety 2018[R]. Geneva: World Health Organization, 2018.

[48] 周倩倩.道路交通事故成因分析及预警关键技术研究[D].北京:中国石油大学,2019.

[49] 于清.道路交通事故数据库建设与传媒预警研究——基于新华网的大数据分析(2005—2015)[D].武汉:华中师范大学,2018.

[50] 刘璐.多源数据融合的城市交通事故数据可视分析方法研究[D].合肥:合肥工业大学,2020.

[51] 闫鹏.多源异构交通大数据智能分析技术研究[D].唐山:华北理工大学,2020.

[52] 杜洪吉.疲劳驾驶对驾驶行为的影响及判别方法研究[D].北京:北京工业大学,2014.

[53] 胡家兴.基于违法数据分析的道路交通安全管理决策研究与应用[D].大连:大连海事大学,2011.

[54] 刘微.多相位交叉口行人和非机动车的违规行为分析[D].北京:北京交通大学,2020.

[55] 苏帆.电动自行车骑行人闯红灯行为意向心理诱因研究[D].成都:西南交通大学,2019.

[56] 冯天军,孙学路,黄家盛,等.基于三种过街方式的两相位信号交叉口延误[J].吉林大学学报(工学版),

2022,52(3):550-556.
[57] 宋志强.智能汽车的主动紧急避撞技术及乘员保护性能的研究[D].长沙:湖南大学,2020.
[58] 郝旭超.汽车安全气囊仿真分析方法的研究[D].长春:吉林大学,2012.
[59] 黄瀚敏.基于汽车驾驶员疲劳状态监测技术的汽车主动安全系统研究[D].重庆:重庆大学,2007.
[60] 方雪洋.混合交通环境下车速离散对交通安全的影响机理研究[D].南京:东南大学,2015.
[61] 刘佳雨.自动-人工驾驶车辆混行下快速路合流区交通安全评价[D].哈尔滨:哈尔滨工业大学,2021.
[62] 黄兰.自动驾驶混行公路的可靠性安全评价方法研究[D].广州:华南理工大学,2020.
[63] YANNIS G,DRAGOMANOVITS A,LAIOU A,et al.Road traffic accident prediction modelling:a literature review[J].Proceedings of the Institution of Civil Engineers-transport.2017,170(5):245-254.
[64] HONG D,LEE Y,KIM J,et al.Development of traffic accident prediction models by traffic and road characteristics in urban areas[C]//Proceedings of the Eastern Asia Society for Transportation Studies,2005,5:2046-2061.